三冈识略校注

（清）董含◎撰 于德源◎点校

上

北京燕山出版社

图书在版编目（CIP）数据

三冈识略校注／（清）董含撰；于德源点校．－－北京：北京燕山出版社，2018.4

ISBN 978-7-5402-5021-8

Ⅰ．①三… Ⅱ．①董… ②于… Ⅲ．①笔记－中国－清前期－选集 Ⅳ．① K249.066

中国版本图书馆 CIP 数据核字 (2018) 第 055821 号

三冈识略校注

责任编辑：贾　勇　王　迪
项目策划：金贝伦
责任校对：石　英
装帧设计：汪要军
出版发行：北京燕山出版社有限公司
地　　址：北京市丰台区东铁营苇子坑路 138 号
邮政编码：100078
发行电话：（010）65243837
印　　刷：三河市灵山芝兰印刷有限公司
开　　本：787mm×1092mm　1/16
印　　张：27.25
字　　数：564 千字
版　　次：2018 年 8 月第 1 版
印　　次：2018 年 8 月第 1 次印刷
书　　号：ISBN 978-7-5402-5021-8
定　　价：198.00 元（全 3 卷）

版权所有　违者必究
如有印刷质量问题，请与印厂联系退换

内容介绍

董含，字阆石，又字榕城，号苍水，别号赘客、莼乡赘客，松江华亭（今上海松江）人。董氏家世，据其《自述》谓："始祖本籍河南，元末避乱渡江，卜居五茸，再传而族始大，如幼海忠节公、思白文敏公，名贤辈出。先大父邃初公，万历癸丑（1613）进士，历任左副都御史、吏部左侍郎。为御史时，剿寇御敌，勋业烂焉，受明怀宗（崇祯）皇帝宠眷，虚冢宰、总宪二篆，命兼摄之。居官厘奸剔弊，进贤退不肖，公忠亢直，不能委蛇，为忌者所中，乞骸骨归。先考仲隆公，性轩爽，不事生产，喜急人之难，为文颖异绝伦，既屡困场屋，遂弃经生业，与母氏殷太孺人隐居东墅，论者谓可追踪鹿门云。"

董含顺治十八年（1661年）成进士，殿试二甲第二名，时年三十六岁。但是他命运多舛，中式当年夏季刚刚作为新科进士观政吏部，不久却因列名江南奏销案被罢去官职，革除功名，斥归田里。所谓江南奏销案，是顺治十八年（1661年）正月顺治皇帝崩，清政府颁布催征历年拖欠钱粮新令。江南巡抚朱国治造欠册送交朝廷，悉列江南十年来拖欠钱粮的缙绅一万三千余人，于是兴起大狱，涉案者或褫夺功名，或降调官职，或押解入狱并送京，直至康熙元年（1662年）五月才奉特旨，一律释放还乡。这场奏销案实际是清政府对江南汉族地主阶层的政治打击。董含在明末于15岁时补博士弟子员，清顺治三年（1646年）23岁时始出应科举考试，乡试屡屡不中，直到29岁才成举人，31岁丁父艰，未能参加会试，直到34岁才赴京参加会试，却"下第归"，36岁和弟弟董俞再次参加会试，得到主考官陈说岩和梁清标的赏识，本应得入一甲，然而最终却只落得二甲第二名入吏部观政，就是这样也好景不长，几个月之后即遭到不知从何而来的江南奏销案的牵连被革去功名，其打击可想而知，所以他从此决心不再出仕。

光绪重修《华亭县志·人物》："董含，字阆石（居北郊紫竹庵西）。顺治十八年（1661年）进士，学有文名，观政吏部，以奏销案被黜，益放情诗酒，尝与海内名流，扁舟草笠，往来吴越山水间。弟俞，字苍水，号樗亭。十七年（1660年）卫籍举人，诗文与含齐名，时称二董，举博学鸿词，不遇，亦坐奏销案除名，遂弃帖括，益肆力于诗。"董氏家族是明代著名书画家董其昌的后人，且历代为宦，在当地颇有名望。董含、董俞兄弟虽然因奏销案被革去功名，但毕竟是当过举人、进士的人物，且有文名，为当时士人阶层所推重，并非等闲之辈。从本书中也可见到他们经常与名士、缙绅往来的活动。

《三冈识略》是董含自少到老，积五十余年的所见所闻写成的一本内容丰富的笔记。全书自顺治元年（1644年）到康熙三十六年（1697年），"凡五年为一卷，以月系岁，以日系月，天道将周，积成十卷，名《三冈识略》。其间或得之邸报，或得之目击，或得之交游所称道，可以备稽考、广听睹、益劝戒者，靡不远咨详访。即事属极微，语无诠次，要皆确有根据，抑亦稗家者之流也。"该书记载了明末清初江南地区的政治、社会诸情况，以及清兵南下过程中松江府地区屠城之惨。例如，"松郡三变"记录了自清初以来松江地区遭遇的三次大屠杀，称"大兵一临，屠戮殆尽。""合郡俱被其祸。""今伤痍满目，枳棘载道。"又如"松城屠"云："八月初三日，王师抵松（今上海松江）……杀戮最惨。"另外，入清以后，江南出身低贱的新富贵阶层逐渐进入乡绅行列，缙绅结构发生变化，本书也从正面或侧面进行了详尽的刻画和描写。例如"同辈序齿"云："古语'乡党序齿'，亦为同类者言之耳。顷有一友举尚齿会，贵贱混淆，俦类错杂，非特不雅观，殊失古人礼意。""三吴风俗十六则"云："风俗之日趋于下也，犹江湖之往而不返也，然未有甚于今日者。""苏松……迩来势力相竞，夸多斗靡，一绅宴总兵马逢知，珍奇罗列，鸡鹅等件，率十余对为一盂，水果高六七尺，甘蔗牌坊下可走三四岁婴儿，视明季直土硎土簋耳。""前朝缙绅，类能自重，当事亦接之惟谨。迩来士大夫日贱，官长日尊，于是曲意奉承，备极卑污，甚至生子遣女，厚礼献媚，立碑造祠，仆仆跪拜。""各衙门差役……地方奸猾及富人避役者，皆投充其间……荐绅中有一二寡廉鲜耻者，联为宗族，揖为上宾，衣冠扫地矣。"又说道：过去"诸生与县令体统悬绝"，"今则白丁铜臭，苟不惜馈遗，皆得与郡守抗宾主礼，谈宴谐谑，无所不至。"至于社会风气也为之一变，"三吴人文，甲于远近，家弦户诵，不必世家。近来征徭之害，遍及横经，郡邑下僚，皆得而辱之，鞭挞缧绁，与奴隶无异。诗书礼仪之风荡然矣。"过去，只有士大夫之间才称"老"、称"翁"，今则不然，"市魁厮养，互相呼谓，居之不疑。上下不分，体统莫辨"。"昔士大夫以清望为重,乡里富人,羞与为伍……今人崇尚财货,见有拥厚赀者,反屈体降志……遂使此辈忘其本来,足高气扬,傲然自得。""近开捐纳之例,于是纨袴之子,村市之夫,輂赀而往,归家以缙绅自命,张盖乘软纱舆,仆从如云,持大字刺,充斥衢巷,扬扬自得,此又人心之漓者愈漓,而世之下者更下也。"作者在"结婚破产"一文中借一个故事对这种社会现象进行刻画,云:"华亭(今上海松江)南桥镇有富人邹连城者,农家子,祖、父皆巨富,藏镪无算……晚举子女十余人,联姻贵族。适逢纳官之例,纱舆绣补,意气自得。忽一病不起,诸子幼稚无知。"于是其姻家周监生借机将其家财席卷一空。监生在乡间是属于士大夫了,作者在这里是嘲讽出身低贱而攀附士大夫的新富们。

作者因所谓江南奏销案牵累被革去功名,故对江南赋税之重每每抨击。这虽然与个人遭遇有关,但也反映了部分社会事实。如本书中的"均田均役""江南奏销之祸""由贴""请免岁贡加征""纸皂行""请减浮粮""熟荒"等条目中都有反映。特别是"请免岁贡加征",更是明确地站在士大夫阶层的立场上,借御史陆祚蕃的奏疏,呼吁"贫老岁贡,景逼桑榆,筮仕止于寒毡,家居惟资馆谷,积田不过数十亩或数亩,啼饥号寒者十而八九也。乃竟与华膴之仕一例加增,殊堪悯恻。"

另外,作者也详细记载了这数十年间发生的灾害,这在"旱魃""黄雾""天雨麦""秦省雨雹""蒸麦""地震山合""天雨沙""雨沙""黑风""地陷""地裂""黄风黑虫""蝗灾""江浙地震""淮凤地震""山东同日地震""北直同日地震""地震""太湖水溢""暴雨""京师异风""沈阳水发""京师地震""水灾""越中水灾""异风""京师亢旱""松郡大荒""佘山起蛟""三秦大荒""黄沙""奇旱""秦中地陷""句容水发""风变""地动"等篇目中都有记载。松江地区近海,所以发生台风、飓风的情况较多,书中"龙过""蚌与龙斗""飓风""龙斗""龙伤禾""龙阵""龙挂""海溢",都是关于台风、飓风、龙卷风、海啸的记载。以上内容部分来自邸报,如有关东北、陕西、北京、山东等地灾害;但有关江南的灾情却大多来自亲身经历或民间传闻,对于灾害史研究有重要资料价值。

据本书中"云间著述",董含在历数清朝开国以来松江人士的著述以后,续云,"予亦有《三冈识略》十卷《盍簪感逝录》二卷,未知将来得附于诸君子之末否也。"可见《三冈识略》在康熙三十六年(1697年)完稿以后,并没有立即刊印的计划。吴震方于康熙四十四年(1705年)辑刻《说铃》丛书时收入董含著《莼乡赘笔》三卷,世人多以为《三冈识略》与《莼乡赘笔》为同一部书。近些年经来新夏先生校核(《结网录》),认为"《莼乡赘笔》一书有可能是撰者为免触时忌,怵于文字贾祸,有意删削《三冈识略》而别成的一书……二书的内容与寓意已有不同,所以不应视为同书异名。《莼乡赘笔》应该看作是《三冈识略》的节本或别本。"[1]所以，《三冈识略》直至民国以前实际上是一直以抄本传世。

今人记载的有关该书的存世情况，由于谢国桢先生所说的康熙初年光复堂刻本，至今世人并无第二人见到，因此只好存而待考。[2]除此而外，各种目录书中见录如下：孙殿起《贩书偶记》载：《三冈识略》十卷、补遗十卷，续识略二卷、续补遗一卷（按，以下简称续识略二卷本），旧抄本。[3]《四库未收书辑刊》载：《三冈识略》十卷、续识略一卷（以下简称续识略一卷本），旧抄本影印本。[4]《申报馆丛书》载：《三冈识略》十卷（简称申报馆本），铅印本。[5]

近年辽宁教育出版社出版的复旦大学图书馆整理出版署名致之的本子是以续识略二卷本为底本，参校申报馆本、嘉业堂藏书本和清同治间杜说霖藏抄本，对校、标点而成，其功至伟，对该书的复原、整理有很大价值。

今本书所根据的底本是近年出版的《四库未收书辑刊》中所收《三冈识略》十卷、续识略一卷本，是过去各目录书中未见介绍的新版本，该书卷首钤有清末、民国时期著名收藏家董康（字授经，号诵芬室主人）两枚印章，一为鉴定金石书画之章、一为诵芬室校定，其卷次虽然比续识略二卷本为少，但笔者详加统计后发现：续识略二卷本虽然内容总计755条，但其中"势利""粘诗相诮""风变""张公清严""卑官能诗"5条重复。加之该版本把本应列在卷首的"莼乡赘客自述"也放在正文中，所以该书虽然分卷多出不少，但实际内容数量与续识略一卷本一样，都是750条。至于其具体内容，续识略二卷本虽比续识略一卷本多"相地""人变犬"两条，但又比续识略一卷本少"请免岁贡加征""上元甲子"两条。另外各条的内容，续识略一卷本也往往比续识略二卷本更完整。在很多地方，可以明显看出续识略二卷版本对续识略一卷版本略有删节，例如续识略一卷本中的题目"修海塘""京师地震"在续识略二卷本中的题目是"修海""地震"，所以大致可以肯定续识略一卷本是早于续识略二卷本的抄本。笔者今即以《四库未收书辑刊》的续识略一卷本为底本，补上缺少的"相地""人变犬"两条，参之以致之校点整理本、申报馆本、续识略二卷本加以校注。这样就成为既非续识略二卷本，也非续识略一卷本的《三冈识略》目前最完整的752条足本。

1　来新夏.结网录.[M].天津：南开大学出版社，1984：250.

2　谢国桢.明清笔记谈丛.[M].上海：上海古籍出版社，1981：59.

3　孙殿起.贩书偶记.[M].上海：上海古籍出版社，1982：281.

4　四库全书未收书辑刊·第4辑，第29册.[M].北京：北京出版社，2000.

5　上海申报馆丛书，清光绪铅印本。

明清人写笔记喜好用典故，另外还有一些当时的称呼习惯和典章制度也比较难以为今人理解，为了使古籍真正在传承中国古代文化中发挥作用，必要的注解是不可或缺的。这就是笔者校注本书的目的。

　　为方便读者阅读，本书统一采用简体字。

于德源

序

同里卢元昌文子撰

春秋之义，褒败并存；讽人之旨，美刺具载。夫以一人之身，而欲覃精湛思，网罗轶事，必使言之者无罪，而闻之者足戒，故足尚也，《三冈》一编近之矣。榕城登第，归养素丘园，下帷著述，性恬静，不妄交游，乃栖迟杜门，而声望益重。至于宠辱得丧，泊如也。然留心天下事，凡耳闻目击，或见邸报，或系传述，上而日薄星回，下而山崩地震，中而人妖物怪，靡不详核颠末，付诸赫蹄[1]。此虽近悯时惮俗之所为，乃其间忠臣孝子之姱行，贤人君子之达节，以至士女讴歌，野老吟叹，有关于世道人心风俗伦常者，一卷中未尝不流连致意焉。余读而叹曰："卓哉！是书有以也。"夫天下之生久矣，所不至几希澌灭者，其赖此以维持也，与昔者相台岳珂著《桯史》[2]以补《宋史》之不及，南村陶九成作《辍耕录》[3]以缀《元史》之缺遗，二书叙事斐然，章法古雅，文采瑰丽可观，今《识略》简而核，详而赡，典而有则，不诡不滥，大指善善长、恶恶短，间有刺讥，义归劝惩，庶几《巷伯》[4]之义。孔子曰："多闻阙疑[5]。""多见而识之[6]。"又曰："谁毁谁誉[7]。"此物此志也欤[8]。位置当在相台、南村间，《湘山》《猇园》[9]抑末矣。是编自甲申始，序作于戊午（康熙十七年，1678年）阳月[10]。

【1】赫蹄，又赫蹄，古代称用以书写的小幅绢帛，东汉以后亦借指纸、薄纸。《汉书·外戚传下》：孝成赵皇后初为昭仪有宠于汉成帝，成帝暴卒，赵昭仪自杀。汉哀帝即位，尊为皇太后。司隶解光奏言：中宫史曹宫与汉成帝有子，赵皇后遣御于客子持诏记给掖庭狱丞籍武，"（籍）武发箧中有裹药二枚，赫蹄书……"（唐）颜师古《注》引"邓展曰：'赫，音：兄弟阋墙之阋。'又引应劭曰："赫蹄，薄小纸也。"

【2】岳珂，字肃之，号倦翁。岳飞之孙，作《桯史》多记两宋故事一百余条，所述宋金和战等事均较《宋史》为详。《四库全书简明目录》称："盖袭李德裕之故名，而取义则不甚可解。所载南北宋事，凡一百四十余条，多足补正史之遗。"

【3】原文:"归九成",误,当为"陶九成"。元人陶宗仪,字九成,号南村,所著《南村辍耕录》详记元代掌故、典章制度、宫殿,旁及小说、戏剧、书画,是研究《元史》的重要参考文献。

【4】《诗经·小雅》中的一篇,是西周王朝寺人(即宦官)孟子遭人谗毁,发泄怨愤的诗。

【5】原文:"缺疑",误,当为"阙疑"。出自《论语·为政》,原文:"多闻阙疑,慎言其余,则寡尤。"按:此句有两种解释,一为:"多汲取知识以减少疑问,谨慎地表达自己确信有把握的部分,就会减少失言的怨尤。"一为:"多听并保留有疑问的部分,谨慎地表达自己确信有把握的部分,就会减少失言的怨尤。"一般采用后者,即虽博学多闻,但有疑处不明白,还是应该保留下来,保持谦虚好学的精神。

【6】原文:"多见而识",当为"多见而识之"。出自:《论语·述而》,原文:"多闻,择其善者而从之;多见而识之,知之次也。"意为:多听,选择其中好的来学习;多看,记在心里,这是次一等的智慧。

【7】出自《论语·卫灵公》,原文:"吾之于人也,谁毁谁誉?"意为"我对于别人,诋毁过谁?赞美过谁?"

【8】原文:"与",误,当为"欤"。

【9】岳氏籍贯相州汤阴(今河南汤阴)。相州即今河南省临漳县,有曹魏古邺城铜雀台,故又称相台,此借指岳珂《桯史》。南村指陶九成的《南村辍耕录》。《湘山》即《湘山野录》略称,北宋僧人文莹著,是一本颇具史料价值的笔记。《狯园》(明)钱希言著,《四库全书总目提要》:"《狯园》十六卷(浙江巡抚采进本)明钱希言撰。希言有《戏瑕》,已著录。是书成于万历癸丑,皆记当时神怪之事……其以狯园名书者,狯者狡狯之意,狡狯者戏弄之意也。"

【10】《尔雅·释天》:"十月为阳。"阳月即农历十月。

自 序

  甲申（明崇祯十七年、清顺治元年，1644年）、乙酉（顺治二年，1645年）之际，海内鼎沸，时余年未弱冠，避乱转徙，卜居三冈之东（原注：三冈，紫冈、沙冈、竹冈也）敝庐数椽，足蔽风雨，昼耕夜读，人事都绝。庭阴有枯槐一株，虽枝干蜿蜒而萧然无复生意，命仆劚去之，不数尺，鏗然有声，下遇[1]石匣，晶莹如玉，启之，获竹简一，上列蝌蚪七百余字，剥落不可辨，征博识者，曰："类古记事者之文。"然卒莫得而详也。厥后奔走四方，三入京洛，既而栖迟里门，自少迄老，取耳目所及者续书于后，凡五年为一卷，以月系岁，以日系月，天道将周，积成十卷，名《三冈识略》。其间或得之邸报，或得之目击，或得之交游所称道，可以备稽考、广听睹、益劝戒者，靡不远咨详访。即事属极微，语无诠次，要皆确有根据，抑亦稗家者之流也。夫《搜神》[2]洞冥，其旨近诡，《杜阳》[3]述异，其说或诬，取两者而折衷之，岂敢曰鼓吹前哲，抑以资覆瓿者之一助云尔。

  康熙著雍敦牂[4]毕辜月[5]莼乡赘客董含题于东冈之艺葵草堂

【1】原文："下过"，误，疑当为"下遇"。

【2】《搜神记》的略称，《四库全书简明目录》："旧本题（晋）干宝撰。证以古书所引，或有或无。其第六、第七卷，乃全抄《续汉书·五行志》，一字不更，殆亦出于依托。然犹为多见古书之人，联缀旧文，傅以他说。"

【3】《杜阳杂编》的略称，《四库全书简明目录》："（唐）苏鹗撰。所记唐代异闻，上起代宗广德元年，下迄懿宗咸通十四年。皆以三字为标题，文辞瑰丽，皆类郭宪、王嘉之体。其荒诞亦复相似。"

【4】著雍（chú yōng）即"戊"，敦牂即"午"，戊午年。

【5】《尔雅·释天》："月在甲曰毕……十一月为辜。"（宋）邢昺疏："十一月得甲则曰毕辜。"即农历中得甲的十一月。

莼乡赘客自述

　　赘客者，江南松江华亭（今上海松江）人也，姓董氏，名含，字阆石，一字榕城，晚自号莼乡赘客云。始祖籍河南，元末避乱，渡江避乱，卜居五茸，再传而族始大，如幼海忠节公[1]、思白文敏公[2]，名贤辈出。先大父遂初公[3]，万历癸丑（四十一年，1613年）进士，历仕左副都御史、吏部左侍郎。为御史时，剿寇御敌，勋业烂焉，受明怀宗皇帝[4]宠眷，虚冢宰、总宪二篆，命兼摄之[5]。居官厘奸剔弊，进贤退不肖，公忠亢直，不能委蛇，为忌者所中，乞骸骨归。先考仲隆公，性轩爽，不事生产，喜急人之难，为文颖异绝伦，既屡困场屋，遂弃经生业，与母氏殷太孺人隐居东墅。论者谓可追踪鹿门云。余幼苦多疾，七龄入小学，逾年被病废业，又二年复病，几不起，幸而获全。十三学作文，十五补博士弟子员，十七八下帷发愤，覃思腐毫，寝食都废，两亲爱护备至，扃户禁之。予昼则扶窗潜入，昏时储火瓮中，候人静吹灯起读，丙夜不休。十九行冠礼。二十娶翁氏，甲戌进士、给谏之益公女也。是秋，避兵转徙浦东。二十三出应本朝学使者檄，二十四续娶文学蒋公尔辙女，二十六始赴荆闱。时社事方兴，与海内名流赠缟苎，订车笠盟，扁舟往来于吴山越水之间，交游日进。二十九重踏省门，受知于溧阳尹江右邱公，随计吏待诏，公车报罢。三十一丁先府君艰，读礼之暇，掩关力学，纵览群籍，闻他处有异书辄躬往借，阅毕郑重归之，或买或手抄，必竭我之力而止。三十四以云贵荡平，再举会试，下第归。敝庐数椽，傍水附郭，与二三同志赋诗浮白，襟怀期豪[6]，上意绵邈，常与世迕。三十六复偕弟俞同过昭王之台，为泽州（今山西泽州）太宰陈[7]公说岩所赏拔，然数年来踯躅风尘，车殆马烦，意绪已非昔比矣。殿对进呈，太师益都（今山东益都）沚亭孙公[8]拟予举第一，或以为不可；公偕大司马真定（今河北正定）梁公玉立[9]争之，力不可得，置二甲第二，辇上诸公俱为腕惜。孙公召予相对泣，勉慰有加。予不肖，赋命穷薄，辜负师恩多矣。是夏办事铨曹[10]，仲秋理归棹。表兄名列奏销钱粮案，被黜者几二万人，予亦屏居田里[11]。回思往事，恍如一梦，然蕉鹿之是非，塞马之得丧，于我何有焉？三十九再娶海虞（今江苏常熟海虞镇）赵中允士春[12]公女，四十一慈亲见背，四十六始举第一子。自是连举六男四女。旋遭移藩之变，时事纷扰，遂绝意仕进，经史在左，琴樽在右，松风冷然，杂花绕牖，荣瘁不入其胸，妍媸不挂于口，虽有华衮，勿与易矣。性本孤介，不善治生，尤不喜见俗人，杜门者十日常八九。每晨兴抱瓮灌园，事毕，课诸儿文义，间出酬酢，午后或泛滥陈编，或采纂轶事，或坐或卧，或信手拈小诗，不拘体裁，不计工拙，长夏则睎发行吟，颓然自放。向多四方之交客，有见诣者，虽不能具宾主礼，必典衣贳酒相与，网罗古今，商榷风雅，握手论心，款款不忍别，以故予愿交天下士，而天下士亦莫予弃也。夫麋鹿之性，高蹈山林，蒲柳之姿，久耽丘壑，从此栖神寂寞，绝迹尘埃矣。岁籥[13]侵寻，懒散弥甚，偃仰吐纳，颇修龙蹻[14]之术。遇良辰佳境，携双童，躧短屐，登山临水，不废游览，此外嗜好都尽。床头惟存汉书数册，白傅集一帙，兴到颂南华一二篇，岂敢鄙夷人世，聊用自安其拙云尔。今年已逾一甲子矣，幸齿未尽脱，须鬓白仅数茎，步履犹健，行将去城市，与野夫、牧竖为伍，时而挟册，时而荷锄，时而策杖寻僧，时而围棋赌酒，宠辱俱忘，祸患不及，仆之所得于天者不既多乎？且余自少寡外慕，好静恶喧，畏远权势，孙公、陈公屡见召，竟未能赴，见人作富贵态背辄涔涔然汗下，坐此迂癖为俗所弃，亦因是颇获闲旷。惟积习未除，从朝至暮，手未尝释卷，其所撰述，已刻者有《古乐府》二卷、《闵离草》四卷、《闲居稿》三卷、《北渚草》二卷、《林史》一卷、《山游草》二卷、《三冈识略》十卷；未刻者有《盍簪感逝录》二卷、《安蔬堂诗稿》十卷各为一集，聊借此以耗壮心、遣余年。兹老矣，儿辈渐长成，但能读父书足矣。吾家坟墓距东郊仅十余里，先大父少宰公[15]拮据成之，林木翳然，烟水环绕。予不肖，厄于命，弗克显扬，顾一生所为，可对衾影，即归老于先人之傍，复何愧哉。又平生不与人为仇，而人往往嫉余，曲加诋毁，终不与较，乃其人辄自毙，每怃然久之。又少时病危者二，从石梁堕马一，覆舟者一，为马所践者一，可以死而不死，兹之所历皆余生也。今与家人约，俟诸儿婚配毕，谅析薄产与各母，管领一切，琐事禁勿入吾耳。迩来希风[16]向平[17]、天随子[18]、桑苎翁[19]诸人，誓为山泽之游，乘兴便发，任其所之，慎毋阻我。愧乏，陆贾囊中装遗汝。慢我者亦勿问身后之计，达人所羞，悉听汝辈。所恨生子差晚，不能早置身方外，犹傍水逐趋人寰耳。息壤在彼，其勿违我言。

今人行述，大率溢美，阅之令人愧汗，死而有知，当掩面于地下矣。予偶拈此，还复自笑，念性既疏慵，命更寒薄，一生碌碌不过如斯，耻作一逾分语，身后即以此为行状，弗烦他人也。

赘客手识。

【1】《明史·董传策传》：董传策，字原汉，号幼海，松江华亭（今上海松江）人，"嘉靖二十九年（1550年）进士，除刑部主事"。嘉靖三十七年（1558年）因偕同僚上疏弹劾奸相严嵩积恶误国六大罪，引起世宗震怒，被拘入狱，谪戍南宁。穆宗即位后，诏复旧官。"隆庆五年（1571年）累迁南京大理卿，南京工部右侍郎。神宗万历元年（1573年）就改礼部"，同年九月二十一日以言官劾其受人贿赂，遂被罢归田。因严待下人，被仆人所杀。谥曰忠节。

【2】《明史·董其昌传》：董其昌，字玄宰，号思白。万历十七年（1589年）进士，天启二年（1622年），改兼翰林院侍读学士，纂修实录。崇祯七年（1634年），致仕，九年（1636年）卒，年八十二。谥曰文敏。

【3】"大父"即祖父。董羽宸，字原孚，号邃初，是作者董含的祖父，董其昌的堂侄，历任顺天府丞，光禄寺卿，副都御史，吏部右侍郎，时兼摄吏部、都察院事。《明季北略》：崇祯二年（1629年）己巳之变，皇太极统军围困北京。"时巡方董邃初，见漷县斗大空城，而县令沈域举动安详，问曰：'情景若此，贵县何恃而不恐？'沈域从容拱手曰：'以身殉之。'邃初为改容以谢，卒幸免焉。"按：古代天子出巡四方称巡方，以后天子派大臣巡察四方也称巡方。明代都察院设十三道御史分管各地监察任务，同时分别兼管京师内皇城内外治安。每年八月派出各地巡察的监察御史称巡按，别称巡方。

【4】崇祯皇帝死后，初拟庙号怀宗。

【5】吏部尚书又称太宰、冢宰，都察院都御史又称总宪。

【6】原文"襟期豪"，疑为"襟怀期豪"。

【7】此字原缺。考之卷四"孙公知遇"条述云"受知于泽州说岩陈公"，则其人当为陈说岩。陈说岩，山西泽州人，名陈廷敬。《清史稿·陈廷敬传》："陈廷敬，初名敬，字子端，山西泽州人。顺治十五年（1658年）进士，选庶吉士。是科馆选，又有顺天通州陈敬，上为加'廷'字以别之。"康熙时，历任侍讲学士、内阁学士、礼部侍郎、左都御史、工部尚书、文渊阁大学士，康熙五十一年（1712年）卒。

【8】《清史稿·孙廷铨传》：孙廷铨，初名廷铉，字枚先，山东益都人，号沚亭。明崇祯进士。入清后，历官吏、户、兵三部尚书，太子太保，诰授光禄大夫，顺治十六年（1659年）充殿试读卷大臣，曾奉命参定《大清律》加少保。康熙二年（1663年）拜内秘书院大学士，参机务三年，告病归里。

【9】原文"玉沥"，误，当为"玉立"。梁清标，字玉立，号棠村、蕉林、苍岩，直隶真定（今河北正定）人，明崇祯十六年进士，清顺治元年补翰林院庶吉士，授编修，历任宏文院编修、国史院侍讲学、詹事府詹事。先后历礼、吏部侍郎，以及兵、礼、刑、户部尚书，保和殿大学士等职。

【10】吏部又称铨曹。

【11】董含，松江华亭人（今上海松江），顺治十八年（1661年）进士，殿试二甲第二名，时年三十六。当年夏天入吏部，旋以列名江南奏销案被黜，放归田里，从此不再出仕。所谓奏销案，其经过是顺治十八年（1661年）正月，顺治皇帝崩，清政府颁布催征历年拖欠钱粮新令。江南巡抚朱国治造欠册送交朝廷，悉列江南十年来拖欠钱粮的缙绅一万三千余人，于是兴起大狱，涉案者或被夺功名，或降调官职，或押解入狱并送京，直至康熙元年（1662年）五月才奉特旨，一律

释放还乡。这场奏销案实际是清政府对江南汉族地主阶层的政治打击。

【12】《明史·赵用贤传》附赵士春传:"赵士春,字景之。江苏常熟人。"明崇祯十年(1637年)与弟赵士锦同中进士,赵士春以第三名及第。授翰林院编修。次年兵部尚书杨嗣昌"夺情"视事,不久还破格成为东阁大学士,进入内阁参预机务,仍兼兵部事。黄道周、赵士春等先后上疏,认为有违国家礼制,均被罢官。赵士春被贬为广东布政司照磨。后复官,卒于左中允。

【13】即岁月。

【14】道家所谓飞行之术。

【15】先少宰公,即作者的祖父董遐初,因他在明代官至吏部侍郎,故在此称少宰公。

【16】仰慕风操,企慕、效法。

【17】向平,指东汉隐士向长。《后汉书·逸民传》:"向长,字子平,河内朝歌(今河南淇县)人也。隐居不仕,性尚中和,好通《老》《易》……建武中,男女嫁娶既毕,敕断家事勿相关,当如我死也。于是遂肆意,与同好北海(今山东潍坊)禽庆俱游五岳名山,竟不知所终。"后世以"向平"为子女嫁娶既毕者之典。

【18】天随子,唐代诗人陆龟蒙的别号。《新唐书·隐逸传》:"陆龟蒙,字鲁望……少高放,通《六经》大义,尤明《春秋》……不喜与流俗交,虽造门不肯见……时谓江湖散人,或号天随子、甫里先生,自比涪翁、渔父、江上丈人。"

【19】桑苎翁,唐代陆羽的别号。《新唐书·隐逸传》:"陆羽,字鸿渐,一名疾,字季疵,复州竟陵(今湖北天门)人……上元初,更隐苕溪,自称桑苎翁,阖门著书。"陆羽著《茶经》传世,后世尊为茶圣。

题　词

丁丑（康熙三十六年，1697年）仲夏，小憩东皋客舍，雨窗快读榕城先生《识略》，未终卷而击节久之，因叹史馆中二十年来，不知撰择若何，头白有期，汗青无日，安得大手笔为之裁定垂千秋信史耶？草野遗民拭目俟之矣。为拈二韵志感云：

《辍耕录》自南村叟，《桯史》传于岳倦翁。
身阅沧桑文献在，《三冈识略》并称雄。

从他纪事饶银管，
自有藏书俪玉杯。
谁识江都真史笔，
漫夸梁苑有邹枚。

梅花原沈白拜　手题

凡 例

一、是书始于甲申（崇祯十七年、顺治元年，1644年），终于丁丑（康熙三十六年，1697年），共五十四年，皆本朝事。

二、事具国史者不敢载。

三、事涉忌讳者不敢载。

四、其间欣仰高贤，乐为称道，不必识面。

五、偶有褒贬，俱出至公，不敢任私意为去取。

六、凡称官位，止据目前，如吴三桂初称吴王，后称吴逆之类。

七、概称名，不称字与号。

八、事虽细微，各有依据，不敢妄为传述。

九、凡系风闻，未经目见者，后必书某人说。

十、是编积五十余年，今始告成，不敢期其必传，聊备识小家稽考。

十一、古今地名都有变化，一般均注有今地名。

十二、原文明显刊误之处均直接改正，如"四友垒"当为"四友斋"。

目　录

内容介绍 …………………… 1	莼乡赘客自述 …………… 11
序 ………………………… 7	题词 ……………………… 15
自序 ……………………… 9	凡例 ……………………… 16

卷○一
甲申至戊子，顺治元年——顺治五年（1644年—1648年）

星变 ……………………… 三	给谏改节 ………………… 一一
陵哭 ……………………… 三	筑城预兆 ………………… 一一
召将 ……………………… 三	长平公主 ………………… 一一
物异 ……………………… 三	宸翰 ……………………… 一二
逆臣草檄 ………………… 四	福王淫昏 ………………… 一二
刘诚意秘记 ……………… 四	义马 ……………………… 一三
崇祯亡国 ………………… 四	马生卵 …………………… 一三
宜兴始祸 ………………… 五	旱魃 ……………………… 一三
树泣 ……………………… 六	产怪 ……………………… 一三
李督师 …………………… 六	日食星流 ………………… 一四
贼墓 ……………………… 七	空中城郭 ………………… 一四
闯贼官制 ………………… 七	思陵太子 ………………… 一四
张献忠惨杀 ……………… 八	福王妃 …………………… 一四
弘光改元 ………………… 九	甑生花 …………………… 一五
瑞麦 ……………………… 一〇	白燕 ……………………… 一五
星异 ……………………… 一〇	詹有道 …………………… 一五
江左称号 ………………… 一〇	绝命词 …………………… 一六

奇药	一六	鱼上	三一
几生芝	一六	箭镞	三一
产子三目	一七	舟吼	三一
松城屠	一七	律毕香	三二
剃发文	一八	定水带	三二
学仙无成	一九	雷杀逆子	三三
不义妇	一九	奇门术	三三
题壁诗	二〇	藏镪	三三
乔将军	二〇	普陀藏经	三四
绍兴溃	二一	移冢	三四
兽知忠义	二一	诗讽	三五
松郡三变	二三	本朝立法宽大	三六
殷公尽节	二三	旧臣姓名录	三七
阳阵阴阵	二四	人腊	三八
假弘光	二五	义鹤	三八
死后魂灵著异	二五	金蛇	三八
伪撰国史	二六	黄雾	三九
拒女获报	二七	麻衣僧	三九
火药	二七	异笠	四〇
白蝙蝠	二七	盘龙塘	四〇
虎异	二八	髯长拂地	四〇
女子题壁	二八	紫竹庵发冢	四一
关公默佑	二九	四书五经欠字	四一
水厄	三〇	三字名字	四二
东山行	三一	鼠怪	四二

卷〇二
己丑至癸巳，顺治六年——顺治十年（1649年—1653年）

夫妇巧合	四五	狐怪	四五

大士显应	四六	斲轮能诗	五六
夜叉岛	四六	木龙	五六
狼入境	四六	先府君轶事	五六
关中碑刻	四七	白龙吐珠	五七
宝炉	四七	均田均役	五七
玉蟹	四七	种痘	五八
黑虹挟日	四八	巨蛛	五八
天雨麦	四八	橘异	五八
缚笔作书	四八	栎园笔记	五九
妖术	四八	地理不足据	五九
托生	四九	轩室名	五九
春草堂诗	四九	冒族	六〇
虎横	四九	谭辂语	六〇
城嚎	五〇	传奇假托	六一
日食	五〇	佣工奉道	六一
女化男	五〇	神化虎	六二
奇疾	五〇	天门开	六二
蜈蚣	五一	慎刑	六二
麒麟生	五一	议裁提督	六二
牡丹	五一	虎丘修禊	六三
天陨石	五二	秦省雨雹	六三
烈妇殉义	五二	蚩尤旗	六四
河决	五二	巨鲇	六四
吴中墨令	五二	纸狐	六四
神索仆马	五三	异相	六四
异蛇	五三	蒸麦	六四
蟮怪	五三	犬奸	六五
毗陵女子	五四	棺有定数	六五
沈翁鸠子	五五	神灯	六五
自知宿世	五五	分县	六六

海寇深入	六六	续香草	七一
塔影	六六	传经	七一
兵变	六七	削须偿米	七一
神索书	六七	不喜见俗人	七二
昌国县	六八	鹳冢	七二
寒穴泉	六八	白席	七三
贪横之报	六九	乳田	七三
鬼诗	七〇	方氏杂戒	七三
王襄敏	七〇	五湖	七四
阴丹	七〇	姓名杂考	七五

卷〇三
甲午至戊戌，顺治十一年——顺治十五年（1654年—1658年）

冰雹	七九	科名定数	八四
柘泽神显灵	七九	填榜失判	八五
紫冈著述	七九	墨汁污卷	八五
瑞应	八〇	妒妇伏法	八五
违式被黜	八〇	玄霜	八六
祖墓先兆	八一	雷震浮屠	八六
鸦非凶兆	八一	贵妃托梦	八七
鸟语词	八一	玄猿	八七
陆逊女墓	八二	祭墨会	八七
阴镜	八三	江左风俗	八八
地震山合	八三	月食既	八八
假目	八三	马镇图逆	八九
私女失元	八三	讹传点选	八九
禁蛇	八四	谣谶	八九
日中黑子	八四	庸医杀人	九〇

石坠	九〇	陈孝廉	九九
败笔头	九〇	萧孝子	一〇〇
积书	九〇	火烧旗杆	一〇〇
避债台	九一	负心获报	一〇〇
诗谶	九二	少参风流	一〇一
泖寇	九二	李生女	一〇一
何首乌	九三	托生为猪	一〇二
收香鸟	九三	男人女名	一〇二
李公托生	九三	释氏命名	一〇三
林史	九四	人身诸神名	一〇四
拆人夫妇报	九四	物名类人名	一〇六
产子两首	九四	鹤湖谣	一〇八
乡闱异变	九五	商谜	一〇九
徙巢	九五	灯谜诗	一〇九
宁古塔	九六	花名诗谜	一一四
赏菊	九七	旅庵	一一四
研山	九七	伤友	一一五
金山虎见	九八	著书诞妄	一一五
天雨沙	九八	老子有妹	一一六
白秋海棠	九八	人变犬	一一六
彭禹峰	九九		

卷〇四

己亥至癸卯，顺治十六年——康熙二年（1659年—1663年）

鹊巢	一一九	城隍神著灵	一二一
天狗坠	一一九	乌报冤	一二一
海寇入犯	一一九	出神	一二一
上元老人	一二〇	神诛逆子	一二二
谯楼	一二〇	出母嫁母义不可绝	一二二

僧诗	一二二	地龙散	一三五
大烛会	一二三	盐官贻诗	一三六
闽省城隍神啼哭	一二三	风雹	一三六
潮异	一二三	淫像	一三七
石猴	一二四	当湖为神	一三七
史公宿因	一二四	袁将军冢	一三八
柏大士	一二四	松顶兰	一三九
庙神示兆	一二五	梵修寺黄杨	一三九
掘藏获殃	一二五	申江杂识	一三九
县衙女妖	一二六	读书种子不可绝	一三九
雷诛讼师	一二六	贱名入梦	一四〇
董公泉	一二六	青蛙使者	一四一
浮萍兔丝篇	一二七	孝妇却鬼	一四一
玉印	一二七	富人不可作缘	一四一
崇奉释教	一二七	祭厉	一四二
五宗异同	一二八	龙过	一四二
诗谶	一二八	天鼓鸣	一四二
朱衣见梦	一二九	黑风	一四三
孙公知遇	一二九	误传病死	一四三
溺女鬼救	一三〇	鬼报冤	一四四
废登科录	一三〇	改试士法	一四四
侍御赠行诗	一三一	还魂	一四四
禄命有验	一三一	竹生花	一四五
不认本房	一三二	莲笠	一四五
梦棺	一三二	头陀托胎	一四五
韦公祠	一三三	居宅有定数	一四六
镜铭	一三三	五眼鱼	一四六
文星堕	一三四	神召	一四七
江南奏销之祸	一三四	同辈序齿	一四七

李笠翁	一四八	屠报	一五一
萨真人	一四八	独行君子	一五二
平牙露布	一四九	博徒	一五二
赵瘸子	一五〇	顾先生	一五三
天榜	一五〇	捕鱼翁说	一五三
董仲舒有三	一五一	射工说	一五四
骄凤篇	一五一	穷奇说	一五四

卷〇五
甲辰至戊申，康熙三年——康熙七年（1664年—1668年）

龙睡	一五七	秋江图	一六五
雉雏	一五七	伪印	一六五
林氏家世	一五七	冒认崇祯	一六五
天主教	一五八	猴奸	一六六
彗见	一五九	松郡大狱	一六六
日变	一六〇	狱中诗	一六六
好货为缙绅一蔽	一六〇	妖僧	一六七
赠歌童	一六〇	相思鸟	一六七
石卵	一六一	蚌与龙斗	一六八
石陨	一六一	梅生葵	一六八
青霜	一六一	先慈吉祥善逝	一六八
地陷	一六二	熟荒	一六九
高邮水怪	一六二	众星陨	一六九
宋莱阳	一六二	临安火	一七〇
地裂	一六二	大雪	一七〇
产异	一六三	李举人自屠	一七〇
火焚奸僧	一六三	余杭赠诗	一七〇
寿数一定	一六三	晚达	一七一
谣谚	一六四	火光亘天	一七一

海烈妇………………………一七一	江浙地震………………………一八二
破婚削籍………………………一七三	淮凤地震………………………一八二
银瓶祠…………………………一七三	河堤崩坏………………………一八三
梦天榜…………………………一七四	山东同日地震…………………一八三
黄风黑虫………………………一七四	北直同日地震…………………一八三
不云而雷………………………一七四	碑出……………………………一八四
火鸡……………………………一七五	飓风……………………………一八四
蝗灾……………………………一七六	侏儒……………………………一八四
宝珠……………………………一七六	托梦赠赙………………………一八五
烈士殉节………………………一七六	九峰主人………………………一八六
云间唱和诗叙…………………一七七	叶贡生冤报记…………………一八七
启祯诗选………………………一七九	晚而举子………………………一八八
义虎……………………………一七九	集句诗…………………………一八八
一产四子………………………一八〇	东村……………………………一八九
牛眚……………………………一八〇	穿井……………………………一八九
天枪见…………………………一八一	天狱……………………………一八九
叫魂……………………………一八一	拾簪……………………………一八九
太白昼见………………………一八二	遇九逢灾………………………一九〇

卷〇六
己酉至癸丑，康熙八年——康熙十二年（1669年—1673年）

改历……………………………一九三	濮孝廉…………………………一九五
卫公清修………………………一九三	药名闺情诗……………………一九六
议蠲……………………………一九四	雨沙……………………………一九六
白垩……………………………一九四	端午夏至………………………一九六
产异类…………………………一九五	洞庭蜃气………………………一九六
淫报……………………………一九五	白鸦……………………………一九七
无臂道人………………………一九五	先圣遗像………………………一九七

长年	一九八	瑞虫	二一三
吴翰林	一九八	暴风摄寺	二一三
鬼门关	一九九	月下白气	二一四
屠牛报	一九九	陆园胜概	二一四
太湖水溢	一九九	龙伤禾	二一四
捕鱼报	二〇〇	二首	二一四
陶广文悴	二〇〇	省元神告	二一五
古钱	二〇一	乡饮酒	二一五
濮阳王墓	二〇一	僧诗无蔬笋气	二一六
负托遇鬼	二〇一	兰亭真本	二一六
龙斗	二〇二	啸雪庵	二一七
魏伯乡	二〇二	蒋公坐化	二一八
戏赠聋者	二〇四	总河为神	二一九
祷雨自沉	二〇四	国祚之久	二一九
墨竹	二〇五	宅怪	二二〇
淫奔	二〇五	杯中鬼	二二〇
兵变	二〇六	蠲租	二二一
射虎	二〇六	知贡举	二二一
女怪	二〇七	灵棋经	二二一
北人不知南味	二〇七	贪报	二二二
醉虎	二〇八	县令为丐	二二二
猛虎行	二〇八	亲丧不守制	二二三
神火	二〇九	乌衣佳话	二二三
伪碑	二〇九	郡中艺事	二二四
凿吴淞江	二〇九	自题行乐图	二二四
胡僧见梦	二一〇	吕道士	二二五
拂水山庄	二一一	三吴风俗十六则	二二五
果报	二一二	相地	二二八

卷〇七
甲寅至戊午，康熙十三年——康熙十七年（1674年—1678年）

龙阵…………………………… 二三一	星陨为石………………………… 二四四
众谋筑室………………………… 二三一	钟自鸣…………………………… 二四五
泽州寄诗………………………… 二三一	梅菊夏开………………………… 二四五
绘图御史………………………… 二三二	甘露……………………………… 二四五
哭友……………………………… 二三二	沈阳水发………………………… 二四五
孝廉评诗………………………… 二三三	鳖中儿…………………………… 二四六
口舌报…………………………… 二三四	止溪……………………………… 二四六
松酿……………………………… 二三四	儒释合旨………………………… 二四六
暴雨……………………………… 二三五	大雪……………………………… 二四七
死作阎罗………………………… 二三五	沁园春…………………………… 二四七
人首鱼…………………………… 二三六	煞神……………………………… 二四八
怪鸟……………………………… 二三六	神医……………………………… 二四九
弑逆……………………………… 二三六	长爪……………………………… 二四九
瓜异……………………………… 二三七	濑中集…………………………… 二五〇
炎雪……………………………… 二三七	元旦雷…………………………… 二五〇
石碑……………………………… 二三七	请免岁贡加征…………………… 二五一
科场冤报………………………… 二三八	鬼谴……………………………… 二五一
画虎……………………………… 二三八	财有定数………………………… 二五二
胥主政…………………………… 二三九	宅祟……………………………… 二五二
绣江集…………………………… 二三九	伶人被刺………………………… 二五二
神女辨…………………………… 二四一	鹧鸪天…………………………… 二五三
山矾生菌………………………… 二四二	记梦……………………………… 二五三
异形……………………………… 二四二	长夏十友………………………… 二五五
乖龙……………………………… 二四三	前生孽报………………………… 二五五
猛兽杀虎………………………… 二四三	鸟船……………………………… 二五六
京师异风………………………… 二四四	再举乡试………………………… 二五六

星陨有文	二五七	牛鬼	二六二
廉吏为神	二五七	气感	二六二
除妖	二五七	河豚宜戒食	二六二
地震	二五七	麒麟	二六三
狮子	二五八	食犬报	二六三
魏公直节	二五八	彭祖横死	二六三
丑令	二五八	粘诗相诮	二六四
刑戒书	二五九	葬友	二六五
吴太守	二五九	以数为名	二六五
九华忏悔	二六〇	古书难据	二六六
夏雪	二六一	古语	二六六
天鸣	二六一	昼夜变异	二六六
禾变葱	二六一	长短大小不侔	二六七

卷〇八

己未至癸亥，康熙十八年——康熙二十二年（1679年—1683年）

黑气	二七一	发掘祖墓	二七八
天雨谷	二七一	贵贱有定分	二七八
山左饥荒	二七一	孝子复仇	二七九
京师地震	二七一	淫尹	二八〇
鬼城	二七二	妖星吐光	二八〇
雪庵道人	二七三	产蛇	二八一
四诛	二七三	蜂报冤	二八一
星变江鸣	二七五	将军好文	二八一
道书	二七五	河决	二八二
积财贻害	二七六	寒食扫墓	二八二
前辈先见	二七七	冰雹	二八三
日食	二七七	私增田额	二八三

左道伏法……二八三	洗县……二九五
先辈名言……二八五	纸皂行……二九六
鬼胎……二八六	星变……二九六
娄江赠诗……二八六	仆见冥报……二九六
松郡虎见……二八七	旗杆气出……二九七
平西逆报……二八七	殴父……二九七
削平诸逆……二八八	平岛寇……二九八
赀郎古今不同……二八九	大酺……二九九
科名不绝……二八九	咏灯……三〇〇
认后辈为同年……二九〇	变畜偿债……三〇一
居乡不操乡音……二九一	赵公清慎……三〇一
昇平宴……二九二	日本刀……三〇二
海寇劫粮……二九二	宋朝御像……三〇二
前辈风流……二九二	曲阜赠言……三〇三
由贴……二九三	卑官能诗……三〇三
华苹山人……二九三	腊月雷电……三〇四
于公清节……二九四	肠覃……三〇四
关公著灵……二九五	古谚不足据……三〇五

卷〇九
甲子至戊辰，康熙二十三年——康熙二十七年（1684年—1688年）

上元甲子……三〇九	张真人……三一二
请减浮粮……三〇九	日生珥……三一三
羊产猴……三一〇	龟异……三一三
前生杀人……三一〇	东巡……三一三
于公遗爱……三一〇	修志……三一四
杨董冤报……三一一	月食……三一五
黑霜……三一二	姓姓……三一五

岁朝立春	三一六	生魂	三二八
水灾	三一六	种子方	三二八
读书帐	三一七	搏鬼	三二九
不葬亲	三一七	祖宗灵应	三三〇
禽耻他子	三一七	藏金托梦	三三〇
太极丸	三一八	蠲租	三三一
杂谑	三一八	劫妻得僧	三三二
白塔看潮	三一八	鸡异	三三二
岘山	三一九	阎罗	三三二
革淫祠	三一九	捐纳岁贡	三三三
鬼居腹中	三二〇	画龙	三三三
打鬼法	三二一	京师亢旱	三三四
五色晕	三二一	鸠庵先生	三三五
结婚破产	三二一	华氏祖	三三五
越中水灾	三二二	武昌兵变	三三五
一宅两文恪	三二二	道臣殉难	三三六
牛偿命	三二三	秦望山庄	三三七
资治通鉴补	三二三	遇考自沉	三三七
龙挂	三二四	语录可厌	三三七
私盐宜禁	三二四	杜生	三三八
白衣送婚	三二四	少参赠诗	三三八
小牯牛	三二五	才子书	三三九
豪家犬	三二五	变犬	三四〇
惧内	三二五	窖藏无益	三四一
夫妇同雷击死	三二六	疑冢辨	三四一
郡守风流	三二六	索债	三四二
吴阊火灾	三二七	田孝廉	三四二
异风	三二七	占验	三四三
蝗入考场	三二七	宦牛阉豕	三四三

卷〇十
己巳至癸酉，康熙二十八年——康熙三十二年（1689年—1693年）

南巡	三四九	异鱼	三六三
设醮祈释	三五〇	辟谷	三六三
负心报	三五〇	张将军	三六四
端午夏至	三五一	雷击蜈蚣	三六四
西邻鹤	三五一	龟鉴	三六四
松郡大荒	三五一	龙阵	三六四
酷吏	三五二	佘山起蛟	三六五
惨杀之报	三五二	肉身变牛	三六五
卢先生	三五二	海舟覆没	三六五
八月生子	三五三	圣谕	三六六
寓斋唱和	三五三	修海塘	三六六
猪蜕皮	三五五	珠瘤	三六八
窃儿	三五五	元旦日食	三六八
鹿尾	三五五	蠲漕	三六八
赠女	三五六	雄鸡生卵	三六九
蛟起	三五七	盍簪感逝录序	三六九
虫灾	三五七	松化石	三七一
科举异变	三五七	羊知感恩	三七二
官绅接见有禁	三五八	圣教序	三七二
耄年应试	三五八	幼慧	三七二
烧丹无成	三五九	三秦大荒	三七三
乡贤祠滥觞	三六〇	鄂王灵应	三七三
十六月生子	三六一	半截人	三七四
宿生讼师	三六一	陆公为神	三七四
奇寒	三六二	修史	三七五
春雪	三六二	江上老梅	三七六

物祟…………………………三七七	冥犯…………………………三八〇
待士盛典……………………三七七	评文被诉……………………三八一
黄沙…………………………三七八	云间著述……………………三八一
日晕…………………………三七八	舍利…………………………三八二
鸡四足………………………三七九	冬行春令……………………三八三
奇旱…………………………三七九	杀夫…………………………三八三
闱中自缢……………………三八〇	犬怪…………………………三八三
鼍精…………………………三八〇	

《三冈续识略》小引……………三八五

《三冈续识略》

甲戌至丁丑，康熙三十三年——康熙三十六年（1694年—1697年）

遂园禊饮……………………三八九	痘神…………………………三九三
梦仙纳心……………………三九〇	句容水发……………………三九四
秦中地陷……………………三九一	风变…………………………三九四
产芝…………………………三九一	张公清严……………………三九五
生孙…………………………三九二	地动…………………………三九五
海溢…………………………三九二	绣球…………………………三九五

题　跋………………………三九六
附录　（清）杜说霖藏本跋语
　　　三则…………………三九七

卷 一

甲申至戊子，顺治元年
——顺治五年（1644年—1648年）

星变

甲申(1644年)正月朔,大风霾。癸丑夜,星入月中。

陵哭

三月,钦天监奏:帝星下移。又守陵官奏:孝陵[1]夜哭。

【1】孝陵,即朱元璋陵,在今南京。

召将

怀宗[1]尝于宫中符召天将,一召即至,叩以将来,事无勿应者。癸未(崇祯十六年,1643年)秋,雷击奉天殿,惧甚,复焚符召之,久之不至,良久玄帝下临,乩批云:天将皆已降生,人间无可应召。上再拜问降生意欲何为?尚有未降生者否?答云:惟汉寿亭侯[2]受明厚恩,不肯降生,余无在者。批毕寂然,再叩,不应矣。

【1】崇祯皇帝卒后,南明弘光年间定庙号思宗,后改为毅宗。隆武年间谥为威宗。清军入京以后,多尔衮为笼络民心,定"怀"为崇祯的庙号。

【2】汉寿亭侯,即三国蜀汉大将军关羽。他在东汉末年因战功被封为汉寿亭侯,被后世奉为武圣人。

物异

临淮民家贮豆数斛,悉变人首状,有老者、少者,或如哭泣如妇人者,数日仍复豆形。尝考汉中平元年(184年),东都(今河南洛阳)等处草作人形,是岁黄巾起,王室板荡。时蛾贼鸱张,闯、献[1]尤炽。未几,宫阙不守,乃知为阽覆之兆云。

【1】闯、献,指明末农民军领袖李自成、张献忠。李自成号称闯王。

逆臣草檄

闯贼限三月十八日抵燕都（今北京），既而如期破京师。先是，移檄远近，中有云：主非甚暗，孤立而炀蔽恒多；臣尽行私比党，而公忠绝少。逆臣周钟[1]笔也。闻者扼腕，钟后献下江南策，贼败，潜归南都（今江苏南京），戮于市。

【1】周钟，出身于江南金坛诗礼世家。崇祯十六年（1643年）进士。其家族中两代人出了七个进士。周钟曾与兄长周铨在复社主讲过《春秋》。天下之士子，无人不知金坛周钟之大名。周钟与张溥、张采并为明末文学团体复社的精神领袖。明亡，周钟却一反昔日所为，投附李自成大顺政权，积极劝进，并献南下攻南明之策，为士林所不齿。

刘诚意秘记

大内一密室，相传刘诚意基[1]留秘记，钥键甚严，非大变不得开。贼围城急，思陵[2]亲启之，中惟一柜，发之得图三轴。第一图绘文武官数十，俱披发乱行。问内臣，答曰：岂官多法乱乎？第二图绘兵将倒戈弃甲，百姓襁负奔走状，曰：得非军民皆叛乎？再展第三图，一画像与御容酷肖，穿白，半臂，右足跣，左系袜履，散发悬树下。勃然变色，竟符其兆。

【1】刘基，明朝开国功臣之一，封诚意伯。《明史·功臣世表一》："刘基，洪武三年（1370年）十一月，封开国翊运守正文臣诚意伯。"
【2】崇祯皇帝陵名思陵，此指崇祯皇帝在世时而言。

崇祯亡国

怀宗[1]入继大统，太阿独操，忧勤惕厉，日昃不暇，声色嗜好一无所留意。末年，寇盗蜂起，灾变迭见，喋血宫庙，自唐宋以来未有若斯之酷者。愚尝论之，明兴，昏庸之君二：武宗、熹宗是也，二君宜亡国者也。雄略之君二：英宗、怀宗是也，二君不宜亡国者也。乃事有相反者，盖明不亡于怀，而亡于熹，犹汉不亡于献，而亡于桓、灵[2]也。

【1】崇祯皇帝卒后，南明弘光年间谥绍天绎道刚明恪俭揆文奋武敦仁懋孝烈皇帝，庙号思宗，后改为毅宗。隆武年间谥为威宗。清军入京以后，多尔衮为笼络民心，下令从五月初六日开始，前明在京官员为崇祯哭灵三天。前明左中允李明睿提出以"怀"为崇祯的庙号，以"端"为谥号，合称"怀宗端皇帝"。后来顺治皇帝降旨取消崇祯的庙号，并改谥号为"愍"。

【2】东汉桓帝、灵帝荒淫无道，信用宦官，导致国政大坏。献帝是东汉最后的亡国之君。

宜兴[1]始祸

阳羡（今江苏宜兴）周延儒之初相[2]也，珰案[3]诸人皆厚赂之，欲令转移上意，阮大铖[4]亦馈二万金。延儒畏上英断，不敢发，性贪鄙，又不能还金。诸人惆怅而已，独大铖怒詈之。大铖既负逆名，众皆不齿，马士英黜官居金陵（今江苏南京）[5]，好声色，与大铖为狎邪交，相得甚欢，士大夫因并薄士英。二人交愈固。延儒再相[6]，大铖候之京口（今江苏镇江），曰："公起，天下拭目望太平矣。某愿为太平之民，一身功名非所冀也。"延儒始虑其责报，闻之甚喜，然计大铖之为人，终不可负，欲有以取偿，曰："公知人才谁可用者？愿得致力。"大铖举士英，遂从起废，擢凤督。及弘光立[7]，士英相，大铖用，而国由以亡。嗟乎！以三百年之宗社，东南千万里之江山，一旦举而捐之，捐之者，仅此二万金也。

【1】周延儒，江苏宜兴人，明末内阁首辅。此处以宜兴代指周延儒。

【2】《明史·周延儒传》：周延儒，字玉绳，宜兴人。万历四十一年（1613年）会试、殿试皆第一名……庄烈帝即位，召为礼部右侍郎……崇祯二年（1629年）十二月入阁，崇祯六年（1633年）任首辅，遂被阁臣温体仁排斥，引疾乞归。周延儒是江苏宜兴人，宜兴在隋为义兴，唐代又析置阳羡县，寻废，故城在宜兴南五里。此处称阳羡，即借指宜兴。

【3】崇祯皇帝即位，铲除宦官魏忠贤一党，朝臣中与魏忠贤勾结的列为阉党，均遭罢斥，时称珰案、阉案。

【4】《明史·奸臣传》：阮大铖，怀宁人，万历四十四年（1616年）与马士英同中会试，熹宗天启初任给事中。天启四年（1624年）春，吏科都给事中缺，按秩阮大铖当补，被东林党人赵南星等人所阻，于是怨望，"阴结中珰"滞留赵南星的奏疏，遂得吏科，"自是附魏忠贤，与霍维华、杨维垣、倪文焕为死友"，后乞归。及崇祯皇帝即位，诛魏忠贤，清查魏忠贤阉党，时称逆案，阮大铖名列其中，后避居南京，"闭门谢客，独与马士英相结"。周延儒再次入相，"阮大铖辇金钱要之维扬（今江苏扬州），求湔濯"。周延儒曰："吾此行，谬为东林所推。子名在逆案，可乎？"阮大铖遂推马士英，周延儒允诺。

【5】《明史·奸臣传》: 马士英，贵阳人，万历四十四年（1616年）中会试，四十七年（1619年）成进士，授南京户部主事。崇祯五年（1632年）"擢右佥都御史，巡抚宣府（今河北宣化）"，以私用公款馈遗朝贵，坐遣戍，寻流寓南京，与阮大铖相结甚欢。及周延儒再次入相，受阮大铖之托，崇祯十五年（1642年）遂起用马士英为兵部右侍郎兼右佥都御史，总督凤阳、庐州军事。凤督即凤阳总督。

【6】崇祯十四年（1641年）二月周延儒再次受召入京，数月后入阁担任首辅。十六年（1643年）罢，寻赐死。

【7】崇祯十七年（1644年）三月北京陷，崇祯皇帝自缢。五月，明福王朱由崧在南京即皇帝位，改明年为弘光元年（1645年），马士英时入内阁，且仍掌兵部，后以阮大铖掌兵部尚书。

树泣

淮安（今江苏淮安）东岳庙殿前大树，无故水点飘落如雨，三日乃止，或云此名树泣。

李督师

李督师建泰，素负重望，自言西人[1]知贼中情事，请身往御寇，以家财佐军。思陵壮之，告庙授钺，忽殿梁声响大作，如崩裂然；甫出宣武门，舆杠忽折；至暮其印绶上火光如斗，或谀为指日成功，金印如斗兆。未几，陷贼[2]。

【1】李建泰是山西人，故自称西人。

【2】《明史·李建泰传》: "李建泰，山西曲沃人。天启五年（1625年）进士……崇祯十六年（1643年）五月擢吏部右侍郎。十一月以本官兼东阁大学士。"十七年（1644年）正月，李自成起义军攻略山西，陷平阳。"李建泰虑乡邦被祸，而家富于赀，可以借以佐军"，于是奏曰: "臣家曲沃，愿出私财饷军，不烦官帑，请提师以西。"崇祯皇帝闻言大喜，"加建泰兵部尚书，赐尚方宝剑，便宜从事。"二十六日行遣将礼，"帝御正阳门楼，卫士东西列，自午门抵城外"。"帝奖劳有加，赐之宴……酒七行，帝手金卮亲酌建泰者三，即以赐之。乃出手敕曰'代朕亲征'。宴毕"，建泰辞行，崇祯皇帝"目送之"。"行数里，所乘肩舆忽折，众以为不祥……甫出都，闻曲沃已破，家资尽没，惊怛而病"。每天只缓行三十里，士卒多散亡，后抵保定，城破起义军被俘。李建泰后降于清，复起事被杀。又见《明季北略·李建泰督师》。

贼墓

李自成，陕之米脂县（今陕西米脂）双泉人。祖海，父守忠，葬三峰子乱山中。山势险恶，林木丛杂，气概雄伟。幕府檄米脂县边大绶[1]掘之，以泄杀气。先破海冢，骨黑如墨，头额生白毛六七寸；次至守忠冢，中蟠白蛇一，长一尺二寸，头角崭然，见人昂首张口，无所畏，众击杀之。守忠骨节间，色如铜绿，生黄毛五六寸。其余环绕数冢，骨皆血润，亦有生毛者。大绶有记，名《虎口余生》[2]，载之甚详。

【1】边大绶，字素一，号长白，直隶任丘（今河北任丘）人。崇祯十二年（1639年）举人，任陕西米脂县知县。崇祯十五年（1642年）正月初八，陕西总督汪乔年下令边大绶掘毁李自成的祖父李海和父亲李守忠的坟墓，"尽数伐掘"，将骨骸"聚火烧化"。不久，他因为怕李自成报复，遂辞官，不知所终。顺治元年（1644年）边大绶降清，任河南修武县知县，顺治八年（1651年）任太原知府，曾为傅山开脱。顺治十三年（1656年），以病辞归。

【2】边大绶，根据自己从农民军中逃脱的经历，撰成《虎口余生记》，在清初一度流传甚广，后改写成剧本。

闯贼官制

闯贼[1]入都五日，建设伪官。改印曰符、券、契、章，凡四等。更定官名：六部曰六政府，内阁曰天祐殿，翰林曰弘文院，文选司曰文谕院，巡抚曰节度使，兵备曰防御使，六科曰谏议，御史曰直指使，太仆曰验马寺，尚宝曰尚玺，通政司曰知政使，布政曰统会，主事曰从事，知府曰尹，中书曰书写房，知州曰牧，知县曰令，正总兵曰权，副总兵曰制，五军府曰五军部，守备曰守旅，把总曰守旗，余如故。官服以云为级，一品一云，至九云为九品，伪相牛金星所定，真槐国衣冠[2]也。

【1】李自成自号闯王。
【2】槐国一词出自槐安梦，也称南柯梦。（唐）李公佐《南柯太守传》：淳于棼家居广陵郡，喜欢饮酒，一日，在门南古槐树下喝醉，恍惚间到古槐树下槐安国，被其王招为驸马，又为南柯郡太守，享尽三十年荣华富贵。后檀萝国进犯，他打了败仗。随后公主去世，他又被国王怀疑有异谋，遂复被遣送回家。一觉醒来方知是一场梦。他带友人据梦境挖开古槐穴，发现原来是一大蚁穴。该故事比喻人生如梦，富贵犹如过眼烟云。该文见载于《太平广记》卷四百七十五《淳于棼》，称转录于《异闻录》：东平淳于棼，吴楚游侠之士……家住广陵郡东十里，所居宅南有大古槐一株，枝干修密，清阴数亩。淳于生日与群豪大饮其下。贞元七年九月，因沉醉致疾。时二友人于座扶

生归家，卧于堂东庑之下……生解巾就枕，昏然忽忽，仿佛若梦。见二紫衣使者，跪拜生曰："槐安国王遣小臣致命奉邀。"生不觉下榻整衣……指古槐穴而去。使者即驱入穴中。生意颇甚异之……入大城，朱门重楼，楼上有金书，题曰"大槐安国"。执门者趋拜奔走。旋有一骑传呼曰："王以驸马远降，令且息东华馆。"因前导而去……右相引生升广殿，御卫严肃，若至尊之所。见一人长大端严，居王位，衣素练服，簪朱华冠。生战栗，不敢仰视。左右侍者令生拜。王曰："前奉贤尊命，不弃小国。许令次女瑶芳奉事君子。"生但俯伏而已，不敢致词……撤障去扇，见一女子，云号"金枝公主"。年可十四五，俨若神仙。交欢之礼，颇亦明显。生自尔情义日洽，荣曜日盛，出入车服，游宴宾御，次于王者……是岁，有檀萝国者，来伐是郡。王命生练将训师以征之。乃表周弁将兵三万，以拒贼之众于瑶台城。弁刚勇轻敌，师徒败绩，弁单骑裸身潜遁，夜归城。贼亦收辎重铠甲而还。生因囚弁以请罪。王并舍之。

是月……生妻公主遭疾，旬日又薨。生因请罢郡，护丧赴国……生久镇外藩，结好中国，贵门豪族，靡不是洽。自罢郡还国，出入无恒，交游宾从，威福日盛。王意疑惮之……王顾左右以送生。生再拜而去，复见前二紫衣使者从焉。至大户外，见所乘车甚劣，左右亲使御仆，遂无一人，心甚叹异。生上车，行可数里，复出大城。宛是昔年东来之途，山川原野，依然如旧。所送二使者，甚无威势，生逾怏怏。生问使者曰："广陵郡何时可到？"二使讴歌自若，久乃答曰："少顷即至。"俄出一穴，见本里闾巷，不改往日，潸然自悲，不觉流涕。二使者引生下车，入其门，升其阶，已身卧于堂东庑之下。生甚惊畏，不敢前近。二使因大呼生之姓名数声，生遂发寤如初。见家之僮仆拥篲于庭，二客濯足于榻，斜日未隐于西垣，余樽尚湛于东牖。梦中倏忽，若度一世矣。生感念嗟叹，遂呼二客而语之。惊骇。因与生出外，寻槐下穴。生指曰："此即梦中所惊入处。"客将谓狐狸木媚之所为祟。遂命仆夫荷斤斧，断拥肿，折查枿，寻穴究源。旁可袤丈，有大穴，根洞然明朗。可容一榻。上有积土壤，以为城郭台殿之状。有蚁数斛。隐聚其中。中有小台，其色若丹。二大蚁处之，素翼朱首，长可三寸。左右大蚁数十辅之，诸蚁不敢近。此其王矣。即槐安国都也。又穷一穴：直上南枝，可四丈，宛转方中，亦有上城小楼，群蚁亦处其中，即生所领南柯郡也。又一穴：西去二丈，磅礴空圬，嵌窅异状。中有一腐龟，壳大如斗。积雨浸润，小草丛生，繁茂翳荟，掩映振壳，即生所猎灵龟山也。又穷一穴：东去丈余，古根盘屈，若龙虺之状。中有小土壤，高尺余，即生所葬妻盘龙冈之墓也。追想前事，感叹于怀，披阅穷迹，皆符所梦。不欲二客坏之，遽令掩塞如旧。是夕，风雨暴发。旦视其穴，遂失群蚁，莫知所去。故先言"国有大恐，都邑迁徙"，此其验矣。复念檀萝征伐之事，又请二客访迹于外。宅东一里有古涧涧，侧有大檀树一株，藤萝拥织，上不见日。旁有小穴，亦有群蚁隐聚其间。檀萝之国，岂非此耶？嗟呼！蚁之灵异，犹不可穷，况山藏木伏之大者所变化乎？……生感南柯之浮虚，悟人世之倏忽，遂栖心道门，绝弃酒色。后三年，岁在丁丑，亦终于家。时年四十六，将符宿契之限矣……前华州参军李肇赞曰："贵极禄位，权倾国都，达人视此，蚁聚何殊。"

张献忠惨杀

献贼穷凶极恶，千古无两。入蜀后僭号大西，改元大顺，首杀成都百姓，三日三夜始毕。次杀绅士数十万。次杀川兵二十三万，家口三十二万。余次屠成都府属三十六州县百姓，每城户口多至千百万，不能记数。次屠乡村百姓，老少无遗。次杀官兵十二万余。次杀将官五千七百余，各官家属一万三千二百余。次杀兵妻五万有余。次杀随征兵共男妇五十万。诸将报功疏文又称：平东一路杀百姓男人五千九百八十八万，女人八千六百六十余万；安西一路杀男人七千九百余万，女人八千八百余万；定北一路杀男人七千六百余万，女人九千四百余万，幼小皆不在其数。呜呼！何其惨也。夫上帝好生，乃生此贼以应劫数，不然彼苍苍者岂真如醉如梦耶！嗟乎！纵彼凶暴，荼毒生灵，天心亦不仁甚矣。

弘光改元

五月，福王即位南都（今江苏南京），改元弘光。王名由崧，质性暗劣，有蜀后主、晋惠帝[1]之风，而荒淫无道百倍过之。大臣素有声望者，外虽崇礼，内实疏之。简凤督马士英为相[2]，惟以挟私树党、贿官鬻爵为事，首举故光禄卿阮大铖为大司马[3]，阅江防旅；起其党张孙振[4]、卫胤文[5]等环布中外，以图报复。辅臣姜公曰广[6]特疏纠之，有曰："梓宫未冷，增龙驭之凄凉，制墨未干，骇四方之观听。"马、阮忌其言切直，谋中伤之，未及行而败。

【1】三国时期刘备之子刘禅即位称后主，西晋武帝司马炎之子司马衷即位称孝惠皇帝。二人均为历史上著名的昏君。

【2】马士英，字瑶草，贵州贵阳人，明末凤阳总督；南明时因拥立福王朱由崧为弘光帝而被任为内阁首辅。本姓李，过继马氏，祖籍广西梧州（今广西梧州）。

【3】大司马，兵部尚书的别称。阮大铖在南明政权中与马士英结党，官至兵部尚书。

【4】张孙振，字公武，安徽霍山（今安徽霍山）人。明崇祯元年（1628年）进士，历任太仆寺少卿，河南道监察御史。他依附朝中权臣温体仁，与东林党人作对。崇祯九年（1636年）他出任山西巡按御史时，诬陷东林党人、山西提学佥事袁继佐贪赃，袁因而下狱。山西士子百余人为之不平，赴京替袁继佐喊冤，震动朝野。山西巡抚吴甡向朝廷奏明真相，袁继佐得以复官，张孙振谪戍。明亡以后，他初投奔南京弘光政权，依附马士英、阮大铖，仍任御史。弘光政权覆亡以后遁归乡里。见《明史·章正宸传》《解学龙传》《都任传》《马士英传》《袁继佐传》。

【5】卫胤文，陕西米脂（今陕西米脂）人。崇祯四年（1631年）进士，崇祯末年官谕德。李自成大顺军进北京，其降于大顺，后南奔投南明福王政权，奉旨录用。他依附权臣马士英，得授给事中加兵部右侍郎，监大顺军降将高杰于扬州。清军南下，扬州城陷之前，卫胤文病卒。见《明史·高杰传》《马士英传》《史可法传》《解学龙传》。

【6】即明末抗清官员姜曰广。姜曰广，字居之，号燕及，晚号浠湖老人，江西新建（今江西

新建）人。万历四十七年（1619年）进士，崇祯朝官至詹事掌南京翰林院事。南明时拜礼部尚书兼东阁大学士，然为奸臣马士英所忌，乞休归。后从金声桓反清，兵败投水死。其在南明时期与史可法、高弘图并称"南中三贤相"。

瑞麦

是月，江南怀远县（今安徽怀远）产瑞麦，一茎双穗。

星异

六月，长庚[1]见东方，光芒闪烁，或四角，或五角，中有刀剑兵马之形。

【1】金星又称太白、启明、长庚，是古代人认为最亮的星宿。传说太白金星主杀伐，古代诗文中多以比喻兵戎之兆。

江左称号

江左称号，不过一载，而诸臣奏牍所慷慨论列者，惟申明三案始末，及织造、选采女并鬻官援例等事。富家子弟皆辇金而入，于是民间有"都督满街走，职方贱如狗"之谣。逮沿江失守，或泚忍偷生，或望风惊窜，惟史公可法[1]战死淮南，以身殉国，余自尽者止张捷、杨维垣而已，二人向摈清议[2]，而一死颇烈，信乎！盖棺论定也。

【1】史可法，字宪之，又字道邻，祥符人（今河南开封）。明末政治家，军事统帅。明南京兵部尚书、东阁大学士，因抗清被俘，不屈而死，是我国著名的抗清英雄。南明朝廷谥之忠靖。清高宗乾隆皇帝追谥忠正。

【2】张捷、杨维垣均是明天启朝的御史，崇祯初年以其附大太监魏忠贤定为逆党而罢官。明亡，遂南奔南京投南明政权。

给谏改节

相传惠给谏世扬[1]为闯贼所得，慕其名，甚尊礼之。世扬有"天遗老臣以佐陛下"之语。给谏[2]先朝直臣，三秦士民不敢呼姓名，称为延安父子，乃胁于凶威，匍匐受伪官。嗟乎！世扬末路乃至于此，使早死一二年宁有此耶？

【1】惠世扬，陕西清涧人，系明代东林党人，官至给事中、大理寺少卿。明亡，投李自成大顺政权。

【2】给谏，唐宋时给事中及谏议大夫的合称，清代是六科给事中的别称。

筑城预兆

崇祯初年于卢沟桥筑一城，镌四字于扉，右曰永昌，左曰顺治[1]。不数年，闯贼伪号永昌，而我朝廷长驱破城，改元顺治，此城若预为之兆云。

【1】按，此即今北京卢沟桥宛平城。明崇祯时建，名拱北城，城门二：东为"顺治门"，西为"永昌门"。清朝时改名拱极城。民国时期，1928年12月1日宛平县公署迁入城内，拱极城始称宛平城。

长平公主

长平公主名徽娖，周皇后出也。甲申岁（崇祯十七年，1644年）年甫十一，妙选良家，议降太仆公子都尉周君世显[1]，将筑平阳以馆之。无何寇至[2]，公主时在侧，御剑亲挥伤颊、断腕[3]，贼以贵主，授尸国戚，越五日复苏。至是上书，欲归空门。不许。诏求元配完婚，金田[4]邸第，赐赉有加。仅一载，公主上仙，葬彰义门（今北京广安门）赐庄。公主虽遭丧乱，远胜乐昌[5]，而上[6]之优礼稠叠，始终勿替，盛德真千古无两，吴祭酒伟业作歌以记之[7]。

【1】周世显之父为太仆公。《明史·公主传》称其名为周显。

【2】指李自成起义军围陷北京。

【3】崇祯皇帝亲自所伤，《明公主传》称"断左臂"。

【4】金田，即土田。

【5】乐昌公主是南朝后主陈叔宝的大妹妹的封号。她外貌端庄秀美，举止高雅大方，且有很深的文学造诣，成年后自选江南才子、太子舍人徐德言为妻。隋朝灭陈，她随皇室宗亲被掠至长安，为宰相杨素妾，后与徐德言重聚，留下破镜重圆的典故。

【6】指清顺治皇帝。《明史·公主传》："长平公主，年十六，帝选周显尚主。将婚，以寇警暂停。城陷，帝入寿宁宫，主牵帝衣哭。帝曰：'汝何故生我家！'以剑挥斫之，断左臂，又斫昭仁公主于昭仁殿。越五日，长平公主复苏。大清顺治二年（1645年）上书言：'九死臣妾，跼蹐高天，愿髡缁空王，稍申罔极。'诏不许，命显复尚公主，土田邸第，金钱车马，锡予有加。主涕泣。逾年病卒。赐葬广宁门外。"

【7】吴伟业，明末清初著名文人，降清后时为国子监祭酒。此处，致之本、续识略二卷本均作"作诗以纪之"。

宸翰

思陵聪明天纵，万机之暇尤工翰墨。先大父邃初公以天官左侍郎[1]兼摄铨、宪二篆，蒙眷最深[2]。一日对毕，面书十大字以赐，曰："珠藏泽自媚，玉蕴山含辉。"中作一帝字。上用玉玺，篆曰："崇祯建极之宝。"笔势飞舞，每一展阅，奎光烂然。余摹四字，颜之书斋，以便朝夕瞻仰云。

【1】唐武则天光宅元年（684年）改吏部为天官，后世遂成吏部别称。

【2】原文"渼"，误，原字当为"深"字的异体渓。吏部又称铨司，都察院又称宪司，时作者祖父董邃初以吏部左侍郎兼摄吏部、都察院二部事。

福王淫昏

时大兵南下，势如破竹，王[1]除夕怃然不乐，亟传各官入见。诸臣以兵败地蹙，俱顿首谢罪。良久，曰："朕未暇虑此，所忧者后宫寥落，意欲广选良家以充掖廷，惟诸卿早计之。"或对曰："臣以陛下忧敌兵或思先帝耳。"遂散出。又内殿悬一对联曰："万事不如杯在手，百年几见月当头。"傍注："东阁大学士臣王铎奉敕书。"亦可笑也。

【1】按，此指弘光帝朱由崧。朱由崧是明万历帝之孙，崇祯帝堂弟。福王朱常洵长子。崇祯十四年（1641年）李自成农民军攻破洛阳，杀福王朱常洵，朱由崧逃脱而流落江淮，崇祯十六年

（1643年）袭封福王。崇祯十七年（1644年）清兵入关后，他逃至淮安（今江苏省淮安），由凤阳总督马士英和总兵高杰、刘泽清、黄得功、刘良佐等人在南京拥立为监国，后称帝，改次年为弘光，建立了南明第一个政权。弘光元年即清顺治二年（1645年），清军南下，南京城陷，南京政权覆亡。朱由崧被俘，次年死。

义马

流寇破河内（今河南沁阳），县尹丁君运泰[1]骂贼被磔。所乘马俊甚，贼骑以入县，至堂下大嘶，人立，狂逸不可制，竟触墙死。

【1】丁运泰，崇祯十五年（1642年）特赐出身进士。

马生卵

松江（今上海松江）南桥地方，马生卵，大如鹅子。

旱魃

七月，我乡大旱，禾苗皆枯。西佘[1]浮屠绝顶，旱魃[2]现形，土人有亲见之者。

【1】今上海松江有东佘山、西佘山。
【2】旱魃，古代神话中能引起旱灾的怪物。《诗·大雅·云汉》："旱魃为虐，如惔如焚。"

产怪

苏州崇明县（今属上海）有孕妇，腹奇大。既产儿，仅五六寸，连产不止，皆婉转能啼，至第五儿忽作细音语曰："勿惊也，予兄弟十三人偶来相托，将福汝家。乳不可继，可饲以饼饵。"产竟，数果十三，怪而投之海，后亦无恙。

日食星流

乙酉（顺治二年，1645年）正月朔，日有食之。初八日立春，流星入紫微宫[1]。又二月至五月，日月光芒俱赤。

【1】紫微宫，即紫微垣，以北极星为中枢，左右共十五颗星。

空中城郭

十一日午刻，河南荥泽县（今河南荥阳东北）东南三十里郭村现大城一座，楼橹墙堞无不备具，观者云集。自午（11—13时）至申（15—17时）始灭。按嘉靖二十九年（1550年）东安（今河北廊坊）何家庄忽现城郭，又北隐村亦然。

思陵太子

二月，献县人高梦箕，其仆穆虎遇一北来幼童，自称崇祯太子，因与同过江，往绍兴（今浙江绍兴）。梦箕密以闻，追入都（今江苏南京），令诸臣识认，太监卢九德、讲官方拱乾、伴读邱致中，太子一见即识之，百姓踊跃。既而一审，再审，以为东宫侍卫王之明假冒，将致之死。宁南侯左良玉、江督袁继咸、楚抚何腾蛟等俱抗疏，请保全东宫，不听，竟下狱。未几，福王出奔，士民就狱中拥之出，俾坐武英殿。越两日城破，不知所终，而至今相传以为确系太子云[1]。

【1】按，此事《罪惟录》《明季南略》中均有记载。

福王妃

河南有妇人童氏，自称福王元配。巡抚越其杰[1]驿送至京（今江苏南京），王震怒，不肯认，诬目为妖妇，令严鞫之。童氏叙述侃侃，细书入宫日月、相离情事甚悉，跣足受酷刑，卒无易词。后旬余，王出奔，童氏不知所终。嗟乎！说者谓：人非癫狂，谁敢与王冒认敌体？举朝纷纷知之，无敢直言者。士英具疏不上，乃刊刻附邸报中，题曰密奏，尤可骇笑也。吁！王之无道，五伦俱绝，罪浮桀纣，乃欲以中兴望之，不亦异哉！

【1】越其杰，字自兴，一字卓凡，又字汉房，贵州贵阳府（今贵州贵阳）人。他是明末抗清英雄杨龙友的舅舅。明神宗万历三十四年（1606年）举人。熹宗天启二年（1622年）任夔州府同知。毅宗崇祯初年（1628年）任霸州兵备副使，崇祯末年为凤阳监军。明亡，越其杰投奔南京福王政权，以右佥都御使巡抚登莱，后调任巡抚河南，兼辖颖、亳二州提督军务，又兼巡抚汝宁、南阳、陈州三府。福王弘光元年（1645年）五月，南京失守，弘光政权覆亡。越其杰誓不降清，忧愤而卒。

甑生花

三月。民间鸡生三足。又甑底生花，痕如刻划，或为折枝及菡萏状，江浙之间十室而九，余亲见之。

白燕

松郡（即松江府，治今上海松江）东关丽谯下[1]，有燕来巢，育双雏，色如白雪，未几毙。相传白燕为瑞，识者谓：燕处堂之虫，而白者丧相也，实为羽孽。至秋，果有屠城之祸。

【1】丽谯，本指高楼，此处即东城门城楼。

詹有道

四月初一日，有一男子阑[1]入宫门，大呼曰："太祖高皇帝、神宗显皇帝令我谕汝，汝荒淫酒色，将有覆国亡家之祸。"更出秽语，皆不堪述，言讫昏仆，久之苏，鞫其名，为詹有道，从前呓语，叩之不复忆矣[2]。

【1】擅自出入称阑。

【2】按，此事出自有关南明弘光政权的野史。夏完淳《续幸存录》："东宫自三月朔入都，三

日而元妃至，又二日而詹有道遂冒称恭皇帝。有道者，南都一皮佣耳。闻空中有声曰：汝可至宫中寻子。忽若为物所凭，遂直叩东华门，出妄言，立毙杖下。又有刘祥，神附其身，自称玄天大帝者。国之将亡，必有妖孽。斯其然乎！斯其然乎！"梅村野史《鹿樵纪闻》："己巳，江宁（今江苏南京）皮工詹有道，忽衣青衣，入西华门，至武英殿，大言曰：'我今日御极。'执讯之，始悟。供云：'初闻空中言：入宫寻子去，遂不觉至此'。杖之，肤肉不损，然亦无呼号之声；械其项，已死矣。不数日，又有道家服来直入西长安门，门者执之。叱曰：'吾天子也。若不闻黄牛背上绿头鸭乎？'福王命杖而释之。"

绝命词

左公懋第奉使议和[1]，不屈，死。临刑，题绝命词曰："漠漠黄沙少雁过，片云南下意如何？丹衷碧血消难尽，荡作寒烟总不磨。"被难时，忽风沙四起，卷市栅于云际，一时为之罢市。

【1】左懋第，字仲及，号萝石，今山东莱阳人。《明史·左懋第传》：称其崇祯四年（1631年）进士，官户科给事中，迁刑科左给事中。明亡，投奔南京福王政权，任兵科都给事中、右佥都御史，巡抚应天、徽州诸府。顺治元年（1644年），他作为南明政权的议和使者北至北京，被清政府拘押，拒不降服，于顺治三年（1646年）被杀。后人称其为明末的文天祥。

奇药

王师下维扬（今江苏扬州），有纪生者遁出城，为乱兵所刃，闷绝仆地。昏黑中忽闻鬼语曰："是人，有后禄，宜救之。"取青泥涂其肘。少顷苏，视创处已合，旁有泥斗许，因取怀之，以治金疮，无不立愈。不一年，遂致富。

几生芝

先少宰公[1]"求是堂"中设一横几，以铁力木[2]为之，垂三十余年，漆纹剥落。五月初，忽砉然有声，其下树生一芝，渐长至尺许，颜色鲜好，香气馥郁，观者接踵，越数日始萎。前史所载，有绕殿生芝及兵仗生花，吉凶不一。柳河东[3]谓朽梗败腐皆能蒸出菌芝，然其理实有不可解者。

【1】吏部侍郎别称少宰。先少宰公,即作者的祖父董遹初,他在明代官至吏部侍郎。

【2】铁力木又称铁梨木、铁栗木,是云南特有的珍贵阔叶树种,木质最为坚硬,今为国家二级保护植物。

【3】唐代文人柳宗元,字子厚,河东解县(今山西运城西南)人,故又称柳河东。《柳河东集·与萧翰林俛书》:"虽朽杅腐败,不能生植,犹足蒸出芝菌,以为瑞物。"

产子三目

府治东大吴桥有杨冠者,以肩舆为业[1]。其妻午日产一子,三目,额有两角,中一目尚未开,如道家所塑王灵官状。冠惊骇,杀而瘗之。是夕,梦一金甲神数之曰:"予以微罪偶谪凡间,托生汝家,何忍见杀?今秋必有以报汝。"未几,夫妇俱为乱兵所害。冠系第五叔父士余[2],舆夫云目击之。

【1】以为别人出行时抬轿子为职业,即轿夫,又称舆夫。

【2】董士余,作者董含的五叔父。

松城屠

八月初三日,王师抵松(今上海松江)。时百姓已归顺,乡官沈公犹龙[1],前总制两粤,有威望,倡议守城,募乡兵为拒敌计。而孤城无援,所募皆市井白徒,金鼓一震,鸟散鼠窜,杀戮最惨。先是鹳鹳[2]集于谯楼,每夜闻数万鬼哭声,又百鸟哀鸣,至是果罹屠城之祸。沈公及进士李君待问[3]、孝廉[4]章君简俱死之。

【1】沈犹龙,字云升,松江华亭(今上海松江)人。家住望仙桥堍,别宅在泗泾。万历四十四年(1616年)进士,官至兵部右侍郎、右佥都御史、总督两广军务兼广东巡抚。福王即位,召理兵部事,未赴任,归故里葬亲。清顺治二年(1645年),清兵下江南,明松江府知府姚序之弃官去,华亭县知县张大年举城投降。沈犹龙召集陈子龙、徐孚远等决议起义抗清。因沈犹龙声望和资历最高,被一致推举为义军领袖。八月初三日晨,清军袭取青浦县城。日将暮,清军先遣部队已到松江城下,诈取城门,一拥而入,就势夺占松江府城。城内义军和清兵展开激烈巷战。沈犹龙于慌乱中冲出,中箭身亡。

【2】鹊，今称喜鹊。鹳（音：惯），水鸟，形状类鹊，短尾，又名鹳鶙。郝懿行《尔雅义疏》云："顺天人（今北京附近）呼寒鸦。"即今所谓乌鸦。街头巷尾

【3】李待问，字存我，松江华亭（今上海市松江）人，崇祯十六年（1643年）进士，授中书舍人，后在抵御清兵时被杀害。工文章，兼精书法，尤善行草书，受董其昌影响，书风恬淡清新。

【4】李廉是举人的别称。章简，松江人，曾任罗源县（今福建罗源）知县。

剃发文

松（今上海松江）民归正后，下剃发之令。李舍人雯[1]有《答发文》曰："维某年某月李子将剃发。先夕梦有物苍苍，蒙茸其形，怒而呼曰：'予发之神也，从子而生三十八年，今闻弃，予来责尔。'言：'自子之少，我居尔巅，纤齐圆直，既泽且玄，可以弄姿于帏房，可以耀影于华簪，可以晞阳于扶桑，可以濯流于清泉，顾乃苦思研精，劳幹震形，役及于我，失其华英，血早衰而种种，年未至而星星。至于幽蓬蒿、登场屋，头如飞葆，匪膏匪沐，人一之为甚，子屡为焉而未足。犹愿没齿而相忘，何期中道而见逐也。且予闻之，绝交不出声[2]，弃妇不吐井[3]。余为亡国之遗族，子为新朝之膴仕[4]，念往者之绸缪，莫深文以相刺，然畴昔之日以我御穷，一朝见弃，意如飘风，岂曼缨[5]之可羡，曾毛里之莫痼[6]？苟无言以自释，行诉之于苍穹。'李子闻之，涕泣掩面，已而凝思，展意释然，而对曰：'子既责予，亦将一言。自我与子体附肌连，使予累子，子不得独鲜；使子去予，予不得独妍，故人之有发，犹草木之有枝叶也，春生而秋谢，春非恩而秋非怨也；犹鸟兽之有羽毛也，夏希而冬毡，冬非厚而夏非薄也。无可奈何而安之若命，是故无不祥之鸣焉。今天子盛德日新，富有万方，一旦稽古礼乐，创制显荣。予犬马齿长，不及于盛时矣，而为子之族类支党者尚得照耀星弁之下，巍峨黼黻之上。予幸以戴白之老，乞灵于鹿皮竹冠，以庇子焉，所谓鄙人不敏，以晚盖者也，我子其亦有意乎？'于是诸发无语，洒然而退。又明日，而李子髡焉。"

【1】李雯，字舒章，上海松江人，明末清初著名词人。崇祯十五年（1642年）举人。早年为明末文学团体"复社"主盟，与陈子龙、宋征舆并称云间三子。明亡仕清，相传多尔衮的《摄政王致史可法书》劝降书，即出自于李雯手笔。顺治三年（1646年）南归葬父，不久病死。著有《云间三子新诗合稿》等等。

【2】《史记·乐毅列传》：报燕惠王书："臣闻古之君子，交绝不出恶声……"

【3】（陈）徐陵：《玉台新咏·曹丕：刘勋妻王宋杂诗二首》注云：王宋者，平虏将军刘勋妻

也,入门二十余年,后刘勋悦山阳司马氏女,以宋无子出之。诗云:"谁言去妇薄,去妇情更重。千里不唾井,况乃昔所奉……"意思是说平日常饮的井水,不忍吐出,何况这是过去侍奉丈夫的水,表示怀旧之情。又,《全唐诗·李白:平虏将军妻》:"古人不唾井,莫忘昔缠绵。"又作"不吐井",义同。

【4】《诗经·小雅·节南山》:"琐琐姻娅,则无膴仕。"姻指姻家即儿女亲家,娅是古代连襟之间的互称。膴,厚、盛的意思。原意:对于无能的妻党小人,不要给予厚任高官。膴仕,高官厚禄。

【5】曼缨,"曼胡缨"的简称,用线或绳等做系冠的帽缨子。"曼"通"缦"。《庄子·说剑》:"然吾王所见剑士,皆蓬头突鬓垂冠,曼胡之缨,短后之衣,瞋目而语难,王乃说之。"(唐)陆德明释文引(汉)司马彪曰:"曼胡之缨,谓麤缨无文理也。"后世省作"曼缨"。

【6】《诗经·小雅·小弁(音:盘)》:"惟桑与梓,必恭敬止。靡瞻匪父,靡倚匪母。不属于毛,不罹于里。天之生我,我辰安在?"本诗是西周末年,周幽王废申后及太子宜臼,宠立爱姬褒姒及其子伯服为王后及太子时,废太子宜臼所作。意思是说:"宅旁的桑、梓树都是先人所栽,后世子孙必对它恭敬以示尊重先人。做儿子的没有不尊敬、依恋父母的,如今被父所逐,母亲被贬,不得依靠父母,我的时运又在哪里呢?"毛、里分别表示父、母。本文在此借喻诸发与李子(即李雯)的体附肌连关系。痼,久、积的意思。

学仙无成

颜进士茂猷[1],闽之漳州(今福建漳州)人。常游名山,遇异人曰:"子骨气非常,当列名真诰,人间富贵不足以辱子也。"因授以秘术。鼎革后,遂弃官学道,携黄冠三四人,登南山绝顶,采药炼大丹。三载丹成,于是择日启炉,以为白日冲举可计日待。至期,飞符禹步,呼召神将,云旗雾旆,仿佛如有所见。薄暮,震雷一声,炉坏,颜与黄冠俱成灰烬矣。论者谓:人世功名尚有定分,而况上清可以术取乎?此足为躁进者戒也。漳浦(今福建漳浦)赵生为述其事,因记之。

【1】《明史·选举志二》:"崇祯七年(1634年)甲戌,知贡举礼部侍郎林钎言,举人颜茂猷文兼五经,作二十三义。帝念其该洽,许送内帘。茂猷中副榜,特赐进士,以其名另为一行,刻于试录第一名之前。五经中式者,自此接迹矣。"

不义妇

阊门(今江苏苏州)一妇,微有姿色,城破为一总旗(武官职名)所虏,情好甚洽。其夫不忍弃,罄家资,沿途缉访,及于淮安(今江苏淮安)逆旅,痛哭祈之,并献所有。其人恻然,令妇随归。妇坚不肯去,且曰:"此身已属将军矣。"因唾夫面。其人勃然曰:"尔[1]夫千里相寻,何负于汝。我岂可复为尔[2]夫之续乎!"遂拔剑刺杀之,见者大快。

【1】【2】原文:"而",误,当为"尔"。

题壁诗

乱离以来,东南闺阁,间关戎马,情殊可怜。金陵宋氏蕙湘题卫州旅店云:"盈盈十五破瓜初,已学明妃别故庐,谁散千金同孟德,镶黄旗下续文姬[1]。"香粉流离,红颜薄命,读之凄然酸鼻。

【1】曹操,字孟德。蔡琰,字昭姬,为避司马昭的讳,改为文姬。蔡文姬的父亲是东汉末年大文学家、大书法家蔡邕。董卓之乱,群雄竞起,蔡邕死于政争。羌胡番兵趁汉乱伺机掠掳中原,蔡文姬被虏至匈奴,被左贤王封为王妃并生两子。建安十三年(208年),曹操感念好友蔡邕旧交,派使者携带黄金千两、白璧一双,到胡地赎回蔡文姬。

乔将军

乔将军一琦[1],上海人,家世业儒。琦厌薄经生业,遂以武节。著有神力,能拓数石弓,尝戏驰马从屋梁下过,以两股夹马,四蹄悬空而起。明季,为刘大将军綖[2]军锋,兵败投崖死。时大兵南下,琦子名兰者渡江迎降,意甚得,易衣帽谒琦墓,忽见父从冢中出,怒气蓬勃,口中咄咄作声,叱兰跪,以铁椎击之仆地,语毕立死。忠义之气,久而不衰有如此。

【1】乔一琦,字伯圭,松江府上海(今上海)人。明代武将、书法家。万历三十一年(1603年)中武举,四十七年随将军刘綎出兵攻后金,以游击监朝鲜兵,军败,投滴水崖死。

【2】刘綎,本名龚綖,字子绶,号省吾,江西南昌人,嘉靖年间大将军都督龚(刘)显之子。明末著名将领,一生经历平缅寇,平罗雄,平朝鲜倭,平播酋,平保,大小数百战,威名震海内。《明史》称赞其为"诸将中最骁勇",能使镔铁刀百二十斤,马上轮转如飞,天下称"刘大刀"。一生战功卓越,最后战死于和后金的萨尔浒之战。《明史》有传。

绍兴溃

丙戌（顺治三年，1646年）二月，杭城（今浙江杭州）既溃，方将军国安[1]拥众十余万，有磨盘营数千人，皆所选精锐摧锋陷阵者。阮大铖[2]逃至国安军中，告之曰："北兵甚锐，旦夕渡江，此番须用磨盘营，公更严谕之，必以死国，不然败矣。"国安如其言。大铖又造磨盘营，呼曰："若见将军令乎？"曰："然。"大铖曰："将军有后令，欲若曹尽杀妻子，以死决之。"众惊怒，于是磨盘营先溃，诸营相次土崩，而我兵渡江矣。大铖、士英[3]至绍兴，密通款迎降，欣然自得，然见七闽（今福建泛称）无恙，为后日计，乃潜通奏疏，有得其奏者，马、阮俱被磔。

【1】方国安，南明鲁王部下。

【2】阮大铖，《明史·奸臣传》：阮大铖，怀宁（今安徽怀宁）人，万历四十四年（1616年）与马士英同中会试，熹宗天启初任给事中。天启四年（1624年）春，吏科都给事中缺，按秩阮大铖当补，被东林党人赵南星等人所阻，于是怨望，"阴结中珰"滞留赵南星的奏疏，遂得吏科，"自是附魏忠贤，与霍维华、杨维垣、倪文焕为死友"，后乞归。及崇祯皇帝即位，诛魏忠贤，清查魏忠贤阉党，时称逆案，阮大铖名列其中，后避居南京，"闭门谢客，独与马士英相结"。明亡，马士英极力拥立福王在南京即位，招阮大铖为助。阮大铖初为兵部侍郎，后进位尚书兼右副都御史。清军南下，福王政权覆灭，阮大铖南窜杭州、绍兴，投方国安，及方国安兵败，降清。其随清兵攻仙霞关，"僵仆石上死"。

【3】马士英，《明史·奸臣传》：马士英，贵阳（今贵州贵阳）人，万历四十四年（1616年）中会试，四十七年（1619年）成进士，授南京户部主事。崇祯五年（1632年）"擢右佥都御史，巡抚宣府（今河北宣化）"，以私用公款馈遗朝贵，坐遣戍，寻流寓南京，与阮大铖相结甚欢。及周延儒再次入相，受阮大铖之托，崇祯十五年（1642年）遂起用马士英为兵部右侍郎兼右佥都御史，总督凤阳、庐州军事。明亡，因他极力拥立福王，所以得到重用，为"东阁大学士兼兵部尚书、都察院右副都御史，与史可法及户部尚书高弘图并命"，权震中外。其为人"贪鄙无远略，复引用阮大铖，日事报复，招权周利，以迄于亡"。清军南下，福王政权覆灭，马士英率残兵欲投鲁王、唐王政权，先后遭拒，遂被清军俘斩。

兽知忠义

南都（今江苏南京）既覆，隆武称号。闽中福州（今福建福州）破，桂藩子永明王后拥立于肇庆（今广东肇庆），改号永历，后遁入缅甸，为平西王吴三桂檄取，遇害[1]。永历称帝后，流离西粤，受制于孙可望，一时忠烈之士大半殉难。辅臣严公起恒、杨公畏知俱负声望，可望要封秦王，严固拒不许，遣贼遮杀之，推入水中，尸流三十余里，忽有虎负之登岸，守视不去，贼愕眙，因收葬之。杨公激愤，徒手击贼，亦被杀。献忠诸养子，除伪晋王李定国反正外，余刘文秀、艾能奇[2]等皆好祸嗜杀，毒甚獬㺄乃如此。虎犹知忠义，彼逆贼者真禽兽之不若也。

野史氏曰：李定国、孙可望、刘文秀、艾能奇皆献忠养子，伪称四将军，而白文选、王双礼则伪都督也。献忠死，各率残寇入滇，推可望为主。及可望定滇、黔，遂肆毒虐。于是诛宗室，杀大臣，帝制自为，又一献忠也。定国独拔身群贼之中，秉忠反正，尽瘁事国，乃至崎岖九死，呼天以明其心。呜呼！古烈丈夫哉！方其破百粤，下衡阳，义声先路，所在引领，使可望等同心齐力，虽汾阳、临淮至今存可也。何乃形势偪而猜忌成，嫌隙积而戕贼并，分疆熟视，共穴疾斗，坐是菁芒凋丧，不可收拾。天纵穷凶，祸人家国，虽挥鲁阳之戈[3]，莫填精卫之海。斯时北望燕云，真人继起，薄海归心。嗟乎！李王[4]天之所坏，又何可支哉！至于白文选，间关异域，可泣风雨，而扼于部将，不能引决，则有之，非其志也[5]，冀后之言者或见原焉。

【1】崇祯十七年（1644年）北京城陷，崇祯皇帝自杀后，其从兄福王朱由崧在南京称帝，建元"弘光"，史称"南明"，清顺治二年（1645年）即被清军所灭。明唐王朱聿键在福州建立隆武政权。顺治三年（1646年）朱聿键被清军俘虏，死于福州。桂王朱由榔据广东肇庆建立永历政权。

【2】《明史·张献忠传》：顺治元年（1644年）李自成自北京败退西安，张献忠亦入四川成都，十一月成立大西政权。"养子孙可望、艾能奇、刘文秀、李定国等皆为将军，赐姓张。"顺治三年（1646年）清军陷成都，杀张献忠。孙可望、艾能奇、刘文秀、李定国等败逃川南，后归附于南明永历政权。顺治八年（永历五年，1651年），孙可望谋封秦王，击杀南明大学士严起恒等朝臣三十人。其又与李定国不合，十四年（1657年）从贵州引兵入云南，攻李定国，因部将倒戈，穷蹙降清，隶清朝汉军正白旗，复引清兵入云、贵。十七年（1660年）病死。

【3】《淮南子·览冥训》："鲁阳公与韩构难，战酣，日暮，援戈而㧑之，日为之反三舍（按：三十里为一舍）。"相传鲁阳公与韩国作战，战斗正激烈时太阳落山，鲁阳公挥戈砍向太阳，太阳为之回升九十里，后世用此比喻以人力胜天。

【4】李定国原为张献忠部下，张献忠死，李定国与孙可望等入云、贵，永历六年（清顺治九年，1652年），李定国与孙可望迎永历皇帝入贵州，驻安隆。旋率步骑八万出粤、楚，破桂林，清定南王孔有德自焚死，收楚、粤，纵横数省。永历十年（清顺治十三年，1656年），孙可望阴谋称帝自立，李定国遂迎永历帝入云南，被封晋王。孙可望引兵攻李定国，其部下皆倒戈，永历十一年（清顺治十四年，1657年）降清。永历十二年（清顺治十五年，1658年），吴三桂率清军攻入云南。次年初，攻陷昆明，永历皇帝出逃缅甸。李定国率全军于磨盘山设伏兵三道，谋一举全歼清军，虽然叛徒泄密，但是吴三桂清军依然损失惨重。后来李定国联络诸土司转战滇、缅边境，多次攻缅甸欲迎永历帝而未成。永历十五年（清顺治十八年，1661年）十月，吴三桂攻缅甸，永历帝被缅甸拘送吴三桂军中，康熙元年（1662年）四月遇害。康熙二年（1663年）李定国因恢

复南明政权无望，忧愤而病，卒于勐腊军中。李定国于川民有惠，死后川中多建"李晋王祠"。此处李王即指李定国。

【5】白文选原为张献忠部下。张献忠死后，他随从孙可望入云、贵联明抗清。永历十一年（清顺治十四年，1657年），孙可望谋叛南明，发兵十四万南攻昆明，企图一举消灭李定国，令白文选为先锋，但白文选深明大义，与李定国共同平定孙可望叛乱，以功封为巩昌王。次年，率军驻守七星关，抵御清军，战败入滇，与李定国共同转战滇西，坚持抗清。永历十五年（清顺治十八年，1661年），败于腾越茶山，降清，受封承恩公，隶汉军正白旗。

松郡三变

鼎革以来，吾郡凡三变。其始顽民团结，号为土兵，大兵一临，屠戮殆尽，一变也。既而武弁吴志葵杀逐官吏，劫质桑梓，未几就缚，而合郡俱被其祸，二变也。又遭辽人吴胜兆[1]以总兵官镇松（今上海松江），约降海岛，为麾下所执，士大夫平生偶有一面，按籍而求，无得免者，三变也。今伤痍满目，枳棘载道，是所望于长养休息之者。

【1】顺治四年（1647年）清松江提督吴胜兆，屡遭清廷疑忌，于是遣使者往舟山，与南明鲁王政权联络反清。约定：张煌言、张名振率领南明水军从海路攻打松江，届时吴胜兆在城内接应。不料，张煌言水军遇飓风，溺死过半，未能抵达。四月十五日，吴胜兆独自起事，杀死城内清朝官吏，随即被部下将官高永义等生擒。不久，解往南京处死。《清世祖章皇帝实录》："顺治三年（1646年）二月己丑。颁赐……苏松提督总兵官吴胜兆……朝衣、嵌珠金顶。凉朝帽、玉带、鞍马各一，以投诚有功故也。癸巳，授苏松常镇提督总兵官吴胜兆为都督同知。""顺治四年（1647年）四月辛卯，江宁巡抚土国宝疏报：苏松提督吴胜兆谋叛，杀死方姓推官、杨姓同知。督标将官高永义等，立缚胜兆，并同谋之陆同，获伪银印一颗。随解江宁内院臣洪承畴，研审确情。""顺治四年（1647年）六月甲午，苏松提督吴胜兆谋反，鞫实，伏诛。"

殷公尽节

中翰殷公，讳之辂[1]，性忠烈，慷慨好施，养士常数百人，与夏考功允彝[2]、陈黄门子龙[3]深相结，期死国难。而中翰一门，兄弟殉节被祸尤惨。考功先期著《幸存录》一卷，从容赴水死，子完淳，年十七，有隽才，坐为圣兆画策，亦被诛。

【1】殷之辂，曾任明朝中书舍人。中书舍人，俗称中翰。顺治四年（1647年）吴胜兆兵变事发生后，清朝派洪承畴在苏、浙两省大肆搜捕抗清人士，殷之辂被捕不屈，于南京遇害。

【2】《明史·夏允彝传》："夏允彝，字彝仲。"松江华亭（今属上海松江）人，夏完淳之父。万历四十六年（1618年）举人，"崇祯十年（1637年）与陈子龙同成进士"。崇祯十七年（清顺治元年，1644年）李自成陷北京，明福王在南京监国，随即帝位，任命他为吏部考功司主事。次年（清顺治二年，1645年）五月南京失陷，福王政权覆灭。他与陈子龙等在江南坚持抗清，同年九月兵败投深渊殉国。

【3】《明史·陈子龙传》："陈子龙，字卧子，松江华亭（今上海松江）人。"崇祯十年（1637年）与夏允彝同中进士，因丁忧而未抵任。崇祯十七年（清顺治元年，1644年），明朝灭亡。吴三桂引清军入关，迅速南下。福王朱由崧在南京监国，不久称帝，改元弘光。陈子龙在黄道周的推荐下，任职兵科给事中，后受奸臣阮大铖、马士英排挤，借故辞职回乡。次年（1645年）弘光朝覆灭，福王被害。"寻以受鲁王部院职衔，结太湖兵，欲举事。"顺治四年（1647年）吴胜兆案发，清军江宁将军巴山、都御史陈锦等阴谋乘吴胜兆事，"尽除三吴知名之士"，进行大搜捕，陈子龙"事露被获，乘间投水死"。

阳阵阴阵

先是，流寇围汴梁（今河南开封），城中固守，力攻三次俱不能克。贼计穷，搜妇人数百，悉露下体，倒植于地，向城嫚骂，号曰阴门阵，城上炮皆不燃；陈将军永福亟取僧人，数略相当，令赤身立垛口对之，谓之阳门阵，贼炮亦退后不发，详见李光壂《汴围日录》[1]中。后群贼屡用之，往往有验。尝考黄帝、风后[2]以来从无此法，惟孙子八阵图中有牝牡之说，此岂其遗意欤？

【1】李光壂，字康侯，祥符县（今河南开封）人。贡生。崇祯十四年（1641年）、十五年（1642年）李自成围攻开封时，李光壂曾参与守城，选授知县，后流寓金陵（今江苏南京）。《汴围日录》是他口述的记录，记述当时李自成农民军三攻开封、决河淹城的过程。成书时改名《守汴日志》。

【2】《史记·五帝本纪》：黄帝"举风后、力牧、常先、大鸿以治民"。（晋）裴骃《集解》引（汉）郑玄曰："风后，黄帝三公也。"（唐）张守节《正义》："四人皆帝臣也。"相传风后洞悉天道，多谋善断，文武兼备，所以黄帝让他司职天官。风后是伏羲氏后代，伏羲氏后代曾经建立风国（今湖北天门一带），后世以国为姓。

假弘光

三月,贵州府有僧自称弘光[1],远近喧传,皆以为真隆武[2]。四川巡访米寿图[3]知其诈,叱左右擒之,其人供称本名查显仁,沅州(今湖南芷江)人,戮于市。

【1】明亡以后,福王朱由崧在南京称帝,建元"弘光",即所谓弘光皇帝。

【2】清顺治二年(1645年)清军攻陷南京,弘光政权覆灭。明唐王朱聿键在福州建立政权,建元隆武,即所谓隆武皇帝。

【3】《明史·米寿图传》:"米寿图,宛平人。崇祯中,由举人知新乡县……十七年(1644年)五月,福王立,马士英荐用阮大铖,寿图论劾。七月,出按四川。"

死后魂灵著异

当乙酉(顺治二年,1645年)四月大兵之下维扬(今属江苏扬州)也,总兵张鹏翼与右都督徐洪琰[1]合兵入援,未至而江宁(今江苏南京)失守,遂从海道投监国鲁王[2]。丙戌(顺治三年,1646年)三月移屯太末[3]。鹏翼弟继荣[4],勇冠诸军,及兵至,疾斗力竭而死,有老僧升其尸归。将近衢[5]里许,道旁有旅店,忽见继荣披甲跃马,从数人至店下马,命具酒食,店民飞报入城,军中皆惊喜,急出迎之,则继荣尸适至,始知向入旅店者乃其魂也。后城陷,洪琰、鹏翼俱不屈死。

【1】此字各本均同,然《说文》《汉语大字典》等古今字书中均无此字,疑系误造字。《海东逸史》作"徐洪谚"。

【2】顺治二年(1645年),清兵陷南京,南明弘光皇帝(原福王朱由崧)死。闰六月,郑芝龙等拥唐王朱聿键于福州监国,随即帝位,建元隆武,即所谓隆武皇帝。与此同时,张煌言等拥鲁王朱以海监国于绍兴,次年败退舟山。

【3】太末,古县名,唐以后不再见,治今浙江龙游县。

【4】一作"鹏飞"。

【5】即明衢州府,治今浙江衢州。《明季南略》:鲁王"十一月,进方国安为荆国公、张鹏翼为永丰伯","调方国安守严州、张鹏翼守衢州"。"总兵张鹏翼守衢州,标下副将秦应科等为大清内应;城破,鹏翼及乐安王、楚王、晋平王皆被杀。督学御史王景亮被执,不顺,遇害。"按,据《海东逸史》,右都督徐某系与张鹏翼同往南京入援,途闻南京失陷而又转投鲁王者。而在鲁王朝受命守衢州,只有张鹏翼一人,右都督徐某当另有他任,故诸书言衢州受害者中无右都督徐某。《明史·朱大典传》:"衢州破……鲁王所遣镇将张鹏翼亦死之。"亦无徐某在内。

伪撰国史

伪秦王孙可望虽阳奉永历[1]，诛杀任意，一时廷臣皆收为心腹。有礼部主事方于宣者，擢编修，谄事尤甚，为可望撰《国史》一书，称张献忠[2]为太祖，作太祖本纪，比崇祯[3]为桀纣，又为制天子卤簿[4]，定朝仪，言帝星明于井度[5]，上书劝进。后可望为李定国[6]所败，投归本朝，于宣自知祸及，时有钱中丞邦芑[7]者，守死抗节，为人心所归，方驰书于钱云："欲纠集义旅，截擒可望，以报国。"邦芑得书大笑，答以一绝云："修史当年笔削余，帝星井度竟成虚。秦宫火后收图籍，犹见君家劝进书。"未几，缚至滇，竟得逃死。

【1】《清史稿·孙可望传》："孙可望，陕西延长（一说米脂）人，"参加张献忠农民军，与李定国、刘文秀等俱为张献忠养子。顺治三年（1646年）清军陷成都，杀张献忠。孙可望、艾能奇、刘文秀、李定国等败逃川南，后归附于南明永历政权。顺治八年（永历五年，1651年），孙可望为谋封秦王，击杀南明大学士三十人。其与李定国不合，十四年（1657年），从贵州引兵入云南，攻李定国，因部将倒戈，穷蹙降清，隶清朝汉军正白旗，复引清兵入云、贵。十七年（1660年）卒。

永历帝，即明桂王朱由榔，清兵入关后，他流徙广西，居于梧州（今广西梧州）。清顺治三年（1646年），受瞿式耜等人拥为监国，复称帝于广东肇庆，年号永历。后在吴三桂追击下逃入缅甸。顺治十八年（1661年）吴三桂以大军迫缅甸王交出朱由榔，康熙元年（1662年）遇害。

【2】张献忠，陕西定边县人。明末农民军领袖，曾率起义军占领四川，建立大西政权，与李自成齐名。顺治三年（1646年）与清军作战中阵亡。其部下由孙可望、李定国等率领南下云贵，与南明政权联合抗清。

【3】崇祯，明朝的末代皇帝。崇祯十七年（1644年）李自成大顺军攻入北京，崇祯皇帝自缢于煤山（今北京景山公园）。

【4】卤簿，即皇帝或高官出行时的仪仗。

【5】帝星，即北极星，古代称紫微星。因紫微星垣位于天上恒星三垣（太微、紫微、天市）中央，号称"斗数之主"，所以又被称为帝星。古人把天上的二十八星宿和地面的地域一一对应，即所谓分野。井，即东井、舆鬼星宿，分野是秦地（今陕西和甘肃一部）。井度，即东井、舆鬼星宿所对应的地域范围。帝星明于井度，就是说根据星象，秦地将要出现一位皇帝。

【6】李定国，张献忠部下著名将领。顺治三年（1646年）张献忠战死，李定国与孙可望等入云、贵，迎南明永历皇帝入贵州，驻安隆。旋复楚、粤，纵横数省。十年（清顺治十三年，1656年），孙可望阴谋称帝自立，李定国遂迎永历帝入云南，被封晋王。孙可望引兵攻李定国，兵败降清。永历十二年（清顺治十五年，1658年），吴三桂率清军攻入云南。次年初，攻陷昆明，永历皇帝出逃缅甸。永历十五年（清顺治十八年，1661年）十月，清吴三桂攻缅甸。永历帝被缅甸拘送吴三桂军中，康熙元年（1662年）遇害。康熙二年（1663年）李定国因恢复南明政权无望，忧愤而病，卒于勐腊军中。

【7】钱邦芑，号大错和尚。南明永历中，其以御史巡按四川。永历四年（1650年）孙可望等率众进入贵州，他遂辞官隐居，永历八年（1654年）削发为僧，后居衡山（今湖南衡山），卒于宝庆（今湖南邵阳）。中丞，明清时巡抚的别称。《明季南略·钱邦芑祝发记》：钱氏自述，孙可望入贵州以后，其即辞官，甲午（永历八年，1654年）二月剃度于小年庵，随其出家者计有11人，遂改其居为大错庵，与诸弟子共居之。

拒女获报

钱江（今浙江杭州）陆君元龙，禔躬[1]甚谨，常独处馆舍。有邻女慕之，艳妆而至，语笑不止。陆坚拒之，女惭怒去。是夜梦二龙绕柱，红光满室。秋闱遂登贤书[2]，丁亥（顺治四年，1647年）成进士。

【1】禔躬，犹禔身，即安身、修身的意思。
【2】贤书，原指荐举贤能的名录，后世指乡试。登贤书，即乡试中式成为举人。

火药

浙江火药局，军人碾石焰发，烧死匠役数十名，延及文庙门庑，并毁火药八万八千六百余斤。时防卫甚严，莫解其故。因忆先祖巡按顺天，蓟州（今河北蓟县）军戴光带家丁数人同领火药，药凝结成块，以铁瓢挖之，用力过猛，搏击生火。成药[1]十三缸同时震发，光等皆死，典守者不可不知。

【1】成药，致之本、续识略二卷本均作"盛药"。

白蝙蝠

嘉定县南翔（今上海嘉定南翔）白鹤寺，梁太清[1]中所建也。其刹最古，栋间为蝙蝠所窟，寺僧往往取夜明沙以射利[2]。予偶过其地，借宿禅榻，漏将半，有物屡来触帏，披衣索之，获蝙蝠一，其白如雪，取归置笼中，三日后竟逃去。古书言蝙蝠一千年化为白，名仙鼠，食之可以轻举，惜乎未之试也！按《续博物志》[3]载：宋刘亮合丹药，用白蝙蝠服之立死；又，陈子真获大蝙蝠，食之大泻而死[4]，则轻举之说似未足据。

【1】太清,南朝梁武帝的年号。
【2】夜明沙,古代医书中指蝙蝠类动物的干燥粪便。射利,即谋取财利。
【3】《续博物志》,宋代李石著。
【4】明代李时珍《本草纲目·禽部二》:"伏翼,别名蝙蝠、天鼠、飞鼠、仙鼠……按李石《续博物志》云:'唐陈子真得白蝙蝠,大如鸦,服之,一夕大泄而死;又宋刘亮得白蝙蝠、白蟾蜍、仙丹,服之,立死。'"所谓白蝙蝠经千百岁,服之可以令人不死,乃"方士狂言也"。

虎异

湖广永州(今湖南永州)熊罴岭,有虎数百共斗,其一最巨,色赤如火,咆哮搏击,山石尽裂,又万雉尽雏[1]。

【1】万雉尽雏,即雉雏。雉,即野鸟。雏,即鸣叫。

女子题壁

予友琅玡氏计偕[1]北上,于涿鹿(今河北涿鹿)旅邸见一女子题壁,附录于此,以贻好事者:"妾雪英朱氏,古吴人(今江苏苏州一带)也。先君起家墨绶[2],进秩黄门[3],误事权奸,骤登清要,不谓冰山难恃,春雪易消,志虽切于缇萦[4],法难宽于正卯[5],其时旅榇南归,茕茕母女,堂虚栖燕,庭可张罗。又以伯氏枭獍,横加惨毒,始则假当道之虎威,贻讥里闬[6];继乃效中山之狼狈,造祸萧墙,遂至六旬孀母抱恨黄泉,及字孤儿[7]失身翠馆[8]。嗟乎! 白杨衰草难呼怙恃于九泉,路柳墙花空伴王孙于锦帐,此情此境苦矣,怆矣! 而鸨母[9]奸贪,取偿无厌,逼嫁武弁之子,时遭妒妇之拳,我生不辰,一至于此。兹者奉诏南征,途经涿鹿,中军起塞外之声,闺阁谱曲中之调,少舒幽恨,薄赋短章。此闺人诉怨之辞,非骚客摘文之咏也:吴地红颜旧世家,自怜薄命滞天涯。含羞懒唱青楼曲,拭泪悲听紫塞笳。不及曹碑传古石,漫同章柳宿寒鸦。当年妆阁今何在? 万种伤心付落花。时丙戌(顺治三年,1646年)季冬五日。"

【1】计偕，举人进京会试的别称。秦汉时地方官每年将境内治安、租税、户口数额派计吏上报中央，郡国向中央推举的孝廉之类人才和其他簿籍或贡奉物品，也可相随而行，这种办法为"计偕"。

【2】墨绶，系在印纽上的黑丝带，汉代县令皆铜印黑绶，所以后世将"墨绶"作为县官的别称。

【3】黄门，清代给事中的别称。汉代称接近皇帝的左右郎官为给事黄门，故后世也尊称给事中为黄门。

【4】缇萦是西汉名医淳于意的小女儿。西汉文帝时期（前179—前157年）她为救父而向文帝上书，汉文帝因为她的陈情而将肉刑废除。《史记·孝文本纪》："十三年（前167年）五月，齐太仓令淳于公，有罪当刑，诏狱逮徙系长安。太仓公无男，有女五人。太仓公将行会逮，骂其女曰：'生子不生男，有缓急非有益也！'其少女缇萦自伤泣，乃随其父至长安，上书曰：'妾父为吏，齐中皆称其廉平，今坐法当刑。妾伤夫死者不可复生，刑者不可复属，虽复欲改过自新，其道无由也。妾愿没入为官婢，赎父刑罪，使得自新。'书奏天子，天子怜悲其意，乃下诏曰：'盖闻有虞氏之时，画衣冠异章服以为僇，而民不犯。何则？至治也。今法有肉刑三，而奸不止，其咎安在？非乃朕德薄而教不明欤？吾甚自愧。故夫驯道不纯而愚民陷焉。诗曰'恺悌君子，民之父母'。今人有过，教未施而刑加焉，或欲改行为善而道毋由也。朕甚怜之。夫刑至断肢体，刻肌肤，终身不息，何其楚痛而不德也，岂称为民父母之意哉！其除肉刑。'"《史记·扁鹊仓公列传》亦有记，言"文帝四年中……"。按，《汉书·刑法志》："孝文帝即位十三年，除肉刑三。"据此，本传所言四年，误，当以孝文本纪为是。

【5】即春秋时期鲁国的大夫少正卯，孔子因其犯有五恶而诛杀。《史记·孔子世家》云："定公十四年，孔子年五十六，由大司寇行摄相事……于是诛鲁大夫乱政者少正卯。"《荀子·宥坐》："夫少正卯，鲁之闻人也，夫子为政而始诛之，得无失乎？"此处是题壁诗的作者说自己虽有意学缇萦那样去救父亲，但法律却如孔子诛少正卯一样毫不留情。

【6】招致乡里讥责。

【7】古代女子婚嫁年龄是15岁，许配了后束发戴上簪子（笄），故称女子满15岁为及笄。此处"及字孤儿"是题壁诗作者自谓。

【8】青楼，即妓院。

【9】社会上对妓院老板娘的俗称。

关公默佑

济宁南关有文昌阁，阁圮，改为关公庙，址稍缩。后有清真寺，乃回子所创者。诸生王道新、王宏等以庙貌卑隘，议扩之。而回子杨生花者素暴，欲侵庙址，纠党诬讼。有陈君益修争于官，得如旧。杨大憾，嗾众截陈于道，残其肢体，剜双目，淬之以灰，举城鼎沸。益修垂绝，家人升至榻，张皇守视，莫知所出。夜半，忽如梦中见一绿绣丈夫执卮酒劝之，曰："强饮此可活。"少顷，喉间咯咯有声，随溺血盈盅，胸腹稍宽。次夕，复见一人，形貌如仙，排闼直入，曰："我能疗子。"以手扶起，双目孔喷血如注。又次夕，一老姥以果数枚啖之，捧接之次，二睛欻然堕地，姥趣吸之，目渐有光，不数日睛如故。生花闻之震惧，益修不与较。未几，杨乘乱抢劫，为人所杀，亦剜其目。已而，益修梦关公告曰："尔与二王俱登科矣。"乙酉（顺治二年，1645年）果偕升贤书[1]。丙戌（顺治三年，1646年），赴南宫[2]，益修晨兴，忽有投书者，为五言八句[3]，皆隐语，曰："东畔方生耳，草头八皿全。一夕三人非，门内隐八天。老翁成羽化，黑犬右人牵。耳边丝乱坠，禾斗永相连。"读之不可解。是科陈与二王生复同登第。有人取前句绎之曰："东畔生耳，陈也；草头八皿，益也；一夕三人，修也；门内八天，关也；老翁羽化，公也；黑犬右牵，默与佑也；耳边丝，联也；禾斗相连，科也，合之为'陈益修，关公默佑联科'九字。"陈后历官监司[4]。济宁杨生苏霖记其事，予节而录之。

【1】贤书，原指荐举贤能的名录，后世指乡试。
【2】南宫，即礼部在京师主持的会试。
【3】原文："五言八"，疑遗字，据下文当为"五言八句"。
【4】有监察州县之权的地方官员统称监司，如清代的布政使、按察使、道员，等等。

水厄

丁亥（顺治四年，1647年）第三岁日[1]，予往丙舍[2]，贺大父节[3]，借邻马乘之而行。归至车墩镇，有石梁甚狭，扬鞭而过，马后足先陷，悬空而下，幸两足离镫，又适遇潮至，马浮水去。予不谙水性，自奋者三，不能起，沉入水底，饮水数口，分必死矣。忽若有人将予两股极力推送，身忽抵岸，家人急救得免。此水虽细，岁有被溺者，且堕水宜死，足挂镫宜死，潮未至为马所压宜死。予幸无恙，岂一介书生而亦为天之所祐耶。

【1】岁日，即元旦，第三岁日即正月初三。（唐）元稹《第三岁日咏春风，凭杨员外寄长安柳》：三日春风已有情，拂人头面稍怜轻。殷勤为报长安柳，莫惜枝条动软声。
【2】丙舍，即在墓地的简陋房屋，或指在墓地搭建的停灵的棚子。
【3】大父，即祖父。贺大父节，即正月祭扫祖父的坟墓。

东山行

伪肃鲁伯黄斌卿[1]，闽之兴化（今福建莆田）人。少有胆略，屯兵舟山，后颇骄恣，失将士心，为麾下缚以巨炮，沉之于海。或又云，卒于昌国（今浙江定海）城南之东山。黄之客[2]作《东山行》以诔之曰："东山风悲吹日黄，千樯万舳戈如霜。东山风怒吹月黑，天裂星飞芒赤色。星飞却入鲛人宫，侯兮侯兮归其中。天何哀啸鼋鼍战，老蛟腾出为长虹。城中老翁抆血视，愿侯同生侯同死。侯无在舟侯在舟，高牙大纛沉于此。百川东流沧海波，山高水深当奈何？"二说不同，今并纪之。

【1】黄斌卿，字明辅，福建莆田人。崇祯末，其为舟山参将，南明唐王即位，擢水陆官义兵马招讨总兵官，封肃鲁伯，太子太师，赐尚方剑。及清兵渡江，南京福王政权灭亡以后，浙江拥戴鲁王，福建则拥立唐王，分别建立政权。黄斌卿受唐王任命，拒绝鲁王进舟山，后被鲁王部下张名振所杀。

【2】黄之客，即指黄斌卿的幕僚。

鱼上

八月，黄歇浦（今上海黄浦江）群鱼大上，皆长尺许，网之，日得五六万头，凡四五日止。

箭镞

灵璧县西五里，农人锄地，遇一穴，以瓦甓之，发视得箭镞一斛，莫解其故。

舟吼

《南史·王琳传》记琳将战，舟鸣如野猪，尝读其事而疑之。沈嵩士浩然[1]浮海，舟忽鸣，声如巨牛，自旦至日中不止。众惧不能食，舟人请曰："当祭而祈之。"浩然不应，作诗而自歌之曰："石凭而言，惟政之衰。剑悲而啸，其将诉谁？刳木为舟，鸣孰使之？物有变化，吉凶安施？冥冥沧海，吾道在兹。受命于天，舟汝何为？"歌数阕而舟之鸣亦止。

【1】沈浩然,字雪峰,康熙时松江(今上海松江)人。工书,学董邦达。

律毕香

婺州(今浙江金华)一怪,有声无形,能与人应答,善盗财物,妇人稍有姿色者皆被淫。当其来,如梦魇然,或询其名,曰:"我,律毕香也。"郡守患之,遣使乞张真人符箓,不能禁。时有林生者,善治鬼,结坛行法三日,后闻空中汹汹如战斗声,妖遂绝,竟不知何物。予姊丈张孝廉[1]士绅随父官其地,亲见之。

【1】张孝廉,即姐夫张士绅,曾科举中举人。孝廉是举人的别称。

定水带

京师穷市[1]有古铁条,垂三尺许,阔二寸有奇,中虚而外锈涩,两面鼓钉隐起,不甚可辨,欲易钱数十文,无顾问者。有高丽使旁睨良久,问价钱几何?鬻者诡对五十金,如数畀之。先令一人负之疾驰去,时观者渐众,问此何名?使曰:"此名定水带,昔神禹治水得此带九,以定九区,此特其一。我国航海,每苦水咸不可饮,一投水带立化甘泉,可无病汲,此至宝也。"好事者随至高丽馆[2]试之,命贮苦水数斛,搅之以盐,投以带,水沸作鱼眼,少顷甘冽无比,遂各惊叹。鬻者言:"闯贼陷京师,得自老中贵[3]家,盖内府物也。"然历览记载,从未闻此,高丽使何由知之?予未敢信也。有范生者道之甚详,周亮工《书影》[4]中亦载此事。

【1】穷市又称穷汉市。(清)朱一新《京师坊巷志稿·西珠市口大街》:"穷汉市,亦称补拆市,'拆'或作'陈'"。(清)李虹若《朝市丛载·市廛》:"补拆市在前门外西珠市口以南。"

【2】高丽,明清时今朝鲜的称呼。高丽馆,即当时官方安排高丽使臣的住处。

【3】中贵,对太监的尊称。

【4】周亮工,字元亮,又称栎园先生,明末清初文学家、篆刻家、收藏家。《书影》是其著作之一,凡十卷。他足迹遍及大江南北,见闻广博,该书内容庞杂,考释典籍,评论诗文,记载奇闻异事,无所不有。对于研究中国小说史尤有裨益。

雷杀逆子

戊子（顺治五年，1648年）七月，泖滨[1]有村民张某，母年六十余，溺妻，言屡肆狂逆。一日晓起，送母往婿家，至半途挤母水中，疾趋归，与妻阖户寝。时久旱，忽大风雷雨，电光环绕其室，张反接出跪庭中，震雷一声，击杀之。天气黯黮，半空中如怒号，须臾雨止，已失其首。众骇异，相与踪迹之，行六七里，抵大泽，见一尸横卧，张首方哺其乳，牢不可脱。视之，即其母也。妻惊，始吐实。嗟乎！鸱枭破镜[2]果有之耶？

【1】泖湖，在上海松江西，今已淤为平地。
【2】鸱枭又称枭，俗称猫头鹰，通常以为不祥。破镜又称獍，恶兽名。《汉书·郊祀志》孟康注曰："枭鸟食母，破镜兽食父，黄帝欲绝其类，使百吏祠皆用之。"如淳注曰："汉五月五日作枭羹以赐百官。"

奇门术

京师有李翁者，自号生生子，卖术于市。人往叩，但默书所祷事于小铜盒，翁即言某事若何，并道其人姓名甚悉。士大夫惊异，车马填塞，然大约验于前，不验于后，逾年门遂寂然。予偶造其肆，见手持一册，迫视之，上列杂字千余，或五六字，或数字，则以朱圈间之，绝无意义。并邵康节[1]先生一序，云是奇门术[2]。《易》曰："神而明之，存乎其人。[3]"想翁仅得其形似而已。

【1】邵雍，字尧夫，谥号康节，北宋著名卜士。
【2】奇门术，即占卜术。
【3】出自《周易·系辞传上》，意思是说：要真正明白事物的奥妙，在于各人的领会。

藏镪

武林（今浙江杭州）公署前有颓垣隆起，相传已数百岁，不可动，动必有殃。是秋，总戎金固山砺[1]驻节于此，薄暮独坐庭际，见二人，衣一黄一白，徘徊往来，就视不见，心颇异之，名破其垣，凿地丈许，获石函二，重不可举，启视，一黄金、一白镪也。每笏镌"韩蕲王"[2]三字,金岂韩之后身耶?

【1】固山,清代军政组织编制单位名称,汉名为"旗"。初制,五牛录为一甲喇,五甲喇为一固山,共7500人。皇太极时定制,每一固山辖30牛录,每牛录100人,共3000人。每固山设统领官三人:主官一人称固山额真,副职二人,称梅勒额真。

金砺,辽东人。明末武进士,清初著名的汉人将领之一。天聪四年(1630年),皇太极创立汉军旗制,金砺隶镶红旗,为甲喇额真。五年(1631年),授吏部参政。六年(1632年),擢固山额真。

【2】韩蕲王,即两宋名将韩世忠,陕西绥德人,在抗击西夏和金朝过程中屡建战功。其与抗金名将岳飞齐名,辛后初封通义郡王,后追封蕲王,故人称韩蕲王。

普陀藏经[1]

普陀有藏经,赐自内府,牙签锦䌫,备极华整。伪荡湖伯阮进欲乞师日本,遣使赍往舟中。有僧湛微者,前自日本来,因与同载。行数日,忽风涛怒号,天水如墨,有两红鱼长数丈,横黑浪中,鳞鬣俱见,其余众鱼出没前后,舟不得进。群拜且祝,急出两国界龙王敕书二道焚之,行向晨风渐缓,一昼夜飘荡南去殆数千里。急转帆而行,既抵日本,随行一舟亦到,云并无风浪,乃知此船以藏经故也。始其国闻有藏经甚喜,及闻湛微名,大惊曰:"此僧复来则速死耳。"因不受敕,获经而归。叩其故,则以湛微曾入天主教也。先是西洋人为天主教者至其国,国人信之,各授以秘术,自国王至民间闺阃悉为所乱。一皈其教,死生不易。生者遂肆奸术,纠众作乱。其国大发兵扑灭之,自是痛绝西人,设法严禁,于通衢置一铜板,镂天主形于上,凡各国人往者必使践踏而过;或衣囊携一西洋物,或带西洋书一册,搜得之,满船人悉诛死。事见张遴白《奉使日本纪略》[2]。

【1】原文"补陀",致之本、续识略二卷本均作"普陀",据改。
【2】张遴白《奉使日本纪略》,其人、其书无考。

移冢

江右(今江西)李剑墟,精青囊术[1]。言星子县(今江西星子)有夏宪副应台[2]者,以所居地隘,屋后有古墓,欲徙之,夜梦一贵人登堂揖曰:"予宋之丁谓[3]也。

公宅后墓乃我茔，祈勿毁，当有以报。"宪副惊寤，语其子曰："丁乃巨奸，令其人在，尚当殛之，况冢乎？"遂徙之。冢有三穴，左右俱空，其中穴一槥如新，欲毁之，其子力谏，移之高原。不逾旬，夏病卒。按，谓江南人，入仕，家于洛阳，后贬崖州（今海南岛琼山），致仕，居光州（今河南潢川）卒，何缘葬此？剑墟之言未足信也。

【1】青囊术是中国古代堪舆学之一。

【2】夏应台，官职副都御史。

【3】丁谓，字谓之，江苏长洲县（今江苏苏州）人。宋真宗大中祥符五年至九年（1012—1016年）任参知政事，天禧三年至乾兴元年（1019—1022年）再任参知政事、枢密使、同中书门下平章事（即宰相），前后居相位七年。其文才著名，但为官不贤，勾结宦官，一味讨好皇帝，排挤贤相寇准，是北宋时期的奸相。乾兴元年（1022年）宋真宗死，年幼的宋仁宗即位，太后听政。丁谓擅权胡作非为被别人揭发，触怒了太后而被罢相，贬至崖州司户参军，四个儿子全被降黜。抄没家产时，从他家中搜得"四方赂遗，不可胜纪"。卒于光州，归葬苏州。

诗讽

海虞（今江苏常熟市海虞镇）钱宗伯谦益[1]，一代伟人，操海内文章之柄，一时名流，奔走翕集，晚自号蒙叟，宾朋谐谑，觞咏风流，跻贵仕，享高年，迩来文人罕见其比，然其大节或多可议。本朝罢官南归有无名氏，题诗虎丘（今苏州虎丘）以诮之云："入洛纷纭兴太浓，莼鲈此日又相逢。黑头已是羞江总[2]，青史何曾用蔡邕[3]。昔去幸宽沉白马[4]，今归应悔卖卢龙（今河北卢龙西北）[5]。最怜攀折章台柳[6]，撩乱秋风问阿侬。"又尝作诗赠歌童入燕，缠绵哀艳。"熊侍郎文举[7]和韵以讽之曰："金台玉峡总沧桑，细雨梨花枉断肠。惆怅虞山老宗伯，浪垂清泪送王郎。"钱见之，不怿者数日。

【1】钱谦益，字受之，号牧斋，晚号蒙叟、东涧老人。学者称虞山先生，清初诗坛的盟主之一。今江苏常熟人。明万历三十八年（1610年）进士，他是东林党的领袖之一，官至礼部侍郎，后因与温体仁争权失败而革职。明亡以后，马士英、阮大铖在南京拥立福王，钱谦益依附为礼部尚书。清军渡江南下以后降清，仍为礼部侍郎。顺治年间屡次受牵连入狱，释放后归养苏州、常熟，康熙三年（1664年）卒。

【2】《陈书·江总传》：字总持，祖籍济阳考城（今河南兰考）。出身高门，幼聪敏，有文才。所作诗篇深受梁武帝赏识，官至太常卿，与当时的高才学士为忘年之交。侯景之乱后，避难会稽（今浙江绍兴），以后复流寓岭南，至陈文帝天嘉四年（563年）才被征召回建康（今江苏南京），

任中书侍郎。陈后主时，官至尚书令，"总当权宰，不持政务，但日与后主游宴后庭"，"由是国政日颓，纲纪不立。"隋文帝开皇九年（589年）灭陈，江总入隋后官至上开府，后放归江南，卒于江都（今江苏扬州）。

【3】蔡邕，东汉著名文学家、书法家，蔡文姬之父。曾官左中郎将，故世人又称其蔡中郎。《后汉书》有传。

【4】《三国志·魏书·曹仁传》："曹仁，字子孝，太祖（即曹操）从弟也。"东汉末年，曹仁随曹操与刘备、袁绍争天下。曹操以曹仁为征南将军屯樊城（今湖北襄阳），镇荆州（今湖北江陵）。刘备大将关羽率军围樊城，当时汉水暴溢，援军断绝，"城不没者数板……仁激励将士，示以必死，将士感之皆无二"，终于得以突围。据说当时曹仁与将士们盟誓的时候，把自己的坐骑白马沉下水中淹死，宣示守城决心，此即"沉白马"一说的来历。

【5】《三国志·魏书·田畴传》："田畴，字子泰，右北平无终（今河北蓟县）人也。"东汉末年，天下大乱，田畴先后拒绝袁绍及其子袁尚的征召，率宗族隐居山中。建安十二年（207年）曹操率大军北上征讨三郡（今河北东北部）乌桓，田畴因乌桓屡屡残害本地百姓，所以主动为曹操当向导，"上徐无山（今河北遵化境内），出卢龙（今河北卢龙西北），历平冈（今内蒙古宁城），登白狼堆（今辽宁凌源境内）"，遂突袭至乌桓的大本营柳城（今辽宁朝阳），获得全胜。曹操对田畴大加封赏，但田畴曰："岂可卖卢龙塞，以易赏禄哉？"加以拒绝。

【6】章台街是长安城内最热闹的街道，娼妓聚居之地。章台柳，据说是唐代韩翃所写的一首词。韩翃有宠妓柳氏，临别，韩翃以此词寄之。后来，柳氏被番将沙咤利劫去，亦以此调回寄韩翃。原词没有曲牌名，因首句为"章台柳"，于是取作词牌名。又名《忆章台》。

【7】熊文举，字公远，号雪堂，江西新建人。崇祯四年（1631年）进士，官至稽勋司郎中。明亡降清，两任吏部侍郎。他是明清之际的著名学者，清初驰名文坛，极享盛誉。

本朝立法宽大

《客座赘语》[1]云：洪武二十二年（1389年）三月二十五日榜文云："在京军官、军人但有学唱的，割了舌头。倡优演剧，除神仙、义夫节妇、孝子顺孙、劝人为善，及欢乐太平不禁外，如有亵渎帝王、圣贤，法司拿问严究。下棋、打双陆的断手，蹴圆的卸脚。"千户虞让子虞端吹箫唱曲，将上唇连鼻尖割去。指挥伏颙与姚晏保蹴球，卸去右足，全家戍滇。明初立法之酷何以至此，几于桀纣矣。今朝廷虽当改革，禁网疏阔，除数大端外，不复苛求，真生民之大幸也。

【1】原文：《遇园赘语》，误，当为《客座赘语》，明顾起元著。顾起元，字太初，号遁园居士，江宁（今江苏南京）人。万历二十六年（1598年）进士，官至吏部左侍郎兼翰林院侍讲学士，后退居筑遁园隐居，绝意仕途，崇祯元年（1628年）卒。因其住宅称遁园，其又自号遁园居士，故

世人又习称该书为《遁园赘笔》。《客座赘语·国初榜文》:"洪武二十二年(1389年)三月二十五日奉谕旨:'在京但有军官、军人学唱的,割了舌头;下棋、打双陆的,断手;蹴圆的,卸脚;做买卖的,发边充军。'府军卫千户虞让男虞端故违吹箫唱曲,将上唇连鼻尖割了。又龙江卫指挥伏颙与本卫小旗姚晏保蹴圆,卸了右脚,全家发赴云南。"

旧臣姓名录

东海逸民者,不知何许人,不著姓氏,不记乡贯,著《旧臣姓名录》一卷,皆明季荐绅入仕国朝者[1]。其言曰:"沧桑以来,艾化为茅[2],雀飞成蛤[3],初疑巽权[4]以待变,久之革面而易心,既乖誓墓[5]之风,孰显捐躯之节?虽有丝、麻,愿无忘乎菅、蒯[6];眷言[7]禾黍,岂遂弃其釜鬲。然而年将六稔,事系千秋,歧路堪悲,河清难俟,姑存姓氏以垂来叶云。"予谓逸民记载,不无微意。但义难一例,势有差等,即如癸未(崇祯十六年,1643年)科诸公,或初登仕版,或未沾一命,遭逢鼎革,君子有恕辞焉。倘以为余一人之私言,则我岂敢?

【1】荐绅,即缙绅,官员或做过官的人。此处指原来是明代官员在改朝换代之后又入清朝政权为官的人。

【2】艾蒿,多年生草本植物,叶可制成艾绒,针灸用。该句系由《离骚》"兰芷变而不芳兮,荃蕙化而为茅。"演变而来。荃、蕙都是芳草。茅,代表杂草、污秽之草。

【3】该句系由《礼记·月令》"季秋之月……雀入大水为蛤。"演变而来。蛤,即蛤蜊。古人秋天见鸟儿从大洋上南飞,秋深时即看到海边出现很多蛤蜊,于是以为是鸟儿变的。此指古人认识的生物彼此变化。

【4】巽权,即权宜、权变的意思。该语系自《周易·系辞传下》中"《巽》以行权"一句演变而来,原意是说:《巽》卦讲的是顺势利导,以行使权力。

【5】《晋书·王羲之传》:"时骠骑将军王述少有名誉,与羲之齐名,而羲之甚轻之,由是情好不协……述后检察会稽郡,辩其刑政,主者疲于简对。羲之深耻之,遂称病去郡,于父母墓前自誓。"后世遂以"誓墓"代称归隐。

【6】《左传·成公九年》:"诗曰:'虽有丝、麻,无弃菅、蒯;虽有姬、姜,无弃蕉萃。'"丝麻是上等的织料,菅、蒯是多年生草本植物,可用编席、做草鞋,是下等织料。周人姓姬,齐人姓姜,是两大姓。古人常把姬、姜作为美女的代称。蕉萃即憔悴。

【7】"眷言"也作"睠言",回顾貌。言,词尾。

人腊

先少宰公[1]致政归，有一边弁赠人腊二枚，长四五寸，俱系男体，耳目手足悉具，贮紫檀匣，云孕妇怀妊五月，设法取下，制入丸散，补益倍常。公为之惨然，却不受。吁！始作俑者，亦不仁甚矣。《尚书》故实亦载人腊，长尺许，云取僬侥人[2]为之，大属无据。

【1】吏部侍郎，别称少宰。此处先少宰公，即作者的祖父董邐初，明代官至吏部侍郎，故称少宰公。

【2】僬侥或作周侥，皆为侏儒的音转。僬侥者，矮黑人也。《古本竹书纪年》中记载的朝贡的"九夷"或"六夷"中都包括"玄夷"，即黑色之夷。战国和秦代以后统称"僬侥""僬侥氏"。《国语·鲁语》："仲尼曰：'僬侥氏长三尺，短之至矣。'"《列子·汤问》："僬侥国，人长一尺五寸。"

义鹤

里中许氏园中有二鹤，其雄毙焉。岁余，复有以二鹤赠者。孤鹤踽踽避之，不同饮啄。雄者窥其匹入林涧间，欲并挟两雌而有之，蹑迹而至，孤鹤引吭长鸣，相搏击，舍之去乃已。夕，双鹤宿于池，则孤鹤栖于庭。其在庭亦然，每月明风和，双鹤翩跹[1]起舞，嘹唳和鸣，孤鹤寂然不应；或风雨晦冥，寒湍激石，霜叶辞柯，哀音忽发，有类清角，闻者莫不悲之。主人因长其羽翮，纵之去。夫缟帨[2]之操，锋刃不能变；鷇卵[3]之信，寒暑不能夺，可以戒天下为妇而不知义者。事见陈黄门子龙《杂识》[4]中。

【1】原文系误造字，当为跹。
【2】缟帨，古代女子出嫁时的佩巾，借指女子的爱情。
【3】鷇，即初生的小鸟。鷇卵，泛指禽鸟。
【4】本文原见明代陈子龙《三慨》之一，即李氏之鸠、邬氏之犬、许氏之鹤。因陈子龙曾官至兵科给事中，汉代称接近皇帝的左右郎官为给事黄门，故后世也尊称给事中为黄门。

金蛇

细林山[1]彭宏，大号素云，法名通微，河南汝阳人。母梦一黄冠[2]食以大桃而有娠，及长，传太和张真人炼气栖神之旨，遍游中原，至云间（今上海松江）择居此山。明太祖遣中使宣召，值其羽化[3]，命启龛[4]视之，正坐不倚，长爪绕身，特赐号明真子。今山顶有仙冢及丹井，相传其爪甲随风而化，变为金蛇，长三四寸，儿童捕置器中以供戏玩，亦有封识宛然，倏去不见者。止此山有之，他处无有也。

【1】细林山，即今上海松江区辰山，唐天宝年间改名细林，属佘山山系。
【2】黄冠，即道士。
【3】道士死去称羽化，意即已经修炼成仙。
【4】龛，一般指供奉佛像、神灵、祖先神位的小阁子，此处是指僧、道死后装殓的棺。

黄雾

腊月八日，黄雾四塞。

麻衣僧

明季有麻衣僧者，不知何许人，冬夏常披麻衣，故人以此呼之。形状颇异，语默不长，偶发一言，往往有奇验。性嗜酒，每出，路人竞沽以饮之，自朝至暮，人未尝见其醉。与名医吴端所者最契，间密叩休咎，曰："汝享年甚永，然终当以兵死。"至本朝年逾八十，为乱兵所刃而卒。郡吏闻其异，欲试之，黑夜遣一娼直造其榻，百方揗摩，寂然不动，笑曰："别人被你跳不过，贫僧跳得过，可速去，毋久混我也。"一日忽谓人曰："此地不出数年当罹杀戮之惨，我归矣。"询其所向，竟不答。未几，醉依西林寺桥而化。松人[1]置龛以焚之。适有人从江北来，遇于京口（今江苏镇江），相与握手慰劳，计其时即蜕去之日也。盖神圣幻化，混迹流俗。予数岁时曾蒙其一盱[2]，惜幼稚无知，不能一叩宗旨，至今悔之。

【1】松人，即松江（今上海松江）人。
【2】盱，顾视的意思。

异笠

陆尚书文定公[1]有一笠，相传出自外国，非藤，非草木，质轻而韧，传五世不坏，竟莫辨为何物，曾孙庆裕至今宝藏之。

【1】陆文定公，即松江华亭（今上海松江）陆树声，嘉靖中其与弟陆树德俱登进士，官至礼部尚书，谥曰文定。

盘龙塘

我乡东关外十里有盘龙塘，两涯冢墓密布。相传旧有仙翁过此，题桥柱曰："不在盘龙南，不在盘龙北，有人葬此地，黄金满万屋。"于是松（今上海松江）之人竞买以营窀穸[1]，然究无吉壤。予自幼及壮，往来于兹不下数十次，但见有被掘者，有塌入水中者，有倒挂涯岸摧朽暴露者，骸骨纵横，蛇虺杂乱，可伤也。夫青鸟[2]之说，我不谓无，必其人有善缘为天所佑，或无心而遇之。今本欲邀福，乃反罹其祸，竟何益之有哉？昔有凶人营一墓，兆甚佳，考亭先生[3]题二语于壁曰："此地不发是无地理，此地若发是无天理。"后竟为震雷击毁，诚哉！是言也。

【1】窀穸，即墓穴。
【2】《抱朴子·极言》："黄帝相地理，则书青鸟之说。"相传黄帝之臣风后所著占卜地理风水阴阳的堪舆书，名《青鸟葬经》。自古以来占卜地理风水阴阳的称呼甚多，如堪舆、青囊、青鸟、相宅、图宅、形法、阴阳术，等等，青鸟之学乃其中之一。
【3】考亭先生，即宋代大学者朱熹。朱熹，字元晦、一字仲晦，号晦庵、晦翁、考亭先生、云谷老人、沧洲病叟、逆翁。19岁进士及第，官至宝文阁待制。南宋著名的理学家、思想家、哲学家、教育家、诗人、闽学派的代表人物，世称朱子，是孔子、孟子以来最杰出的弘扬儒学的大师。

髯长拂地

从来髯最长者或称过腹，或下垂至膝止矣。吾郡有沈生沧雨者，眇一目，髯长至丈许，自胸以下连绾三大结而拂地者尚尺余，总而计之，殆逾一身有半矣，真世所罕见者。其为人小有才，然厥状狰狞，淫污无耻，是冬为按君[1]杖，折股而毙。相法，须太长者主兵死，亦一验也。

【1】按君，即提刑按察使，掌管一省刑狱司法等事。

紫竹庵发冢

相传松郡北郭，向悉郊外埋骨之地。张士诚[1]据吴日，嫌地迮，筑入城，至今坟墓累累相望。敝庐东相去数武有紫竹庵，乃尼僧所居，屋后古冢，岁久露砖，上覆以石。庵中一老尼性贪悍，疑有伏藏，闭门发掘数日始启，见内树一碑，细阅乃宋季某尚书之墓也。珍玩充斥，便房[2]贮玉带一围，尼悉数盗取，抛骨后河；棺坚固如新，并斲为器，随复以砖封之。比邻有觉者，报之县官。尼挟宝而遁，竟未得尚书姓名云。余生长于斯，徘徊墓侧，作诗吊之曰："白杨雨，苍苔烟。何人冢，古道边。石斓斑，带碧色。碑上铭，不能识。昨见墓门闭，今见墓门开，玉衣灰飞扬，日暮牛羊来，寂寂春风吹野马，离宫复道何为者？沙丘台[3]畔新鬼啼，铜爵西陵[4]无片瓦。君不见，漳水上[5]，骊山下[6]。"

【1】张士诚，元末江南农民起义军领袖之一。
【2】便房，古代帝王、诸侯墓葬中象征生前居室、放置棺木的建筑。
【3】沙丘在今河北巨鹿东北，相传商纣王在此筑台。战国和秦始皇时期，赵武灵王及秦始皇在此筑沙丘宫。《史记·赵世家》：赵惠文王四年（前295年）赵国内乱，已经让位的武灵王被困"三月余，饿死沙丘宫"。《史记·秦始皇本纪六》："三十七年（前210年）七月丙寅，始皇崩于沙丘平台。"《水经注·浊漳水注》："衡漳水又迳沙丘台东，纣所成也。""赵武灵王与秦始皇死于此也。"
【4】铜爵，即铜雀台，东汉末年曹操被封为魏王，都邺城（今河北临漳县西南），临漳水，筑三台，此其一。西陵即指曹操的陵墓。《曹操集·遗令》："吾死之后……葬于邺之西冈上，与西门豹祠相近……汝等时时登铜雀台，望吾西陵墓田。"
【5】漳水上，即指曹操墓。
【6】骊山下，即指秦始皇陵。《史记·秦始皇本纪六》："三十七年（前210年）九月，葬始皇骊山（今陕西西安东）。"

四书五经欠字

老儒[1]张元成，博学饱经史，以砚田为业[2]，据云一部《论语》无一"此"字，四书五经无一"真"字。

【1】老儒，即年老的读书人。
【2】砚田为业，即读书人以文墨为生。

三字名字

古来以三字为名者，战国时有董之繫菁，见升庵外集[1]；三字为字者，《史记》有程伯休甫，又张天锡字公纯嘏、刘敞字中原父，此外不多见。

【1】《明史·杨慎传》：杨慎，字用修，号升庵，新都（今四川新都县）人，祖籍庐陵（今江西吉安市）。其父杨廷和官至少师、大学士，任内阁首辅近10年，叔父杨廷仪也官至礼部尚书。杨慎是正德六年（1511年）进士，殿试第一。世宗嘉靖三年（1524年），因"大礼议"一案，受廷杖，谪戍云南永昌卫，30余年后死于戍地。明代焦竑将他的各种杂著编为一书名《升庵外集》。

鼠怪

广西柳州分司署[1]有大鼠为怪，啮坏附近居民衣物不可胜计[2]。募猫捕之，反为所毙，半年之内连杀五猫。便捷如猱，白日游，行人不能禁。适郡绅龙某从平越携一猫归，小而健，云能辟鼠。即至，伏梁栋间，扼而杀之。鼠能杀猫，亦异事也。

【1】分司署，即清代盐运分司的衙署。
【2】原文："不可胜纪"，误，当为"不可胜计"。

卷 二

己丑至癸巳，顺治六年
——顺治十年（1649年—1653年）

夫妇巧合

己丑（顺治六年，1649年）三月，盐官（今浙江海宁盐官镇）海溢[1]，坏石塘百余丈，傍海居民有漂入海者。一妇，夫他出，子尚乳，寝一木榻，周围皆板。鲸涛如山，波浪汹涌，妇攀床出，没久而不覆，顺流数百里，冲入上海县（今上海）。一团[2]地方有冯姓者，鳏居，救之获免，母子俱无恙，遂为夫妇。后其夫访知，移文来索。众议，泛海不死，其事甚奇，虽曰野合[3]，实有天意，乃留其妻而返其子。夫悲恸而去。

【1】海溢，又称海浸，即海啸。
【2】团，即古代基层社会居民组织。
【3】古代称没有经过正式婚嫁，私自同居的行为。

狐怪

崔御史某，北直长垣（今河北长垣）人。尝差往某处，日将暮，仆从前觅馆舍，独骑一马行，忽睹一妇人步马前，缟衣绣裳，崔心动。妇忽回顾，姿态妖艳，目挑心许，以行人踵至，不及款语，遂策骑赴驿，竟夕独寐。事毕复命，一夕独坐，闻叩户声，启视，则前所见妇人也。讯其何来，曰："知君见思，特来相就耳。"心颇疑惧，而悦其色，因留与狎。妇肌理莹滑，言辞慧利。笑语横陈，曲尽衽席之妙。叩以姓氏，曰："久当自知，今幸邂逅，永侍及箕帚可耳。"居数月，颜色顿减，家人劝令速遣，崔亦疑踪迹莫考，乃缓辞之。妇怒，变作夜叉状，朱发靛面。惊仆，逾时始苏[1]。则妇在侧，宛然如旧，因好语曰："与君恩义甚深，无听人言，顿生异念。倘复见拒，恐身命亦难保矣。"骇极，不敢复言。未几，巡两越，舟次广陵（今江苏扬州），妇坚不肯渡江，力挽之，复现前形，乃告病回籍。久之，视鹾[2]淮上，妇亦从赴任，妻妾既不敢同寝处，凡事受制，郁郁不得志，卒。妇遂隐不见。说者谓江南无野狐，此妇盖狐精也。夫妖由人兴，苟秉正直，即处微贱，邪岂能干？乃俨列绣衣，顾终其身为淫兽所侮，赉恨而殁，此其人亦大概可见矣。

【1】原文："逾时姓苏"，误，当为"逾时始苏"。
【2】视鹾，即御史代表朝廷到盐产地视察盐务。

大士显应

吾乡樱桃湖，东接海上，有古刹曰白衣庵，大士[1]供养处也。地最僻，寺僧多不法。偶有商人遇暴雨托宿，见铜像剥落，捐白金数笏为助。僧窥其橐重，遂醉以酒，缚之榻，解佛幨縋焉。时已更余，月光黯然，适捕盗舟至，遥见一缟衣女子徘徊寺侧，疑僧为奸，入寺穷索，寂无所睹，惟所缢之人宛转垂绝，救之获苏，具道其故，乃讶向所见即大士显应也。于是系送有司，杖杀之。

【1】大士，即观世音，又称普门大士。

夜叉岛

吴门（今江苏苏州一带）有吴氏子与一仆，附贾人舟往日本，同行约百余众。未到三四百里，忽遇暴风，漂泊一岛，二十余人挟弓矢刀枪登岸觅鸟兽，猝逢一夜叉，长二丈许，朱发蓝面，自岩间出，持其足剖而啗之，余人返走，夜叉缓步而来，连擭二人；及舟，以两手首尾折之，舟断为二条。水中复有夜叉出，始争攫人，既而相斗，海水沸腾，岛屿震动，久之解去，人半堕水，半为所食，惟存二人在樯下夹板内。明午日出，樵者至，见有衣货，取之，乃于夹板得二人，携去，后得归。其一人即吴仆，而吴氏子被食矣。樵者云："此名夜叉岛，惟正午可出刍荛[1]，忌言语。"诸人故遭此祸也。吴仆今尚在。

【1】刍荛，即割草打柴。

狼入境

凤阳颍上县[1]，群狼入境食人，行旅皆结队而过。

【1】原文："颖上"误，当为"颍上"，今安徽颍上。

关中碑刻

客有饷予李北海《云麾将军》碑刻者,缺下半截,讯之,关中一友云:"碑在蒲城县(今陕西蒲城),日有摹拓,土人厌其扰,盗琢下截之半,故碑本不全。"又言:"古今碑刻莫盛于关中,然细加搜访,西安府学自十三经外则有二十八种,其在属县者有一百七十一种,在外府各县者有九种,而宋元诸拓亦在内矣。盖因宋向拱镇长安,拓三千余本,民苦之,镌削其字。韩缜修灞桥,督工急,磨碑石供之[1]。罹此二厄,得全者几何?银钩铁画多淹没而不传,是谁之咎欤?"

【1】灞桥,在今西安东灞河上,汉代始修,初为木桥,隋以后改为石桥,自唐至宋元明清皆有重修。近代为洪水淹没,1994年重新被发掘出土。韩缜,北宋大臣,曾任淮南转运使。北宋建都今开封,故以今西安为拱卫,北宋重修灞桥是在宋哲宗元祐年间,时韩缜适任官永兴、河南、安武军节度使、知太原府,易节奉宁军。据近年发现,宋哲宗元祐年间(1086—1094年),为重修灞桥,专门拆毁唐代石碑700多通作桥基。上个世纪90年代,考古工作者在旧桥遗址发现一通唐碑,上书"扶风郡王赠司徒马府君神道碑"等字样,证明宋代用唐碑修桥的事是确实的。

宝炉

我郡东关外有土阜,相传为皇坟,莫知所自。明季有猎徒纵犬逐兔,见旁有孔穴,乘夜潜入,初觉冷气彻骨,乃投以火,良久复入,内有石床、石几,珍宝充斥,最后获一炉,翠色斑斓,形制殊古。其炉为豪家所得,置案上,香烟自发,结成五云色,云中见白鹤飞翔,昼夜数起,真奇宝也。既而近墓居人入穴纵观,旁列短碑云:"吴诸葛瑾[1]墓"。郡吏以擅毁古冢,物追入官,惟炉不知所终。

【1】诸葛瑾,蜀丞相诸葛亮之兄,三国东吴孙权的信臣,官至大将军、左都护、豫州牧,封宛陵侯。

玉蟹

洞庭之阳,一民家门枕巨石,相传已数世。忽有望气者谓曰:"是中有物,愿以三十金易之。"民以为奇货,姑索三百金。其人慨然曰:"诺。我归取金,必留以待我。"

民大喜过望,恐为人所窃,率妻子掘置密室中。至期,其人果至,抚膺叹息。惊问故,曰:"此石中有玉蟹,殆千岁物,乃日月之精,雨露之气,相结而成,饵以水谷可活,实稀世之宝。今置室中久,形具而神已槁,无所用之矣。"剖之,果得一石,宛然蟹也,但勿能动耳,货之犹获数十缗。

黑虹夹日

庚寅(顺治七年,1650年)六月,黑虹夹日,有尾垂地(原注:失记某日)。

天雨麦

凤阳府太和县(今安徽太和)天雨荞麦。

缚笔作书

《传信录》[1]曰:巡江都司朱士鼎,胆气绝伦。张献忠攻武昌,被获,戟手骂贼,贼断其右手;以左手染血洒贼,复去左手,弃之江滨。而士鼎不死,尚能缚笔于臂作楷书,亦一异也[2]。

【1】《传信录》,即《甲申传信录》,明末清初钱𫆨𫐐著,是记述明末李自成大顺军攻陷北京的重要史料。
【2】此事亦见载于《明史·忠义六》。

妖术

京师有妖人,群行于市,呼人姓名。有误应及回顾者,即觉昏迷,随之去。引至僻处搜剔囊橐,或挤之于水,罹害者众。事发,被获,悉置之法,乃止。

托生

山东前进士王晋,登州(今山东蓬莱)人。观察越中,家甚裕,栋宇巍焕,服用侈丽。年老被病,卒。其魂投莱州潍县(今山东潍县)生员刘曰瑚家为子,才下地,四顾久之,抚膺大哭。曰瑚举家惊怪,止一子,不忍杀。因叩其故,曰:"我本王某,托生汝家。今贫窭若此,奈何?"随话前生事甚悉,令召其二子一婿。曰瑚如其言,潍去登二百余里,不三日俱到。语及家事,纤细不遗,其子伏地大恸;又命召妾李氏至,问床下埋金五百,得毋为人所窃乎?妾言:"公亡后即取助丧事矣。"语毕,悲不自胜。于是二子分产之半授曰瑚,两家往来如至戚。宋莱阳琬[1]亲见其事,为予说。

【1】宋琬,莱阳(今山东莱阳)人,清初八大著名诗人之一。

春草堂诗

寄竺道人者,姓盛氏名蕴贞。幼为练川[1]纳言侯公[2]第三子所聘,未及于归,纳言父子殉节,遂誓不改嫁,剃发入空门。道人读书,能吟咏,曾题纳言春草堂诗云:"谢公游眺地,春草已无根。夕巷牛羊下,空檐鸟雀喧。可怜盱眴尽,徒有简编存。泪洒西州路,何人酹一尊?""十载重游地,孤城带落晖。西园迷旧迹,北渚长新矶。玉树人俱尽,金庭事已非。何须闻短笛,独立自沾衣。"亦可感也。

【1】练川,今上海嘉定的古称。

【2】侯峒曾,字豫瞻。原任南明弘光朝通政司左通政,南京沦陷后,避难于老家嘉定。顺治二年(1645年)七月,清军攻嘉定,他率嘉定军民奋起反抗,失败后与其二子俱殉节而死。侯峒曾著有《纳言存稿》等著作。《尚书·舜典》:"命汝作纳言,夙夜出纳朕命,惟允。"纳言是古代出纳王命的官职,所谓"听下言纳于上,受上言宣于下。"《明史·职官志二》:"通政使掌内外章疏敷奏封驳之事。凡四方陈情建言,申诉冤滞,或告不法等事……赍状奏闻。"因明代通政使的职掌与古代纳言相似,故而也别称纳言。

虎横

蜀保(保宁府,治今四川阆中)、顺(顺庆府,治今四川南充)二府多山,遭献贼乱后，烟火萧条。自春徂夏，忽群虎自山中出，约以千计，相率至郭。居人趋避，被噬者甚众。县治、学宫俱为虎窟，数百里无人踪，南充县（今四川南充）尤甚。

城嚎

九月，武林（今浙江杭州）候潮门，每夜闻城垣有哭声，其音甚哀。识者曰：此城嚎也。

日食

十月朔，日食既[1]，白光黯黯，小星皆见。

【1】日食既，即日全食。日食包括五个阶段：初亏、食既、食甚、生光、复圆。从初亏开始，就是偏食阶段，以后遮掩部分增大，整个太阳圆面被遮住的时候就是食既。食既也就是日全食开始的时刻。

女化男

粤东新宁县（今广东台山）文村，有妇人，其夫出外经商，数月归，妇已化为男子，因别居，后竟娶妻生子。忆前朝吾郡有莫俨臣者，娶武弁李玉孺女，定情之夕，抚摩不能入，久之，阴户忽长一肉，渐如人势。莫大惊，别居二年，因遣还家。盖李氏具二形，初犹如处子，情兴既发，遂露男形。李翁无子，一旦为更丈夫服，出见宾客，复纳室生一孙。夫莫生有妻而无妻，李翁无子而有子；李氏始以人为夫，既又夫于人，真天壤间一怪事也。

奇疾

小校[1]毕联元，偃师（今河南偃师）人，得奇疾，左股痛不可忍，呻吟累月。有僧诣门乞食，问其所苦，曰："此肉鳗也，早治可活。今病深矣。"因刺其膝，出小蛇十余条，如指大，僧持之去。逾数日，蛇复涌出，竟死焉。

【1】小校,指低级武官。

蜈蚣

南塘张氏墓,林木翁郁,有蜈蚣二,长丈余,足皆数寸,夏月悬树间,若曳匹练。夏公允彝[1]尝言,宦闽时,被檄至海滨,见一物形如车轮,螯若巨斧,当道而立。众聚击之,熟视乃蟹也,烹之,得数十人馔。乃知海鱼吞舟,巴蛇食象,无足怪者。(原注,《山海经·海内经》云:海中有千里蟹。《玄中记》云:北海之中,蟹之大,举螯如山,身故在水。然则此蟹又不足言矣。)

【1】《明史·夏允彝传》:"夏允彝,字彝仲。"松江华亭(今属上海松江)人。万历四十六年(1618年)举人,"崇祯十年(1637)与陈子龙同成进士。"崇祯十七年(1644年)明亡,明福王在南京监国,随即帝位,夏允彝为吏部考功司主事。次年(清顺治二年,1645年)五月南京失陷,福王政权覆灭。他与陈子龙等在江南坚持抗清,同年九月兵败投深渊殉国。

麒麟生

辛卯(顺治八年,1651年)三月,山西平定州(今山西阳泉平定)麒麟生。是日有五色祥光缠绕牛身,遂产道旁,遍体生鳞,四足有甲,地方官护送至京师,观者云集,未几死。

牡丹

牡丹种类繁多,洛阳、陈州(今河南淮阳)、天彭(今四川彭州天彭镇),诸谱载之甚详。近有予族人某,颇好事,以重价买得一本,如世之所谓玉楼春者,微带紫色,上缀碧瓣,高出半寸许,迎风款款,宛如飞蝶,名曰蝶穿牡丹,盖异种也。初植时作花八九朵,次年减其半,又次年并其本不存矣。天下之物,贱者易茂,贵者难成,大抵如此矣。

天陨石

五月初一日，东长安门外，辰刻（7时—9时）陨青石一块，大如斗。

烈妇殉义

七月，大兵破两粤，武进士熊朝佐者坚守博白县（今广西博白）不下，为土寇所害。夫人张氏收葬毕，谓部将曰："我夫死忠，我宁可不死节乎？汝等为我办后事，更筑一台生祭我，我当自尽。"众初以为未然，见其辞气严决，不敢违，果为筑台。张氏沐浴登其上，南面坐，诸将再拜，具豆觞，为一再举卮。复谕曰："死自我分，不足为异，惟冀诸君尽忠报国，勿负我夫。"语毕，遂从容自缢。野史氏曰："慷慨就死易，从容赴义难。当变乱之际，妇女以身殉者不可胜数，若烈妇者则慷慨、从容两得之矣。"

河决

河决金龙口（今河南开封金龙口），役夫数千，縻费以万计，编柳为牛，大数十围，实以土石，沉于河。阅岁，功始就。尝考汉建始中（前32—前28年），河决馆陶（今山东馆陶），犍为（今四川资阳）王延世[1]取竹落长四丈，大九围，盛以石，两船夹而下之，三十六日河堤成。其难易固有悬绝者。

【1】王延世，西汉成帝时人，著名治黄水利专家。

吴中墨令

吴中有一令，逸其名，性贪而淫。县治前民家妇，号花冠菩萨，色颇艳，令见而悦之，遣役通意，民不敢违，往来久，人无觉者。适诸生数人知其事，匿户外，毁门直入，灭烛乱殴，既而呼火，佯惊曰："我师也，死罪，死罪。"因请曰："生等寒士，幸遇吾师，望稍济其乏。"令曰："此地无物，奈何？"曰："库物皆师物，但批数字，千金可立致也。"令窘绝，书片纸付吏，顷刻金至，剖之，不退。复请曰：

"须立誓,某等方散,不然,恐有后患也。"令益窘,执笔写数字,诸生裂之曰:"必直述始末乃可。"时天将曙,不得已,如其言,众始散。令后竟以墨[1]败。

【1】墨,墨吏,即指贪污的官吏。

神索仆马

湖广田家镇有吴甘兴霸[1]庙,甚灵异。武进(今江苏常州武进)庄君同生典试楚省,夜泊庙侧,梦甘来访,延坐。临别向庄索一仆一马,皆平日所爱者,梦中不得已,诺之。诘朝,仆、马俱毙。土人至今能言之。

【1】甘兴霸,即三国时期东吴大将甘宁。《三国志·吴书·甘宁传》:"甘宁,字兴霸……少有力气,好游侠。"孙权时为折冲将军。

异蛇

江宁溧阳县(今江苏溧阳)产异蛇,长四五尺,名曰蛮甲。能隐形,尝出入人户内,不可禁。逐之者,必遭害。或善事之,贫者往往致富。予乡举房师[1]、江右邱公讳贡瀛任溧水令[2],亲见之。实古所未载。

【1】乡举房师,即参加乡试时的阅卷考官。
【2】溧水又名溧水。溧水令即江苏溧水县令,在溧阳西北。

鳝怪

润州(今江苏镇江)一渔人夜泊江渚,见一黄衣女子,年可十三四,头绾双髻,从芦苇中出,就人乞食,食已即去,每夕如此。怪而迹之,见一鳝,长四五尺许,金色,目如丹砂,首有肉角,见人跃入江而没。

毗陵女子

毗陵（今江苏常州）吴氏，名家女，十七通诗书，姿态艳丽。约婚某氏，闻其夫不慧，常私恨之。一日出游，邂逅娄江（今江苏太仓）王生，一见相悦，遣婢通意，婉娈尼寺中。往来半载，渐有觉者，于是挂帆而遁。夫家鸣于官，迹之，获于旅邸。吴氏[1]不愿别适，愁容瘁服，亲自供状。郡守览而异之，断还聘金，听归王。其供词一日传遍人口，今录于此："贱妾生从桂苑，长自兰闺，罗敷[2]总发之年，弄玉[3]初笄之岁，无情无意，何怨何伤？祸因踏春南陌，随喜东禅，有太仓王生者，援琴而挑心，漫传于流水，投梭难拒；佩乍解于江皋，始托红叶以通辞。终借绿衣而伸约，迎风和韵，竟成鄂渚之媒；对月调弦，遂荐巫山之梦。抱锦衾于萧寺，绾翠带于西厢，园中栀子未喻同心，池上鸳鸯羞夸比翼。于是贱妾踵西施之约，王生驾范蠡之舟，何图风波顿起，云雨惊飞？王子义造成口箭腹刀，杨介仁织就罗钳吉网。白面书生，指为吒利；红颜女子，认作梁清。命之不犹[4]，夫复何恨？昔卓氏缟素而赴相如[5]，汉皇勿罪；红拂紫衣而奔李靖[6]，杨帅勿追。伏祈将奴断配王生，了却三生业债，完此一段良缘。勿令重瞳之配，伏剑军前[7]；应怜季伦之姬，捐躯楼下[8]。"两家父母深耻之，而吴下相传，诧为奇事。

【1】原文："氏不愿别适"，似遗漏"吴"字，今补。

【2】郭茂倩《乐府诗集·陌上桑》："日出东南隅，照我秦氏楼。秦氏有好女，自名为罗敷……二十尚不足，十五颇有余。"该叙事诗描写采桑女罗敷拒绝太守之类官员调戏的故事，歌颂她的美貌与坚贞的情操。

【3】刘向《列仙传》："萧史者，秦穆公时人也，善吹箫，能致白孔雀于庭。穆公有女字弄玉，好之，公遂以女妻焉。日教弄玉作凤鸣，居数年，吹似凤声，凤凰来止其屋，公为作凤台。夫妇止其上，不下数上，一旦随凤凰飞去。"后世遂将"萧史弄玉"比喻人间美满幸福的婚姻，"萧史"则多用作意中情郎或求仙慕道之人的代称。

【4】不犹，指不同平常，比平常坏。

【5】《史记·司马相如传》："司马相如者，蜀郡成都人也，字长卿……慕蔺相如之为人，更名相如。"临邛首富"卓王孙有女文君新寡，好音"，聪明无比，美貌无双。司马相如过饮于卓氏，弄琴，以琴心挑之，"文君夜亡奔相如"，同驰归成都。

【6】《旧唐书·李靖传》："李靖本名药师，雍州三原人也……姿貌瑰伟，少有文才武略"。隋末随李渊作战塞外，入李世民幕府。唐太宗之世，历官刑部尚书、中书令、兵部尚书，先后击败突厥、吐谷浑，贞观十一年（637年）封卫国公。"十四年（640年），靖妻卒，有诏坟茔制度依汉卫、霍故事。"传说李靖之妻本是隋司空杨素的家妓，姓张，因执红拂又称红拂女。李靖于隋末在长安谒见司空杨素，为红拂女所倾慕，随之出奔。《太平广记·虬髯客》："隋炀帝之幸江都也，

命司空杨素守西京……一日，卫公李靖以布衣上谒，献奇策……素敛容而起，谢公，与语，大悦，收其策而退。当公之骋辩也，一妓有殊色，执红拂，立于前，独目公……公归逆旅。其夜五更初，忽闻叩门而声低者，公起问焉。乃紫衣戴帽人，杖揭一囊。公问谁？曰："妾，杨家之红拂妓也。"公遽延入。脱衣去帽，乃十八九佳丽人也……公不自意获之，愈喜愈惧，瞬息万虑不安，而窥户者无停屦。数日，亦闻追讨之声，意亦非峻。乃雄服乘马，排闼而去。将归太原。"

【7】传说虞舜、项羽重瞳。此处代称项羽，以项羽兵败，虞姬自杀于军中一事为比喻。

【8】《晋书·石崇传》："石崇，字季伦，生于青州，故小名齐奴。"西晋末年，他结交权贵、近臣，在地方为非不法，劫掠商货，财产丰积。贵戚王恺与之斗富，败他手下。赵王司马伦篡权，其亲信孙秀派人向石崇索取美女绿珠，石崇不许。孙秀劝赵王诛石崇，及甲士至门，石崇对绿珠曰：" '我为尔得罪。'绿珠泣曰：'当效死于官前。'因自投于楼下而死。"

沈翁鸩子

南浔（今浙江湖州南浔）沈翁者，性诚朴，家贫。生子俱强有力，衣食不给，日求自振之策。一日，长子语二弟曰："我侪终年为佣，所得不过数金。不若去而为盗，富可立致也。"议既定，同告翁。翁力阻之，三子意坚，乃谬为好语曰："不为盗，饥死；为盗，法死，等死耳。我不禁汝，但今夕须尽醉，后死无悔也。"遂出钱米令市酒肉。止一孙在侧闻其语，遣往探戚，约以翌午归。夜半，翁与诸子痛饮。户至晓不启，邻人窃窥之，则四人皆七窍流血死。盖翁惧子为盗，密贾砒置酒中，又虑绝嗣，因遣孙出。若翁者，可谓勇且智矣。士大夫哀翁之死，而服翁之决也，竞为诗歌以美之。

自知宿世

封丘（今河南封丘）李公嵩阳[1]，起家乙榜[2]，视学江南，翕然有公明之目。自知宿世事，才能言，便道其前生姓刘，居邑之东关。苦志诵读，年逾壮始为诸生。一日偶病，行药城隅，遇旧交李某，邀之同行，随至其家，忽将刘推倒，以红纱罩之，初觉闷极，须臾而出，已不能语矣。及长，尚能记忆，与明季彭城（今江苏徐州）万年少寿祺[3]事颇相类。

【1】李嵩阳，《清世祖章皇帝实录》："顺治二年（1645年）七月，兵部郎中李嵩阳为广东道监察御史"。此后，提督江南学政、陕西布政使司右参议、浙江布政使司参议、山东按察使司副使、为陕西按察使司副使。"《清圣祖仁皇帝实录》："康熙二年（1663年）九月，升陕西宁夏道李嵩阳

为广东按察使司按察使。"康熙三年（1664年）卒。2003年，河南发现了封丘花园李嵩阳后代保有的顺治十年其任山东按察副使时，诰赠其父母为中宪大夫和诰命夫人的圣旨。

【2】起家乙榜，即指李嵩阳系举人出身，或指其系会试副榜出身。

【3】万寿祺，字年少，又字介若，世称年少先生，江苏徐州人。明末清初文学家、书画家。与陈子龙乡试同年，与阎尔梅是同乡。曾参加抗清活动，兵败后隐居江淮一带。出家为僧，改名慧寿，又名明志道人。

斲轮能诗

斲轮[1]华亭（今上海松江）萧中素者，字芷厓，幼业匠，喜为诗。运斤之暇，吟咏不辍。其《建业怀古》云："千门柳色近萧条，白下楼台蠹绛霄。江口舳舻连铁瓮，月中弦管乱铜刁。高牙大纛将军幕，碧草黄云帝子朝。欲问雨花参半偈，片帆无计渡金焦。"虽仅能近体，且它作不尽工，然视张打油、胡钉铰[2]则少有间矣。

【1】斲，即砍削。轮，即车轮。斲轮，即砍削木头制作车轮，一般泛指技术熟练的木工匠。

【2】张打油，传说中唐或五代时的南阳人，或说此人叫张打油，或说是个姓张的年轻人以打油为业，善于用俚语俗话入诗，不讲平仄对仗，通俗易懂。著名的就是那首《咏雪》："江山一笼统，井口一窟窿，黄狗身上白，白狗身上肿。"后世就将这种诗体叫打油诗。

胡钉铰本名胡令能，唐贞元、元和年间人，以钉铰即补锅、锔碗为业，能诗，远近号为"胡钉铰"。

张打油、胡钉铰做打油诗的传说早在唐、宋就有记载，（宋）钱易《南部新书》："有胡钉铰、张打油二人皆能为诗。"故人们将其视为唐宋时对俚俗诗的代称。

木龙

鄱阳湖有大木，乘风鼓浪，昂首掀舞，远望如龙，一月数见，土人呼为木龙。犯之者能覆舟，有祷则应。粮艘骈集，皆虔祀之，中有十余艘，笑其妄，扬帆先行，至中流，忽遇木龙撞击，一时俱沉，救援不及。洞庭有楠木大王，想即此类。

先府君轶事

北关民昌留者，负人钱，岁暮逼迫，无可为计，卖妻五十金以偿。临别道经予舍，携手痛哭。先君仲隆府君[1]适送客，见之，叩其故，以实告，呼之入，即如数与之，曰："以此偿逋。"复赠五金，曰："汝夫妇可将此度岁，无生他意。"留与妻泣谢而去。至是，忽有衣绣衣、乘四人舆者求见府君，叩头伏地大哭，扶之不肯起，熟视，乃留也。数年前入海岛为寇，来降，授总兵职衔矣。馈送颇如礼，府君笑而却之。

【1】府君，有多义，此处是对已去世的父亲的尊称。作者自述："先考仲隆公，性轩爽，不事生产，喜急人之难，为文颖异绝伦，既屡困场屋，遂弃经生业，与母氏殷太孺人隐居东墅。论者谓可追踪鹿门云。"

白龙吐珠

壬辰（顺治九年，1562年）五月二十六日亭午[1]，有五龙见浦南叶榭。其一龙飞至张泽镇（今上海松江张泽镇），风雨晦冥，摧屋拔木，桥梁皆掀舞空中。龙长数十丈，白色，鳞爪俱见，口吐一大珠，晶莹澄澈，盘旋烟雾中，火光烛天，河水腾上。一人迫视之，为风所卷，行空半里始坠。移时，龙向西南而去。按崇祯三年（1630年）五月二十三日，宝坻（今河北宝坻）午后有五龙斗于空中，上下数十丈，先小后大，揭去民房二十余间、驴二头，庄民毕秋被卷去，过河掷下，身死。未几，兵起，龙斗之下，杀戮最惨。见先少宰公[2]所著《择言小草》中。

【1】亭午，即正午。
【2】先少宰公，即作者的祖父董邋初，因他在明代官至吏部侍郎，故在此称少宰公。

均田均役

吾乡财赋之区，困于徭役。前明编审大役，有细布、北运、南运种种名色，赔累者不乏，然大率官吏廉谨，户口丰足，无横索，无苛捐，故民犹乐于趋事。本朝大役止有收兑，而破家亡身者十之九。盖因兑役一名，计费银一千二百两，稍朴诚者，其费益繁，民生惴惴，朝不保夕。当其始议，以为主户充客户贴，大户充小户贴，语非不善。乃富足必诡寄，而充者必穷民矣。客户或殷实而免脱，主户反赤贫而承值矣。时无召、杜[1]，往往厉民，可为叹息。后娄县（今上海松江）尹东郡李复兴者，采纳舆论，力倡均田均役之法，上司特为入告，得允所请，于是百年之弊，一朝而革。

今乡城殷户，故宦子孙得以各保其产，各安其生者，皆李令之力也。

【1】《汉书·召信臣传》："召信臣，字翁卿，九江寿春人也。迁南阳太守，为人兴利，务在富之，开通沟渠凡十数处。"《后汉书·杜诗传》："杜诗，自君公，河内汲郡人也……建武七年（31年），迁南阳太守……省爱民役。造作水排，铸为农器，用力少，见功多，百姓便之。又修治陂池，广拓土田，郡内比室殷足。时人方于召信臣，故南阳为之语曰：'前有召父，后有杜母。'"简称"召、杜"。

种痘

安庆（今安徽安庆）张氏传种痘法，云已三世。其法先收稀痘浆贮小瓷瓶，遇欲种者，录小儿生辰，焚香置几上，遂将黄豆一粒傅以药，按方位埋土中，取所贮浆染衣，衣小儿。黄豆三日萌芽，小儿头痛发热；五日豆长，儿痘亦发；十日而萎，儿病遂愈，自言必验。夫痘疹事关先天，生死预定，乃欲以人工夺之，可乎？余终未敢深信。

巨蛛

九月，泖滨[1]人樵于野，见一古冢颓坏，俯视，内伏巨蛛，形如箕，因举梃奋击，腹破，获一珠，大类龙眼，夜置暗室，光明达曙。一富翁以谷数斛易去，后不知所之。

【1】泖湖，在上海松江西，今已淤为平地。

橘异

粤西太平府（今广西崇左），距城十余里有大橘树，荫一二亩，蛇虺蛰其下。每霜后红实垂垂，多至数石，人相戒不敢食。缙云（今浙江缙云）一明经[1]宦游过其地，摘啖之，已而就邸。邸主人见其目赤大，骇曰："君得毋啖橘实耶？勿累我。"急驱之出。少顷，遍体发肿，仆地，自跃跃不已，先脱两臂，又脱两股，化为巨蛇，入橘林而去。

【1】科举时代，挑选府、州、县生员（秀才）中成绩或资格优异者，升入京师国子监读书，称为贡生。清代贡生，别称"明经"。

栎园笔记

周栎园[1]笔记曰：六安（今安徽六安）生员[2]朱鹏死，无子。妻有遗腹，过期不产，鹏弟利兄所有，以为诈，诉之官。鹏母上言，妇实孕，久之不育，以为蛊疾也。共历五十六月，同姑视获，产田中。见者骇异，谓必昌朱氏，名之曰应昌，编入州志。年四十，迄无就，为齐民。

【1】明末清初学者周亮工，字元亮，别号栎园。
【2】生员，即秀才的别称。此文出自周亮工《书影》一书。《四库全书总目·附录·四库撤毁书提要》："是编乃其官户部侍郎，缘事逮系时，追忆平生见闻而作。因环扉之中，无可检阅，故取老人读书只存影子之语，以书影为名。"

地理不足据

越中一绅，隐其名，宦归，家钜富，颇恃势横行。择地葬其亲，久而始得。不数年身死，子弟俱不肖，家中落，地竟无验。尝记吾吴，昔有萧生者，精青囊术，为富家择地，足迹几遍山谷，竟无吉壤，因题一诗于斋壁曰："行尽前山与后山，寻龙不见又空还。想因此去无多路，只在灵台方寸间。"今人动称难于觅地，读此可以醒矣。

【1】青囊术是中国古代堪舆学之一。

轩室名

欧阳文忠公游颖阳，仿佛见山顶石壁中有宫馆，上题"神清洞"三字。佘山陈仲醇征君[1]室名本此,《南史·隐逸传》:"碧涧清潭,翻成丽瞩[2]。"宋人因以丽瞩[3]名亭,细林张王屋先生[4]轩名本此。

【1】陈继儒,字仲醇,别号眉公,松江华亭(今上海松江)人,诸生。明天启时期高士,名重一时,年未及三十即焚弃儒衣冠,隐居山野,后移居松江佘山,辞谢征召,放情山水,以诗文书画终老。

征君,即征士的尊称,指被朝廷招聘的隐士。

【2】【3】丽瞩,见《宋书·隐逸传论》:"故知松山桂渚,非止素玩,碧涧清潭,翻成丽瞩。"丽瞩,美观、美景之意。

【4】张王屋,即张之象。张之象,字月鹿,又字玄超,别号碧山外史,晚年号王屋山人,明代著名诗人,有《张王屋集》刊行于世。

细林,即细林山,今上海松江区辰山,唐天宝年间改名细林,属佘山山系。

冒族

吴俗最喜联谱,如张姓极繁,必合为一族,不问良贱。此风今盛行,不独江南矣。然有大可笑者,吴门某耻厥祖寒微,冒一远年词林为高祖。词林向绝嗣,并族中无一人,以为此独得之秘,遂自高祖以下皆私撰名号,刻单传观,以示可信。将本生一笔抹去,世禄自命居之不疑。或诮之曰:"先人白屋[1],一旦化为朱门,荣则荣矣,然置祖宗于何地乎?"可发一噱也。

【1】白屋,即茅草屋,平民居住的简陋房子。

谭辂语

张氏凤翼:《谭辂》[1]曰:"凡人兄弟叔侄,间有登科甲者,亦足为家庆。乃有生忌心者,宁冒认同姓贵人为宗,攀援异姓为戚。"斯言也,其殆有所感而发乎?然以余所见,不独忌也,而且加谤焉;不独谤也,而且欲下石焉。百般诋诬,唯恐其胜己,而于受者初无损也。谁无同气,而忍至此,可为三叹也。

【1】《谭辂》，（明）张凤翼著。

传奇假托

《后汉书》注曰："蔡邕父名棱，字伯直。"周氏《书影》[1]云："邕早丧二亲，年逾三十，叔父抚之犹若童稚。"据此，邕丧父母久矣。高氏传奇[2]何不杜撰姓名，乃一无影响，厚诬古人，殊不可解。按周达观[3]《杂说》云："唐牛相国僧孺游子名繁，与乡人蔡生同举进士，才蔡生，欲以女弟适之。蔡已有妻赵氏，力辞不得，遂成婚。氏与赵相得甚欢。蔡后至节度使。"则诚盖借用此事，乃必借以邕之名实之，可怪也。（原注：唐《玉传子》载邓事，又与此略同。）

【1】《书影》是明末清初学者周亮工的著作。周亮工，字元亮，别号栎园。《书影》是他在狱中记叙生平所学、所见、所闻的札记。因无可检阅，故取"老人读书只存影子"之语，以"书影"为名，又因因于刑部狱因树屋中，故全称"因树屋书影"。

【2】高明，字则诚，号菜根道人，元末明初人，著名剧作家。元至正五年（1345年）进士，曾任处州录事、江浙行省掾、福建行省都事等小官，后辞官归家，以词曲自娱，代表作《琵琶记》是中国文化瑰宝。高明将明间久传的"负鼓盲翁"所唱及南戏所演的蔡伯喈故事加以裁剪加工，改编而成为《琵琶记》。文中所谓"高氏传奇"就是指的《琵琶记》。由于剧中的蔡伯喈是历史人物，后人便多方猜测：或以为是唐相牛僧孺之子牛繁的朋友蔡生；或以为是宋代蔡京的第二个儿子蔡下；或以为是五代时的慕容伯喈；或以为是邓敞等等，数百年间聚讼未休。其实剧中的蔡伯喈只是一个艺术形象，与东汉时著名学者蔡邕更不相干。

【3】周达观，字草庭，号草庭逸民，元朝浙江温州永嘉人，其所著《真腊风土记》是最早关于柬埔寨的记载，评价甚高。

佣工奉道

洞庭席氏，张巨肆于松闵镇（松江闵行镇，今上海闵行区）。一佣性谨，虔事三元[1]，日夕麇间。一日索佣值，欲弃家焚修，因具舟送归。渡泖[2]，舟子利其所有，缚手足，縶以铁锚，沉之于水。日暮，忽大雷电，席氏中庭堕一布囊，上挂巨铁锚，启囊，则佣工也，见者大骇。久之佣苏，具道其故。阅数日，舟子来索值，佣携饮食出劳之。叩头请死，金尚宛然。众欲闻于官，佣力止乃已。

【1】三元，又称三清，即道教。
【2】泖湖，在上海松江西，今已淤为平地。

神化虎

三滩人宁某，方锄田，有虎从后搏之。田倚山，崖岸绝高，虎势猛跃，出其前。急举锄击之，中虎颊。负痛不能，转退委去。众视虎迹所在，蹑之，乃入一古庙，座上神像颊间锄痕宛然，因击碎之，视其腹，得人骨节极多，始知前虎，神所化也。遂焚其庙，虎亦绝。

天门开

癸巳（顺治十年，1653年）二月，襄阳（今湖北襄阳）人见天门开。光明洞照，有黄旗二，长各数丈，自上属下从空飘扬，隐隐有二十余字，至暮始灭。

慎刑

时海内初安，边境底定，上留心刑狱，谕刑官曰："国家不得已用刑，必情罪允当，斯受者无怨，不可任喜怒为轻重也。今问刑衙门，恐以情面生疑，护庇为咎，往往故入，作自全之计。朕一日万机，虑不及致详。死者不能复生，咎将谁归？夫为盗之民犹许自首，叛逆之众广示招徕，而况有职朝臣、无知赤子，即或罹罪，尚不忍杀，岂得陷以刻深，致滋冤滥。自后务详审真情，引用本律，一切钩索罗织，俱宜痛革，与尔诸臣，共期刑措。"大哉王言，好生之德，真可媲美尧舜矣。

议裁提督

吾松旧制，吴淞（今上海吴淞）设总兵一员驻防，其余沿海如金山卫（今上海金山卫）、川沙（今上海川沙）等处，各设参戎，形胜联络。海滨有警，一呼俱应，最为得策。自入国朝，虑海氛飘忽，专设提督，坐镇府城，去海百余里，分防诸弁往来请命，缓急不能即赴。贼往往乘隙扬帆突入，屡遭劫掠，逮遣兵而已无及矣。况提督衔尊势重，坐享荣华，縻兵耗饷，有害无益，兼之兵民杂处，尤属不安，百姓房屋半成营伍。洪内院承畴[1]议撤提督，以总兵驻吴淞，科臣亦有筹及此者，何时得复旧制，使郡中士庶复睹升平之象耶？

【1】洪承畴，字彦演，福建南安人。明万历四十四年（1616年）进士，官至蓟辽总督。崇祯十五年（1642年）兵败后降清，官至内翰林弘文院大学士、兵部尚书兼都察院右副都御史。

虎丘修禊

前明士大夫特重声气，故"复社"废兴几与国运相终始。盖所以勉德行，励学业，广交游也。是春上巳[1]，吴阊（今江苏苏州）宋既庭实颖、章素文[2]在兹，复举社事。飞笺订客，大会于虎阜[3]。江浙二省及自远赴者或二千人。我郡与会者二十余人。先一日，布席山顶，次夕联巨舰数十，飞觞赋诗，歌舞达曙。翌日，各挟一小舟，汇书籍贯、姓名而散，真修禊以来一盛事也。吴祭酒伟业[4]以诗记之，云："杨柳丝丝逼禁烟，笔床书卷五湖船。青溪胜集仍遗老，白帢高谈尽少年。筍屐莺花看士女，羽觞冠盖会神仙。茂先往事风流在，重过兰亭意惘然。"

【1】上巳，即农历三月的第一个巳日。自先秦以来，人们在这个节日时去水边洗濯，祓除祸灾，祈降吉福，称之为修禊。后世则演变为清明节。

【2】宋实颖，字既庭，号湘尹，长洲（今江苏苏州）人。少负盛名，有"江东独秀"之誉。顺治十七年（1660年）中举人，后官兴化县教谕。宋实颖淹贯经史，博综旁搜，当时推为名宿。章素文，亦为当时文坛领袖。

【3】虎阜，即苏州虎丘。顺治十年（1653年）江南文社慎交社宋实颖和同声社章素文共同发起了这次文人雅会，据说与会者达江浙九郡或十郡，有数千人之多。

【4】吴伟业是明末清初江南的著名诗人，江苏太仓人，在明朝时官至监察御史，是这次集会的主要人物，被两社奉为宗主。当年秋天，他应清朝政府之召入京，官国子监祭酒。

秦省雨雹

五月初六日及二十一日，陕西省城大风霾，雨雹复作。雹大如鸡卵，鸦鹊纷纷堕地，顷刻堆积。

蚩尤旗

六月,漏二下,东西各有白气,光芒相射,长丈许,数刻而灭,或曰此蚩尤旗[1]也。

【1】蚩尤,中国上古时代的部族酋长,和黄帝部落争夺天下而被杀。蚩尤旗,指一种上黄下白的云,传说是蚩尤墓上出现的赤气,主兵乱之兆。

巨鲇

闰六月,上海民饮牛春申浦(今黄浦江),忽见浦中两鬣高三四丈,乘潮而至,啮牛足入水中。众力救牛,得无恙,股间啮痕大三寸许。访之渔人,曰:"此巨鲇也。"

纸狐

江南竞传有狐怪,夜半入人家,潜匿作声,善惊小儿,抓面抉肤,不可禁制。众蓄火鸣锣逐之,或见一狐逾垣飞出,有擒得者,乃缚篾为狐形,以纸糊之,盖妖人所为也,月余始息。

异相[1]

柏总兵永馥,宁远(今辽宁兴城)人,有膂力。左股黑肉垒起如人骑马状,左手持枪,右挟弓矢。酒酣,每解衣示人,无不叹异。

【1】致之本、续识略二卷本均作"异形"。

荞麦

时淮南北旱荒,禾稼悉枯,三时[1]已过,惟荞麦尚可莳,人争市其种。泰州(今江苏泰州)一富家,积麦甚多,市于邵伯镇(今江苏邵伯),获利颇厚,复载以来，增价发卖。忽阴云四合，雷电震击，其人立毙，所载之麦飘播四野。仆震死复生，询其由，云主家积此麦二百余石，虑不得善价，从而蒸之，一以期数增而利厚，一以期其不出，更载余者以市，皆熟麦也，故有此报。

【1】按，指适合农作物种植和生长的去冬、今春、今初夏三个季节。

犬奸

关东一妇，性淫荡。夫往戍所，经年不归。家畜一犬，黠甚。妇每置于怀，因与之接。犬与人道无异，而健捷善嬲戏，能昼夜不息，绝爱之。未几，遂孕，弥月一产三犬。地方以为妖，闻于官，细鞠始得其实焉。

棺有定数

越东昌化县（今浙江临安西）周生，性旷达，母丧治椑，并自治其一置室中。一夕梦其祖坐堂上，召语之曰："此棺已付汝子矣。"未几，酷暑，中子暴死，仓猝移用。周后赴岭峤[1]作幕，卒于道，竟不获棺敛。《耳谭》[2]记鄂城一叟，壮岁制棺，常梦绯衣少年卧其内，后高苏门先生宦楚，暴卒，诸司强以百金购之。叟曰："民不敢辞，但愿一观高公耳。"及入，俨然梦中所见，乃知一棺亦有定数，与此事颇类，陈进士秉谦为予道。

【1】岭峤，即越城、都庞、萌渚、骑田、大庾五岭的别称，一般指今两广地区。
【2】《耳谭》，即《耳谈》，（明）王同轨著。王同轨，字行文，黄冈（今湖北黄冈）人。明万历间由贡生官江宁知县。其自述云："予游蓟门，奉士大夫麈谈，纷此种种，而京师翼翼，人物凑杂，厥事尤夥，因札记之，曰《耳谈》。"后增为十五卷，再成《耳谈类增》五十四卷。《四库全书总目》云："其书皆纂集异闻，亦洪迈《夷坚志》之流。"

神灯

越州余姚县（今浙江余姚）有神灯，春夏之交始见，东郊岳庙为最盛。游人凭高俯眺，初见一二点冉冉从庙出，已而渐稠密，百千成群，熠熠往来。或见灯聚处，使人趋视，则无有；其人回视故处，或反有之。出没变化，不可纪极，自初更至钟鸣则灭。俞进士璘约予往游，竟未果也。《草木子》曰："神灯，名山之大者往往而有，如眉县峨嵋山、成都圣灯山、简州天光观、衡山圣灯岩、匡庐神灯岩、明州天童山、高丽太白山，皆有之。"[1]

【1】《草木子》，叶子奇著。叶子奇，元末明初学者，与刘基、宋濂齐名。明太祖朱元璋建国以后，刘基、宋濂先后受到重用，而叶子奇只官至县主簿。洪武十一年（1378年）因受诬下狱，在狱中撰写本书，"恐一旦身先朝露，与草木同腐"，故名。本处，作者盖节略引之，原文："圣灯，名山之大者往往皆有之，世人多归之佛氏之神……圣灯时现，盖山之精，英之气，发为光怪耳。"

分县

知府李正华议分华亭（今上海松江）之半为娄县。正华患逋赋山积，委罪无从，谋立官以分咎，于是力请抚军分华之半为娄，至顺治十二年（1655年）始得请。自分县之后，凡学宫、衙署、官吏、廪饩，势不得不增，而游手无赖投充胥役，弊端愈繁，民生骚然，而积逋如故，其贻害有不可胜言者。正华初未审究利弊，博采舆论，徒恃臆妄行，而上官误信，我郡诸君子又不起而力争之，吁！可慨也。后言路屡陈，应照旧制合并为一，竟不可得，正华之罪可胜擢发哉！

海寇深入

九月初六日，海寇深入春申浦（今黄浦江），围闵行镇[1]，抢劫一空，郡城及各村落皆纷纷惊窜，既而乘潮挂帆而去，出入自如。官兵数十，仅骑马遥望，侦其已去，弯弓鼓噪而已。

【1】闵行镇，今上海闵行区江川路街道，俗称老闵行，南临黄浦江与奉贤区隔江相望。

塔影

吾郡西关外有曹姓者，工医术，晓起开户，见大门有塔影倒挂其上，盖西塔影也，莫解其故[1]。如是十余年，积赀至数千金，后忽不见，家遂中落。尝见《狯园》记海虞（今江苏常熟市海虞镇）城东塔，落十五里外水中，天晴，倒影九层历历可数。又一僧房内小屋，窗中隙光射壁，宛然见小塔。天下事有不可以理测者，《辍耕录》[2]亦载此异。

【1】晨晓太阳从东方升起，故门上塔影应是东塔影，今为西塔影，异乎常理，故不明其故。

【2】《辍耕录》，即元人陶宗仪所著《南村辍耕录》。陶宗仪，字九成，号南村，所著《南村辍耕录》详记元代掌故、典章制度、宫殿，旁及小说、戏剧、书画，是研究元史的重要文献。

兵变

十月，山东胶州兵变。总兵海时行自称新兴王，破数县[1]，四处劫掠，官军讨擒之[2]。

【1】原文："被数罪"，误。致之本、续识略二卷本均作"破数县"，据改。

【2】《清史稿·世祖纪》："顺治十年（1653年）十月乙丑，马光辉等讨叛将海时行于永城（今河南永城），时行伏诛。"据此，海时行兵变发生在河南，并非胶州，《三冈识略》有误。

神索书

沈学士荃，字绎堂[1]。壬辰（顺治九年，1652年）殿试第三人。清修好士，尤工书法。西关戚家巷有五通庙[2]最灵。一夕，庙左一士梦神来谓曰："我欲得沈公一匾额，烦君为我致之。"士素不识沈，沈之客[3]计生南阳居相近，往告知，为代书，悬祠中。夜半复见梦曰："某自求沈公真迹耳，计生赝笔何足贵乎？可为我易之。"士惊寤，投刺谒沈，具语其故，异而与之。是夕，复梦神来谢。学士名位显赫，神盖预知之矣。

【1】沈荃，字贞蕤，号绎堂，别号充斋，华亭（今上海松江）人。顺治九年（1652年）探花，授编修，累官至翰林院侍读学士、礼部侍郎，卒谥文恪。学行醇洁，是清初著名书法家之一。《清史稿·沈荃传》："沈荃，字贞蕤，江南华亭（今上海松江）人。顺治九年（1652年）一甲三名进士。授编修……康熙九年（1670年）特旨召对，命作各体书，称旨，诏以原品内用。"此后由侍讲、

入直南书房累迁至詹事府詹事，加礼部侍郎衔。沈荃的书法深得明人遗风，是康熙年间最重要的书法家之一。

【2】五通庙祭祀五通神，又称五圣神、五郎神，原是中国南方乡村中供奉的神道。

【3】沈之客，即沈学士的宾客。

昌国县

舟山，宋、元旧设昌国县（今浙江定海），四面环海，属定海城止四五里。有十八大岙，山田、水田计四万余亩，人民朴，略畜养，繁茂地，擅鱼盐竹木之利。明初，汤国公[1]巡视沿海，创建城堡，崇明（今上海崇明）特设县治，昌国正宜设县以资防守，乃独废之，致贼屯聚，不知何故？海寇方殷，当事者所宜熟筹也。

【1】按，明代没有汤国公封号，此当指明朝建国初年朱元璋的亲信大将军信国公汤和。《明史·汤和传》："既而倭寇上海，帝（朱元璋）患之，顾谓和曰：'卿虽老，强为朕一行。'和请与方鸣谦俱。鸣谦，方国珍从子也，习海事，常访以御倭策……和乃度地浙西东，并海设卫所城五十有九，选丁壮三万五千人筑之，尽发州县钱及籍罪人赀给役……浙东民四丁以上者，户取一丁戍之，凡得五万八千七百余人。"

寒穴泉

《墨庄漫录》[1]载，华亭县（今上海松江）有寒泉，与惠山泉[2]味同，邑人鲜知者。王荆公[3]有诗云："神震冽冰霜，高穴雪与平。空山淳千秋，不出鸣咽声。山风吹更寒，山月相与清。北客不到此，如何洗烦醒。"宋华亭属秀州[4]，不知此泉在何山中，惜不可考。

【1】《墨庄漫录》十卷，（宋）张邦基著。多记杂事，兼及考证，尤留意于诗文词的评论及记载。

【2】惠山泉，在今江苏无锡惠山，传说唐代茶圣陆羽饮过此泉，故又称陆子泉。

【3】王荆公，即北宋王安石。王安石，字介甫，晚号半山，抚州临川（今江西抚州临川）人，封荆国公，世人又称王荆公。

【4】秀州，治今浙江嘉兴。

贪横之报

缙绅之裔流为奴隶，虽曰子孙不肖，然似属冥报。华亭（今上海松江）有聂某者鬻身于朱会元锦[1]。朱夫人晓妆，聂妻陆氏持镜旁侍，泫然出涕，镜堕地而碎。朱叱曰："我登巍科，汝得为奴幸矣，有何不足而若有不豫色耶？"陆泣谢曰："非敢然也。氏父与翁俱叨甲榜[2]，曾祖亦会元[3]，以此伤心，不觉泪下耳。"细叩，始知为陆文定公[4]之孙、进士庆衍[5]女，而聂吏部慎行[6]之媳也。大惊，亟遣归。吏部贪狠，为害乡里，以恶疾死。未二十年，诸子非死亡则沦落不偶，天之报施，益信不爽。

【1】此人姓名朱锦，顺治十六年（1659年）会试获第一名，故得称会元。

【2】父、翁，即父亲和公公。甲榜，由举人而考中进士的别称。因举人、进士各为一榜，也叫"两榜"。甲榜，这是相对于乡试时中举人的乙榜而言。（清）赵翼《陔余丛考·甲榜乙榜》："今世谓进士为甲榜，以其曾经殿试，列名于一二三甲也。举人谓之一榜，后以进士有甲榜之称，遂以一为乙，而以举人为乙榜。"

【3】会试不但考中而且获第一名，称会元。

【4】原文"陆文宣公"，致之本、续识略二卷本均作"陆文定公"，据改。陆文定公，即松江华亭（今上海松江）陆树声，嘉靖中其与弟陆树德俱登进士，官至礼部尚书，谥曰文定。叶梦珠《阅世编·门祚一》："云间望族，首推陆氏……明嘉靖中，文定公树声及弟树德相继登进士。文定以辛丑（嘉靖二十年，1541年）会元入词林，官至大宗伯。树德以会魁，官至开府，其后轩冕蝉联，不一而足。以予所见，崇祯壬午（十五年，1642年）一科，应天中式兄弟四人，庆臻、庆衍、庆绍、亮辅。亮辅，字左臣；庆衍，字椒颂，俱癸未（崇祯十六年，1643年）联捷。其他明经、茂才异等不下数十人，可谓一时极盛。自鼎革后，日渐中落。"按，崇祯壬午（十五年，1642年）中式，即指江南乡试中庆衍等四兄弟都中式为举人。癸未（十六年，1643年）联捷，即指次年会试中亮辅、庆衍都中式为进士。《明史·陆树声传》："陆树声，字与吉，松江华亭（今上海松江）人……嘉靖二十年（1541年）会试第一。选庶吉士，授编修……神宗嗣位，即加拜礼部尚书。"卒后，谥曰文定。《明史·陆树德传》："陆树德，字与成，尚书树声弟也。嘉靖末进士。"历官刑部主事、礼科给事中、太常少卿，官至右佥都御史巡抚山东。

【5】叶梦珠《阅世编·科举六》：陆庆衍，松江（今上海松江）人，明崇祯十五年（1642年）举人，十六年（1643年）进士。

【6】聂慎行，华亭（今上海松江）人，字骏如，天启二年（1622年）进士，历官吏部主事、员外郎。

鬼诗

黄生雪芳，老儒也。家贫，寓横云之萧寺[1]。一日薄暮，独步林麓间，见一客幅巾纻袍，揖生，坐石上，相与议论古今，吐辞清雅，谓曰："闻君善诗，仆偶得一绝，愿奉闻，可乎？"遂朗吟曰："山花不复春，涧雾滴如雨。寂寞青松根，乌啼墓门树。"生惊起曰："何乃似鬼语耶？"回顾，忽不见，怅然而返。

【1】传说南朝时梁武帝建佛寺后，令书法家萧子云大书一"萧"字，故后世又称佛寺为萧寺。

王襄敏

明王襄敏公以旂[1]，家旧京聚宝门外[2]，屋宇朴陋。及官都宪[3]，有劝其买徐氏大宅者。公往看，随报罢。或问其故，公曰："此府第也，门堂高大，必常得青衣数人守之。我一老书生，焉用此为，况儿辈乎？"呜呼！公之识见过人远矣。士大夫苟读书守礼，当以王公为法。

【1】《明史·王以旂传》："王以旂，字士招，江宁（今江苏南京）人。正德六年（1511年）进士。"累官侍郎、金都御史、左都御史、兵部尚书。卒，谥襄敏。
【2】南京城正南门叫聚宝门，是南京城13座城门中最宏伟的一座，即今中华门。
【3】都宪，即都御史的别称。

阴丹

阴丹之说[1]最为误人，王长生《真人口诀》[2]曰："不敢为主而为客，慎莫从高自投掷。侧身内想闭诸隙，正展重壶兼偃脊。四合五合道乃融，翕精吐气微将通。嫋嫋灵柯不复空，徐徐玉垒补前功。沂流百脉填血脑，夫妇俱仙得此道。"其解详《云笈七签》[3]六十四卷中。又《经》曰："欲求此生寿无极，阴户初开别消息。"然知者以之续命，不知者以之丧生。今之术士借此欺世，还精补脑，百无一人，殒身绝嗣，后悔莫及，可不戒哉。余曾有诗云："素女纤腰托紫晨，纷纷吐翕空难真。灵柯玉垒传遗诀，莫把阴丹误后人。"读之可以悚然悟矣。

【1】阴丹之说，即道教的一种养生理论。

【2】《真人口诀》，即道教典籍之一。

【3】《云笈七签》，宋景德年间进士张君房总辑的一部道教典籍类书，道教称书箱为云笈，分道书为三洞（洞真、洞玄、洞神）、四辅（太玄、太平、太清、正一），总称七部。该书《自序》云"掇云笈七部之英以成书"，故名《云笈七签》。《真人口诀》也见于该书。

续香草

延陵（今江苏丹阳延陵镇）吴氏名湘，字漱玉，年十六七，姿态艳丽，蚤有风流放诞之目，为某妾，庸奴其夫。邂逅唐生，遂越礼焉。某讼之郡守，守命赋枷诗，有"最新闻风流刺史，独桌宴红裙"之句。守大称善，判归唐。未几，唐死于兵，湘被掳，后宛转归清河氏，时逾四旬，浓艳如旧，宠之专房，竟至丧生，所著有《续香草》，大抵皆绮丽之语。其《悼亡》云："一自脩文赴玉楼，苦无青鸟渡瀛洲。看花曾恋千金黛，依槛谁添半臂韝[1]。醉掩绮疏魂梦断，吟残幽阁粉香愁。怜君不及多情月，伴我盈盈到白头。"临风怀旧，情绪堪怜，但不知所悼者为何人耳。

【1】皮制的臂套，射箭、架鹰时套在左臂或双臂上。

传经

我家世习《尚书》，宗人之举于乡者，皆壁经也。再传而后，族姓益繁，亦有分授各经者。然三百年来，科第不绝，竟无一人以它经获隽[1]，亦一异也。

【1】获隽，致之本、续识略二卷本均作"获售"。科举制度时，考中称中式，也称获隽。有时也特指会试得中。

削须偿米

吾郡顾正心者，字青宇。父官少参[1]。正心善心计，多智术，家业日大，捐银十万四千余两，置义田四万八百余亩，合郡皆食其德。前朝义之，命永复其家。再传以后，家渐落，至曾孙威明者，已馆[2]粥不给矣。时朝廷忽下所司，尽还其产。顾以窭人[3]骤拥富厚，豪兴顿发，广交匪类，性喜博，又酷好梨园，聘四方轻薄子演临川《牡丹亭记》[4]。有一年少应剃髭髯装杜丽娘，进曰："俗语去须一茎，偿米七石，倘勿吝，乃可从命。"顾抚掌笑曰："此细事耳。"即令一青衣从旁细数，计削须四十三茎，立取白粲三百石送其家。诸人互相怂恿，益为豪举，所费不赀，不四五年以逋赋为县官所拘，缢死于狱，而所谓五万亩者亦竟不可考矣。

【1】明朝在地方最高行政长官布政使下设左右参议，又称少参，分领各道。

【2】馆，即糜粥。

【3】窭人，即贫陋之人。

【4】临川，今江西抚州临川。《牡丹亭记》是明代著名戏剧家汤显祖的作品。汤显祖，字义仍，号海若。因他是江西临川人，故又以乡贯相称。他的代表作《牡丹亭记》《邯郸记》《南柯记》《紫钗记》，号称《临川四梦》《临川四记》，又因他的居室号"玉茗堂"，故又称《玉茗堂四梦》。

不喜见俗人

予性迂拙，颇不喜见俗人，偶遇便褰裳去之，以此每与世迕。然如阮宣子[1]辈，古亦往往有之，不独予也。昔人云："无求莫问朝廷事，有耻难交市井人。"斯言也，殆予之知己乎！

【1】《晋书·阮修传》："阮修，字宣子，陈留尉氏（今河南尉氏）人。好《易》《老》，善清言，以为人死无鬼。性简任，不喜见俗人，遇便舍去。意有所思，率尔褰裳，不避晨夕，至或无言，但欣然相对。"

鹳冢

庭前有虬松一株，乃先君手植也。枝干扶疏，亭亭如盖。予每趺坐其下，盘桓不能去。忽有双鹳结巢其颠，数日后雄被弹死，其雌孑然独处。予朝夕遣人护视之，一日向予踯躅哀鸣，似将言别。明晨起视之，已死矣。因瘗之松下，积土为坟，人皆呼为义鹳冢云。

白席

今人宴客，一人旁立，高唱举杯、举箸及茶点之类，甚觉聒耳。然赵宋时即有之，谓之白席，见《老学庵笔记》[1]。

【1】陆游《老学庵笔记》："北方民家，吉凶则由相礼者，谓之'白席'，多鄙俚可笑。韩魏公自枢密归邺，赴一姻家礼席，偶取盘中一荔枝，欲啖之。白席者遽唱言曰：'资政吃荔枝，请众客同吃荔枝。'魏公憎其喋喋，因置不复取。白席者又曰：'资政恶发也，却请众客放下荔枝。'魏公为一笑。'恶发'犹云怒也。"

乳田

予偶客濑水[1]，买市间乳饼供早膳。方食，适同年黄君至，谓曰："此不可食，宜急覆于地。"叩其故？曰："土人取朽草布阴湿处，日以秽物渍之，久之生虫蠕蠕然，渐大如蛹，形状可畏，压其汁以充乳，售与过客，非其真牛乳也。"予闻，不觉呕哕，几至委顿。后阅张氏《白獭髓》[2]载："广中韶阳（今广东韶关）有种乳田者，先掘地窖以米粉铺于内，取草盖之，壅以粪壤，俟粉化成蛹，作汁蒸成乳，食之[3]。"此系恶俗，不知江左何以传此法也？客游者不可以不知。

【1】濑水，即今江苏溧阳的溧水。此处借指溧阳。
【2】（宋）张仲文：《白獭髓》，收于陶宗仪《说郛》、王云五《丛书集成》初编。
【3】《白獭髓·牛乳》原文所谓种乳田是在"韶阳属邑乳源"，即今广东乳源瑶族自治县，位于韶关西南。《宋史·地理志六》：乳源属韶州，南宋乾道二年（1166年）析曲江之崇信、乐昌依化乡，于洲头津置。

方氏杂戒

侯城方氏曰："人宁可不食，而不可以不学。不食则死，死则已；不学而生，则入于禽兽。"予谓不然，不食者无不死，不学未必尽入于禽兽。古人所谓皋、夔、稷、契[1]，何书可读？彼愚忠愚孝，独何人欤[2]？况学而入于禽兽者又不少也。

【1】皋、夔、稷、契，传说中舜时贤臣皋陶、夔、后稷和契的并称。亦借指贤臣。

【2】原文："与"，误，当为"欤"。

五湖

洞庭两山之胜[1]，予神往已久。适于孟冬有山中友人见招，欣然鼓枻。抵湖口，忽风浪大作，三昼夜不息，于是辍棹而返。洞庭古名震泽[2]，又曰具区[3]、曰笠泽[4]。其谓之五湖者，按志：因东通松江[5]，南通霅溪[6]，西通荆溪[7]，北通滆湖[8]，东又连韭溪[9]，故名。又云，中为菱湖[10]，北为莫湖，东逼胥湖[11]，长山之东曰游湖，通晋陵（今江苏常州）境者曰贡湖[12]。其名不同，然总一太湖，即范蠡泛舟处也。予初拟登缥缈之峰，憩林屋之馆，探洞天之轶事，访甪里[13]之故居，而兹又不可得矣。因口占一绝云："白雁横空木叶飞，峭帆西去访灵威。那知咫尺三山路，万顷风涛辍棹归。"《荆州记》[14]言君山[15]上有道通吴之包山[16]，故太湖亦有洞庭下潜通君山，吴、楚相去颇远，不知其果否？

【1】按，此指江苏太湖的洞庭西山和洞庭东山，并非湖北的洞庭湖。

【2】今太湖东南有地名震泽。

【3】具区，即太湖。《尔雅·释地》："吴越之间有具区。"

【4】《扬州记》："太湖一名笠泽，一名洞庭。"

【5】松江，位于今上海市西南部。

【6】霅溪，又称霅川、霅水，是太湖南岸今浙江省湖州市境内的一条河流。

【7】荆溪，位于太湖西部的今江苏宜兴。

【8】滆湖，今江苏常州西南滆湖。

【9】韭溪是今浙江嘉兴最古老的一条市河，它东西横贯穿越整个城市，河基相当于现在的中山路，从中山东路桥到中山西路桥，原入太湖。

【10】菱湖，太湖南岸的今浙江湖州城南18公里菱湖镇。

【11】胥湖，原位于今江苏武进阖闾城。

【12】贡湖，今江苏无锡市南长区贡湖大道当即其遗迹。

【13】甪里，今江苏吴县。秦始皇时七十名博士官中有甪里先生周术。

【14】南朝（宋）盛弘之撰《荆州记》三卷，此外还有（晋）范汪《荆州记》、（宋）庾仲雍《荆州记》、（宋）郭仲产《荆州记》、刘澄之《荆州记》、佚名《荆州记》等五种，清人总汇为《荆

州记九种》。

【15】君山,湖北洞庭湖中一座小岛。原名洞府山。

【16】今江苏太湖洞庭西山又叫包山。

姓名杂考

仓颉姓侯,名刚,见古篆文。许由,字武仲,见《庄子》释文。伯夷名允,字信公;叔齐名智,字公达,见《论语》疏。仲雍,字熟哉,见《史记》注。老子初生,名玄录,见《玄妙内篇》[1]。孟子父名激,字公宜;母仉氏,见《瓦釜漫记》[2]。介子推姓王,名光,见方氏《通雅》[3]。孙叔敖名饶,百里奚字百井,鬼谷子姓王,名瑚,文翁名党,杂见诸书。汉大公名煓,字执嘉,见《帝王世本》[4]。易牙名亚见,见孔颖达《疏》。伯乐姓孙,名阳,见《庄子》疏。陈仲子,字子终,见《高士传》[5]。伏生名胜,见西汉碑。壶关三老姓令狐,名茂,见荀悦《汉纪》。李筌,字达观,见《神仙感遇传》[6]。关云长,本字长生,见《三国志》。失马塞翁姓李,见高允诗序[7]。武陵渔人姓黄,名道真,见《三洞群仙录》[8]。赤壁吹洞箫客,乃绵竹道士杨世昌,见吴匏庵诗[9]。

【1】《玄妙内篇》是道家书,早佚,不见于诸书著录,只有少数佚文保存在各种传世佛、道典籍和敦煌遗书中,是研究六朝和隋唐时期佛道关系的重要材料之一。

【2】《瓦釜漫记》,(明)刘世节著。

【3】《通雅》,(明)方以智撰,清代被收入《四库全书》。该书内容广泛,考证名物、象数、训诂、音声等,是一部有价值的类书。

【4】《世本》,相传为战国时赵国史官所作,内容主要是记载黄帝以来至春秋时列国诸侯大夫的氏姓、世系等,至宋代已经散佚。后代学者从各种书中复辑录成书,今于世常见的有商务印书馆《世本八种》。《帝王世本》是《世本》中的一篇,其他还有《诸侯世本》《卿大夫世本》。但此处所说是汉高祖刘邦的父亲,《帝王世本》不应当及此,故该书当为(晋)皇甫谧《帝王世纪》,其内容包括上自三皇,下至汉魏,前、后汉诸帝均在其内。《史记·高祖本纪》:"高祖(刘邦)……父曰太公。"《史记索引》载(晋)皇甫谧云:"名执嘉。"

【5】《高士传》,(晋)皇甫谧撰。该书内容共包括自尧、舜至秦、汉的九十一位"身不屈于王公,名不耗于终始"人的传记,其中有一传两人的,所以实际共记九十六人。

【6】《神仙感遇传》,晚唐五代著名的道教学者杜光庭编撰,全本今已不传,《道藏》中残存五卷,《太平广记》《三洞群仙录》也有部分佚文。此外,(北宋)张君房《云笈七签》中也收录部分佚文。

【7】明末清初人张岱《夜航船·姓氏》:"失马塞翁,姓李,见《高谷诗序》。"所记与此不同。

高谷，江苏兴化人。善于诗文，历官永乐、洪熙、宣德、正统、景泰五朝，由中书舍人升至内阁大学士，故被尊为"五朝元老"。《明史》有传。高允则是北魏著名学者，官至中书令，有《高令公集》传世。《魏书》有传。高谷、高允两不相及，此处当是高谷。然各种版本均误。

【8】（南宋）陈葆光撰集。该书搜集神仙故事一千五十四则，内容自称始自盘古，迄于北宋，所集神仙之故事，皆自注其来源，引书多达二百余种。

【9】《明史·吴宽传》："吴宽，字原博，长洲（今江苏苏州）人。"其号匏庵。他是明代著名学者、诗人、藏书家，官至吏部侍郎、礼部尚书。清代赵翼《陔余丛考》："东坡《赤壁赋》'客有吹洞箫者'，不著姓字。吴匏庵有诗云：'西飞一鹤去何祥，有客吹箫杨世昌。当日赋成谁与注，数行石刻旧曾藏。'据此，则'客'乃杨世昌也。"

卷 三

甲午至戊戌，顺治十一年
——顺治十五年（1654年—1658年）

冰雹

甲午（顺治十一年，1654年）五月，陕西平凉（今甘肃平凉）、陇西（今甘肃陇西）二县冰雹大如斗，伤禾稼。

柘泽神显灵

青溪柘泽桥杨侯庙最灵。有进士韩君理者，济南人，为松郡（松江，今上海松江）司理[1]。七月初二日，经庙侧，遇巨舫中一人乌纱绛袍，侍卫严肃，举手相揖。少顷，见一青衣吏率蓬首妇人直入案前，语久之，左右皆不见。盖司理家居时，曾屈死一孀妇，奉彼处城隍神关文，迤逦至松也。须臾，疾作，不数日卒。书役朱千之向助为虐，与妻同寝，忽蹶然起曰："本官与杨侯将到，当往迎之。"因疾趋出门，跃入水中而死。

【1】宋初各州有马步院，以军人为判官，掌狱讼，称司理参军。太祖开宝六年（937年）改各州马步院为司寇院，以文臣为司寇参军，后改司寇为司理。明清时为府、州的属官，专掌狱讼之事。

紫冈著述

余宗紫冈先生，名宜阳，字子元[1]。博学善诗，古文与徐长谷献忠[2]、张王屋之象[3]、何元朗良俊[4]，号四贤。著述甚富，有《金兰集》一卷，皆一时明贤赠答之作，惧简编遗落，今备载其目于左：紫冈草堂记，徐忠献撰；遗安堂记，孙承恩撰；曲水园记，黄佐撰；陇西别业记，张之象撰；城南草堂记，张世美撰；西垒藏书记，黄甫汸撰；旧林赋，徐忠献撰；咏风堂赋，袁尊尼撰；紫冈赋，卢柟撰；桑苎园歌，沈明臣撰；簷蒿斋铭，方道成撰；寒绿亭赋，盛时泰撰；漫园记，张世美撰；董子元卜筑疏，莫如忠撰；西霞山房铭，董氏宜阳自撰。

【1】董紫冈，作者董含的族人董宜阳，字子元。博学善诗，古文与徐长谷忠献、张王屋之象、何元朗良俊，号四贤。著述甚富，有《金兰集》一卷，皆一时明贤赠答之作。《明史·文征明传》附："何良俊，字元朗……与上海张之象，同里徐献忠、董宜阳友善，并有声。""徐献忠，字伯臣。嘉靖中，举于乡，官奉化县知县。著书数百卷。董宜阳，字子元。张之象，字月鹿……由诸生入

国学,授浙江按察司知事……晚居秀林山,罕入城市。"

【2】原文及诸本均作"徐长谷忠献",误,当为"徐献忠"。《四库全书总目》:"徐献忠,字伯臣,一号长谷,华亭(今上海松江)人。嘉靖乙酉(四年,1525年)举人,官奉化县知县。"有著作《吴兴掌故集》《水品》《长谷集》《六朝声偶》。

【3】《四库全书总目》:"张之象,字元超,华亭(今上海松江)人。嘉靖中官浙江按察司知事。"有著作《太史史例》《楚范》《彤管新编》《楚骚绮语》。

【4】何良俊,字元朗,华亭人。居柘林,少与弟良傅皆负俊才,时人以"二陆"方之。良俊由贡调选授南京翰林院孔目。自称与古代名士庄周、王维、白居易为友,题书房名曰四友斋。撰有《四友斋丛说》。《松江府志》有传。

瑞应

浙郡一士将赴省闱[1],忽盆池长并头莲一,又每夕盆内闻丝竹声。士大喜,殊自负。客有语于先曾叔祖文敏公[2]者,公曰:"此行必捷,然功名其止于此乎。"至秋,果中式,后屡被斥。客复叩故,公曰:"此细事耳,三年一举,何止数百人,乃独示瑞,故知非远到之器也。"近有一生,略负文望,试后将文录出,手加圈评,遍夸同辈,竟亦无成而卒。三复[3]公言,益信不谬。

【1】省闱,即乡试。
【2】文敏公,即明代著名书画家董其昌,崇祯七年(1634年)致仕,九年(1636年)卒。谥曰文敏。《明史》有传。
【3】三复,反复诵读。

违式被黜

嘉禾(今浙江嘉兴)张明经赓[1],幼习五经[2],文思甚敏,乡闱[3]作通场题,如期而毕,以违式[4]贴出。愤甚,伏阙上书,言臣家贫力学,值秋试,构成二十三篇,乃与不完者同列通衢。乞调卷呈览,如果差谬,自甘沦落,倘有一得,亦望收录。不报。昔崇祯甲戌(七年,1634年),漳浦(今福建漳浦)颜君茂猷作五经艺,考官以闻,钦命列正榜前,可谓有幸有不幸矣。(原按:颜君特赐二甲第二名。本朝丙戌科法若真,丁卯科查嗣韩、林文英俱以五经中式。)

【1】该人姓名张赓，身份贡生。科举时代，挑选府、州、县生员（秀才）中成绩或资格优异者，升入京师的国子监读书，称为贡生。清代的贡生又别称"明经"。

【2】五经：《诗经》《尚书》《礼记》《周易》《春秋》。

【3】乡闱，即乡试，在秋天举行，所以又称秋闱。中式者为举人，有资格次年进京参加会试。会试中式称贡士，再经过殿试称进士。会试在春天举行，所以又称春闱。

【4】科举考试中对答卷的格式有严格规定，如文字的字数、每页的行数和字数、涂抹的字数、抬写、避讳等等。凡不遵守规定者，即属违式。清制，"违式卷"不需要主考官评阅，一律贴出，不予录取。

祖墓先兆

我家自南渡以来，始祖讳官一公墓，形家谓之金钩钓月。相传江南赖布衣，大有所作，内有漆柿一株，长二丈许，皮中空，大仅一握，每乡举年结实，则宗子必发一人，屡试不爽，载入郡志。明季枯死，垂二十余稔，至顺治辛卯（1651年），忽复生，枝干满茂。甲午（顺治十一年，1654年）始结实，而予侥幸中式。后庚子（顺治十七年，1661年）又结实，族人有应试者，偷折归，供胆瓶中，朝夕焚香顶礼，乃竟被斥，而予弟俞复得隽。但余岁亦或结子，且不止一实，大约遇试期所结不过二三，又以经霜不落为度，过多反不验。然其间亦有定数，数既定而后物之气应之。凡我子孙，仰承祖泽，宜积学力行，以期显扬，无徒委诸草木可也。

鸦非凶兆

先府君宅与大父少宰公大宅前后相望，分授长房。予乡试后，有群鸦数千飞绕祖居，晓夜屯宿，驱之不去，人皆以为不祥，共四五日。予侥幸获隽，报至，鸦始散。尝见《玉峰归奉世纪》：长洲（今江苏苏州）章生家，亦有此异。

鸟语词

冬十二月，予计偕[1]北行，驱车大梁（今河南开封），疲甚，憩一古刹，见壁间有《鸟语词》数首，后书"广川子题"，偶录于此：

其一曰：不如归去，血染沙场无宿处。野阔天低塞草枯，一身飘荡随飞絮。腰间宝刀光吐花，月明夜夜闻吹笳。楼头少妇掩镜泣，征夫何不思还家？

其二曰：泥滑滑，铁骑奔腾山欲拔。寒鸡三号夜未央，角声又向江楼轧。朝驱马尾暮挽船，手提浑脱安能前。家乡回首千万里，谁知死在桑干边？

其三曰：行不得也哥哥，河南河北皆干戈。前逢官兵后逢盗，飘零十口将如何？拂面西风尘扑溅，荒崖白骨狐狸啄。谁家双鬟行得迟，横抱上马闻啼哭。

其四曰：交交桑扈，日色昏黄桑柘苦。官军尽数砍作薪，前往求他拔刀怒。柳绿拂地榆荚长，哀哀寡妇空提筐。野蚕作茧大如瓮，秋风那得成衣裳？

其五曰：鹁鸪鸪，雨多水涨生蘼芜。鱼飞稻田蛙产灶，可怜有地无人租。兔葵刬得连根煮，露笠烟蓑愁不语。闻说明朝要打粮，相将又向他方去。

其六曰：脱却布袴，水冷天寒那得渡。田园荒尽无人耕，闻道官司又增赋。经旬乏食常苦饥，朝来两度遭鞭笞。县官掉头不肯顾，无数烦冤当诉谁？

其七曰：提葫芦，前村有酒君莫沽。千钱不买一斗米，枯肠沃水如醍醐。书生本是雕龙手，憔悴功名惊老丑。拟向阳昌醉几场，却少金龟来换酒。

其八曰：得过且过，衔泥无力巢难作。翠翰剥落寒侵肤，况遇今霄风雪大。百丈虬枝嗟只立，微躯敢羡蛟龙蛰。深山日暮行人稀，夜雨荒郊鬼灯泣。

【1】计偕，举人进京会试的别称。秦汉时地方官每年将境内治安、租税、户口数额派计吏上报中央，郡国向中央推举的孝廉之类人才和其他簿籍或贡奉物品，也可相随而行，这种办法为"计偕"。

陆逊女墓

华亭（今上海松江）南桥北二里许有刘叟，晨往田间，遥睹一红裳女子，徘徊岸侧，久而不去，追视，无所见，如是累日。疑土中有异，呼儿刬之。不数尺，获一砖，式甚古，下遇巨塪如数间屋。旁有穴，窥之，内有石板，板上卧骷髅一具，前植短碑，镌字十有二，曰："吴陆公逊[1]第三女王夫人之墓"，左列石几，供瓦盆一，色如玉。其人取盆归，忽见红裳女子先在其室，或隐或见，随感疾卒。盆为好事者取去，云无他异，惟盛水，一泓澄澈，经岁不竭而已。

【1】陆逊，三国时期东吴名将，出身江南大族。《三国志·吴书·陆逊传》："陆逊，字伯言，吴郡吴下人也。本名议，世江东大族。"因其为东吴政权屡建战功，具有卓越的文才武略，故官至上大将军、右都护、丞相。建安二十四年（219年）封华亭侯，后复改封娄侯、江陵侯。

阴镜

南塘李氏家传一石，名曰"阴镜"，其形类镜而黑色无光。至暮白气黯黯，更余光始发，皎洁若月，洞照一室。黑夜愈明，天将曙，光乃灭，真希世之宝。后遇乱，不知所之。

地震山合

乙未（顺治十二年，1655年）二月初五日，午刻（11—13时），江南地震。六月初八日，又震。又三辅地震，坏民居千余间，既而两山相去百里，一夕忽合。

假目

吾乡章进士霖，登第时年垂耳顺，眇一目，厥状颇丑。及引见，希木天之选[1]，唯恐不得当也，于是盛服饰，冠佩甚都，并剪纸为睛，粘于目内，远望双眸炯然。既至上前，不觉脱落，见者皆匿笑。偶见一小说，载（唐）施肩吾与赵嘏同年，不睦。嘏失一目，以假珠代，肩吾嘲之曰："二十九个人及第，五十七只眼看花。"盖古亦有此事矣[2]。

【1】《唐六典》："内阁诸司舍，惟秘书阁最宏壮，穹窿高敞，谓之木天。"后世俗称翰林院为木天署，得任翰林称木天之选。

【2】按此亦见于《清稗类抄·容止》："顺治乙未（十二年，1655年），华亭章霖以进士登第，时年已六十矣，貌不扬，一目复眇。自维面目不全，恐引见时以体貌残毁，不获木天之选，因盛修其服饰，冠佩甚都，且剪纸为睛，贴眼眶中，望之非不双眸炯然也。及面圣，假睛忽脱，见者咸匿笑。然卒邀馆选，时人乃以独眼翰林呼之。"

私女失元

闽王给事命岳[1]，甲午公车[2]至畿南，遇雨不能进，投避村舍。其主人前晚梦神告曰："来日王状元至，善待之。"醒而大诧，垂暮给谏至，仆马瘏瘁，问之乃闽中王孝廉[3]也，大喜延入，礼以上宾。诘朝，雨益甚，主人固留。给谏少年顾秀，主人有女及笄，以梦故，欲归孝廉，意未泄而彼此目成，已私谐缱绻。主人觉，请以为侧室，且告以梦，定登第日相迎。亡何，榜发，及殿对，进呈第一。中官送阅，忽卷从中析而为二，遂落二甲。当中式后，给谏亦感梦，以是女故，若有所谴责，寻与同馆话及此事。叹曰："为一女子，失我大魁[4]！"甚恨之，欲渝约。其同年[5]力劝成之。夫主人之女既心许于前，又复议聘于后，止多一私偶，遂遭峻罚，可不戒哉！盱江徐君芳《悬榻编》[6]载甚详。

【1】给事即给事中，又称给谏，此处系指福建人王命岳后来所授官职。当时其进京赶考，身份是举人，别称孝廉。

【2】汉代用公家的马车接送进京应试的人，后世遂将进京参加会试的举人称公车。

【3】孝廉，即举人的别称。

【4】殿试第一称状元，又称大魁。

【5】同年，即同年中式的人。

【6】《悬榻编》，(明)徐芳著。徐芳，字仲光，号拙庵，江西南城县（今江西南城镇）人。崇祯十三年（1640年）进士。入清，不仕。其《悬榻编》六卷是友人、南城县知县苗蕃代为编选的，后定为禁书，今收《四库禁毁书丛刊》中。因赣江重要支流盱江经过徐芳的家乡南城县，故又得称盱江徐芳。

禁蛇

江宁（今江苏南京）一术士，自云能制毒蛇猛兽。偶至吾邑，幕府欲试之，升至大教场，先令其禁蛇。士禹步握诀，蛇绎络奔赴，四面盘绕。复咒之，乃各散去。

日中黑子

三月二十四日申刻（15—17时），日中有黑子，久之乃散。

科名定数

延陵（今江苏常州武进）巢君震林，壬辰（顺治九年，1692年）礼闱[1]中式一百六十二名，以他事被革，落魄归，不复以进取为意。友人力劝，不得已再上公车[2]。

及榜发，则仍一百六十二名也。夫名次前后尚一定如此，人岂可侥倖非分耶？

【1】即会试。每年春季在京师举行，由礼部主持。
【2】公车，即进京参加会试。

填榜失判

《云间杂志》[1]曰：万历癸丑（四十一年，1613年）会试，填榜至一百十六名刘芳节，草稿失判一条，仓猝补入副卷第一名，乃上海董少宰公邃初也[2]。此先祖遗事，附记于此。

【1】明佚名著。据名称判断，应当是记载上海松江地区社会风情、人物的杂记。
【2】董邃初是作者董含的祖父，明代画家董其昌的堂侄。

墨汁污卷

越西一孝廉[1]，负美才，兼有所请托，会闱[2]自谓必捷。七艺既毕，展卷朗诵，意甚得，以手拍案，砚忽自举，墨汁淋漓卷面，遂不终场而归。

【1】孝廉，即举人的别称。
【2】会闱，即会试，又称春闱、礼闱。

妒妇伏法

上海杨师桥有少妇，与翁姑[1]同居，姑妒甚，屡以"新台"[2]疑翁，思有以试之。一日薄暮，妇织窗下，姑窃翁衣巾服之，俨然翁矣，突至后，假妇面。妇大怒，啮落一耳。姑负痛掩面走，佯称病，匿床间。其妇信以为翁也，持耳奔诉兄。兄以翁为人素端谨，未信。至晚，妇怨恨雉经[3]。兄乃伪访翁，欲于坐执之。翁出迎，则双耳宛然，而衣有血痕。告以故，曰："此必我妒妇所为。"遂偕入室，登榻去被，耳亡其一矣。闻于官，官曰："蔑翁之行不义，疑妇之奸不慈，致媳之死不仁。"竟拟辟。

【1】翁姑，即公婆。

【2】"新台"是《诗经》中"十五国风"中的一篇，内容是说一个女子想嫁一个美男子，实际却嫁给了一个丑丈夫。据说这是讽刺卫宣公本为儿子娶齐国之女，并为此在黄河边筑一座新台以便迎娶。后来他见新娘面容美貌，就劫下来据为己有，就是历史上的宣姜。此事《左传》不载，见于《史记》。《诗经·鄘风·君子偕老》：讽刺宣姜乱伦，品德不淑。后世遂用"新台"以喻不正当的翁媳关系。

【3】雉经，即自缢。

玄霜

五月望[1]，白虹二，其长竟天，至暮始灭。又关中[2]玄霜盈尺。按晋时黑雾着人如墨，或曰此兵象也。

【1】农历每月的第一天即初一，称朔日；月中即十五日，称望日。

【2】古代，潼关以东地区称关东，以西地区称关中。

雷震浮屠

七月，雷震景州浮屠，火逾三刻乃灭。忆先宗伯忠谏公幼海[1]直言遣戍，过曹溪，登塔，从四僧四仆。忽雷震，塔中烟焰环绕，目不能视。良久得出，则僧与仆俱毙，惟公获全。公首击巨奸，名重海内，然性暴急，卒受苍头[2]之祸，天或以此示儆欤？

【1】董传策，字原汉，号幼海。华亭县（今上海松江）人，嘉靖二十九年（1550年）进士，授刑部主事。嘉靖三十七年（1558年）因偕同僚上疏弹劾奸相严嵩积恶误国六大罪，引起世宗震怒，被拘入狱，谪戍南宁。神宗万历元年（1573年）改南京礼部右侍郎，同年九月被劾，罢归乡里。因严待下人，被仆人所杀。

【2】苍头，仆人的贱称。

贵妃托梦

马嵬坡距兴平县（今陕西兴平）二十余里，贵妃墓在焉。墓前地近为土人侵占，邑中某绅，一夕梦妃诉曰："仗君之力，还妾侵地，当图厚报。"绅奇其梦，亟为经理，顿复旧观，勒石以纪其事。夫太真[1]缢死佛堂，以紫罗囊裹之而葬，千古伤心，于斯为极。钿盒钗股，七夕牵牛，惓惓记忆，总由情缘未断，岂千百载下，魂魄犹恋此耶？噫，异矣！

【1】太真，即指唐玄宗时的杨贵妃。《旧唐书·后妃传上》：唐玄宗杨贵妃长穿道服，号太真。

玄猿

蜀中产玄猿，性最黠，能解人意。楚帅进于上林[1]，其使者归，猿长号而绝。宋宗卿征舆作诗吊之曰："潇湘寒月九疑风[2]，尽日哀吟云水中。借得上林无限树，却教归梦入巴东。"

【1】上林苑系皇家的园囿。
【2】九疑即九嶷山，又名苍梧山，在湖南南部。相传舜帝葬于此。（唐）崔峒《越中送王使君赴江华》："皂盖春风自越溪，独寻芳树桂阳西。远水浮云随马去，空山弱筱向云低。遥知异政荆门北，旧许新诗康乐齐。万里相思在何处，九疑残雪白猿啼。"（见《全唐诗》卷二百九十四）

祭墨会

周侍郎亮工有墨癖，尝蓄万种，盛以小锦囊，悬之梁间，岁除作祭墨会，以酒浇之。吴祭酒伟业[1]赋诗曰："山斋清玩富琳琅，似璧如珪万墨庄。口啜饮同高士癖，头濡书类酒人狂。但逢知己随浓淡，若论交情耐久长。不用黄金费装裹，伴他铜雀近周郎。"侍郎慷慨好士，著书甚富，尝托白下[2]张僧持贻余札，备获奖借，惜未获一御李君[3]也。

【1】吴伟业是明末清初江南的著名诗人，江苏太仓人，在明朝时官至监察御史，在清朝时官

至国子监祭酒。原文"吴兴祭酒伟业",吴兴即今浙江湖州,吴伟业是江苏太仓人,故疑此处衍"兴"字。致之本、续识略二卷本均作"吴祭酒伟业",据改。

【2】今江苏南京的俗称。

【3】东汉李膺,字元礼,颍川襄城人(今属河南),祖父李修,安帝时为太尉。父李益,赵国相。李膺生性高傲,交结不广,只是和同郡荀淑、陈寔等师友往来。荀爽拜谒李膺时,因能为他驾驭车马而特别高兴,高兴地说:"今日得为李君一御"。后世喻为自己仰慕的人出力的意思。

江左风俗

江左风俗,凡奴婢子采芹者[1]皆从主姓,无少长悉以叔祖称之,即位望通显,不敢抗行。余族叔襟海公有仆曰张福,幼有断袖之爱[2],及长,遂冒主姓,配宠婢,以当垆[3]为业。生子云孙,举甲午(顺治十一年,1654年)乡荐,联捷南宫[4],虑不齿于众,屡经主人门不入谒。襟海诸子象祖、象功辈,俱名士也,扼腕不平,率弟子毁其舆盖始释之。云孙衔恨刺骨,计图抗主,其父监执不从,乃止。后复欲与主人为难,父方卧病,呼云孙谕之曰:"我受董氏恩不浅,今不能图报,而屡思反噬,我死不瞑目矣。"云孙咆哮,骂曰:"老贼作如此事,至今被恶名,乃不早自为计,反欲污我耶?"方啜茗,以瓯掷父面。血流至踵,哽咽不能出一语,少顷气塞而绝。夫人苟能树立,即微贱何害?云孙盖愈无术,欲覆弥彰,而况忘主之恩不忠,逆父之命不孝。自是四方皆知此事,无与往还者。后宦粤西,迎降吴三桂,贼败,潜逃归,忧惧得心疾死。识者以为悖逆之报云。

【1】采芹,指考中秀才成了县学生员。《诗·鲁颂·泮水》:"思乐泮水,薄采其芹。"毛传:"泮水,泮宫之水也。"郑玄笺:"芹,水菜也。"古时学宫有泮水,入学则可采水中之芹以为菜,故称入学为"采芹"、"入泮"。

【2】《汉书·董贤传》:董贤"常与上卧起。尝昼寝,偏藉上袖,上欲起,贤未觉,不欲动贤,乃断袖而起。"断袖是古人对男性之间的同性恋的代称。

【3】原文:"当炉",误,当为"当垆",即卖酒。

【4】举乡荐,即参加乡试中式,成为举人。南宫联捷,即参加乡试中式后,次年春进京参加会试也得中式,又成为进士。

月食既

丙申(顺治十三年,1656年)五月望,月食既。

马镇图逆

马逢知，初名进宝，起家群盗。由浙移镇云间（今上海松江）。性贪横，自奉僭侈。百姓殷实者，械至倒悬之，以醋灌其鼻，人不能堪，无不倾其所有，死者无算。复广占民庐，纵兵四出劫掠，官府不敢问。时海寇未靖，逢知密使往来，江上之变，先期约降，要（音、义同"邀"）封王爵，反形大露。事定，科臣成公肇毅特疏纠之，朝廷恐生他变，下温旨征入，系若卢[1]，妻女发配象奴。未几，与二子伏锧东市。当逢知之入觐也，珍宝二十余舫，金银数百万，他物不可胜计，绵亘百里，至是无一存者，人皆快之。

【1】若卢，诏狱的代称。《汉书·百官公卿表上》载"少府"属官有若卢，服虔曰："若卢，诏狱也。"邓展曰："旧洛阳两狱，一名若卢，主受亲戚妇女。"如淳曰："《汉仪注》有若卢狱令，主治库兵将相大臣。"《汉书·王商传》孟康注云："若卢，狱名，属少府，黄门内寺是也。"

讹传点选

八月，哗传点选彩女，人情惶骇。大河南北，以迄两越，无论妍丑，俱于数日内匹偶，鼓乐花灯，喧阗道路。有一婿数家争之，男子往往中道被迫成婚；又有守节颇久，不得已复嫁，亦或借此再适者。按元顺帝时曾有此事，又晋泰始中博采后宫，先禁天下嫁娶，皆败衣瘁貌以避之。又隆庆二年（1568年）讹传点选，并采寡妇，千里鼎沸，官司不能禁，与此绝类。

谣谶

吾松旧有谣云："秀野原来不入城，凤凰飞不到华亭（今上海松江）。明星出在东关外，月到云间便不明。"故吏兹土者，往往不能廉洁。有李正华者，小有才，矫廉饰诈，下车之日行李萧然，及其归也，方舟不能载。有轻薄子投以一绝云："吴地由来异郁林，归舟压浪影沉沉。不须更载华亭鹤，江上青山识此心。"近有刘君洪宗，洁己爱民，不一年被黜矣。尝忆前明有张守者，莅任时欲应明星之语，由东关入，过一桥，疑其是也，问隶何名？答曰："张塌桥。"大不怿，甫三日，疽发背卒。谣谶之验如此。

庸医杀人

里医徐元植，术甚低，过自夸诩。予内子蒋，感寒热，渐有起色，徐忽突至曰："我与君有戚谊，曷不我属而邀他人乎？"遂探囊出参、桂等药曰："一剂可立愈也。"予素不谙方术，药才下，气结塞不通，喉中作曳锯声，不半日卒。徐遁去。吾郡旧有医沈虚明，负神术而谨厚不伐，贫家延之亦往，每日徒步，病者立起，未尝自矜。今此辈本无所解，乘轿出入，遇疑疾先议贿，谬种流传，不特无效，屡至杀人，即律以故杀之罪亦宜。

石坠

十二月二十二日，河南归德府宁陵县东北，空中黑气如斗，响声不绝。忽有物坠城内马道街郭伏家，光芒如火，似石非石，重四斤十四两[1]。地方官贮库以闻。

【1】按，此即陨石。

败笔头

《本草纲目》曰："男子初婚之夕，痿弱不起，取败笔头兔毫者烧灰，酒服二钱，阳道立兴。"不意管城子于八法之外[1]，复具此能事，亦一异闻。

【1】唐代韩愈在《毛颖传》中说毛笔被封在管城，称"管城子"，后世遂将其作为毛笔的代称。"八法"指写毛笔字的"点、挑、横、竖、撇、捺、厥、钩"八种笔法。

积书

涞水氏[1]曰："积书以贻子孙，子孙未必能读。"赵文敏[2]曰："聚书、藏书，良非易事。"鼎革后，藏书家散失殆尽，如曹氏石仓、钱氏绛云楼[3]，俱付一炬。迩来真定梁公清标[4]广搜博访，闻牙签玉躞[5]，充塞栋宇，恨未之见也。顷曾以数集见委[6]，遍觅不可得，止以家忠节幼海公、紫冈处士[7]二集奉寄，并呈一诗，云：

"只爱缥缃不爱官,邺侯书架拥琅玕[8]。他年致主功成后,留向林泉次第看。"

【1】涑水氏,北宋著名学者司马光。《宋史·司马光传》:司马光初字公实,更字君实,号迂叟,生于河南光山,原籍陕州夏县(今山西夏县)涑水乡,所以世称涑水先生。

【2】赵文敏,即元代著名书画家、文学家赵孟頫,卒后谥曰文敏。《元史·赵孟頫传》:赵孟頫,字子昂,号松雪,湖州(今浙江湖州)人。

【3】曹氏石仓,即明末学者曹学佺,字能始,一字尊生,号雁泽,又号石仓居士、西峰居士,福州府侯官县(今福建侯官)洪塘乡人,著名的学者、藏书家。号称"闽中十才子"之首,藏书家和殉国者,还是闽剧的始祖。钱氏绛云楼,绛云楼是明末清初著名学者钱谦益的藏书楼,后毁于火。

【4】梁清标,字玉立,号棠村、蕉林、苍岩,直隶真定(今河北省正定)人,明崇祯十六年(1643年)进士,清顺治元年(1644年)补翰林院庶吉士,授编修,历任宏文院编修、国史院侍讲学、詹事府詹事等,官至户部尚书、保和殿大学士等职。著有《蕉林诗集》《棠村词》等。

【5】牙签,即线装书函套上的象牙签,又叫骨别子,这里借喻珍贵古籍。玉躞,即画轴两端的玉轴头,这里借喻书画。牙签玉躞,即善本图书和珍贵书画。

【6】见委,即见托、被托付。

【7】原文:"忠谏幼海公",误,当为"忠节幼海公";紫冈处士指其宗人董宜阳,字子元。博学善诗,古文与徐长谷献忠、张王屋之象、何元朗良俊,号四贤。著述甚富,有《金兰集》一卷,皆一时明贤赠答之作。

【8】邺侯,即唐朝的李泌。李泌,唐德宗贞元三年(787年)拜中书侍郎、同中书门下平章事,累封邺县侯,时人呼"邺侯"。其搜罗书勤,家富藏书,后世人在称美他人藏书之众时,喜用此典。琅玕多义:一指美玉;其二指珠树,传说和神话中的仙树。比喻珍贵、美好之物,也比喻优美文辞。

避债台

丁酉(顺治十四年,1657年)人日[1],阖户宴客,分韵赋诗。忽闻叩门声,启视乃酒家索逋也。戏咏一绝云:"窗拥红兰径未开,叩门蹑屦有谁来。酒瓶药裹赊偏惯,欲上周王避债台[2]。"(原注:见《汉书》注)

【1】农历正月初七是中国传统习俗中的"人日",即传说中的人类的生日。

【2】东周的最后一个君主周赧王为了联合各诸侯国抵抗强秦,向国内富商举债。战争失败而归,富商向他追债,他只好躲到宫内的高台上,后人名之曰"避债台"。《汉书·诸侯年表序》:"自幽、平之后,日以陵夷……分为二周,有逃责(同:债)之台。"注:"服虔曰:'周赧王负责(同:债),无以归之,主迫责(同:债)急,乃逃于此台,后人因而名之。'"《汉书补注》:"《御览》

一百七十七引黄甫谧《帝王世纪》云：'周人名其台曰逃债台。'"

诗谶

季黄门开生[1]，以直言遣戍，匹马出关，虽远徙穷边，声望益著。所为诗多悲歌慷慨，尝送友人入土云："重关不禁旅魂过，梦里看君渡塞河。白日总悲生事少，黄泉翻羡故人多。荒坟怪鸟啼松柏，废苑寒云锁薜萝[2]。未遂首丘[3]须浅葬，好留枯骨待恩波。"末二语竟成诗谶云。

【1】汉代，称皇帝左右的郎官为给事黄门，所以后世也尊称给事中为黄门。《清史稿·季开生传》：季开生，字天中，江南泰兴（今江苏泰兴）人，清初官吏、画家。顺治六年（1649年）进士，改庶吉士。累迁礼科给事中。顺治十二年秋（1655年），乾清宫成，发帑遣内监往江南采购陈设器皿，民间讹言往扬州买女子，开生上疏极谏……因责开生肆诬沽直，下刑部杖赎，流尚阳堡（今辽宁开原东），寻卒戍所。顺治十七年（1660年）昭雪。

【2】薜萝，即薜荔和女萝，皆野生植物，常攀缘于山野林木或屋壁之上。后世借喻高士或隐者的居所。

【3】首丘，比喻归葬故乡。《礼记·檀弓上》："古之人有言曰：'狐死正丘首'，仁也。"（汉）郑玄注："正丘首，正首丘也。"（唐）孔颖达疏："所以正首而向丘者，丘是狐窟穴根本之处，虽狼狈而死，意犹向此丘，是有仁恩之心也。"

泖[1]寇

泖寇钱魁者，饶膂力，善舞双刀。聚众剽劫，出入飘忽，横行湖泖[1]间。所掠财，派为三股：一献当路，一赂捕人，其一均分之，以故久而不败。所到之处，迎者获重赏，相拒者悉屠之。自云钱王镠之后，以此惑众。二省合兵捕之，围之泗泾，魁与妻各持刀格斗，冲突如神，力竭就缚，械至江宁（今江苏南京），枭于市。夫魁不过一卖菜佣耳，当事养成其患，遂至猖狂无忌，虽旋就诛戮，而靡费国帑已不可胜计矣。

【1】泖湖，在上海松江西，今已淤为平地。

何首乌

宁国府太平县（今安徽太平东），有翁妪居深山中，樵采为业，年各七十余。一日晨兴，见东壁下土忽坟起二尺许，墙为之倾，掘之得何首乌一枚，大如瓮，香气扑鼻，因生啖之。不逾年，堕齿复生，颜色鲜好，如四十许人。复产一男，至今尚在。第三叔父士开秉铎[1]其地，亲见之。

【1】士开，即董云申，字士开，是作者董含的三叔父，曾参与《明经世文编》的编校。秉铎，即在当地县学或府学担任文教之官。

收香鸟

交趾国（今越南北部）进贡中有收香鸟。其鸟羽毛之内能收诸香烟，收毕，别置一处，将翅展开，各种香气氤氲四达。

李公托生

高阳（今河北高阳）李公霨[1]，前生系老儒，博通经史，屡试不售。偶过邻李氏，所居巍焕壮丽，私心羡之。一日微疾，倏觉躯体轻快，纵步入李室，见群婢方拥一妇，似欲产者，因登屋梁窥之，忽被推下坠怀中。昏聩逾时，及醒，身小仅尺余，束缚卧床上。时天寒下雪，产母问窗外何声？公应曰："是雪。"怪欲溺之，父不许。后遂不复言。至七岁，有戚指之曰："此哑儿，留之何益？"公忽笑语，众惊异。随入小学[2]，颖慧异凡儿。十六举乡荐[3]，明春联捷[4]，致位宰辅。公尝亲述其事。

【1】《清史稿·李霨传》："李霨，字坦园，直隶高阳人，大学士李国𢑥之子。顺治三年（1646年）成进士，累迁秘书院学士。顺治十五年（1658年）拜秘书院大学士。内三院改内阁，以霨为东阁大学士，兼工部尚书，加太子太保。十八年（1661年）圣祖即位，复内三院，以霨为弘文院大学士。"此节即假托李霨而言之。
【2】西周时是指为贵族子弟设置的初级学校，后世指对中国古代语言文字的学习。
【3】乡荐，即参加乡试中式，成为举人。
【4】指乡试之后，次年会试也得中式，称进士。会试是在春天举行，也称春闱。

林史

何柘湖[1]曰："士君子读书出身，虽位至卿相，当存一分秀才气，方是名士。今人几席间往往宝玩充斥，黄白灿陈，若非贾竖，则一富家翁耳。"旨哉斯言！余偶著《林史》，中一则云：士大夫陈设，贵古而忌今，贵雅而忌俗。若乃排列精严，拟于官署；几案纵横，近于客馆；典籍堆砌，同于书肆；古玩纷沓，疑于宝坊，均大雅之所切戒也。元朗之言，正与予合。

【1】明代藏书家、学者何良俊，号柘湖居士。其藏书楼名清森阁，藏书四万卷，后毁于倭贼。何良俊字元朗，华亭人。居柘林，少与弟良傅皆负俊才，时人以"二陆"方之。良俊由贡调选授南京翰林院孔目。子元之，字又元，亦以淹雅见称。《松江府志》有传。其所著《何氏语林》《四友斋丛说》行于世。

拆人夫妇报

越中一孝廉[1]，向以才学自诩。有同窗友窥邻人妻色艳，思欲夺之。孝廉为划策，先密语其夫，诬妻有所私，邻因欲出妻；孝廉复力主之为作离书，既脱稿誊讫，适笔贾至，购选毫，漫以稿塞管中。及戊戌（顺治十五年，1658年）礼闱[2]，携笔入试，搜者得前纸。时功令甚严，荷枷杖责，革去举人。夫此等事，岂读书明理之人所宜为？孝廉止于革黜，亦幸焉耳。

【1】孝廉，即举人的别称。
【2】礼闱，即会试，又称春闱。

产子两首

七宝镇民家，生男两首。按汉灵帝时，洛阳女子生儿，两首四臂。京房[1]《易传》云："二首，下不一也；厥妖人生两头。"

【1】《汉书·京房传》：京房，西汉学者，本姓李，字君明，东郡顿丘（今河南清丰西南）人。汉元帝之世，他把其师焦延寿以灾异讲《易》的做法推向极端，以之干政，使《易》学声名显赫，

对后世影响极大，后来在政争中被以中书令石显为首的官僚集团构陷处死。

乡闱异变

江南乡试[1]前数日，严霜厚三寸。既锁闱，鬼嚎不止。放榜后，弊发，主考方猷、钱开宗，房考李上林、商显仁、叶楚槐、文银灿[2]、周霖、张晋、朱范、朱祥光、田俊民、李大升、龚勋、郝维训、朱建寅、王国桢、卢铸鼎、雷振声，俱骈戮于市[3]。前此，江陵（今江苏南京）书肆刻传奇，名《万金记》，不知何人所作，以"方"字去一点为"万"、"钱"字去边傍为"金"，指二主考姓，备极行贿通贿状，流布禁中，上震怒，遂有是狱。北闱李振邺、张我朴有"张千李万"之谣，事发，被诛者亦数十人。

【1】此指顺治十四年（1657年）顺天和江南科场案，《郎潜纪闻初笔·本朝科场各案》："十四年（1657年）丁酉顺天、江南两省科场大狱。顺天则刑科给事中任克溥奏：同考官李振邺、张我朴（时有"张千李万"之谣），受科臣陆贻吉及博士蔡元禧、进士项绍芳贿，中田耜、邬作霖举人。俱奉旨：七人立斩，家产籍没，父母、兄弟、妻子流徙尚阳堡（今辽宁开原东），余被流徙者二十五人；正考官庶子黄冈曹本荣、副考官中允溧阳宋之绳失察，各降五级。江南则江宁书肆刊《万金记奇》，不知出谁手，传闻禁中（以方除一点、钱去二戈，指两主考姓）。世祖大怒，命将主考侍讲遂安方猷、检讨仁和钱开宗，房考李上林、商显仁、叶楚槐、文银灿、周霖、张晋、朱范、李祥光、田俊民、李大升、龚勋、郝维训、朱建寅、王国桢、卢铸鼎（一作钱升）、雷震声，俱骈戮于市。厥后衡文获咎者，尚难枚举。"

【2】原文："银文灿"，误，当为"文银灿"。

【3】顺治十四年（1657年）顺天和江南科场案，顺天科场案，除主考外只杀了两房考。江南科场案却处正副主考外，十八房考除已死之卢铸鼎之外，生者皆绞决，故应是十八人。识略只列十六人，缺刘延桂、王熙如。参见孟森《明清史论著集刊》下册，《科场案》。

徙巢

陆文定公[1]孙庆曾，素负才名，居丙舍[2]，颇擅园亭之胜。以序贡入都中式，事发，遣戍辽左[3]。先是，陆氏墓木悉枯，栖鸟数日内皆徙巢他往。曾见《涌幢小品》[4]载，李景隆[5]未停爵前，冢树皆枯，不久幽废。又庆曾至杭（今浙江杭州），祈梦于忠肃公祠[6]，梦公投纸一幅，展视乃沈阳（今辽宁沈阳）图也。至是果验。

【1】《明史·陆树声传》：陆树声，字与吉，别号平泉，松江华亭（今上海松江）人。明嘉靖二十年（1541年）会试第一名，授翰林院编修。万历时官至礼部尚书。他深受名相张居正的重视，但并不因此攀附权贵，后因与宦官有隙，主动辞官，离开北京之时，士大夫倾城相送。万历三十三年（1605年）病卒于家乡，年九十七岁。谥曰文定。

【2】丙舍，原指在墓地的房屋，或墓地上搭建的停灵的棚子。此处是指简陋的房屋。

【3】陆庆曾，明朝礼部尚书陆树声之孙，少有才名，家境富裕，被称为名士。顺治十四年（1657年）参加顺天府乡试，因受科场舞弊案牵连被逮下狱。初判斩立决，不久改流配尚阳堡（今辽宁沈阳东北、开原东）。陆庆曾懂医术，在流放地为乡民看病，"业医自给，十余年而殁"。《清世祖章皇帝实录》："顺治十五年（1658年）四月辛卯，谕刑部等衙门：开科取士。原为遴选真才……王树德等，交通李振邺等，贿买关节，紊乱科场，大干法纪，命法司详加审拟。据奏：王树德、陆庆曾、潘隐如……俱应立斩，家产籍没，妻子、父母、兄弟流徙尚阳堡……朕因人命至重，恐其中或有冤枉，特命提来亲行面讯。王树德等俱供作弊情实，本当依拟正法，但多犯一时处死，于心不忍，俱从宽免死各责四十板，流徙尚阳堡。"

【4】《涌幢小品》，（明）朱国桢撰写的笔记。

【5】《明史·李景隆传》：李景隆，小字九江。其父曹国公李文忠是明太祖朱元璋的外甥。李景隆及长，袭爵，受建文帝重用。燕王朱棣举兵发动目的在于夺位的靖难之役时，他受建文帝委派，统兵北上，大败而归。后降于朱棣。明成祖朱棣即位以后，众臣僚弹劾他谋逆之心有据，于是夺爵、禁锢、没其财产，绝食旬日不死。卒于成祖永乐末年。

【6】《明史·于谦传》：于谦，字廷益，钱塘（今浙江杭州）人，明英宗正统时的兵部尚书。土木堡之变，英宗被蒙古所俘。他在北京拥立英帝之弟祁钰为景泰帝，反击蒙古，最后迫蒙古送回英宗。但后来在英宗和景泰帝的宫廷内争之中，被诬杀，神宗万历十八年（1590年）改谥忠肃。

宁古塔

时上严于试官，而宽于举子，南闱覆考，一无黜落；北场情弊显然者，轻者迁尚阳（今辽宁开原东），重者流宁古塔（今吉林宁安）。宁古塔近鱼皮岛，无庐舍，掘地为屋以居。地极寒。四月尽布火烧之，冻始解。五月可锄，急种蔬菜。六七月便采食，一交白露即枯，至寒露则根亦腐烂矣。或曰，此即昔之五国城也[1]。桐城方孝廉膏茂[2]曾戍其地，为予道其详如此。

【1】辽代居住在松花江、黑龙江、乌苏里江下游的"生女真人"建立了越里吉、奥里米、剖阿里、盆奴里、越里笃五大部落，史称五国部。今黑龙江省依兰县是号称五国部第一城的越里吉城，

为五国部会盟之城，因此又称为五国头城、五国城。不过也有称五国城在宁古塔附近。

【2】孝廉，即举人的别称。方膏茂，出身桐城（今安徽桐城）望族，是明末清初著名学者、大臣方拱乾之四子。方拱乾，明万历六年（1618年）举人。崇祯元年（1628年）进士，授官庶常。历官左谕德，少詹事，充东宫讲官。明亡以后乘乱南归。先依南明，后降清，历官内翰林秘书院侍讲学士、詹事府右少詹事，兼内翰林国史院侍讲学士。顺治十四年（1657年）江南科场案发，方膏茂之弟、方拱乾之五子方章钺因被诬告与主考官方猷"联宗"而中举，于是全家受到连累。《清世祖章皇帝实录》："顺治十四年（1657年）十一月癸亥。工科给事中阴应节参奏：江南主考方猷等，弊窦多端……其彰著者，如取中之方章钺，系少詹事方拱乾第五子，玄成、亨成、膏茂之弟。与猷联宗有素，乃乘机滋弊，冒滥贤书。请皇上立赐提究、严讯，以正国宪。重大典。得上谕曰：据奏南闱情弊多端，物议沸腾。方猷等经朕面谕，尚敢如此，殊属可恶。方猷、钱开宗并同考试官，俱著革职。并中式举人方章钺，刑部差员役速拏来京，严行详审。本内所参事情，及闱中一切弊窦，著郎廷佐速行严察明白，将人犯拏解刑部。方拱乾著明白回奏。顺治十五年（1658年）十一月辛酉，方猷、钱开宗俱著即正法。妻子家产，籍没入官。叶楚槐、周霖、张晋……俱著即处绞。妻子家产籍没入官……方章钺、张明荐、伍成礼、姚其章、吴兰友、庄允堡、吴兆骞、钱威，俱著责四十板。家产籍没入官。父母、兄弟、妻子并流徙宁古塔。"方拱乾之子共6人，依次为玄成、亨成、育盛、膏茂、章钺、奕箴。方拱乾率一家十余口出塞时，奕箴年少，免于流放，方膏茂与其兄育盛于次年（1659年）夏始抵宁古塔。顺治十八年（1661年）正月顺治皇帝卒，康熙皇帝即位。方拱乾家属认修京师前门城楼工程，依《大清会典事例》的规定，十月时其一家才得以赎罪放还。

赏菊

九月，东篱生并头菊一，余亦灿然可观。订诸同人，置酒赏之。客曰："花虽烂漫，惜非佳种。"予笑赋一律云："北郭先生老更饕，秋来逸兴满林皋。山翁远馈披绵雀，溪妇初分砍雪螯。翠壳脱时菱胜粉，玉缸开处酒如膏。绕篱也种无名菊，莫怪樽前啸咏高。"

研山

米元章有研山[1]，乃南唐宝石，上有华盖峰、月岩、翠峦、龙池、上洞、方坛、玉笋诸胜。每天欲雨，则龙池津润，真神物也。未几，以研易园，米绘图以记，复作诗曰："研山不复见，哦诗徒太息。唯有玉蟾蜍，向予频泪滴。"后入吴兴（今浙江湖州），毁于兵。《辍耕录》图其形，并详载之。近槜李（今浙江嘉兴）朱公子子褒携至松，长尺许，峰岩玲珑，靡巧不备，盖实未尝毁也。或曰此系赝作，恐未必然。

【1】北宋著名书画家米芾，字元章，号襄阳居士、海岳山人。研山是山形砚台，是南唐后主李煜的遗物，后被米芾以五百金购得。米芾的研山十分珍贵，后来在镇江用来与人交换了一个园子，送出之前绘图以记，在研山奇石图的各部位用隶书标明"华盖峰""月岩""方坛""翠岚""玉笋""上洞口"，并书云："下洞三折通上洞予尝神游于其间""龙池遇天欲雨则津润""滴水小许在池内经旬不竭"。

金山虎见

戊戌四月，金山卫（今上海金山卫）有白虎从城外突入城，负一老妪去。守郫官兵格斗，虎咆哮，复啮死四人。民皆阖户，翌日忽不见。旧传鲨鱼化虎，想即此类。

天雨沙

六月，遂安县（今浙江淳安西南，今新安江水库库区）天雨沙，如虫矢，又如芥子。七月复雨。占云："角虫为灾。"是秋，四乡牛疫，死者数千头。

白秋海棠

秋海棠白者，我郡绝少。客有以二本见贻，植之阶前。开时更觉妩媚，然不能耐久，不两年而其种绝矣。予有诗咏之曰："明艳偏教玉女嗔，依风无力自横陈。不施脂粉夭斜甚，虢国端应胜太真[1]。"

【1】太真，即指唐玄宗时的杨贵妃。《旧唐书·后妃传上》：唐玄宗杨贵妃长穿道服，号太真。虢国夫人是杨贵妃的姐姐，有才貌。其父曾任蜀州司户，她随之居住在蜀中，后嫁裴氏为妻。裴氏早亡，育一子裴徽、一女。杨贵妃得宠后，请求唐玄宗将虢国夫人和杨贵妃的另两个姐姐一起迎入京师。唐玄宗遂于天宝初年分别封为虢国夫人、韩国夫人和秦国夫人。安史之乱中被迫自杀。

彭禹峰

彭公而述，字禹峰[1]，喜谈兵，意气慷慨，远宦岭表，往往驰逐戎马间。善饮，啖酒一吸数十杯，醉后纵谈时事。此古所谓豪杰之士也。尝过伏波庙[2]，题诗曰："铁桥黑水旧知名，天险还胜百万兵。试问临邛持节客，当时何路入昆明。"其叱驭之气，老而不衰有如此。

【1】彭而述，字子钱，号禹峰，邓州（今河南邓州）人。明崇祯十三年（1640年）举进士，授山西阳曲县令。入清，先后任贵州巡抚、广西参政、广西按察司副使、云南左布政使等职。颇有军功政绩显彰于西南边陲。彭而述文史兼治，著作甚丰，计有十余种，但除《读史亭诗集》部分得以传世外，其余均不可得。

【2】伏波将军原本不是官名，战国和秦汉初年都随事而设。至汉武帝时，战事频仍，自大将军以下广置将军，伏波将军名号成为其中之一。东汉建武十七年（41年）至二十年（44年）最终平定交阯的伏波将军马援最为著名，其名言"男儿要当死于边野，以马革裹尸还葬耳，何能卧床上在儿女子手中邪？"千百年来传颂于世。此处的伏波庙应是指马援庙而言。

陈孝廉

闽人陈君肇曾[1]，弱冠举于乡，负才名，所与游多四方知名之士，然厄[2]于公车，逾五十余载。戊戌（顺治十五年，1658年）、己亥（顺治十六年，1659年），两与计偕[3]，年垂八秩，须鬓皓白而此兴不衰。予微规之曰："先生少负才华，长通声气，今耄矣，使杜门著述，以垂不朽，亦士君子不得志于时者之所为也。栖栖道途，毋乃劳乎？"君慨然曰："仆岂不知此？顾一生碌碌，本期有成，圣人所谓朝闻道夕死可矣。既此志不遂，誓尽我之余年然后已，要当酬知于来生耳。"因江上兵阻，遂辍棹归，题诗邮壁曰："绕江烽火倚楼看，拂面秋风怯暮寒。岭外音书乡信杳，城头笮篥漏声残。岩关羽檄驰铜柱[4]，荒寺藤花落瓦棺。咫尺桑干天堑隔，月明何处望长安？"

【1】陈肇曾，字昌箕，福建长乐人。天启元年（1621）举人。南平教谕。明末清初文人，后移居松江地区，与钱谦益、董窝等名人往来甚密。乾隆《福州府志》："丁戌山房"在嵩山，林山人宬所居，即傅丁戌故址。明陈肇曾《集丁戌园新居》诗："新居客腊欲相寻，春日相邀竹径深。书法共推临晋帖，诗篇自简补唐音。远山度雨浮苍影，老树连云覆绿阴。先后人园两相称，感怀时复一长吟。"《竹间十日话》："赵潜，字双白，又字菡客，漳浦人。顺治初廪生，初寓福州。其

时天启辛酉（元年，1621年），举人长乐陈肇曾、宁德崔嵸俱居省会，潜与往来唱和，晚寄居云间（今上海松江）。"邵武施鸿《蓴芦诗》注曰："赵双白寓松江之野，名其居曰'蓴芦'……以诗交诸名宿。"按：肇曾任南平教谕。

【2】原文："死"字，误，致之本、续识略二卷均作"厄"，据改。

【3】《史记·儒林列传序》："郡国县道邑有好文学、敬长上、肃政教、顺乡里、出入不悖所闻者，令相长丞上属所二千石，二千石谨察可者，当与计偕，诣太常，得受业如弟子。"后世遂用"计偕"称举人参加会试。

【4】铜制的作为边界标志的界桩。《后汉书·马援传》注引《广州记》："援到交阯，立铜柱，为汉之极界也。"

萧孝子

广陵（今江苏扬州）有萧孝子者，母卧病，久而未瘳，闻古有刲股救亲事，遂持刀跪神像前，剖腹截肝以啖母。母疾愈而子竟卒，远近诧叹，称为萧孝子，遍征诗歌以记之。夫残形以救母，不可谓非愚孝，然发肤尚不可毁，乃自行屠割，无异犬豕，此岂父母之心哉？万一覆宗绝嗣，为祸滋大，直谓之不孝可也。韩学博日起目击其事。

火烧旗杆

淮安府（今江苏淮安）大教场中，旗杆高数丈，从上而下，自发火，烈焰甚炽。将至根，忽大声如雷，根突出，烧尽乃止。

负心获报

武林（今浙江杭州）张士进者，丁酉（顺治十四年，1657年）乡荐[1]，年少美丰姿，同兄士弘赴礼闱[2]。寓与女僧邻，中一尼明艳，且多藏金，士进与之往来甚密，订作继室。尼极欢，先以厚赀赠之，令办聘。士进获赀而背盟，及下第，不辞而归。尼闻之，愧且愤，大哭投缳死，遂为厉鬼，追及士进于中途。随仆地发狂，口作妇人声，宛然尼也。群仆哀恳曰："愿释我主，当延名僧诵经修荐，以解冤愆，何如？"

尼复叹息良久，作声曰："此仇甚深，特来索命，他非所愿也。"抵家三日，竟不起。其仆有知之者，云是尼系富室，十三以家难归空门，洁修十四载，既被污，复为所卖，故恨之刺骨。至今西陵（今杭州西陵）人皆知此事。

【1】乡荐，即参加乡试中式，成为举人。
【2】礼闱，即会试又称礼闱、春闱。

少参风流

林少参嗣环，字铁崖，闽人，顺治己丑（十年，1649年）进士，守琼州[1]。时有马伽沙国贾舶抵朱崖界上者，主帅利其重货，将执而戮之。少参执不可。贾人归国，国王德公甚，以其国中所画"渔牧图"二纸，附贾舶贻之。后竟以前隙劾罢官，遇乱徙越，卜居明圣湖（今杭州西湖）。少参喜功名，好结纳，善古文辞，一跌不复振，其牢落不平之气，一寓之于文。尝扁舟往来广陵（今江苏扬州）、建业（今江苏南京）间，偕骚人墨客，征歌命酒。与予握手论心，交最晚而最相得。一日，乘醉登妙高峰，抚膺长恸，声振林木，君子闻而悲之。后竟抑郁而卒。

【1】少参，明代于布政使下置参政、参议，时称参政为大参，参议为少参。清初，各省置左、右布政使，其下左、右参政、参议，亦习惯称为大参、少参。

道光《晋江县志》："林嗣环，字起八，由安溪徙晋江。顺治己丑（六年，1649年）进士，累官广东海南副使，驻琼州（今海南海口），有风裁。在任多惠政。以拒琼帅府执戮番舶之议，尚、耿二藩共嗾帅劾之。被逮问，慷慨力陈藩兵不法事，由是调耿藩于闽。嗣环落职，寓西湖，日徜徉湖山诗酒间。卒，琼人设主祀于包拯祠中。著有《铁崖文集》《海渔篇》《南纪略》等书。"

孪生女

广陵（今江苏扬州）有老儒，孪生二女，有姿色，俱好文墨，并处不能辨，幼时以香灸面为识。是秋，讹传掖庭之选[1]，仓卒归二少年。嫁同日，娠同时，死同病，亦一异也。有赋《渔家傲》吊之者曰："昼锁纱窗紫碧雾，琼花自是无双树。并蒂娇姿怜解语，经行处，花钿暗识修眉妩。画阁肩随朝复暮，闲情时咏游仙句。奔月化烟留不住，天风度，飞琼自挽双成去。"

【1】掖庭之选，掖庭是皇宫里后宫的一部分，一般是宫女住的地方。民间入选的宫女，如果能被皇帝看中，就可以移居到其他后宫里，否则一生都是住在掖庭，终老其生。

托生为猪

华亭（今上海松江）富人庄铨臣，善居积，性极纤啬，挟金钱权子母之利[1]。死后数月，见梦于其妻曰："我以宿孽，托生某家为猪，明将就屠，可遣儿持银二两八钱，速往赎归，少缓则不及矣。但圈豕甚多，儿至，衔衣垂泪者即我也。"妻惊寤，语二子急持银往。见一大猪突出，衔子衣，伏地而泣。子不告以故，取银买归，适符其数。乃于父旧卧处设一榻，具帏褥，置猪其内，日以铜盆盛米粥饲之。岁余，猪被病死。

【1】权子母之利，即放债营息。母即本金，子即利息。

男人女名

冯妇[1]

徐夫人（原注：《史记·荆轲传》）。

丁夫人（原注：《史记·封禅书》）。

杨奴奴（原注：忠小名，《后周书》）。

李安人（原注：《北史》）。

五娘（原注：唐李君羡）。

的娘（苗酋，《元泰定记》）。

尚婢婢（原注：《通鉴》）。

念姐（原注：《北史》，羌名）。

马仙婢（原注：《南史》，后改）。

司空命妇（原注：《仓公传》）。

【1】冯妇，人名。《孟子·尽心下》："晋人有冯妇者，善搏虎，卒为善士；则之野，有众逐虎，

虎负嵎，莫之敢撄；望见冯妇，趋而迎之，冯妇攘臂下车，众皆悦之，其为士者笑之。"意思是说，晋国勇士冯妇善擒虎，被提拔做了士人。后来，有一次和众士人外出，看到许多人正追逐老虎，却无人敢上前。大家见到冯妇，请他打虎。冯妇二话没说，跳下了车，立即朝老虎扑去。老百姓一起叫好，而车上那些士人却嘲笑他有失身份。

释氏命名

黄罗汉（原注：《通鉴》，梁时人）。

柳达摩（原注：《通鉴》，北齐人）。

卫菩萨（原注：《北史》，北齐人）。

姚沙弥（原注：姚秦尚书）。

萧阇黎（原注：齐江夏王小名）。

韩文殊（原注：《北史》魏人）。

崔迦叶（原注：《北史·崔亮传》）。

康维摩（原注：《北史·源贺传》）。

崔目连（原注：《北史·崔道固传》）。

席毗罗（原注：《北史》，周人）。

周罗睺（原注：见《通鉴》）。

鲁悉达（原注：《陈书》）。

萧摩诃（原注：《陈书》）。

元佛陀（原注：《周书》）。

张须陀（原注：《隋书》）。

宋金刚（原注：《隋书》）。

郭药师（原注：《唐书》）。

陈和尚（原注：《金史》）。

尔朱菩提（原注：《魏书》）。

尔朱文殊（原注：二人荣子）。

尉迟菩萨（原注：丑奴部将）。

慕容三藏（原注：绍宗子）。

斛律沙门（原注：《贺拔岳传》）。

莫折菩贤（原注：《萧宝寅传》）。

赫连僧迦（原注：《于仲文传》）。

宇文禅师（原注：《北史》）。
司马弥陀（原注：《北史》）。
贺拔难陀（原注：《北史》）。

人身诸神名

《灵枢》《素问》[1]载：人一身有九窍、十二官、三百六十五节，一昼夜一万三千五百息，脉行八百一十丈。又按《道书》[2]：身中有万二千神，三万六千尸虫族焉。暇日撮录其名，以资博览。《黄庭内景经》[3]曰：发神苍华，字太玄。脑神精根，字泥丸。眼神明上，字英玄。鼻神玉垄，字灵坚。耳神空闲，字幽田。舌神通命，字正伦。齿神崿锋，字罗千。心神丹元，字守灵。肺神皓华，字虚成。肝神龙烟，字含明。肾神玄冥，字育婴。脾神常在，字魂停。胆神龙曜，字威明。腹神灵元，字混康。脐神桃孩，字合延。《仙诀》[4]云：明堂神，左明童[5]，右明女，中明镜。洞房神，左无英，右白元，中黄老。上丹田神，赤子，帝卿，元先。中丹田神，真人，子丹，光坚。下丹田神，婴儿，元阳，谷玄。丹田上，中黄真君，流珠宫流珠真人，玉帝宫玉清神母。明堂上，上清真女。洞房上，太极帝妃。左目陵阳，字英明。右目太阴，字元光。左乳名君阿。右乳名翁仲。《中经》[6]云：鼻神太乙，字通卢。口神，字丹朱。两手神，字魄阴。项神，字上间。肩背神，字女爵。两髀神，字阴隐。胫神，字随孔。足神，字柱天力士。耳神，字娇女。发神，字禄之[7]。上元神，字威成。中元神，字中黄。下元神，字明光。阴神，男字穷英，女字丹成。两膝神，字枢公。《太上胎精记》[8]云：脑神觉元，字道都。发神玄文华，字道衡。皮肤神通众仲，字道连。目神虚坚，字道童。髓神灵谟盖，字道周。脊神益历辅[9]，字道柱。鼻神冲龙玉[10]，字道微。舌神始梁峙，字道岐。喉神百流放，字道通。肺神素灵生，字道平。心神焕阳昌，字道名。肝神开君童，字道清。胆神龙德拘，字道放。左肾神春元真，字道卿。右肾神象他无，字道玉[11]。脾神宝元全，字道骞。胃神同来育，字道展穷。肠神兆胜康，字道还。大小肠神蓬送留，字道厨。胴中神受亨勃，字道虚。胸膈神广英宅，字道中。两肋神辟假马，字道成。阴左卵神扶流起，字道圭。右卵神苞表明，字道生。气海神逮无马，字道极。《大洞法》[12]云：舌本下神干景精，字会元。玉枕神务犹收，字归会昌。眉神延陵梵，字履昌灵。左腋神玄元叔，字合符。右腋神郁灵标，字玄夷绝。心宫神理明初，字玄度卿。脐神桃孩，字道康。泥丸神玄凝天，字三元先。顶骨神神运珠，字子南丹。脘间神始明精，字元阳昌。口四际神帝昌，字先灵元宗。背骨神含景，字北台玄精。胫神素玉，字梁南中。喉根神养光，字太昌。胃脘神青明君，字明轮。鼻孔神元生，字黄宁。肠口神坚玉，字凝羽珠。胸中神天精液，字飞生。左耳下神拘制，字三阳。右耳下神上归，字帝子。头面神翳郁无刃，字安来。上胸腹神圆华黄刃，字太张。上小腹至脚底神启明箫刃，字金门。上左手神名按生。右手神名方盈。左足神名飚精。右足神名欻亭。左目童子名飞灵。右目童子名晨婴。五脏二神名务玄，字育尚生。又，玄归，字盛昌。藏下胃上二神，名案延昌，字合和婴。又，保谷童，字明天。肠口二神，名斌来生，字精上门。又，幽台，字灌上。小腹二神，名祖明车，字神无极。又，理维藏，字法珠。百关血节二神，名混离，字叔火坚。又，发纽子，字庆玄。命根包胎共七神：高同生，字左回明。又，叔火王，字右回光。又重冥空，字幽寥。又，日明真，字众帝生。又，杨堂王，字八灵。又录回，字绝冥。又，照无阿，字广神。人中神光坚，字灵和。阴茎神林灵天。膀胱神保成曷。阴囊神彰安幸。口舌神长来觉。五脏外神[13]凋梁际。又，梦神名宜樾。《真人制魂魄说》[14]云：三魂，名胎光，爽灵，幽精。七魄，名尸狗，伏矢，雀阴，吞贼，非毒，除秽，臭肺。三尸虫，上尸青姑，中尸白姑，下尸血姑。虫，一彭琚，二彭质，三彭矫。《酉阳杂俎》云：人有九影，神亦有九：一右皇，二魍魉，三洩节枢，四尺凫，五索关，六魄奴，七灶囷，八亥灵胎[15]，九不可考。

【1】《灵枢》《素问》是我国两部理论医著，始见于《黄帝内经》。一说《汉书·艺文志》载有《黄帝内经十八卷》，无《素问》《灵枢》之名，然而（晋）皇甫谧《针灸甲乙经序》中云：今有《针经》九卷，《素问》九卷，二九十八卷，也就是说《灵枢》《素问》就是《黄帝内经》。

【2】《道书》，泛指道教的一般典籍。

【3】《黄庭内景经》又称《黄庭内景玉经》。《黄庭经》是道教上清派的重要经典，属于洞玄部。现传《黄庭经》有《黄庭内景玉经》《黄庭外景玉经》《黄庭中景玉经》三种，中经出现较晚。存《云笈七签》和《修真十书》中。

【4】《仙诀》是道家典籍之一，见于《黄庭内景经》和《大洞经》。

【5】原文"五明童"，与下文对照有误，且致之本、续识略二卷本均作"左明童"，据改。

【6】《中经》即指《黄庭中景玉经》而言。

【7】原文："绿之"，误，当为"禄之"，见《太上老君中经》卷上：头发神七人，七星精也。神字录之。

【8】《太上胎精记》又称《胎精中记》《太上九丹上化胎精中记》，是道教典籍之一，存《云笈七签》中。

【9】原文"膂神盖历辅"，误，且致之本、续识略二卷本均作"膂神益历辅"，据改。见《续

道藏·太微帝君二十四神回元经》。

【10】原文"冲龙五",误,当为"冲龙玉"。

【11】原文"右肾神,象地无,字道五",误,《续道藏·太微帝君二十四神回元经》云:"右肾神,名象他无,又称之为象他元,字道玉。"

【12】《大洞经》即《上清大洞真经》,是道教上清经系之重要经典,是东晋后期出现的一部极为重要的道经。《上清大洞真经》历朝被居住在茅山的高道与隐士继承和弘扬,其中(梁)陶弘景为此作出了重大贡献,并以此为开创独特的"茅山宗"奠定了道教的理论基础。

【13】原文"丘脏外神",误,当为"五脏外神"。

【14】《真人制魂魄说》,即《正一真人讲经》,是道家典籍之一,现存《云笈七签》。

【15】原文:"玄灵",当为"玄灵胎",见《酉阳杂俎·广知》。

物名类人名

岁暮,同人相聚,或分题赋诗,或征事饮酒。一夕,陶子愣[1]欲举鸟兽草木似人名者。予归,于灯下取腹笥[2]所偶忆者,疏之别幅,附识于后。鸟如人名者:天山曰帝江。函山曰王母使者。瀛洲曰信天翁。蜀鸟曰探花使。岭表曰秦吉了。《柳归舜记》有武仙郎、阿苏儿、自在先生[3]。孔雀曰孔都护。鹤曰蓬莱羽士。神禽曰飞廉。鹰曰凌霄君。鹊曰神女。黄莺曰金衣公子。子规曰杜宇,又谢豹。鹦鹉曰雪衣娘。燕曰天女。吐绶曰锦带功曹。鸲鹆曰八哥。鹞鸪曰内史。鸥曰碧海舍人。鹭曰碧继翁。鸿雁曰殊翁。鹡鸰曰雪姑。鸐鹈曰巧妇。鸠曰郭公。黄鸟曰黄公。雀曰喜宾。姑获曰天帝少女。鹅曰兀地奴。鸽曰飞奴。兽如人名者:虎曰李耳。熊曰子路。马曰山子。《王会篇》有猓人俞儿[4],南丹有野婆[5]。猿曰山公,又野宾,又孙供奉。狐曰阿紫。象曰大客。牛曰瞿摩帝,又周留。猪曰参军,又大阑王。驴曰卫子。羊曰髯主簿。狒狒曰野人。山都曰木客。狗曰飞燕,又逍遥郡君。猫曰白老。犬曰守门使。鳞介诸虫如人名者:龟曰玄夫,又玄衣督邮,又东海波臣。绿毛龟曰绿衣使者。鼋曰河伯使者。鳖曰河伯从事。木居曰鱼伯。鱼孩儿,又土父。乌贼曰河伯小吏。蟹曰彭越,又内黄侯,又横行介士,又无肠公子。书蠹曰脉望、琴中。蛙曰鞠通。海牝曰东海夫人。鼠曰仲能。蝉曰齐女。蜥蜴曰蛇医。螟蛉曰戎女。蜘蛛曰络丝娘。蜻蛉曰赤弁丈人。寄生曰宛童。蜂曰笛师。蟋蟀曰王孙。促织曰懒妇。蚯蚓曰歌女。蚊曰黍民[6]。结草虫曰蓑衣丈人[7]。蜘蛆曰吴公。青蚨曰鱼父。蝼蛄曰仙姑。葛花上虫曰亭长。蜣螂曰推车客。蚕曰杜伯。虾蟆曰田父。蚬曰射工。蜉蝣曰慈母。蝎曰主簿虫。樗鸡曰红娘子。荒花上虫曰青娘子。山虫有山和尚。水虫有水秀才。草木如人名者,木之精曰彭侯。松曰苍髯叟。林檎曰文林郎。少室山木曰帝休。古赋木曰平仲，曰长卿。糯枣[8]曰君迁。藤曰简子，又丁公[9]。竹曰越王。枣曰仲思。茶曰孩儿。松曰罗汉。果曰菩提。冬青曰女贞。木兰曰女郎。海棠曰妃子。芙蓉曰文官。荔枝曰十八娘。杨梅曰圣僧。蔓生曰史君子。菊曰傅延年。蕉曰美人。莎曰寡妇。赤豆花曰腐婢。大黄曰将军。甘草曰国老。地丁曰蒲公英。石斛曰杜兰。淫羊藿曰黄德祖。间茹曰离娄。岭表有素馨。又药草有刘寄奴、甘遂、杜仲、苏子等名，不可胜举。

―――――

【1】按，陶子惀即陶惀，本书卷四《梦棺》条："华亭（今上海松江）陶孝廉惀，字冰修，有文名。"云云，即是此人。《清诗纪事·顺治朝卷》："陶惀，字冰修，江南松江（今上海松江）人。顺治十一年甲午（1654年）举人，官天台教谕。"

【2】腹笥，腹中的学问，即记忆中的知识。

【3】《柳归舜记》，即（唐）牛僧孺《玄怪录》"柳归舜"，亦作"柳归舜传"，是一篇类似晋朝陶渊明"桃花源记"的神怪故事。其云："吴兴（今浙江湖州）柳归舜，隋开皇二十年，自江南抵巴陵，大风吹至君山下，因维舟登岸。寻小径，不觉行四五里，兴酣，逾越溪涧，不由径路……有鹦鹉数千，丹嘴翠衣，尾长二三尺，翱翔其间。相呼姓字，音旨清越，有名武游郎者，有名阿苏儿者，有名武仙郎者，有名自在先生者。有名踏莲露者，有名凤花台者，有名戴蝉儿者，有名多花子者。"

【4】《王会图》，已佚，或云唐颜师古绘，但似不确，未闻颜师古善于绘事。有人考证当是阎立德、阎立本兄弟之一所绘。《新唐书·南蛮传下》："东谢蛮居黔州西三百里……有谢氏，世为酋长，部落尊畏之……贞观三年，其酋元深入朝，冠乌熊皮若注旄，以金银络额，被毛帔，韦行縢（按，皮制绑腿布），著履。中书侍郎颜师古因上言：'昔周武王时，远国入朝，太史次为《王会篇》，今蛮夷入朝，如元深冠服不同，可写为《王会图》。'诏可。"《逸周书·王会篇》是古代记述当时东北少数民族的著作，颜师古是借古制以喻今，然所绘实为四夷，并非仅仅南蛮。据宋代董迪《广川画跋》卷二《上〈王会图〉叙录》："颜籀（颜师古）请比周之王会作图，以叙传后世，使事得以考焉。又为《王会篇》上之，今其书具存，可以察也。其藏在王府，其副留职方，以时参考，尽得四夷服章、物采、名号、姓氏、官爵、谥命，此其所传也。"

獩人，中国古代东北少数民族之一，即獩貊国人，大约在今朝鲜北部。（元）马端临：《文献通考·四夷考》"所纪四夷国名颇古奥，兽畜亦奇崛，以'肃慎'为'稷慎'，'獩人'为'秽人'……"

俞儿，登山之神，长足善走。《管子·小问》："臣闻登山之神有俞儿者，长尺而人物具焉。"

【5】南丹，地名。野婆，猿类动物。（宋）周密《齐东野语·野婆》："邕宜以西，南丹诸蛮，皆居穷崖绝谷间。有兽名野婆，黄发椎髻，跣足裸形，俨然一媪也。上下山谷如飞猱。自腰以下，有皮累垂盖膝，若袯襫。力敌数壮夫，喜盗人子女……"邕宜、南丹位于今广西境内西北部。

【6】（晋）崔豹《古今注·问答释义》："河内人并河而见人马数千万，皆如黍米，游动往来，从旦至暮。家人以火烧之，人皆是蚊蚋，马皆是大蚁。故今人呼蚊蚋曰黍民，名蚁曰元驹也。"

【7】原文："囊议丈人"，致之本、续识略二卷本均作"蓑衣丈人"，据改。蓑衣丈人，即蓑蛾，

幼虫肥大，胸足和臀足发达，腹足退化呈蹠状吸盘。幼虫吐丝造成各种形状蓑囊，因而有结草虫、结苇虫、木螺、蓑衣丈人、避债虫、皮虫、背包虫、袋虫等象形的俗称。

【8】橪枣，又书愞枣，或称君迁子、梬枣、软枣，柿属的原始栽培种，即今黑枣。（宋）孙光宪《北梦琐言》："近者石晋朝赵令公茔家，庭有橪枣树，婆娑异常，四远俱见。"《说文解字注》："梬，梬枣也。从柿而小，一曰愞。"

【9】原文："下公"，致之本、续识略二卷本均作"丁公"，据改。现代植物学中丁公藤是旋花科，属木质藤本，茎和小枝入药（酒浸制），可治风湿病。

鹤湖谣

阳羡（今江苏宜兴）莫进士大勋[1]，筮仕[2]为嘉善（今浙江嘉善）令，多善政，厘奸剔弊，群然有卓鲁之目[3]。后以治行擢给谏[4]，未几夭殁。与予称莫逆交，偶过魏塘，见舆颂载道，百姓思慕不已，因作《鹤湖谣》[5]以悼之云："湛若寒冰，使君之清。燠如春日，使君之泽。东流之水空潺潺，使君一去不复还。"

【1】莫大勋，字鲁岩，清初江苏宜兴人。顺治十八年（1661年）二甲第二十名进士。康熙八年（1669年）至十四年（1675年）连任嘉善知县七年，擢升给事中。

【2】筮仕，即初次出去做官。

【3】东汉时的卓茂、鲁恭都是著名的循吏，所以后世以卓鲁并称。见《后汉书》本传。

后世对莫大勋的评价多有不同。《嘉善县志》称其清介自守，实行均赋平役，官收官兑，减轻百姓负担。考绩评为卓异。他上京赴任时连路费都是老百姓相助的，持杖相送三十余里。但（清）佚名著《武塘野史》记述："康熙八年（1669年）己酉三月廿四，知县莫大勋任。六月廿八日开征。知县莫大勋征粮用滚单，小民逐户应比。冬十月，雨，知县莫大勋创纸皂隶催征，敛费造仓厅，每里一钱五分，二百四里共银三百零六两。……康熙十一年（1672年）七月，西塘北诸村多蝗……二十日知县莫大勋拆仓廒兴造，派民每亩厘钱十三文（田六十三万共派七十万有奇银七千两有奇，劳民伤财之役也，且使民非时，而申报则云每亩一文）。又加增赔补银。康熙十三年（1674年）四月，福建靖南王耿精忠叛清……廿四日松江兵过援杭，东西两门大掠。知县又朱谕每亩再征三分，共计前征九分五厘一亩，知县莫大勋遍谒乡绅，催饷申解。……八月三十日，知县莫大勋摘比全完，责至四十板，民哗乃止。康熙十四年（1675年）六月旱，知县莫大勋比较愈酷，日出追票。纠合乡绅义会，借徽商程、黄二典铺各千两，又遣孙之堪借富户刘可佩、浦黄石等各五百两，唯孙子毅靳贷，发其干谒私书，在七年共八百余封。七月初四选署印知县杨廉任。八月莫大勋子游大云寺，为民殴伤，几毙。康熙十五年（1676年）正月，旧任莫大勋在枫泾、斜塘、丁家栅纠会，请酒，立券借贷，富裕大户俱不能免。……康熙十六年（1677年）三月，前任莫大勋从松江到嘉善，寓瓶山，请托招摇公私讼事，索谢不堪，流连弥月。康熙十八年（1679年）十月，前任知县莫大勋复来，寓县内，招摇请托，胁取知县沈虬馈送。

按，若依县志，莫大勋当属清官无疑。然而，若依《武塘野史》所记，则莫大勋似属酷吏。但从野史所记，莫大勋"创纸皂隶催征""遍谒乡绅，催饷申解""日出追票。纠合乡绅义会，借徽商程、黄二典铺各千两，又遣孙之堪借富户刘可佩、浦黄石等各五百两"来看，其对百姓并无苛政，主要是对缙绅、徽商、典铺多有借银、追比之举。野史作者似为当地缙绅利益的代表。至于莫大勋调任后"纠会，请酒，立券借贷，富裕大户俱不能免"；至次年三月尚"请托招摇公私讼事，索谢不堪，流连弥月"，似正与县志所说的缺乏赴京上任路费相关。

【4】给谏，唐宋时给事中及谏议大夫的合称，清代是六科给事中的别称。

【5】鹤湖在今浙江嘉善境内。

商谜

商谜[1]之说，儿童、妇女皆喜为之，然亦见正史。《南北史》载"箸谜"曰："眠则同眠，起则同起。贪如豺狼，赃不入己。"[2]"屐谜"曰："刺鼻不知嚏，蹋面不知嗔。啮齿作步数，持此得胜人。"[3]"鼓谜"曰："徒有八尺围，腹无一寸肠。面皮如许厚，受打未渠央[4]。"此谜之始也。至字谜，鲍照[5]诸集已有之。

【1】商谜，即宋代娱乐场所瓦舍中创造出来的以猜谜语形式为特征的滑稽风趣说唱艺术。猜谜语古已有之，先秦时代称"庾辞""隐语"，汉代称"射覆"。

【2】出自《魏书·咸阳王禧传》。

【3】出自《梁书·孙谦传》附从子廉传，亦见《南史》同传。

【4】"渠央"，匆遽完结的意思。"渠"通"遽"。出自《南史·高爽传》，且"渠央"作"讵央"。

【5】原文："鲍昭"，误，当为"鲍照"，南朝（宋）时期的著名诗人，与谢灵运等齐名。《宋书·刘义庆传》："鲍照，字明远，文辞赡逸，尝为古乐府，文甚遒丽。"

灯谜诗

遂安（浙江淳安西南，今新安江水库库区）毛进士际可[1]作灯谜诗十二首，每句寓一人姓名，皆经生[2]所共习者，偶出示，余思之一夕，悉得之，附录于后："美玉无瑕辑瑞同，岐丰佳气庆云中。从天产下鳞虫长，两道祥光一色红。"（原注：右《圣瑞》）"虎旅归来已罢兵，关梁无禁任遥征。九重天子称仁圣，雅颂原非郑、卫声"。（原注：右《太平乐》）"蝶舞莺啼草色萋，郊门回首日初低。延来师席多怡怪，蠹简芸编满架齐。"（原注：右《闲适》）"满苑棋声暑气收，乃翁败局少机谋。君家季父还犹豫，为语儿童且自休。"（原注：右《嘲低棋》）"绿柳荫中点绛红，华堂广厦贵游风。无心邂逅皆年少，一诺何妨缟苎通。"（原注：右《赠友》）"垂杨枝上漏春光，归去来词独擅场。从此尘劳还久歇，止将田事祀勾芒"。（原注：右《田家》）"将逢弥月祝无灾，绣褓啼声出户来。诸子儿郎皆长大，含饴最喜是初孩。"（原注：右《汤饼会[3]》）"春日问花花解语，绿杨树底午风和。东邻相对怜娇小，何似椒房绝艳多。"（原注：右《春游》）"衰年负荷苦难禁，路远空怀顾仆心。少弟仔肩能代力，余闲试鼓爨桐音。"（原注：右《村居》）"身长七尺皓须眉，俯首长如持满时。村塾全然无约束，任儿携幼浴清池。"（原注：右《村学究》）"夜永鸡鸣漏未收，官家沉醉百无忧。蛾眉一色谁相让，南院光辉对院幽。"（原注：右《宫怨》）"中男驱犊向前村，鹤发山翁暮倚门。更与诸儿相共语，年来齿落复生根。"（原注：右《老农》）白圭[4]、周霄[5]、龙子[6]、丹朱[7]、毕战[8]、许行[9]、王良[10]、乐正子[11]、景春[12]、东郭[13]、傅说[14]、万章[15]、弈秋[16]、公输子[17]、子叔疑[18]、子莫[19]、杨朱[20]、屋庐子[21]、逢蒙[22]、然友[23]、泄柳[24]、颜回[25]、长息[26]、神农[27]、浩生不害[28]、子产[29]、公孙衍[30]、季孙[31]、桃应[32]、柳下惠[33]、西子[34]、宫之奇[35]、戴不胜[36]、百里奚[37]、季任[38]、琴张[39]、高叟[40]、戴盈之[41]、师旷[42]、子濯孺子[43]、景丑[44]、王骥[45]、颜般[46]、北宫黝[47]、牧仲[48]、太公望[49]、告子[50]、易牙[51]也。毛君善古文辞，所著有《松皋集》。

【1】《四库全书总目》："毛际可，字会侯，号鹤舫，遂安人。顺治戊戌（十五年，1658年）进士，官彰德府推官。际可与毛先舒、毛奇龄有三毛之称，其学不及奇龄之博，而亦不至如奇龄之强悍、坚僻，与先舒则雁行矣。"

【2】经生，本指研治经学的书生，这里是泛指一般读书人。

【3】汤饼会，又称洗儿。旧时风俗婴儿出生后三日或满月时替其洗身。大家族也会在婴儿出生三天时举行宴会，称汤饼会。

【4】白圭，名丹，战国时期洛阳著名商人。曾在魏国做官，后来到齐、秦，也是一名著名的经济谋略家和理财家。《史记·货殖列传》："白圭，周人也。当魏文侯时……白圭乐观时变，故人弃我取，人取我与……盖天下言治生祖白圭。"

【5】周霄，魏国臣子，曾与孟子对话。《孟子·滕文公》："周霄问曰：'古之君子仕乎？'孟子曰：'仕。《传》曰：孔子三月无君则皇皇如也。出疆必载质。'"

【6】龙子，古代贤人。《孟子·滕文公》："龙子曰：'治地莫善于助，莫不善于贡。'"

【7】丹朱，即尧的儿子丹朱。《尚书·逸篇》："尧子不肖，舜使居丹渊为诸侯，故号曰丹朱。"《史记·五帝本纪》："尧知子丹朱之不肖，不足授天下，于是乃权授舜。"

【8】毕战，战国时滕国（今山东滕县）的臣子，主管国内农耕井田事宜。《孟子·滕文公》：滕文公使"毕战问'井地'"。

【9】许行，古代的农学家。《孟子·滕文公》："有为神农之言者许行，自楚之滕，踵门而告文公曰：'远方之人，闻君行仁政，愿受一廛而为氓。'文公与之处。其徒数十人，皆衣褐，捆屦织席以为食。"

【10】王良，春秋时赵国善于驾车的人。《孟子·滕文公》："昔者赵简子使王良与嬖奚乘……"（清）赵翼《陔余丛考》认为其与善相马的伯乐系同一人。

【11】乐正子，战国时鲁国的臣子。《孟子·告子》："鲁欲使乐正子为政。孟子曰：'吾闻之，喜而不寐。'"

【12】景春，战国时追随张仪等纵横家的信徒。《孟子·滕文公》："景春曰：'公孙衍、张仪岂不诚大丈夫哉？一怒而诸侯惧，安居而天下熄。'"

【13】东郭，战国时齐国一个姓东郭的大夫。《孟子·公孙丑》："孟子将朝王。王使人来曰：'寡人如就见者也，有寒疾，不可以风；朝，将视朝，不识可使寡人得见乎？'对曰：'不幸而有疾，不能造朝。'"明日，出吊于东郭氏。公孙丑曰："昔者辞以病，今日吊，或者不可乎？"曰："昔者疾，今日愈，如之何不吊？"

【14】傅说，殷商武丁时人，曾为刑徒，在傅险筑墙，被武丁发现其才干，后举为相。《孟子·告子》："孟子曰：'舜发于畎亩之中，傅说举于版筑之间，胶鬲举于鱼盐之中，管夷吾举于士，孙叔敖举于海，百里奚举于市……'"

【15】万章，孟子的学生。《孟子·尽心》："万章问曰：'孔子在陈，曰：盍归乎来！吾党之小子狂简，进取，不忘其初。孔子在陈，何思鲁之狂士？'"

【16】奕秋，齐国善于下棋的人。

【17】公输子，姓公输，名般，又名鲁班，鲁国人，是春秋末期到战国初期著名的能工巧匠。《孟子·离娄》："孟子曰：'离娄之明，公输子之巧，不以规矩，不能成方圆；师旷之聪，不以六律，不能正五音……'"

【18】子叔疑，一说是孟子的弟子，清代学者认为应是先儒子叔氏，并非弟子。《孟子·公孙丑》："孟子曰：'然。夫时子恶知其不可也？如使予欲富，辞十万而受万，是为欲富乎？'季孙曰：'异哉子叔疑！使己为政，不用则亦已矣，又使其子弟为卿。人亦孰不欲富贵？而独于富贵之中，有私龙断焉。'"

【19】子莫，鲁国人。《孟子·尽心》："孟子曰：'杨子取为我，拔一毛而利天下，不为也。墨子兼爱，摩顶放踵利天下，为之。子莫执中。执中为近之。'"

【20】杨朱，魏国人，字子居。先秦哲学家，反对儒墨，反对他人对自己的侵夺，也反对自己对他人的侵夺。他的见解散见于《庄子》《孟子》《韩非子》《吕氏春秋》等书。《孟子·滕文公》："圣王不作，诸侯放恣。处士横议，杨朱、墨翟之言盈天下；天下之言，不归杨则归墨。杨氏为我，是无君也；墨氏兼爱，是无父也；无父无君，是禽兽也。"

【21】屋庐子，孟子的学生。《孟子·告子》："任人有问屋庐子……屋庐子不能对。明日之邹，以告孟子。"

【22】逢蒙，后羿的学生。传说有穷国的国君羿以善射闻名，逢蒙是他的学生，跟他学到射

箭的本领，后背叛羿，帮助国相寒浞杀死了羿。《孟子·离娄》："逢蒙学射于羿，尽羿之道；思天下惟羿为愈己，于是杀羿。"

【23】然友，滕国的臣子。滕文公作世子时的老师。《孟子·滕文公》："滕定公（文公的父亲）薨。世子（后即位为文公）谓然友曰：'昔者孟子尝与我言于宋，于心终不忘。今也不幸至于大故，吾欲使子问于孟子，然后行事。'然友之邹，问于孟子。"

【24】泄柳，鲁国的贤人。《孟子·公孙丑》："（孟子）曰：'坐！我明语子。昔者鲁缪公无人乎子思之侧，则不能安子思；泄柳、申详无人乎缪公之侧，则不能安其身。子为长者虑，而不及子思；子绝长者乎？长者绝子乎？'"

【25】颜回，孔子的著名弟子。

【26】长息，战国时公明高的弟子，曾做过费国的臣子。《孟子·万章》"（孟子）曰：'长息问于公明高……'"；"费惠公曰：'吾于子思，则师之矣，吾于颜般，则友之矣；王顺、长息，则事我者也。'"

【27】神农氏是传说中的农业和医药的发明者，因发明了农耕技术而号神农氏。又说他是传说中的三皇之一。

【28】浩生不害，战国时齐国人，曾求知于孟子。《孟子·尽心》："浩生不害问曰：'乐正子何人也？'孟子曰：'善人也，信人也。'"

【29】子产，郑穆公之孙，郑国的政治家和思想家，为相数十年，在政治上颇多建树。《孟子·离娄》："子产听郑国之政。"

【30】公孙衍，魏国人，战国时期著名的政治家，合纵的创始人，与苏秦、张仪齐名。秦惠文王五年（公元前333年）在秦，为大良造（主掌军政的高级官员）；后来一度同时任燕、赵、齐三国的国相，后返魏，最终被魏王误杀。《孟子·滕文公》："景春曰：'公孙衍、张仪岂不诚大丈夫哉？一怒而诸侯惧，安居而天下熄。'"《史记·张仪传》："犀首（魏国武将官职名）者，魏之阴晋人也，名衍，姓公孙氏。与张仪不善……张仪已卒之后，犀首入相秦。尝佩五国之相印，为约长。"

【31】季孙，鲁国的贵族。《孟子·公孙丑》："季孙曰：'异哉子叔疑！'"

【32】桃应，孟子的学生。《孟子·尽心》："桃应问曰：'舜为天子，皋陶为士，瞽瞍杀人，则如之何。'"

【33】柳下惠，鲁国人，是鲁孝公的儿子公子展的后裔。"柳下"是他的食邑，"惠"则是他的谥号，被认为是遵守中国传统道德的典范。《孟子·尽心》："孟子曰：'柳下惠不以三公易其介。'""孟子曰：'圣人，百世之师也，伯夷、柳下惠是也。'"《孟子·万章》："孟子曰：'圣人，百世之师也，伯夷、柳下惠是也。'"

【34】西子，即西施，春秋时越国人，生于今浙江诸暨，系中国古代著名美女之一。《孟子·离娄》："孟子曰：'西子蒙不洁，则人皆掩鼻而过之。'"

【35】宫之奇，虞国人，具有远见卓识，忠于国君，主张联合邻近的小国虢国，抵抗强大的晋国，但不被国君采纳，于是率族人离开虞国以避祸。《孟子·万章》："百里奚，虞人也。晋人以垂棘之璧，与屈产之乘，假道于虞以伐虢；宫之奇谏，百里奚不谏。"

【36】戴不胜，宋国的使臣。《孟子·滕文公》："孟子谓戴不胜曰：'子欲子之王之善与？我

明告子。有楚大夫于此，欲其子之齐语也；则使齐人传诸？使楚人传诸？'曰：'使齐人传之。'"

【37】百里奚，虞国人，一说楚国人，被宫之奇推荐给虞国君为臣子。晋国把良马和美玉送给虞国君，打算借道去攻打虞国的邻国虢国。宫之奇以唇亡齿寒的道理劝国君联虢抵抗其他强国。百里奚因了解国君不会采纳这个意见而投靠秦国，后受秦穆公重用。《孟子·万章》》："百里奚，虞人也。晋人以垂棘之璧，与屈产之乘，假道于虞以伐虢；宫之奇谏，百里奚不谏。知虞公之不可谏而去之秦……"不过，也有的说，晋灭虞，百里奚和国君同被俘，作为陪嫁送到秦国，被秦穆公重用，成为名相。

【38】季任，战国时任国君的弟弟。《孟子·告子》："孟子居邹。季任为任处守，以币交，受之而不报。"

【39】琴张，人名，身世不详，有人说是孔子的学生。《孟子·尽心》："曰：'如琴张、曾晳、牧皮者，孔子之所谓狂矣。'"

【40】高叟，即高子，曾与孟子论学，身世不详。高子比孟子年长，故孟子称其为"高叟"。《孟子·告子》："曰：'固哉，高叟之为诗也！……'"《孟子·尽心》："孟子谓高子曰：'山径之蹊间，介然用之而成路，为间不用，则茅塞之矣。今茅塞子之心矣。'"

【41】戴盈之，宋国的大夫，曾问政于孟子。《孟子·滕文公》："戴盈之曰：'什一，去关市之征，今兹未能；请轻之，以待来年然后已，何如？……（孟子曰）'如知其非义，斯速已矣，何待来年！'"

【42】师旷，字子野。春秋时晋平公的乐师，善辨音律。《孟子·告子》："至于声，天下期于师旷，是天下之耳相似也。"

【43】子濯孺子，郑国大夫。《孟子·离娄》："郑人使子濯孺子侵卫，卫使庾公之斯追之。"

【44】景丑，齐国大夫。《孟子·公孙丑》："（孟子）不得已而之景丑氏宿焉。"

【45】王驩，齐王的宠臣，盖邑（今山东沂水县西北）的地方长官。《孟子·公孙丑》："孟子为卿于齐，出吊于滕，王使盖大夫王驩为辅行。"

【46】颜般，春秋时人，事迹不详。《孟子·万章》："费惠公曰：'吾于子思，则师之矣，吾于颜般，则友之矣；王顺、长息，则事我者也。'"

【47】北宫黝，古代齐国的勇士。《孟子·公孙丑》："北宫黝似子夏。""北宫黝之养勇也：不肤挠，不目逃。"

【48】牧仲，又名牧中，春秋时期鲁国有名的贤人。《孟子·万章》："孟献子，百承之家也，有友五人焉：乐正裘、牧仲，其三人则予忘之矣。"

【49】太公望，中国历史上最享盛名的政治家、军事家和谋略家。本名吕尚，姜姓，字子牙，被尊称为太公望，后人多称其为姜子牙、姜太公。《孟子·尽心》："孟子曰：'由尧、舜至于汤，五百有余岁。若禹、皋陶，则见而知之；若汤，则闻而知之……若太公望、散宜生，则见而知之；若孔子，则闻而知之。由孔子而来，至于今百有余岁，去圣人之世，若此其未远也，近圣人之居，若此其甚也，然而无有乎尔，则亦无有乎尔。'"

【50】告子，孟子的学生，兼治儒墨之道，曾与孟子就人性问题论辩。《孟子·告子》："告子曰：'性犹湍水也，决诸东方则东流，决诸西方则西流。人性之无分于善不善，犹水之无分于东西也。'"

【51】易牙，齐桓公时的佞臣。据说他擅长于烹饪，善于逢迎，甚至齐桓公说未曾吃过婴儿的肉，

易牙就煮了自己的儿子给齐桓公吃,由此很得齐桓公的欢心。后来齐桓公得重病,易牙等作乱,填塞宫门,筑起高墙,内外不通,使齐桓公饿死。《孟子·告子》:"如使口之于味也,其性与人殊,若犬马之与我不同类也,则天下何耆皆从易牙之于味也?至于味,天下期于易牙,是天下之口相似也。"

花名诗谜

严进士允肇[1],吴兴(今浙江湖州)人,所刻有《石樵稿》。尝为花名诗谜数十首示予,择其佳者记之于后:"青蚨百万散无踪,二姓飘零共一宗。渊客泪凝芳草露,樗材却冒管城封。"(原注:金钱兰、杨柳、珍珠兰、木笔)"九苞天上羽仪新,列宿光芒动紫宸。绛帻一声宫漏尽,西风别院正愁人。"(原注:凤仙、满天星、鸡冠、汉宫秋)"烛龙光射羽人衣,潨暑凉生六尺飞。天挺孤标云路近,四时台榭总芳菲。"(原注:向日葵、六月雪、凌霄、长春)"束素凌波潋滟浮,绿云斜戴碧搔头。并刀细断流黄锦,狼藉春风晒未休。"(原注:水仙、玉簪花、剪秋萝、含笑花)

【1】严允肇,字修人,浙江归安人。顺治戊戌(十五年,1658年)进士,官寿光知县。著有《石樵诗稿》。

旅庵

旅庵大师名本月[1],曾受知于世祖皇帝(顺治皇帝),特书"天上无双月,人间只一僧"十大字以赐之。与予为方外友[2],备极款曲,时或相聚。吾辈酌酒呼卢[3],嘲谑杂出,师坐其傍,欢笑无间,故皆爱而近之。既而募资,欲种松万树于昆峰之麓,以为十年之后,可与苏台之灵岩[4]、吴兴(今浙江湖州)之白雀[5]齐驱鼎峙,诚胜事也,惜斯愿未果。求之细流,殆亭亭乎鹤在鸡群者欤。

【1】旅庵本月,临济宗高僧,康熙初年驻锡上海松江泗洲塔院。画家石涛慕名曾自湖北、江西和浙江一路专程赶赴松江盘桓逗留了一段日子,蒙旅庵授经传道。

【2】方外友,即不涉尘世的朋友,多指僧人、道士。

【3】呼卢,古代的一种赌博游戏。

【4】苏台,即今江苏苏州姑苏台,又名胥台,在苏州西南姑苏山上,也借指苏州。

灵岩，即灵岩山，位于苏州城西南。春秋后期，吴王夫差在山巅建造园囿"馆娃宫"，至今存有吴王井、流花池、玩月池、西施洞、宫墙、琴台、思乡岩、石射棚等遗迹。

【5】白雀，即白雀寺，位于太湖旅游度假区的南端，也是南太湖主峰弁山的东麓，又名法华寺，是历史最悠久的佛教名刹之一。弁山原名凤凰山。

伤友

王贡生[1]宗蔚[2]，字崍文，自少喜谈诗，所著有《蓉檠楼稿》。为人敦尚气谊，与人交，款曲真挚，久而不渝，破产结客，未尝有倦色。年逾壮，无子，又多病。一日，在故人坐，方与客揖，仆地卒。吾闻作善降祥，作不善降殃，征应不爽，乃既夺其年，复斩其祀，天之报施，果有不足据者欤？抑恶者未必祸，而善者未必福欤？不然，何其酷也！曾有诗赠予云："十载金门客，翻来狎隐沦。花迎绿水动[3]，雨积翠微新。身世凭双剑，江湖岸角巾。故人海内尽，藉尔慰松筠。"

【1】科举时代，挑选府、州、县生员（秀才）中成绩或资格优异者，升入京师的国子监读书，称为贡生，其名分相当于举人副榜。

【2】王宗蔚，今上海松江人，明末清初词人。松江地区文学团体"几社"成员。

【3】原文"渌水动"，致之本、续识二卷本均作"绿水动"，据改。

著书诞妄

《拾遗记》[1]曰："始皇时，宛渠[2]之民乘船而至，名曰螺舟，沉行海底，而水不浸入。"不审何以不行海面，且乘舟者何得无恙？又见一书云："流波山下有燃海，舟人不知水性，以烛跋投之，火大发，遍海延烧，无一人还者。"既无人还，又孰从而知之，孰从而道之乎？诞妄至此，可发一笑也。

【1】《拾遗记》，（晋）王嘉著。《四库全书总目》称其仿《洞冥记》而作，所述事多无根据，但文辞富丽，无益经典而有益文章。

【2】宛渠，神话传说中的国名。（晋）王嘉《拾遗记·秦始皇》："始皇好神仙之事，有宛渠之民，乘螺舟而至。舟形似螺，沉行海底而水不浸入，一名'沦波舟'。其国人长十丈，编鸟兽之毛以蔽形。始皇与之语及天地初开之时，了如亲睹。"

老子有妹

《佣吹录》[1]曰:"孔子有兄,老子有妹。"按《史记》注曰:"叔梁纥妾生子孟皮,病足,乃求婚颜氏,生仲尼。"[2]老子妹,当再考之。

【1】原文《佣吹集》,致之本、续识略二卷本均同,按当为《佣吹录》二集。该书(明)文德翼辑。《四库全书总目》:"文德翼,字用昭,德化人。崇祯甲戌(七年,1634年)进士,官嘉兴府推官。"《佣吹录》"皆采集古人新巧字句……然多不著出典,时有讹误,间作品题,亦皆儇佻之语,盖又兼涉竟陵之习者也"。

【2】叔梁纥,鲁国人,孔子的生身父亲。按,《史记》注引自《孔子家语》:"梁纥娶鲁之施氏,生九女。其妾生孟皮,孟皮病足,乃求婚于颜氏征在,从父命为婚。"当时叔梁纥已年过六十四,而颜征在还不及二十。《史记索隐》:"梁纥老而征在少,非当壮室初笄之礼,故云野合。"即所谓不合于礼。

人变犬

上海县新场镇有瞿某者,字宾卿,惯作硬证[1]害人。忽一日得病,匍匐于桥所,作犬声,以吠往来行人。伊子进以米谷,不食,竟自寻秽物食之。如是数日而死。噫,天之报施,果不诬也[2]!

【1】硬证,捏造证词,一口咬定,诬陷别人。

【2】本条致之本、续识略二卷本均载在卷三,而本书缺,今据补于此。

三冈识略校注

（清）董含 撰　于德源 点校

中

北京燕山出版社

卷 四

己亥至癸卯，顺治十六年
——康熙二年（1659年——1663年）

鹊巢

己亥（顺治十六年，1659年）二月，沪渎真如[1]地方，有群鹊共作一巢于麦垄，大如车轮。乡人愤其伤麦，纵火焚之，诘旦复成。

【1】沪渎真如，即今上海普陀区真如镇。因有上海四大古寺之一的真如寺，故名。

天狗坠

三月十六日未刻（13时—15时），有星堕地，色白，其声如雷，近在数百里内。按《汉·天文志》[1]曰："天狗状如大流星，望之若火光，堕地有声，千里之内，破军杀将。"是秋，果有江上之变[2]。

【1】《汉·天文志》，即《汉书·天文志》。
【2】按，指顺治十六年（1659年）郑成功攻陷南京一事。

海寇入犯

郑成功原名森，芝龙孽子也。初入南安县学，为学使者考居劣等，因入赀为太学生。先是，芝龙与弟鸿逵等于乙酉（顺治二年，1645年）六月拥立唐藩于福州，以成功为养子，赐国姓及今名。王郊天日，大风扬沙，玉玺堕地，缺一角，识者以为不祥。顺治初年，遣御史黄熙胤招降七闽（今福建泛称），芝龙潜纳款，求总制两粤。许之。因弃隆武，旋就擒[1]。芝龙谒贝勒，与饮三日，挟之北行，后被戮[2]。成功转入海岛，招纳亡命，其部曰南郎、北郎。南郎者，闽广人，多芝龙旧部曲；北郎乃江浙人及北方剧盗、旗下逃兵。众至数十万，于六月初犯京口（今江苏镇江），继以十六日破瓜州（今江苏瓜洲镇），连破润州（今江苏丹徒）。提督管效忠、江抚蒋国柱俱失利。七月，成功兵至江宁（今江苏南京），势张甚。沿江士民奔而南，维扬（今江苏扬州）百姓奔而北，山东、河南俱震动。既而攻江宁，久不下。崇明（今上海崇明）守将梁化凤引骑兵三千入援，乘其不备，率兵突之。贼裸体赤足，不能当，争解维遁。获其将甘辉，辉，骁将也[3]。成功遇飓风，失亡十七八，愤恚死[4]。其子锦，窜入台湾[5]。时方议亲征，而露布已至，诸将叙功有差，梁公遂移镇云间（今上海松江）。

【1】按，郑芝龙降清，事在清顺治三年（1646年）九月。

【2】按，郑芝龙因屡招郑成功未成而被清廷下狱问斩，事在康熙皇帝即位以后的顺治十八年（1661年）九月。

【3】按，郑成功率部下甘辉、余新大举进兵，一度收复南京，后被清崇明总兵梁化凤所袭，复败退出海，事在顺治十六年（1659年）。

【4】按，郑成功病卒于台湾，事在康熙元年（1662年）五月。

【5】按，郑锦，郑成功长子。顺治十八年（1661年）三月郑成功驱逐荷兰人收复台湾，遣其将陈豹驻南澳（今广东汕头南澳）、其子郑锦驻思明（今福建厦门南部鼓浪屿一带）。后郑成功以过欲诛郑锦，郑锦举兵反。郑成功病卒以后，郑锦率兵返台湾，执掌政权。以上均见于《清史稿·郑成功传》。

上元老人

八月，以云贵荡平，再举会试。予与二三子下第南归，维舟[1]金山，登妙高峰[2]，见壁间一诗，字大半尺许，龙蛇飞动，诗亦豪隽，自称"上元老人题"，不知何人也，漫识于此："孤舟此夜金山住，与客重登最上头。半抹远烟生隔岸，一轮凉月照高秋。星星渔火明还灭，寂寂江声淡不流。更莫酒阑吹铁笛，老龙时出洞前游。"

【1】维舟，即系舟。
【2】金山位于江苏镇江西北，妙高峰上有妙高台。

谯楼

我郡问禅古院[1]，中峰道场[2]也。中峰与松雪系宗党[3]，乃赵氏故院，有子昂[4]《滚马图》《历代祖师图》。子昂以中峰故，往来甚数。"松江府谯楼"五字，其真迹也。后毁于兵燹，祖郡守永勋卜日改建，逾月而成，虽巍焕壮丽视昔有加，而遗迹已不可复睹矣。（原注：《祖师图》后为有力者所夺）

【1】原文"问樟古院",误,当为"问禅古院"。

【2】中峰,即元代著名高僧中峰禅师,宋朝理宗景定四年(1263年)出生,俗姓孙,杭州钱塘(今浙江杭州)人,法号明本。他于二十五岁出家,拜天目山高峰妙禅师为师,学习禅宗。道场,有多种含义,此处是指佛教徒修行学道之处,亦即寺院。

【3】赵孟頫,号松雪,湖州吴兴(今浙江湖州)人。他是元代著名书画家,其书法"赵体",在历史上与颜真卿、柳公权、欧阳询并称为楷书"四大家"。中峰明本禅师是杭州钱塘人,其地与湖州相邻,故称宗党,亦即乡党的意思。赵孟頫在元大德三年(1299年)与中峰相识,并拜其为师,终身为友。

【4】子昂,即赵孟頫,字子昂,号松雪。

城隍神著灵

松郡城隍神最灵,有一营丁,素憪悍,率妻孥寝处殿侧,系马神座下,有献新制袍服被神像者,脱取自衣。一日,忽反接,自掷于庭,向空叩首,历数罪恶,号呼半日而死。主将闻之,躬自祷谢,并施财修葺。数日之内,焕然一新。

鸟报冤

西佘[1]有潘姓者,以捕鸟为业,日杀数十命。一日卧病,见怪鸟无数,飞集帐中,啄其心胸,痛不可忍,遂死。将付火,忽大雷雨,众走避,雨止视之,两目已为饥鸟所食矣。

【1】今上海市松江区有佘山,分东佘山跟西佘山。西佘即西佘山。

出神

凡人形太苦者,神先去之,不特修炼家有出神之说也。予内弟蒋生雯暑染弱症,日夜咯血,备极恶趣。一日,潦倒中转侧回顾,忽见己身坐别榻上,相对凝视,俄顷而灭。大惊,自知不起,不逾旬遂卒。生年少喜炫才,颇有负心事,致享年不永,惜哉!

神诛逆子

毗陵（今江苏常州）民某，生一男，岁才周，民母年迈目昏，误蹴儿死。咆哮取刃刺母，母逃入三义庙。民追及，忽见周将军厉声叱之，须眉毕张，举刀砍其颈。急呼："将军赦我！"随仆地。一黄冠[1]扶之起，自言所见，连呼颈痛、颈痛而死。

【1】黄冠，即道士。

出母嫁母义不可绝

我邑有徐生者，生母死，以既被出，虽未改适，于义已绝，不为服。予甚讶之。偶见《客座赘语》曰："出母嫁母，均称义绝，而实不同：有出当其罪者，有出不当其罪者。有出而改适，有终不改适者。嫁母有父卒改嫁者，有为舅姑所迫不得自由者，有饥寒无依而后去者。古人制律，不立服满改嫁之条，盖圣人曲体人情，难尽以共姜《柏舟》[1]之事望之也。人子不幸遇此，等于途人，掉臂不顾，岂复有人心哉？况父固可以夫而绝妻，子不可以子而绝母。又或为嫡母所子而不认生母者，有为异姓人后而不为本生服者，亦可以为知大义哉？仁人孝子处人伦之变，惟酌情体之中，各尽其道，庶可不悖于义而无憾于心矣。"[2]此论极当，故特识之。

【1】《柏舟》，《诗经·鄘风》中的一篇，传统的解释是说：该诗表达的是卫国君的世子早死，其妻共姜守义，自誓不再嫁。

【2】此段盖作者引自（明）顾起元《客座赘语》"孝慈录"，多有删节，然大意不误。

僧诗

楚僧行达，字大衢。好酒喜吟咏，颇有岛、可[1]之风，迩来诗僧罕见其比。五言如《憩甘露亭》云："饭香能款客，僧懒不翻经。"《秋村》云："牛羊喧日暮，凫雁杂人行。"《赠上人》云："经翻残月色，定出晓钟声。"《山居》云："风清当户竹，水满傍溪田。"《除夕》云："宿火留残腊，春风理旧枝。"《早春》云："古径云生屦，春游客满山。"七言如《石径》云："云堆白石看无尽，路傍青山步欲高。"《山寺》云："松顶梦回千岁鹤，岭头风落五更钟。"《洞口》云："洞门碧挺千寻石，仙树晴飞百道云。《丹井》云:"午夜金波腾瑞霭,千年瑶草护灵源。"皆佳句也。后卒于娄江(今江苏太仓),吴梅村先生[2]选其遗稿百首而为之叙。

【1】唐代诗人贾岛和从弟无可上人。《新唐书·韩愈传》附贾岛传:"贾岛字浪仙,范阳人,初为浮屠,名无本……[韩]愈怜之,因教为文,遂去浮屠,举进士。"《全唐诗》"无可"诗序:"无可,范阳人(今北京),姓贾氏。[贾]岛从弟,居天仙寺,诗名亦与[贾]岛齐。"

【2】吴梅村先生,即吴伟业,字骏公,号梅村,江苏太仓人,崇祯进士。明末清初著名诗人,与钱谦益、龚鼎孳并称"江左三大家"。

大烛会

庚子(顺治十七年,1660年)。松郡普照寺,古刹也。华亭(今上海松江)旧志云:每岁正月十七,普照寺作大蜡烛会[1],士女阗咽,七日乃止。寺僧乘此多为不法。今久不复见矣。

【1】大蜡烛会,致之本、续识略二卷本均作"火烛会",且题目亦为"火烛会"。

闽省城隍神啼哭

福建省城隍神啼哭三日,忽于七月朔旦鼓楼火起,延烧至运司[1]及大小公署、寺院、民房,又焚双门一带约八千余间。先是,鼓楼匾额有"海天鳌柱"四字,土人有"双门堪走马,鳌柱变成灰"之谣,至是果验。

【1】运司,即明清都转盐运使司衙门的略称。

潮异

七月二十七日,松江[1]一日三潮。

【1】原文:"江松",误,当为"松江"。

石猴

滇中产石猴，大如小儿拳，性甚慧，锁置砚侧，可教令磨墨，惟食果实，饮水即死。土人亦不能多得。同郡张司理[1]宦其地，携一归，中道死，惜予未之见。

【1】司理，即司刑，明清时为府、州的属官，专掌狱讼之事。

史公宿因

甬东父老为予言，史状元大成[1]未生时，其乡有老僧名大成者，戒行精严，为一时冠。示寂日[2]，见梦于其徒曰："我将远行，明日于某地史家访我，当以一笑为期。"次日往侦，夜果举一子，遂以梦告，其家梦亦同，因仍旧名。公擢巍科[3]，侍禁近，襟怀冲淡，不为富贵所役，雅志林泉，长斋绣佛，一家仆婢往往化而蔬食。阚君选其本房所取士也，道公行谊甚详，且曰："士大夫淡于世故，仁慈恺恻者，大约从苦行中来，亦不止史公一人而已。"

【1】史大成，字及超，号立庵，浙江鄞县（今浙江宁波）人。清朝顺治十二年（1655年）汉榜状元，为清朝浙江第一位状元。
【2】示寂，即佛教高僧死去。
【3】巍科，犹高第，即录取名次在前。

柏大士

嘉善县（今浙江嘉善）刘生者，世业医，祖墓有古柏，为暴风所摧，命伐去之。柏中空，脂膏凝结成普门大士像[1]，妙相端严，纤悉毕具，因送招提[2]供养。盖西方圣人愿力浩大，稗官所载，有煮狗烹鳖而得大士像者，殆未易以恒理测也。尝见《南唐书》记溧水（今江苏溧水）大兴寺桑生木人，长六寸，如僧状，右袒而左跪，谓之须菩提。

【1】普门大士，即观世音菩萨。

【2】招提，即佛教寺院的别称。

庙神示兆

鹤湖（今浙江嘉善境内）陈孝廉[1]增新，将谒选[2]。海宁（今浙江海宁）硖石镇有神庙，祈梦最灵，孝廉往祷，求示来兆。夜将半，忽梦神召。命之坐，令左右取白纸一编，操笔书十余字。展视，惟诗二句："凭将刺股悬梁志，散作河阳满县花。"览毕，瞥然而觉，吟咏再三，莫解所谓，因识简末。未几，授西江一令。莅任才三日，神气骚扰，匆匆作家报，阖户自缢。家人急救得免。后数日，竟投缳死。于袖中获书，封识甚密，启视，笔墨安详，情辞酸楚，皆决绝语。岂此地有宿冤，数已前定，有不可得而避者耶？

【1】孝廉，即举人的别称。
【2】谒选，赴吏部应选。

掘藏获殃

松郡东二十里名红桥，有王斗儒者，性愚蠢，以耕织为业。一日方炊，觉灶下有物蠕蠕然，掘之，遇一瓮中贮白金数百锭，大喜过望，与妇贳酒相庆。夜半将寝，忽地中作声，细察之，闻呼斗儒名，曰："我藏神也，天将富汝，特来相就，伴侣甚众，当络绎至矣。"移灯视之，遍地皆金，无下足处。自是扫地薙草，往往得之。久之，心颇厌。一夕，闻撞门声，曰："此必藏神也。"祝令他往。忽一巨缸排闼直入，黄白烂然。乃拓所居为大厦，广置南亩，结婚贵族，趋利者踵相接。于是忘其本来，不复似窭人[1]子矣。未几，县官编役，斗儒田多役重，五六年间，产遂破。追呼迫切，父子俱死囹圄，并绝其嗣。夫斗儒不过一村氓耳，乃忽畁以数万金，究至身命不保，天何始待之厚而终夺之速欤？岂造物之玩弄，有莫能测者与？抑《鸿烈》所云："掘藏之家必有殃。"[2]其说果不诬与？然而不可解矣。

【1】窭人，贫穷的人。
【2】《淮南鸿烈》即（西汉）淮南王刘安所著《淮南子》。《淮南子·人间训》："夫再实之木根必伤，掘藏之家必有殃。"（东汉）高诱注："谓发冢得伏藏，无功受财。"

县廨女妖

海宁县（今浙江海宁）相传有一女妖，艳冶动人，其去来出自古井。时秦君嘉系为令，女常游戏左右，或夜坐批阅文卷，辄为磨墨，亦不以为意。一夕，语令曰："公将升任，不能久侍矣。"未几，迁职去。与门役辈调笑甚狎，间以手抚摸，平滑无罅隙，竟不为害，至今尚存。

雷诛讼师

疁城（今上海嘉定）一奸民，略识字，喜弄刀笔。一日，与邻人偕往田间，风雨骤至。家人遥见皂旗一、红旗一，摇飏其傍，迅雷一声，奸民踣于地，旗隐不见。急趋视，两足已陷泥淖中，土埋至膝。其子负至岸侧，少顷，雷复震，仍埋旧处。观者悚惕。

董公泉

我家忠节[1]幼海公，讳传策，以直言遣戍粤西。从学者负笈而至，户外屦不能容，土人结屋以居之。地苦无水，众为凿井，筑亭覆其上，至今犹呼为董公泉、董公亭云。

【1】原文："忠谏"，误，当为"忠节"。董传策是作者董含的族祖，字原汉，号幼海。谥曰忠节。华亭县（今上海松江）人。嘉靖二十九年（1550年）进士，授刑部主事。嘉靖三十七年（1558年）因偕同僚上疏弹劾奸相严嵩积恶误国六大罪，引起世宗震怒，被拘入狱，谪戍南宁（今广西南宁）。隆庆中，遇赦，任南京工部右侍郎。神宗万历元年（1573年）初改南京礼部右侍郎，同年九月以言官劾其受人贿赂，遂被罢归田。因严待下人，被仆人所杀。《明世宗实录》："嘉靖三十七年（1558年）三月丙子，刑科给事中吴时来刑部主事张翀、董传策交章论劾大学士严嵩纳贿误国……诏俱发烟瘴卫所充军。""嘉靖四十四年（1565年）十一月乙巳，巡按山西御史张槚言：往者严嵩与其逆子世蕃奸恶相济，顷皇上纳言官邹应龙议，悉置之法而籍其家矣……一时无不奋然称快。先年首发大奸诸臣如吴时来、董传策、张翀、王宗茂等或杂列戎行，或流离瘴疠，臣窃痛之，乞赦过录用。"《明神宗实录》："隆庆六年（1572年）八月，南京工部右侍郎董传策、太仆寺卿罗良各自陈乞罢不允。""万历元年（1537年）二月庚辰，改南京工部右侍郎董传策为南京礼部右侍郎。九月戊戌……回籍听勘。"

浮萍兔丝篇

有李参将者,言其部下卒尝掠人妻,既数年,携之南征,途遇故夫,一见恸绝。询其夫,亦别纳一妇,则兵之故妻也。四人相见大哭,各返其妻而去。施宛陵闰章作《浮萍兔丝篇》[1]以记之。

【1】施闰章,宣城(今安徽宣城)人。宣城古称宛陵。他是清初著名诗人,号称海内八大家之一,其古风诗有很多反映了清朝军队的杀掠,赃官酷吏横行下农村的荒凉凋敝,尤其是妇女的悲惨遭遇,《浮萍兔丝篇》即为其中一首。

玉印

富阳(今浙江富阳)典史孙某,解饷北上,泊舟秦邮[1]。有光夜烛于湖,促榜人[2]迹之,于沙际得玉印一方,阔四寸六分,双盘龙纽,辨其文乃汉高帝《大风歌》也。献于朝,获重赏。

【1】秦邮,今江苏高邮别称,因秦朝时曾在此筑台置邮亭,故名。
【2】榜人,即船夫、舟子。

崇奉释教

辛丑(顺治十八年,1661年)正月初七日,世祖章皇帝聪明天纵,登极十八年,恩威并用,身致太平,至是上宾[1]。予时待诏公车[2],不胜桥山弓剑之感[3]。上崇信竺乾[4],每于西苑(今北京北海、中南海)接诸鹏耆[5],登座说法,一时缁流云集。迎武康(今浙江杭州西北武康)玉林通琇禅师入都供养[6],至是复召天童道忞[7]。上从玉林乞名,因以"慧曩"为名,"山臆"为字,"幻庵"为号,刻玉章,凡书画则用之。

【1】上宾,专用于皇帝去世的一种说法。
【2】公车,进京会试。
【3】桥山弓剑,传说黄帝出巡时死后成仙,唯遗留衣冠和弓剑葬于桥山(今河北涿鹿)。致

之本、续识略二卷本均作"槁山弓箭"。

【4】竺乾,即佛法。

【5】按,佛陀弟子中,最著名之诗人是鹏耆舍,此处以之代称诸僧侣。

【6】西天目山(杭州城北)禅源寺是元代著名的高僧高峰妙禅师及弟子中峰明成禅师先后住持的古寺。清代,通琇禅师住持禅源寺,大振高峰、中峰法席。通琇禅师,俗姓杨,字玉林,江阴人。清顺治十五年(1658年)奉诏进京,为顺治皇帝讲说佛法,赐号"大觉禅师",赐以名香法衣,次年(1659年)又受封"大觉普济禅师",受赐紫衣。顺治十七年(1660年),顺治皇帝建坛选僧受菩萨戒的时候,特请通琇为本师,加封"大觉普济能仁国师"。通琇后离京复回西天目山,改山麓的双清庄为禅寺,即今禅源寺。

【7】按,清顺治十六年(1659年)四明山天童寺住持道忞奉诏进京为顺治皇帝讲说佛法,顺治皇帝赐号"宏觉禅师"。

五宗异同

道忞字木陈[1],曾主天童法席。出院后,费隐通公[2]刻书声其罪。三峰汉月禅师,木陈之兄也,刻有《五宗原》一书,木陈随著《五宗辟》,词极呵詈。汉月门人复作《五宗》救以正之。至是膺宠眷,目无流辈[3]。后于道场山葺大殿,供世祖章皇帝神主,遣徒本月入京,请敕赐寺额。朝议以荒山非立庙之所,命集地方官焚之,忞大沮丧。

【1】道忞,明末清初禅宗僧人,俗姓林,字木陈,号山翁、梦隐。广东潮阳人。崇祯十五年(1642年)继其师密云圆悟禅师之后掌四明山(今浙江鄞县东)天童寺,清顺治十六年(1659年)奉诏进京为顺治皇帝讲说佛法,顺治皇帝赐号"宏觉禅师"。晚年栖隐于会稽化鹿山。

【2】费隐通容出身于明福建省福州府福清县何氏。崇祯三年(1630年)七月在福清黄檗山万福禅寺受密云圆悟付法,为临济宗第三十一代传人。他与道忞是同门师兄弟。费隐以发扬光大临济宗天童派为己任,志在振兴禅宗,编集禅宗史书《五灯严统》,印行后,遭到其他禅宗高僧的反对,著书驳斥,阻止流行,并向浙江省府提起诉讼。此案最后以费隐败诉,《严统》毁版了事。

【3】顺治十六年(1659年),道忞奉召入宫为清世祖说法,甚受赏识,赐号"大觉禅师",后复进号"普济能仁国师"。

诗谑

上尝与木陈[1]言及一新进士,毗陵(今江苏常州)人,削去髭髯,希庶常[2]之选。不数日,面如涂墨。因改《西湖》诗嘲之曰:"删即删兮留不留,胡须抱怨几时休？冷风吹得通身战，却把常州作满州。"言罢抚掌大笑。

【1】明末清初天童寺住持道忞禅师，字木陈。法号玉琳禅师。
【2】庶常，即庶吉士的别称。明清时，殿试一甲三人分别授翰林院编修、检讨，再从二甲、三甲中挑选绩优者如翰林院为庶吉士，三年后，在下次会试前进行考核，成绩优异者留任翰林，授编修或检讨，正式成为翰林。明代的翰林为政府储材之地。英宗后有惯例：非进士不入翰林，非翰林不入内阁。故此庶吉士号称"储相"，能成为庶吉士的都有机会平步青云。清朝时汉人大臣中，亦多出于翰林院庶吉士。因此该进士希望被选中庶吉士而着意打扮自己。

朱衣见梦

国初贤相，以溧阳（今江苏溧阳）陈公名夏[1]为第一。公幼时聪敏过人，未入泮，梦二朱衣人来贺，遂采芹[2]。乡举[3]亦然。至癸未（崇祯十六年，1643年）大魁[4]，及迁转以迄大拜前，二人俱于梦中预报，故公皆先知之。未被祸前一日，二人者复来告别，公惊寤，叹息曰："余死矣。"翌日竟赐死。公登揆席，毅然以澄清流品、奠安黎元为己任，尝生日，门庭寂然，有客献诗云："诞日常时一样闲，放衙兀坐比深山。百僚怀刺逡巡去，惟有新诗手自删。"亦足以见公之一斑[5]矣。

【1】陈名夏，明末清初的著名文学家、诗人。《清史稿·陈名夏传》："陈名夏，字百史，江南溧阳（今江苏溧阳）人。"明崇祯十六年（1643年）进士，降清后，擢拜吏部侍郎。顺治十一年（1654年）因倡言"留发复衣冠，天下即太平"为宁完我所劾，论绞。
【2】采芹，即考中秀才，成为县学生员。古时学宫有泮水，入学则可采水中之芹以为菜，故称入学为"采芹""入泮"。
【3】乡举，又称乡荐，即乡试中式，考中举人。
【4】科举考试殿试第一名称"大魁"，原指状元。陈名夏崇祯十六年（1643年）殿试为一甲第三名即探花。
【5】原文"一班"，误，当为"一斑"。

孙公知遇

余三上公车[1]，辛丑（顺治十八年，1661年）之役始受知于泽州说岩陈公。殿对后，益都太宰沚亭孙公、恒山大司马玉立梁公[2]，俱推拙卷为首。进呈三日矣，或以余策中引用《汉书·五行志》数语为不典，二公力争不得，遂抑置二甲第二，拔马君世俊为第一。马亦予同门生也。功名分定，区区前后，亦乌足较，而知己之感，何敢一日忘也！孙公复以诗见慰云："圣主乘乾日，鸿仪渐陆年。衣冠江左盛，词赋郢中传。剑气星文起，珠光璧月联。天人资庙略，舟楫济洪川。奇对终生少，新书贾传贤。惊鸣难众和，抗浪得先鞭。金马青霄[3]上，铜龙晓杖前。来沾仙掌露，归惹御炉烟。命达才偏胜，时清道易全。老夫觊壮业，多在五云边。"

【1】三上公车，即先后参加过三次会试。

【2】原文"王立"，误，见本书前"自述"，当为"玉立"。玉立梁公，即兵部尚书梁清标；太宰沚亭孙公，即吏部尚书孙廷铨；泽州说岩陈公，即侍郎陈说岩。

【3】原文"青宵"，误，当为"青霄"。

溺女鬼救

山阴（今浙江绍兴）一小姓，家甚贫，生女欲溺之。忽闻空中鬼语曰："莫溺杀，莫溺杀，他的丈夫是滕达。"一家惊异，遂留之，遍访邑中，果有书生滕达者，然已娶矣。后此女及笄[1]，滕续聘为室。中甲榜[2]，携之赴官，竟终老焉。

【1】笄就是簪子，女子出嫁戴的头饰。及笄，就是女子到了十五岁，可以戴上簪子出嫁的年龄。

【2】甲榜，由举人而考中进士的别称。因举人、进士各为一榜，也叫"两榜"。甲榜，这是相对于乡试时中举人的乙榜而言。

废登科录

廷试刻登科录[1]，自霍端友榜始[2]，此后累朝不易，至明祖[3]，复勒名于碑。辛丑（顺治十八年，1661年）殿试毕，仪部照例题举，朝议以为前朝陋规，不必更袭，遂废不行[4]。

【1】登科录，即科举时代考中的士子的名录。唐代有"登科记"，宋以后称"登科录"，也叫"题名录"。其内容详载乡、会试中式人数、姓名、籍贯、年岁以及考官以下职官姓名，并三场考

试题目。

【2】霍端友，北宋崇宁二年（1103年）状元。《宋史·霍端友传》："霍端友，字仁仲，常州武进人。徽宗即位，策进士第一，授宣义郎。"（宋）叶梦得《石林燕语》："试院官旧不为小录。崇宁初，霍端友榜……始创为之。"不过有人认为这并非是指"进士小录"即登科录，而是试官的小录。

【3】明祖，即明太祖朱元璋。

【4】康熙三年（1664年）以前，每科都是吏部题请工部给建碑银一百两，立碑孔庙。康熙三年（1664年）辅政大臣鳌拜等将此银裁省，此后每科都是诸进士捐资立石。雍正二年（1724年），始恢复旧制。《清世宗宪皇帝实录》："雍正二年十二月癸酉，谕礼部、工部、国子监：进士题名之典始于唐时……所以重科名也。今太学圣庙戟门外，所立本朝历科题名碑，自顺治丙戌（三年，1646年）科起，至康熙戊戌（五十七年，1718年）科而止。稽之会典，诸进士释菜后，礼部题请，工部给建碑银一百两，交与国子监立石题名。康熙三年（1664年）辅政大臣裁省。自后每科诸进士，各自捐赀立石。我国家振兴文教，凡乡试、会试，动用帑金数万。朕即位之始，即开恩科。诚以科目一途，实关用人取士之要，题名之典，岂宜缺焉。著工部动用正项钱粮，令国子监将雍正癸卯（元年，1723年）、甲辰（二年，1724年）两科题名碑，速行建立。康熙辛丑（六十年，1721年）科，亦宜补建。嗣后每科，仍照旧例题请。庶士子观览此碑，知读书登榜之荣，益励其潜修上达之志。尔该衙门即遵谕行。"

侍御赠行诗

余淹留京邸，侘傺无聊，将归兰陵（今江苏常州武进），董侍御[1]文骥贻诗赠别曰："秋气正萧索，怜君马首东。一名先甲外，三策五行中。国失巍科重，家绳祖武雄。故乡归路近，嘱我灌园童。"

【1】侍御，即御史的别称。董文骥，字玉虬，武进（今江苏常州武进）人，顺治六年（1649年）进士，清初著名诗人。

禄命有验

九流之中，惟禄命[1]、堪舆[2]二家，渺茫无据，然间有可信者。江右康君范生，精星平[3]家言，己亥（顺治十六年，1659年）过松（今上海松江），同社数人，各取星书[4]示之。于予独批四大字曰"辛丑（顺治十八年，1661年）必发"，众皆嗤其妄。后同赴南宫[5]，闱事毕[6]，偶集七闽（今福建泛称）张孝廉[7]汝湖寓斋，顾予曰:"我前已许子,万万不爽,速归置酒酌我,当往子寓待报耳。"坐未定,而捷音至。

【1】禄命,即推算禄食命运。

【2】堪舆,堪为天道,舆为地道。古人仰观天文,俯察地理,用以相宅、相墓,认为选择了好的宅地建室会有利主人,选择好的墓地会有利子孙,即今所谓看风水。

【3】星平,即推算生辰八字以测吉凶。八字,即以人的生辰年、月、日、时为四柱,以天干地支和四柱两两相配,共为八字,用以推算人的吉凶利禄。

【4】星书,即星象占卜之书。这里是指各人的生辰八字。

【5】南宫,即礼部在京师主持的会试。

【6】闱事,即科举考试的活动。闱,即科举时代的考场。

【7】孝廉,即举人的别称。

不认本房

苏郡(今江苏苏州)徐君斌,老儒也,不晓世故,中会榜后,以师生投谒新奉明禁,不诣本房胡给事悉宁。胡大愠,遍告吴人,欲声其罪。徐之迂拙,诚为可笑,然尝考霍文敏韬会试不认本房为座师[1];又按宋艺祖[2]殿试,凡称门生于私门者有禁,盖自古有之矣。

【1】霍韬,字渭先,南海人。明正德九年进士,会试第一。嘉靖中历官职方主事、翰林学士、礼部尚书。明武宗继承的明孝宗的皇位,他死后无嗣,遗诏以孝宗之弟兴献王朱祐杬次子朱厚熜嗣皇帝位。可是以杨廷和、毛澄为首的武宗旧臣坚持要嘉靖皇帝以明孝宗为皇考,易本生父兴献王为"皇叔考兴献大王",遭到嘉靖皇帝的拒绝。这场事件经历了三年,称"大礼议"。霍韬考中进士时本是出于毛澄门下,但因支持嘉靖皇帝而与座师决裂。《明史·霍韬传》:"举进士出毛澄门下,素执弟子礼,议礼不合,遂不复称座主。及总裁己丑会试,亦遂不以唐顺之等为门生。"

【2】宋艺祖,即宋朝开国皇帝赵匡胤。顾炎武《日知录·艺祖》:"人知宋人称太祖为艺祖,不知前代亦皆称其太祖为艺祖……然则是历代太祖之通称也。"艺祖本指文德之主,后用来指一朝的开国皇帝。

梦棺

华亭(今上海松江)陶孝廉[1]愕,字冰修,有文名。六上公车[2],自以怀才被抑,感愤不平。京城有文昌祠,祈梦最灵。一夕,斋沐往祷,仰见天上悬一棺,欲堕未堕,惊寤,不乐者久之。复自解曰:"梦棺得官,予庶几入彀乎?"及榜发,仍下第。谒选[3]得天台(今浙江天台)广文[4],不半年,卒于任,乃悟天为天台,棺为盖棺之兆。梦之巧验,有如此者。

【1】孝廉,即举人的别称。
【2】公车,进京参加会试,即六次进京会试都落第而归。
【3】谒选,赴吏部应选。明代以来各地儒学教师主要由四大类人物构成:进士愿授教职者、会试副榜举人及下第乞恩就教者、各类贡士就教者和由科举出身的各类官员改任教职者。陶悌就属于"下第乞恩就教者"。
【4】广文,明清时府、州、县学教官的别称,亦作"广文先生"。

韦公祠

吴闾(今江苏苏州)韦公祠,乃唐诗人应物[1]也,祈梦最验。孙君承恩未第时往祷,夜将半,忽见一神人手悬金甲于壁,光彩耀日,并授箭四十枝,谓曰:"子试射之。"至三十九箭,遂破的[2],箙[3]中止余一矢耳。后戊戌(顺治十五年,1658年)中鼎元[4],年正三十九,又一年卒。

【1】韦应物,唐代诗人,长安(今陕西西安)人。他做过苏州刺史,故又世称"韦苏州"。
【2】箭靶的中心。
【3】盛箭的用具。
【4】鼎元,状元的别称之一。因古代的鼎有三足,所以科举考试中一甲三名又称三鼎甲。其中的第一名即状元在三鼎甲中地位最高,所以又称鼎元。第二名称榜眼,第三名称探花。

镜铭

予从燕市贸一镜,大权五寸,制极古雅,光彩焕发,背有铭曰:"如玉配洁,似潭比清。孕金之秀,含月之精。我见汝之形,而不能见汝之心。"后为一友携去不还,至今惜之。

文星堕

先是，正月初十日，百僚早朝，见有白光堕地。钦天监奏，文星堕江南分野，主文人有厄。至是果有欠粮奏销一案[1]。

【1】据《清圣祖仁皇帝实录》：顺治十八年（1661年）正月初七顺治皇帝死，康熙皇帝即位，同月己卯（二十九日）"谕吏部、户部：钱粮系军国急需，经管大小各官，须加意督催，按期完解，乃为称职。近览章奏，见直隶各省钱粮，拖欠甚多，完解甚少。或系前官积逋，贻累后官；或系官役侵挪，借口民欠。向来拖欠钱粮、有司则参罚停升，今知府以上，虽有拖欠钱粮未完，仍得升转，以致上官不肯尽心督催，有司怠于征比，支吾推委，完解愆期。今后经管钱粮各官，不论大小，凡有拖欠参罚，俱一体停其升转，必待钱粮完解无欠，方许题请开复升转。尔等即会同各部寺，酌立年限，勒令完解。如限内拖欠钱粮不完。或应革职，或应降级处分。确议具奏"。《清史稿·圣祖本纪一》："顺治十八年（1661年）六月，江苏巡抚朱国治疏言苏省逋赋绅衿一万三千五百十七人，下部斥黜有差。"《清史稿·朱国治传》："又以苏松常镇四府钱粮抗欠者多，分别造册，绅士一万三千五百余人，衙役二百四十人，请敕部察议。部议：现任官降二级调用，衿士褫革，衙役照赃治罪有差。"

江南奏销之祸

江南赋役，百倍他省，而苏、松尤重。迩来役外之征，有兑役、里役、该年、催办、捆头等名，杂派有钻夫、水夫、牛税、马豆、马草、大树、钉麻、油铁、箭竹、铅弹、火药、造仓等项，又有黄册、人丁、三捆、军田、壮丁、逃兵等册。大约旧赋未清，新饷已迫，积逋常数十万。时司农[1]告匮，始十年并征，民力已竭，而逋欠如故。巡抚朱国治强愎自用，造欠册达部，悉列江南绅衿一万三千余人，号曰"抗粮"。既而尽行褫革，发本处枷责，鞭扑纷纷，衣冠扫地。如某探花欠一钱，亦被黜，民间有"探花不值一文钱"之谣[2]。夫士大夫自宜急公，乃轩冕[3]与杂犯同科，千金与一毫等罪，仕籍学校，为之一空。至贪吏蠹胥，侵没多至千万，反置不问。吁，过矣！后大司马[4]龚公特疏请宽奏销，有"事出创行，过在初犯"[5]等语，天下诵之。

【1】司农，即户部的别称。

【2】按，此指江南名士叶方蔼。《清史稿·叶方蔼传》："叶方蔼，字子吉，江南昆山人。顺治十六年（1659年）一甲三名进士（即探花），授编修。江南奏销案起，坐夺官。寻授上林苑蕃育署丞。事白，还故官。"江南奏销案中，探花叶方蔼所欠税折合银子只有一厘，合铜钱不过一文，

也被降职调用。因此有了"探花不值一文钱"的轶闻。

【3】轩冕，原意是古时候大夫出乘的车和穿的冕服，后借指显贵、为官的人。

【4】大司马，即兵部尚书的别称。

【5】指康熙六年（1667年）兵部尚书臣龚鼎孳题"为请宽奏销，以广恩诏事"。《阅世编》："顺治之季，江宁抚臣朱国治无以自吾，遂归过于绅衿、衙役。题参议处之令，先行常之无锡、苏之嘉定。至十八年（1661年）五月，通行于苏、松、常、镇四府及溧阳一县，所题陈明钱粮拖欠之由补入年终奏销之例，一疏是也。当是时，绅衿、衙役欠者固有，要不及民欠十分之一。况法令之初，官役造册者，俱未知微，只照当日尾欠，草草申报，或完而误作欠，或欠少而误作多，或完在前而册上一例填名，或完在后而册上一例挂欠。章下所司，部议不问大僚，不分多寡，在籍绅衿，按名黜革，现在缙绅，概行降调，于是乡绅张玉治等二千一百七十一名，生员史顺哲等一万一千三百四十六名，俱在降革之列。初议提解到京，严加议处，人心惴惴，既而限旨到之日，全完者免其提解，舆情少安，然仍有旨到未完，至解京之日完而释放者数百人，则非必无故而甘为累臣矣。苏、松、常、镇四府，无不遍及……自是而后，官乘大创之后，十年并征，人当凤鹤之余，输将恐后，变产莫售，黠术□□。或一日而应数限，或一人而对数官，应在此，失在彼，押吏势同狼虎，士子不异俘囚。时惟有营债一途……百亩之产，举家中日用器皿、房屋、人口而籍没之，尚不足以清理，鞭笞繁缚，窘急万状，明知其害，急不择焉。故当日多弃田而逃者，以得脱为乐，赋税之惨，未有甚于此时者也……至康熙六年（1667年）五月初六日，上始亲政，下诏求言，大司马芝麓龚公上疏特请宽宥，及苏、松、常道安公世鼎详请抚院韩公题复，俱不允。"

地龙散

金贞祐中，术虎高琪当国[1]，士大夫每遭鞭扑，医家以酒下地龙散，投以蜡丸服之，此方大行。苑极之中[2]有诗云："嚼蜡谁知味最长，一杯卯酒[3]地龙香。年来纸价长安贵，不重新诗重药方。"《辍耕录》载，元初轻儒，与齐民等，翰林高公智耀上书力争，始免徭役，崇学校[4]，正户籍。呜呼，今安得有高公其人者哉！

【1】《金史·术虎高琪传》："术虎高琪或作高乞，西北路猛安人……金宣宗贞祐初，迁元帅右监军。"当时蒙古军围中都（今北京），术虎高琪屡战屡败，惧都元帅、尚书令胡沙虎（又名纥石烈执中）之诛，遂率兵入城袭杀胡沙虎。金宣宗无奈，只好任命术虎高琪为同平章事，进拜宰相，从此专固权宠，擅自威福。

【2】（明）蒋一葵《尧山堂外纪》："苑中，字极之。大兴（今北京）人。术虎高琪当国，专以威刑肃物，士大夫被捃摭者，笞辱与徒隶等，医家以酒下地龙散投以蜡丸，服之，则受杖者失痛觉，此方大行于时。苑极之有戏云：'嚼蜡谁知味最长，一杯卯酒地龙香。年来纸价长安贵，不重新诗重药方。'时人传以为笑。"

【3】卯时，即早晨5时—7时，卯酒即早晨喝酒。

【4】高智耀，字显达，河西（今黄河以西的宁夏、甘肃一带）人。西夏进士，夏亡后隐居贺兰山（今宁夏西）。忽必烈继位后，他力陈儒术有利于治国，请免儒者之徭役及释放为奴的淮蜀儒士，颇称忽必烈之意，乃下诏免役儒士。又授他为翰林学士，去各地释放为奴之儒户。至元五年（1268年）忽必烈采纳他的建议设置御史台。《元史·高智耀传》："高智耀，河西人，世仕夏国……夏亡，隐居贺兰山……世祖（忽必烈）在潜邸已闻其贤，及即位，召见，又力言儒术有补治道，反复辩论，辞累千百。帝异其言，铸印授之，命凡免役儒户，皆从之给公文为左验……至元五年（1268年）立御史台，用其议也。"

盐官贻诗

盐官（今浙江海宁盐官镇）彭公孙遹[1]，负才名，风流儒雅，为一时之秀，与予结契甚深，亦为奏销诖误。以札寓予，颇极感愤，兼寄一律云："秋林落叶点风埃，寒雨空江日夜哀。难后弟兄多病老，霜前鸿雁尺书来。壮年俱抱怀沙痛，盛世仍虚入洛才。好赋东巡献行在，圣明早晚祀之莱。"后应博学宏词，入翰苑。

【1】彭孙遹，字骏孙，号羡门，浙江海盐人。彭孙贻从弟。清顺治十六年（1659年）进士。康熙十八年（1679年），召试博学鸿词，得第一名，授翰林院编修。历官侍读、侍讲学士、国史馆总裁、吏部右侍郎兼掌院学士。康熙三十六年（1697年）告老还乡，康熙赐其居"松桂堂"匾额。《清史稿·彭孙遹传》："彭孙遹，字骏孙，海盐人……顺治十六年（1659年）进士，授中书。素工词章，与王士禛齐名，号曰'彭王'。康熙十八年（1679年），开博学鸿儒科，诏中外诸臣广搜幽隐，备礼敦劝，无论已仕未仕，征诣阙下，月饩太仓米。明年三月朔，召试太和殿。发赋、诗题各一，学识院给官纸，光禄布席，赐宴体仁阁下。于是天子亲擢孙遹一等一名，授编修……历官吏部侍郎，充经筵讲官。《明史》久未成，特命为总裁，赐专敕，异数也。年七十，致仕归，御书'松桂堂'额赐之，遂以名其集。"

风雹

壬寅（康熙元年，1662年）五月初四日，河间府任丘[1]地方雨冰雹，大如人首，击死二百余人，牛羊不计其数，田禾尽坏。又大风将制府[2]旗杆二根刮去，城内石牌坊俱带落城外。见邸报。

【1】原文"河间县任丘地方"，致之本、续识略二卷本均同。考《清史稿·地理志一》清代

任丘县属河间府，河间府治河间县（今河北河间），故此句有误，当为"河间府任丘地方"。《清史稿·灾异志一》："康熙元年（1662年）三月二十一日，河间府雨雹，大如斗。"

【2】制府，即总督，又称制台、制军。康熙八年（1669年）以前清直隶总督驻真定（今河北正定），后改驻保定（今河北保定），直至清末。这里所说的大风当指真定地方而言，只不过与任丘雨雹同时而已。

淫像

辽阳城中一古刹，巍焕壮丽，守卫严肃，百姓瞻礼者，俱于门外焚香叩头而去。有范生者，游其地，欲入不可得，请一显者，乃入。见内塑巨人二，长各数丈，一男子向北立，一女南面抱其颈，赤体交接，备极淫亵状。土人呼为公佛、母佛，崇奉甚谨。尝阅《留青日札》[1]载，嘉靖十五年（1536年），大善殿有铸像，极其淫秽，巨细不下千百。夏文愍公言[2]建论焚之，以清宫禁，尽付诸火。其像号"欢喜佛"[3]，乃元之遗制。又郑所南《心史》[4]载，元人于幽州建佛母殿，铸佛裸形，与妖女合，淫状种种，纤毫毕具，即此类也。

【1】《留青日札》，明田艺蘅著。该书是一部笔记体的著作。《四库全书总目》："是书欲仿《容斋随笔》《梦溪笔谈》，而所学不足以逮之，故芜杂特甚。其中《诗谈》初编、二编各一卷，《玉笑零音》一卷，《大统历解》三卷，《始天易》一卷，皆以所著别行之书编入，以足卷帙，尤可不必。"

【2】明代朝臣夏言，卒后谥文愍。

【3】欢喜佛是印度密教与西藏当地信仰结合的藏传密宗的本尊神，它是在生殖崇拜的基础上产生的，认为阴阳两性的结合是宇宙万物产生的原因，并且以欢喜佛的表相，达到"以欲制欲"的目的。

【4】郑所南，南宋爱国诗人。元朝灭宋，铁骑南下，他隐居苏州报国寺，改名所南，又为表示忠于赵氏王朝，再改名思肖（因赵的繁体字从肖）将过去写的伤时忧国的诗文编成《咸淳集》《大义集》《中兴集》《久久书》《杂文》《大义略叙》等，总题为《心史》，用蜡封锡匣铁函数重密封，外书"大宋铁函经"五字，内书"大宋孤臣郑思肖百拜封"十字，悄悄沉于苏州承天寺的一口古井中。不过，由于该书被发现是在明朝国难当头的崇祯末年，所以多被世人怀疑为明末抗清志士托名郑所南而写的伪书。

当湖为神

马进士嘉植[1]，当湖（今浙江平湖）人，清介有守。弘光时[2]督饷江右，曾以公事误杀二人。易代后，剃发杜门，不入城市。岁朝谒祖墓，见青衣二人从墓间出，自通姓名，曰："某因无罪，居枉死城已十八年，但乞公批照，云前误断，呈之冥官，某可托生矣。"公曰："我自信为官未尝枉一事，昔既误断，今便相偿，批照何为？"曰："公正人也，阴司甚重之。况此事初非有意，今公将殁，且当为神。不然，某亦未敢请也。"遂取笔判数字，二人忽不见。归家语人曰："予将逝矣。"于是沐浴焚香，至晚偃卧而卒。

【1】马嘉植，明朝崇祯七年（1634年）进士。

【2】弘光时，即明亡以后的南京政权。崇祯十七年（1644年），李自成大顺军破北京，崇祯皇帝自缢，明亡。明福王在南京宣布监国，不久即位，改元弘光，即南明弘光政权，次年（1645年）被南下的清军所灭。

袁将军冢

晋左将军袁崧[1]，筑沪渎垒御寇，为孙恩[2]所害。麾下士李祥收骸骨，葬北桥之南，今四围皆植木棉，惟存一土抔而已。时有江右人诡言知医，结草轩止于其旁，夜凿地道，潜通墓穴，半月后不告而去。居人毁其屋，见深入数丈，傍瞰黝黑，探之得瓷碗二、古镜一。镜大五寸许，背有小纽，图五岳真形，翠纹剥落，能照数百步外。众争之，互相讦讼，遂追入官。但不知盗取者为何物，岂宝光陆离，果可望而知者耶？

【1】《晋书·袁山松传》：袁崧，一名袁山松，东晋时人。少有才名，博学能文，历显位为吴郡太守。孙恩作乱，袁崧守沪渎（今上海），城陷被害。

【2】《晋书·孙恩传》：孙恩出身低级世族，家世奉五斗米教。隆安二年（398年），王恭起兵叛乱，其父孙泰乘机聚众，"三吴士庶多从之"，引起门阀世族的极大恐慌。朝廷诱斩了孙泰和他的六个儿子，孙恩幸免于难，逃入海岛。隆安三年（399年）十月，从海岛率百余众登陆，旬日之中，众数十万。但是由于东晋政权的镇压和孙恩的滥杀，结果陷于失败，元兴元年（402年）孙恩于作战失利之后临海投水死。

松顶兰

粤西全州（今广西全州），有岭甚高，上挺虬松数百株，长百余尺。松颠遍生兰，开时花极烂漫，馥郁数里，人不能采。

梵修寺黄杨

华亭（今上海松江）千步泾梵修寺，有黄杨一株，相传已千余岁，高出殿脊。闻前朝有外国人徘徊寺侧，言下有奇宝，欲捐赀买寺，别构一寺偿之。僧执不可，乃止。是冬，有十余人，称上司差承来借寓，僧不敢拒。居数日，乘夜逃去。视黄杨已被掘，深入三丈。急追之，及于浒墅关（今江苏浒墅关）。其人哀祈，酬僧二百金。叩以下有何物，终不肯言。

申江杂识

予族曾叔祖广文容大，字申江，著《杂识》一卷[1]，偶于藏书家见之，初不著名氏，取家谱按之，知为公作。又有《丛言》六卷，俱系抄本，其间载《均赋》一则，曰：吾乡粮赋分三等，而上、中、下三乡，未为至当。西乡称上，有一亩仅租五六斗或七八斗者；南乡称下，乃有十一、十二保，一亩收租二三石，水旱无虞者；东北称中，有仅种花豆青秧，亢旱无收者。近浦称中，亦有荡田，收止数斗者；东乡称下，间有所收逾中、上者。愚谓三乡田，每乡分三等，以九等定赋，方惬舆情，低薄更须核实，列为下等，斯善矣。

【1】《申江杂识》一卷，（明）董容大著。董容大，字申江，号广文，是作者董含的族曾叔祖。原书为抄本，今不见。据清同治《上海县志》卷二十七艺文志著录，该书记述松江乡里故事。

读书种子不可绝

申江[1]又曰："吾郡缙绅家居，务美宫室，广田地，蓄金银，盛仆从，受投谒，结官长，勤宴馈而已，未闻有延师训子，崇俭寡欲，多积书，绝狎客者。子孙习于见闻，不务勤学，交游匪类。自己使势，不能禁奴仆之使势；自己作孽，不能禁子弟之作孽。身殁之后，田宅婢仆，俱归他人，亦何益之有？诚能使读书种子不致断绝，且一亲学问，便知自重，即贫困奚害哉？"善哉斯言，令人瞿然悟、惕然悔矣[2]。

【1】申江，即董容大。
【2】瞿然，惊悟的样子。惕然，警觉悔悟的样子。

贱名入梦

乔进士梦蛟，自言十四五时，将应童子试[1]，夜梦一人，如俗所画张仙者，谓曰："汝欲登第，须与董某同榜，宜切记之。"惊寤，随识简端。乔长予一纪[2]，予虽生，尚未命名也。自后每遇试，必遍觅贱名，不可得。岁庚辰（崇祯十三年，1640年），予补博士弟子员[3]。喜曰："果有是名，有是人矣。"至本朝辛卯（顺治八年，1651年），乔中式[4]；戊戌（顺治十五年，1658年），捷南宫[5]。予于甲午（顺治十一年，1654年）乡荐[6]，疑此梦不足据。及辛丑（顺治十八年，1661年）侥倖，遂为殿试同榜，竟符所梦云。乔君朴实人，近偶谈及，予不甚信，因出所识，岁月虽久，墨迹宛然。乃知穷通得失，信有定数，天下事又何足预计耶！[7]

【1】童子试又称童试，是科举时代参加科考的资格考试。唐、宋时称州县试，明、清时称郡试，包括县试、府试和院试三个阶段。县试由知县主持，本县童生要有同考者五人互结，并有本县廪生作保，才能参加考试，考试合格后才可应府试。府试由知府或直隶州知州、直隶厅同知主持，府试合格方可参加院试。院试又叫道试，由主管一省诸儒生事务的学政主持。院试合格后称秀才，方可进入官学和正式参加科举考试。
【2】古时以十二年为一纪。
【3】博士弟子员是明清时对贡生的称呼。作者董含生于明天启六年（1626年），崇祯十三年（1640年）时已15岁。据此可知，他在明代已获得秀才身份，并且被州县推荐到京师太学读书，即成为贡生。
【4】科举时代，无论乡试、会试，考中即又称中式。
【5】南宫指礼部会试，即考取进士的考试。捷南宫即考中进士。
【6】乡荐，即参加乡试中式，成为举人。
【7】此亦见于《清稗类钞·迷信》："乔梦蛟童试前之梦：乔进士梦蛟年十四五时，将应童试，忽梦一人如俗画张仙像者，谓之曰：'汝欲登第，须与董含同榜。'惊寤，遂识于简端。乔长董一纪，时董虽生，尚未命名也。后每试，必检董名，不可得。及董入泮，喜曰：'果有是名，有是人矣。'

顺治辛卯（八年，1651年），乔中式，戊戌（十五年，1658年）成进士，董于甲午（十一年，1654年）乡荐，疑梦不足据。及辛丑（十八年，1661年），乔补殿试，董适于是科捷礼闱，遂与之同赴殿试焉。"

青蛙使者

抚州金谿县，近郭有一蛙，状貌绝大，狰狞可畏。据土人云，自东晋时即见之，渐著灵异，商贾祭祷，获利必倍，病者祀之立差。迩来仕宦此地，亦必虔谒，因共号为"青蛙使者"。其隐见无常，有终身不得一见，亦有一人屡遇者。夫蛙之为物，最冥顽不灵，乃能历千余年，诞著诡异，至士大夫亦从而拜之，可怪也已。

孝妇却鬼

无锡县（今江苏无锡）民顾成，娶钱氏女为媳。女暂归宁[1]，时疫疠盛，转展缠染，成一家咸伏枕。女闻欲归，父母力阻之。女曰："夫之娶妻，原为翁姑，今疾笃，何忍不往？即死无恨也。"只身就道。成昏瞆中，见鬼物相语曰："孝妇至矣，我辈当速避，不然且获谴。"于是一家数口俱得无恙。

――――――

【1】归宁，已嫁女子回娘家看望父母。

富人不可作缘

古语云："富人不可与作缘。"四友斋[1]云：明初陶宅有陶与权，吕巷有吕璜溪，小贞有曹云西，下沙有瞿霆发[2]，类[3]能创建园亭，招致文士，风流好事，倾动一时，要皆贤而能文，视阿堵[4]如粪土，至今犹令人艳称之。本朝以来，富者亦复不少，大约斗筲龌龊，目不识丁，收息网民，献媚当事，一二荐绅[5]与之缔姻娅，通寒暄，益傲然自得。使我乡狂澜一变，而不可挽回，谁任其咎哉？

――――――

【1】原文"四友垒"，误，当为"四友斋"。四友斋，指明代何良俊。何良俊，字元朗，号柘湖。华亭（今上海松江）人。明代戏曲理论家。嘉靖贡生，荐授南京翰林院孔目，仕途失意，遂隐居著述，自称与古代名士庄周、王维、白居易为友，题书房名曰四友斋。撰有《四友斋丛说》。

【2】陶宅、吕巷、小贞、下沙都是松江地区的地名。陶与权、吕璜溪、曹云西、瞿霆发是元代松江当地著名富户望族。陶与权,(明)钟薇《陶溪旧址记略》,称其家"北宅千灶,珠履三千,钟鸣会食,击鼓传更"。吕璜溪,《四友斋丛说》云:其"聘四方能诗之士,请杨铁崖为主考,第其甲乙,厚有赠遗,一时文人毕至,倾动三吴"。曹知白,字又玄,号云西。早年仕途不如意,遂归乡隐居,交结文友,笃于友义,风流雅尚,好饰园池,是元代著名书画家。瞿霆发,字声父,下沙(古称鹤沙)人。祖籍河南开封,世为盐官,宋室南渡后,移居鹤沙。他为人慷慨,乐善好施,仗义疏财,雅好宾朋,深得朝野人士和乡里父老的赞誉。

　　【3】类,即"大抵"的意思。
　　【4】阿堵,对钱的蔑称。
　　【5】荐绅,即缙绅,指有官职或做过官的人。

祭厉

　　明初,松民钱鹤皋感梦兆起兵反叛,官军讨之。胁从皆农夫,闻炮声俱惊窜。鹤皋就擒,俘至京。临刑,白血喷注。太祖异之,以为厉鬼首,命天下祭厉[1],称无祀鬼神钱鹤皋等。本朝遵之,至今不废。

　　【1】古时向恶鬼祭祀,以求免于作祟。《明史·礼志四》"厉坛":"泰厉坛祭无祀鬼神……洪武三年(1370年)定制,京都祭泰厉……岁以清明及十月朔日遣官致祭……府州祭郡厉,县祭邑厉。"《清史稿·礼志三》"祭厉":"明制,自京师迄郡县皆祭厉坛……自世祖(清顺治皇帝)入关后,京师祭厉无闻焉。"

龙过

　　癸卯(康熙二年,1663年)正月十三日,青天无云,忽睹一龙自北而南,爪尾鳞甲俱现,光彩照耀。后随一鲤鱼,大三四丈,去地颇近。予家人辈悉见之。

天鼓鸣[1]

　　二月十九日,京师天鼓鸣,随陨星十一,城外七,城内四。次朝拾视,热如炽炭,大者十余斤,小者不下六七斤。一星碎为三块,外青内白;一星缺一角。

【1】天鼓鸣，即雷暴及其他原因引起的天空发生的巨响。

黑风

四月二十二日未刻（13时—15时），辽阳杀布台陡起[1]黑风，一股从南向东，吹倒住房四百三十间，压死男妇五百口，其余伤者不计其数。

【1】原文："陟起"，致之本、续识略二卷本均作"陡起"，据改。

误传病死

余伏枕自春徂夏，客有传予为已死者。武林（今浙江杭州）一故交疑之，特走一介见访[1]。发函得书，辴然[2]自笑，因报以一绝曰："蝶粘花片翻棋罫[3]，燕蹴泥香湿[4]画叉[5]。病起已无裙屐[6]兴，葛巾端坐诵南华[7]。"

【1】一介，即一个仆役。见访，即来访。
【2】辴然，大笑的样子。
【3】棋罫，即棋盘上画的方格。
【4】原文："泾"，误，当为"湿"。燕泥，燕子筑巢衔的泥。
【5】画叉，挂画用的长木柄铁叉。
【6】裙屐，即下身的衣裳和木底鞋。原指六朝时期贵游子弟的衣着，后来泛指富家子弟的时髦装束。
【7】南华，即《南华经》。《南华经》本是战国时期庄子及其门徒著的《庄子》一书，汉代道教出现以后，张角将《庄子》中一部分改称《太平要术》，作为道教经典。后世道教继承道家学说，经魏晋南北朝的演变，老庄学说成为道家思想的核心内容。庄子其人并被神化，奉为神灵。唐玄宗天宝元年（724年）二月封"南华真人"。所著书《庄子》，诏称《南华真经》。宋徽宗时封"微妙元通真君"。

鬼报冤

上海章生飚高，名士也。薄游[1]山左（今山东）。寿章县（今山东寿章）有嫠妇薛氏者，富而守节。族人利其家赀，强之再醮，妇坚不从，乃诬以奸，讼之县。县令章君贞，与飚高向联宗谊。族人以六十金馈之，嘱令断改嫁，令如命。妇忿极，投缳死。及归舟，神气骚扰，随感疾。才抵家，遍室中鬼声不绝，忽口中作山左妇人声曰："我在上海县学久觅汝不得，今得之矣。恶党俱齐，可同往面[2]质也！"于是哀号半日而卒。

【1】薄游，漫游、随意游览。
【2】原文"而"，误，当为"面"。

改试士法

八月。改取士法，八股制艺，永行停止，乡、会试用策论、表、判，减三场为二场。至戊申（康熙七年，1668年）七月，诏复旧制[1]。

【1】《东华录》："康熙二年（1663年）八月，礼部议覆：'乡会考试停止八股，头场策五篇，二场《四书》及《五经》论各一篇，表一篇，判五道，以甲辰（康熙三年，1664年）科为始。'从之。""康熙七年（1668年）七月，命乡会试仍以八股文取士。"

还魂

夏秋之交，三吴大疫。莘庄镇春申桥有赵二妻顾氏，死五日，浮厝[1]岸侧。适邻人叶乙过其傍，闻呼唤声，奔告其家。不信，同往侦之，呼救不已，乃启土出棺，则此妇已再生矣。自言初死时，二青衣人拘至土地庙，乃翁[2]为隶，立堂上，见之惊曰："汝未合死，何为至此？"恳于神，言妇平昔有孝行，愿乞其命。遂放归。且言买棺时，某人匿银一两；过桥遇雨，复跌损一角，我时在傍，特不能言耳。询之果然。此妇今尚无恙。

【1】厝，即把灵柩停放以待埋葬，或者浅埋以待将来改葬。浮厝，即暂时将灵柩用砖石围置在地面，以待将来归葬；或者当妻先亡时，暂时浅埋，待夫故后同时下葬。

【2】乃翁，指对方的父亲，即妻之公公。

竹生花

友人张宪细林[1]别业，竹生花，未几枯死。

【1】张宪，其人不详。细林，今上海松江区有细林路当即其地。别业，即今所谓别墅，正式住宅之外的住处。

莲笠

予东墅有小池中植藕，每岁将作花，往往为雨所败，偶阅《六砚斋笔记》[1]曰："莲初透水，为骤雨所淋，辄中夭。因出新意，剪荷叶，线缝之，作兜鍪状，名莲笠，雨则遍覆之，并戏咏曰：'欲展凌波步，先为行雨装。擘罗深覆额，拥髻暗藏香。莫倚倾珠盖，应同裹玉囊。自怜娇小甚，脉脉待恩光。'"此事甚韵，而制亦佳，当仿而行之，以当护花铃耳。

【1】《六砚斋笔记》，又作《六研斋笔记》，（明）李日华著。《明史·李日华传》：李日华，字君实，号竹懒，浙江嘉兴人，万历壬辰（二十年，1592年）进士，官至太仆寺少卿。能书画，善鉴别。《六砚斋笔记》，《明史·艺文志》及《四库全书总目》均有记。

头陀托胎

闽僧古木言，昔在会稽（今浙江绍兴），一头陀[1]颇朴诚，无他过。郡绅祁氏，豪富甲一邑，每过其家，归必欣羡不已，诧叹累日。俄病卒，其魂冉冉，直至祁室。夫人方坐蓐，见一僧突入，遂产一子。父母极怜爱。儿生而不慧，善饮啖，食兼数人。至十五六，长大肥白，而茫无所解。后方饱餐，遇乱不能行，为盗所杀。因言人生积修，尤急于临殁之一念。念纷华则入于纷华，念清净则入于清净。若头陀者，即释氏所谓不知常住心，用诸妄想，故有转轮，亦可悯也。

【1】头陀，即佛教中的苦行僧或行脚乞食的僧人。

居宅有定数

海邑（今浙江海盐）沈布政恩[1]，致政归，创大第，颇极巍焕。将落成，择日上匾，夜梦数人鼓吹迎匾入，悬之中堂，仰视则名之上易一"潘"字。亦不以为意。诘朝送客，遥见一小儿，才数岁，眉目秀异，挟册往村塾。呼问曰："儿何姓？"曰姓潘。因忆昨梦，取册阅之，则名恩也。瞿然自失，叹曰："堂未成而居者已有人矣，我何营建为哉！"命止工作。潘后果登进士，累官大司寇[2]，沈氏子孙中落，遂买其宅，改为乐寿堂。二子连举甲榜[3]，拓地为园，壮丽甲于一邑，今亦付之荒烟蔓草矣。癸卯（康熙二年，1663年）冬，偶过其处，徘徊凭吊，周太守茂源[4]为予道其详如此。

【1】布政使是明代地方最高行政长官。海盐人沈恩曾任布政使之职。
【2】大司寇，即刑部尚书的尊称。
【3】甲榜，即由举人而考中进士的别称。因举人、进士各为一榜，也叫"两榜"。甲榜，这是相对于乡试时中举人的乙榜而言。
【4】周茂源，据《四库全书总目》："周茂源，字宿来，号釜山，华亭（今上海松江）人。顺治己丑（六年，1649年）进士，官至处州府（今浙江丽水）知府。"他还是明末松江文学团体"几社"的成员。有著作《鹤静堂集》传世。
太守，在隋朝以前是郡的最高行政长官。隋朝废郡以后，该官职不存。明清时，太守用作知府的雅称。

五眼鱼

渔人捕鱼长泖[1]，获一巨鱼，重三十五斤，状如鲩[2]头，有五眼。

【1】唐代，太湖的出海口在今上海市西南郊朱泾镇，时称朱泾。出海的主干河流是东江。其后出海口湮塞，演变为带状湖泊三泖。三泖有圆泖、大泖、长泖三段，今已淤为平地。

【2】鲩鱼，俗称草鱼。

神召

济南吴太守南岱，父尝官山左（今山东），衰年未有嗣，祷于东岳（今泰山），逾岁而太守生，因以岱名。太守再官此地，一日坐署中，若有所睹，向空肃拜，且唯唯曰："驾望先发，臣随至矣。"如是者再，家人惊叩之。曰："我本岳帝从臣，偶降尘世，今严旨见召，殆不可留。"遂嘱其子曰："必奉吾主[1]山中，吾将栖神于此。"家人如命。及卒，道主入山，乃归榇[2]焉，时癸卯（康熙二年，1663年）十月也。予尝见成和子答陈希夷曰："凡人形貌清古，气清性善，言根至理，有山林之趣，此自修行中来。形貌古怪，举止阴毒，言涉淫邪，有杀伐之心，此自精灵中来。形貌潇洒，举动风雅，性慧气和，有修炼之心，此自神仙中来。形貌秀丽，举动严肃，心性灵明，有虹霓之志，此自星辰中来。形貌奇异，举动急速，性慧气刚，言涉威福，有祭祀之心，此自神祇中来。"[3]吾于太守益信。

【1】主，即供奉祭祀死者的牌位。

【2】榇，即棺材。

【3】成和子、陈希夷，宋代道教领袖。此语出自成和子的《统论》。

同辈序齿

古语"乡党序齿"[1]，亦为同类者言之耳。顷有一友举尚齿会，贵贱混淆，俦类错杂，非特不雅观，殊失古人礼意。都少卿穆曰[2]："考之礼，一命齿于乡，再命齿于族。故同辈序齿[3]可也。苟非其人而亦以齿尊之，不几于失礼乎？"《蓝田吕氏乡约》[4]曰："非士类者，不以齿。"[5]斯言为得之矣。

【1】序齿，乡里之间按照岁数长幼，以一定的礼节相待，例如《明史·礼制》："洪武五年（1372

年）令，凡乡党序齿：民间士农工商人等平居相见及岁时宴会揖拜之礼，幼者先施；坐次之列，长者居上。"但地位不同的人不序齿，而是以地位尊卑贵贱定先后。

【2】《明史·都穆传》：都穆，字玄敬，吴县（今江苏苏州）人。弘治十一年（1498年）中进士，授工部主事，历礼部郎中至太仆少卿致仕。

【3】原文"叙齿"，误，当为"序齿"。

【4】《蓝田吕氏乡约》，即陕西"蓝田四吕"：吕大忠、吕大钧、吕大临、吕大防于北宋神宗熙宁九年（1076年）制定和实施的我国历史上最早的"村规民约"——《吕氏乡约》。其对后世明清的乡村治理模式影响甚大。

【5】齿，序齿，即按年龄以定先后的规定，只是在乡人聚会时实行，其他则宗族聚会按辈分尊卑，官员聚会时按官爵的高低，不论年龄。

李笠翁

李生渔者[1]，自号笠翁，居西子湖。性龌龊，善逢迎，遨游缙绅间，喜作词曲及小说，备极淫亵。常挟小妓三四人，遇贵游子弟，便令隔帘度曲，或使之捧觞行酒，并纵谈房中术，诱赚重价。其行甚秽，真士林所不齿者。予曾一遇，后遂避之。夫古人绮语犹以为戒，今观《笠翁一家言》，大约皆坏人伦、伤风化之语，当堕拔舌地狱无疑也。

【1】李渔，初名仙侣，后改名渔，字谪凡，号笠翁。雉皋（今江苏如皋）人。明末清初文学家、戏曲家。

萨真人

我郡有史道人者，自言传萨真人[1]法，能置狱劾鬼。每登坛作法，刺舌血，书黑檄，向空焚之，并呼灵官王善[2]名，骂詈不绝口。予初见殊骇，不知真人何故受此辈驱遣？然道人性贪行污，术亦不验。后偶见《江湖纪闻》[3]一书，载真人名守坚，蜀西河（今四川崇宁县西）[4]人，少有济物志，尝学医，误杀人，因弃业远游，访异人，获传张虚靖天师[5]法，后法大显。会经潭州（今湖南长沙），州人闻神语曰："萨提刑来日至。"次日，萨携笠过市，有"提刑点狱"之牌，人皆异之。至湘阴县（今湖南湘阴）浮梁，见土人用童男女生祀本处庙神，萨曰："此等邪神，速焚其庙。"言讫，雷火飞空，庙立毁，但闻空中云："愿法官常如今日，自后庙不复兴。"

后萨至龙兴府（今江西南昌）江边濯足，见水有神影：方面，黄巾金甲，左手曳袖，右手执鞭。问曰："尔何神也？"答曰："我乃湘阴庙神王善，被真人焚我庙，相随一十二载，只候有过，欲复前仇。今真人功行已高[6]，职隶天枢，望保奏以为部将。"萨曰："汝凶恶之神，在我法中，必损我法。"神立誓不敢背盟。遂奏天帝，收为将。一日，诸将现形环侍曰："天诏临矣。"真人即起身立化，后举棺甚轻，剖视已空矣。真人颠末如此，乃庸俗黄冠动加呵呢，何也？

【1】萨真人，姓萨，名守坚，号全阳子。又称崇恩真君。相传为宋代著名道士。一说为（蜀）西河（今四川崇宁县西）人；一说南华（南华山今广东曲江县南，南华县在今山东东明县东南）人。

【2】王灵官是道教的护法镇山神将。又传说他本是湘阴浮梁庙城隍王善，后被萨真人收为弟子。

【3】《江湖纪闻》，郭霄凤编。郭霄凤，字云翼，宋末元初人。

【4】原文"蜀西湖"，误，当为"蜀西河"。

【5】张天师是世袭的正一道领袖，是对道教门派之一的"正一道"龙虎宗各代传人的称谓。道教由东汉张陵（张道陵）创始，后世乃称张陵为"天师"或"祖师爷"，其子张衡为"嗣师"，其孙张鲁为"系师"，被尊为"三师"。"正一道"坚守天师职位必须传授给亲族，即"非我宗亲不能传"。张虚靖即张继先，是第三十代天师，宋徽宗崇宁四年（1105年）赐号虚靖先生。

【6】原文"今功行已高"，致之本、续识略二卷本亦同，但《三教搜神大全》为"今真人功行已高"，据改。

平牙露布

予偶病龋，三日夜不痊，饮食都废。适有媪过门，云："内簇细虫，取出立愈。"因戏作露布[1]曰："上党牙车，蠕蠕肆虐。右厢颊辅，唯唯受攻。拟借箸以难施，欲运粮而莫进。握椒一粒，丸封未能。灸艾[2]三年，火攻不效。攒眉嚼齿，疑穿义士之龈；俯首支颐，何关丈母[3]之脚。有娘子军者，针持寸许，夫人匕[4]不足比其芒[5]；穴入片时，蠢兹虫早已夷其族。蛮触之种，今安在哉？唇齿之交，依然无恙。是用金钱颁赏，铁券旌功。防其将来，勿进易牙之甘味；固兹封守，毋忘凿齿之奇勋。清牙帐之风，凯歌雷动；磨鼻端之墨，露版星驰。"

【1】露布是一种把消息写在帛制的旗子上，通报四方的工具，大多用来传递军事捷报。

【2】原文"灸攻",致之本、续识略二卷本均作"灸艾",据改。

【3】文母,即文德之母。

【4】匕,即短剑。

【5】原文"其声",致之本、续识略二卷本均作"其芒",据改。

赵瘸子

天津卫(今天津)有赵瘸子者,应武举。夏日纳凉庭中,见一物侧卧石上,鼻息轰然,酒气四射。迫视之,乃一醉狐也,急取索挚其足。狐醒,自语曰:"今晚多酌几卮,为人所算矣。"见赵拔刀而前,怒曰:"汝乃赵瘸子乎?速放我,不然当祸汝!"赵曰:"汝命在我手,乌能祸我?我知若辈善运财物,我困甚,能有以济我,当释汝。"狐曰:"汝欲几何?"赵索千金。曰:"我辈不作诳语,汝命中无此。"既减至百金,狐曰:"汝终不应有此,若骤得之,必有殃。然释我,必有以报君。"赵曰:"于何处觅汝耶?"曰:"某日于天坛某树下候汝。"因舍之。届期,至其地呼之,闻树上应曰:"已运在汝家水缸下矣。"急归,去土尺许,有银一锭,计仅五两,因自叹其命之穷也。赵前堕驴伤足,人皆呼为"赵瘸子"云。

天榜

建德(今浙江建德东北)马生某,应癸卯(康熙二年,1663年)秋试[1]。已锁闱提场[2],抚军[3]朱公倚几假寐,梦神告曰:"天榜有马天选尚未到。"朱曰:"门已封矣,奈何?"及天明,有马生者因卷损求易,朱忽忆前梦,急以卷与之,嘱令改名天选,并亲加封印。榜发,果中式。藩司及学使者皆莫知其人,公具述所自,咸叹异之。见《祝氏卮言》[4]。

【1】秋试,即乡试,因在秋天举行,所以又称秋试、秋闱。

【2】科举时代,考生入场时要经过搜身检查,然后将考场门锁好,加盖关防。

【3】清代一省最高行政长官巡抚的别称,亦称抚院、抚台、抚宪。

【4】卮言,即自然随意之言或支离破碎之言,后人亦常用为对自己著作的谦词,如《艺苑卮言》《经学卮言》。《祝氏卮言》著者不详。

董仲舒有三

董仲舒有三人:一汉江都相[1]。一北齐值阁将军董蛮,改名仲舒,见《通鉴》。一蜀青城山隐士董仲舒,见《蜀纪》。

【1】董仲舒,西汉著名今文经学领袖、唯心主义哲学家。他受到汉武帝的重用,把儒学改造成适合封建统治的学说,维护了封建集权统治,自此以后数千年今文儒学成为官方遵奉的理论。他在汉武帝元光元年(前134年)担任汉江都易王的国相,此处所说的汉代江都相,就是历史上的这个董仲舒。其他二人仅仅同名而已。

骄凤篇

同籍有宦于闽者,好声气[1],性颇慷慨,凡属谱谊[2],纷纷而往。客有以予不去见讶,不知予从不作想也。因赋《骄凤篇》自解云:"朱凤憩高冈,夜栖梧桐枝。回翔吸瀣露,性洁姿陆离。俯视有大鸟,得毋鸢乌族。饮啄嘴距强,狡狯厌粱肉。欲为凤凰,奈常苦饥。欲为鸢乌,义不忍为。鸢若有词,凤不如我。从我而嬉,奚为不可。偃息岩穴,汝计已左。卑栖来群,慎莫懒惰。凤凰含笑如不闻,翩然踏破丹山去。"

【1】声气,指朋友间彼此相同的志趣和爱好。此处是指喜好与朋友往来。

【2】谱谊,旧俗结拜盟兄弟时互换谱帖;科举同年登科的,也叫同兰谱。这里所说的就是这一类人互相交接,以叙友情。

屠报

《灵应录》[1]曰:"凡屠者,眼多似其类。"初甚不信。近北关外有李二者,屠豕为业,岁杀以千计。适三伏中,一门数口俱染恶疾,李屠遍体溃烂,疮口生黑毛,长半寸许,与豕无异。叫号两月,口作豕声,竟不能出一言而死。

【1】《灵应录》是一部志怪小说集,皆讲述神灵报应、因果轮回之事,大约出自晚唐时期。

独行君子

阚进士选[1],字瞿亭,玉峰(今属江苏昆山)人。幼孤,有至性,与人交,洞见肺腑,人皆推为长者。以细故被黜,遂绝宦情,敝衣疏食,晏如也。性喜山水,每遇良辰美景,辄携屐登临,随双童,挟一棋枰,或荫长松,或趺坐古石,与客相对手谈[2],竟日忘倦。又能规过勉善,久而勿渝。古之人所称独行君子,殆其人欤?

【1】原文"阚进士君选",致之本、续识略二卷本均作"阚进士选",据改。阚选,今上海嘉定人,顺治十五年(1658年)进士,康熙年间曾参与编纂《嘉定县志》。

【2】手谈,即对弈、下棋。

博徒

彭生者,名父之子,喜博,所与游皆博徒。曾征诗于余,戏赠云:"虞氏高楼接路傍,相逢频解橐中装。袁耽怀帽空投马[1],刘毅褰衣正绕床[2]。坐对井公[3]聊共戏,时无剧孟[4]漫登场。塞翁本是忘机客,得失何曾有异方。"生尽夜呼卢[5],有败无胜,竟破其产云。后冒暑干谒[6],道经邯郸,堕驴而死。予吊以诗云:"朴㴒惊沙谒子公[7],青骡驮得白髯翁。短衣烈日邯郸道,不及卢生一梦中[8]。"

【1】《晋书·袁耽传》:"耽字彦道,少有才气,俶傥不羁,为士类所称。"《世说新语·任诞篇》:"桓宣武(桓温)少家贫,戏大输,债主敦求甚切,思自振之方,莫知所出。陈郡袁耽俊迈多能,宣武欲求救于耽。耽时居艰,恐致疑,试以告焉,应声便许,略无慊客。遂变服,怀布帽随温去,与债主戏。耽素有艺名,债主就局曰:'汝故当不办作袁彦道邪?'遂共戏。十万一掷,直上百万数。投马绝叫,傍若无人。探布帽掷对人曰:'汝竟识袁彦道不?'"后世称东晋赌神。

【2】东晋刘毅,字希乐,彭城沛郡人。《晋书·刘毅传》:"于东府聚摴蒲大掷,一判应至数百万,余人并黑犊以还,唯刘裕及毅在后。毅次掷得雉,大喜,褰衣绕床,叫谓同坐曰:'非不能卢,不事此耳。'裕恶之,因接五木久之,曰:'老兄试为卿答。'既而四子俱黑,其一子转跃未定,裕厉声喝之,即成卢焉。毅意殊不快……"摴蒲,古代一种赌博游戏,用于掷彩的投子最初是用樗木制成,故称樗蒲或摴蒲。用木制骰子五枚,故又称五木。每一枚掷具都有正反两面,一面涂黑,一面涂白,黑面上画有牛犊,白面上画有野鸡。可以组成六种排列组合,也就是六种彩。其中五子全黑的称为"卢",是最高彩;三黑二白的称为"雉",次于"卢";其余四种称为枭或犊,为杂彩。"黑犊",即三白二黑,次于"雉"。

【3】《穆天子传》:"天子与井公博,三日而决。"

【4】《史记·剧孟传》:"洛阳有剧孟。周人以商贾为资,而剧孟以任侠显诸侯。"

【5】呼卢,赌博的代称。

【6】干谒,为某种目的而求见地位高的人。

【7】《汉书·陈汤传》:"陈汤字子公,山阳瑕丘(今山东兖州北)人也。少好书,博达善属文。家贫丐贷无节,不为州里所称。西至长安求官,得太官献食丞……久之,迁西域副校尉,与甘延寿俱出。"

【8】(唐)沈既济《枕中记》(又名《黄粱梦》《邯郸梦》)叙述的故事中说,卢生在邯郸路上投宿休息,道士施法术使他做了个梦,在梦中享尽富贵荣华,可等到醒来,主人蒸的黄粱还没有熟,所以称黄粱梦。

顾先生

顾先生开雍,字伟南[1],少好学,秀赢多才,俯仰顾盼,绰有雅致。与陈、夏诸公[2]并起,名满海内。晚筑室数椽,在跨塘桥外。暇日往访,见竹木森秀,琴书潇洒,独坐一室,凝尘寂然,前辈风流,犹可想见也,因题其壁云:"彦先表表,风流吞吐。才藻卓荦,早工词赋。鹏翻未奋,蛾眉被妒。年华冉冉,依然徒步。修名既立,美人迟暮。"

【1】顾开雍,松江华亭(今上海松江)人。明末清初江南著名诗人。嘉庆《松江府志·古今人传八》:"顾开雍,字伟南,娄县(今上海松江)人。诸生。顺治八年(1651年)贡入太学。开雍躯干奇伟,美须髯,性和易,诗文峭刻,尤长五言古及汉魏乐府。在'几社'中推祭酒。同时诸名流以次登科第,开雍独以文学终。尝一游燕市,旋以病归。结庐于谷水之阳,杜门却扫,著述自娱。书法古劲,为时所重。"

【2】陈、夏,即陈子龙、夏允彝。二人均是松江人,是著名诗人和明末爱国志士。他们和松江的其他文人发起的"几社",是明末著名爱国文学团体。顾开雍是这个团体的骨干之一。

捕鱼翁说

江边有水鸟焉,曰"捕鱼翁",喜食鱼,故以命名[1]。吴越人捕而畜之,每舟行,列之两舷,至溪流深处,没而人,得鱼始出,有大二三尺者。渔人先以绳束其喉,使不能吞吐,薄暮满载,乃解其系,以微肉哺之。夫奋其身于惊涛逆浪之中,可谓勤矣,乃终日竟不获一饱,何工于为人,拙于为己欤?将贪者常劳,而廉者自逸欤?岂多取者必厚亡,造物果有一定之数欤?吾于是乎有感。

【1】按，即鹗或称作鱼鹰，是一种善于捕鱼的猛禽。

射工[1]说

溪涧之间，族细虫焉，曰蜮，一名短狐，一名射工。角横，口如弩，常含沙射人影，中者必病。夫之虫与人初无怨也，乃乘人之隙，祸端潜发，何性之毒欤？且夫猎者、弋者、渔者，皆有求于物，而物莫或伤之，射工则无是也。卑微龌龊，与人各不相知，何其阴谋巧伺，恣诡横行，而罔所顾忌乎？彼虎狼啮人，人能避之；蜂虿[2]螫人，人能杀之。今机触于甚疏，而害生于意外，谁得而防之也？吾于是乎有感。

【1】射工，传说的毒虫名。（晋）张华《博物志》："江南山溪中有射工虫，甲虫之类也。长一二寸，口中有弩形，以气射人影，随所著处发疮，不治则杀人。"

【2】蜂虿，即毒蜂和毒蝎，《国语·晋语九》：春秋时期晋国执政的智伯瑶打算灭同列的卿大夫韩、魏、赵，并取代晋国。他胁迫韩、魏去攻赵，然而在宴会上却公然侮慢韩庄子之子韩虎（韩康子）和魏桓子之相段规。大夫智伯国谏曰："蚋蚁蜂虿，皆能害人，况君相乎！"君，指韩康子。相，指段规。

穷奇说

海外有兽曰穷奇，性异他兽，遇善人则搏而食之，逢恶人则捕禽兽以饷之[1]。夫侮善而畏恶，举世皆然，此兽殆得性情之中者欤？虽然，兽本无知，不知其人之善而恶之，不知其人之恶而好之，好恶皆出于无心，与知之而相反者异矣。呜呼，善恶之不分也久矣！善者不自鸣其善，恶者不自言其恶，乃能断然直行其胸臆，则此兽犹为有知也。吾于是乎有感。

【1】穷奇，传说中的一种凶兽。多种古籍中均有记述，略有不同。《山海经·西山经》："邽山其上有兽焉，其状如牛，猬毛，名曰穷奇，音如獆狗，是食人。"同书《海内北经》："穷奇状如虎，有翼，食人从首始，所食披发……一曰从足。"《神异经·西北荒经》："西北有兽焉，状似虎，有翼能飞，便剿食人。知人言语。闻人斗，辄食直者；闻人忠信，辄食其鼻；闻人恶逆不善，辄杀兽往馈之：名曰穷奇。"《神异经》，又名《神异录》《神异记》《异传》，中国古代志怪小说集，著者不详。《隋书·经籍志》有著录。

卷 五

甲辰至戊申，康熙三年——康熙七年（1664年—1668年）

龙睡

甲辰（康熙三年，1664年）六月初六日，满洲军驻闽者，入山乘凉。山中有一渊，水色澄澈，因解衣入浴。忽见土穴中卧一物，牛身蛇尾，首有角，若酣寝者。集众持巨索系双股，挽登岸，将屠之。一樵叟见之，惊曰："此龙也，杀之，一方皆为鱼矣！"军人惧，急解索推入渊。少顷，雷电大作，见一龙鳞，甲闪耀，腾空而去。范彤弧说。

雉雊

淮安府盐城县（今江苏盐城），野雉遍雊[1]。

【1】雉，野鸡。雊，野鸡叫的声音。

林氏家世

闽中林氏，始祖名某，尚书公某之父也。家故小康，其后日就寒薄，室无长物，计惟余一桶，负以易酒。尽醉，急趋赴海滨僵卧，以待潮至。适徽人有商于闽者见之，曰："潮至矣。"令长年[1]扶起，问故。曰："我贫不能活，欲以身付海若尔。"徽人曰："君毋求死，一人之食，吾力能办，盍偕往典中，择一执事，可乎？"于是携归，令司馈粥[2]。久之，徽人为父母营葬地，延地师。地师至，未及度地而染时疫，人莫敢近，置之别业[3]，嘱林侍汤药焉。病愈，谓林曰："我远客，遘危疾，赖君周旋，今获再生，殆将有以报子！他日与主人相地时，当痛哭不已。问故，则以父母久亡，尚无尺土埋骨对。但得主人许君，当为择一抔之土，饥寒不足虑也。"林谨受教。既而主人遴地，林如所教，丐地于主人。许之。既葬，谓曰："我六年后来索酬，当以三千金为赠。"林曰："地苟有效，岂敢逾盟！"遂别去。林佣工既久，徽人悯其劳，许为娶妻。适海中有俘妇，贱价买之。婚半载，曰："我尚埋金三十两在某处，盍不辞佣而张酒肆乎？"从之。居未久，林忽骤富，以俘妇藏金甚多，辗转贸迁，再易其居矣。届期，地师果至，林请践诺。地师曰："前言聊试子耳，我何藉此哉？虽然，阴地则佳矣，阳基则未也。某山某庙基，可构堂屋，今风雨颓坏，能舍三千金另造神祠于高原，而以废地卜宅，簪缨[3]不可量也。"林乃绘图，拟另移庙址，谋之土人，择日起建，栋宇巍焕，金碧灿然，皆大悦。落成后，乃卜居于其处。复戒曰："宅虽成，无遽迁也，待汝妇娠则可矣。"三年，妇孕，移居焉。先是，邻里左右每夜闻鞭击声，一夕闻鬼语曰："有二品官来住此，盍去诸？【4】"从此寂然。林果生子，仕至八座[5]，科甲世世不绝。闽人至今有"无林不开榜"之说。

【1】浙江方言称长工为"长年"。

【2】饘，即稠粥。

【3】别业，即今所谓别墅，正式住宅之外的住处。

【4】簪缨，原指古代达官贵人的冠饰，后世遂借以指高官显宦。

【5】盍，即"何不"的意思。去，即"离开"的意思。诸，即"之乎"的合音。原意即"为什么还不赶快离开"。

【6】八座，又作"八坐"。原指封建时代中央政府的八种高级官员。由于历朝制度不一，所以具体内容也有不同。清代时是对六部尚书的称呼。

天主教

天主之学，被诱者众。近阅《职方外纪》，乃西士艾儒略所著[1]。据称，自西海间关九万里入中国，仰观赤道、南北二极之躔度，以定万国之封域，而其间国土，无非天主所化导者。其言曰：天主化生天地，肇育人类，欲身自降生，启万世升天之路。后果降于如德亚白德稜（今译耶路撒冷）之地，名曰耶稣，译言救世主也。在世三十三年，有宗徒十二人，皆耶稣纵天之能，不假学力，通各国语言文字。耶稣肉身升天，诸弟子分散万国，宣扬教化，能令瞽者明、聋者聪、喑者言、跛者行、病者即愈、死者复生，又能驱妖邪、逐魔鬼。盖至尊至大、为人物真主大父者，止有天主上帝而已，故从之可升天堂，永脱地狱。一切大小过恶，惟天主能赦宥之，非诵经施舍所能赎。故初入教，必先悔罪，次解罪。妇女入会者，另居一处，惟父母得暂往见，男子例更多端。凡学者，手持十字，或尊敬十字圣架，或悬挂胸前，必获福报。又云：西国有大臣名阁龙者[2]，恐海中尚应有地。一日，嗅海中气味，自此以西，必有国土。因具舟航，率众出海，漂泊数月，从舣[3]俱怨，忽远望有地，亟取道前行，始知海外复有人物。又有一人名哥尔德斯[4]，从海至亚墨利加[5]，其地无马。适舟人乘马登岸，见之大惊，以为人马合为一体，疑兽非兽，疑人非人，后知是人，渐相近接。随遣掌教往彼劝善。又命墨瓦兰[6]自西达东，迂回数千里，绕地[7]一周，四过赤道之下，历三十余万里，俱奉天主教，还报本国。其立说大略如此，诞妄汗漫，茫无可据。夫使海外小夷，挟其邪说，阑入中华，复筑宫以居之，厚禄以豢之，蛊惑人心，背弃正道，是谁之咎欤？

【1】艾儒略（1582—1649年），意大利传教士。他于1610年抵澳门，1613年进入内地，最初被派往北京，后随徐光启赴上海，足迹遍于陕西、山西、福建，是基督教开教福建第一人。1649年卒于福建延平。《职方外纪》是艾儒略的著作，前五卷记世界五大洲，末卷为四海总说，是在利玛窦《万国图》及庞迪我、熊三拔著述的基础上增补而成。书前有明代名士李之藻、杨廷筠、瞿式谷及艾儒略序。

【2】今译哥伦布。克里斯托弗·哥伦布是西班牙的著名航海家，是地理大发现的先驱者。出生在意大利。他在1492年到1502年间四次横渡大西洋，到达美洲大陆，他也因此成为了名垂青史的航海家。但他一直以为自己到达的是印度大陆。

【3】舡，即大舟。从舡，即同船跟从的人。致之本、续识略二卷本均作"从人"。

【4】今译亚美利哥。1499年，意大利人亚美利哥随同葡萄牙人奥赫达率领的船队从海上驶往印度，他们沿着哥伦布所走过的航路向前航行，克服重重困难终于到达美洲大陆，后来才以亚美利哥为新大陆命名，以表彰他的杰出贡献。后来，依照其他大洲的名称构词形式，又改成"亚美利加"即今美洲。

【5】今译亚美利加洲，简称美洲。

【6】今译麦哲伦。费尔南多·麦哲伦，世界航海家之一，葡萄牙人。1519年9月20日，麦哲伦在西班牙国王的资助下，率领一支由5艘帆船266人组成的探险队，从西班牙塞维利亚港起航，开始环球航行。麦哲伦率领船队渡过大西洋到达南美洲火地岛，复穿过麦哲伦海峡进入太平洋。船队在途经菲律宾群岛时，探险队和岛上的土著人发生冲突，麦哲伦受伤身亡。最后，这支船队只剩下一艘船，取道南非驶抵西班牙，实现了从西方向西航行到达东方的计划。于1522年9月6日返回西班牙塞维利亚港，完成了历时3年的环球航行。

【7】原文："远地"，致之本、续识略二卷本均作"绕地"，据改。

彗见

十一月朔，彗星见翼轸分野[1]，尾向西北。数日后复向东北，长三丈余，白光黯然，历五十余日，至娄而灭[2]。

【1】古代星占家为了以星象推算人间祸福，就把二十八星宿和地面的郡国一一对应，称分野。翼轸，即翼星和轸星，对应的分野是楚地，即今湖北地区。

【2】娄，二十八星宿之一。

"灭"，致之本、续识略二卷本均作"减"，大约是和灭的繁体"滅"形近而误。

日变

十二月，自己未至晦日[1]，每日初出及晡[2]，日下复有一小日。久之，化为百千，摩荡满天。按嘉靖三十四年（1555年）十二月十九日，亦有此异。

【1】康熙三年（1664年）十二月是戊午朔，己未当是初二日。晦日是农历每月的最后一天。此处是指自该年十二月初二至月末。

【2】晡，即傍晚的申时，下午3—5时。

好货为缙绅一蔽

《五杂俎》[1]曰："缙绅好货，亦是一蔽。近有一绅，巧取善藏，坐卧起居，言动食息，无往非阿堵也。一日病革，强起阅库藏，白镪满前，抚摸不忍释，呼其子嘱曰：'我死，幸纳十大锭于棺中！'子性吝，对以金入木不利，且起发冢之端，不若以楮[2]代之。其人凝泪叹息，不能言而逝。"噫，亦可怜矣！

【1】《五杂俎》，（明）谢肇淛撰。该书是一部笔记体的著作，分天、地、人、物、事五部分，记载明代社会风俗甚详。

【2】楮，本指纸，此处是指纸作的冥币。

赠歌童（原注：如皋人，名灵郎）

阳羡（今江苏宜兴）陈其年维崧[1]，馆于冒氏[2]，与一歌童狎。歌童将合卺，赋《贺新郎》一阕赠之曰："小酌酴醿[3]酿。喜今朝，钗光簟影，灯前滉漾。隔着屏风喧笑语，报道雀翘初上。又悄把，檀奴[4]偷相。扑朔雌雄浑不辨，但临风，私取春弓量[5]。送尔去，揭鸳帐。六年孤馆相依傍。最难忘，红蕤枕畔，泪花轻飏。了尔一生花烛事，宛转妇随夫唱。努力做，藁砧模样[6]。只我罗衾浑似铁[7]，拥桃笙[8]，难得纱窗亮。休为我，再惆怅。"见者绝倒。

【1】陈维崧，字其年，号迦陵。宜兴（今属江苏）人。清代词人、骈文作家。清初诸生，康熙十八年（1679年）举博学鸿词，授翰林院检讨。54岁时参与修纂《明史》，4年后卒于任所。

陈维崧虽出身书香仕宦之家，却颇好男风。据说此词即赠与名优徐紫云。徐紫云婚后，二人仍亲密来往，后陈维崧携徐紫云归宜兴老家居住。徐紫云病逝后，陈维崧又写了大量动情怀念的感伤诗句，词句凄婉，令人伤感。

【2】冒氏是江苏如皋大族，相传是元世祖忽必烈第九子、驻守扬州的镇南王脱欢的后裔。明末清初，如皋冒氏最有名的人物是冒襄（字辟疆），其出身官宦书香世家，支持抗清斗争，明亡以后闭门不出，保持了民族气节。其与陈维崧等人也是好友，经常唱和往来。

【3】酴醾，又名悬钩子蔷薇、山蔷薇、荼蘼等。《群芳谱》载："色黄如酒，故加酉字作'酴醾'。"所以古诗中常把它和酒联系起来。

【4】檀奴，又叫檀郎，女子对丈夫或情郎的昵称。又，"悄把"，或作"俏把""偷把"。

【5】"弓鞋量"，或作"春弓量"。

【6】藁砧是铡草工具。藁即稻草，砧即垫在下面的砧板，以铁斩之。"铁"与"夫"同音，古诗中遂多以"藁砧"为妇女称丈夫的隐语。

【7】原文"浑是铁"，误，当为"浑似铁"。

【8】桃笙，桃竹（又名桃枝竹）编的竹席。

石卵

乙巳（康熙四年，1665年）三月，获鹿县（今河北获鹿）山石裂，中有一卵，大如五斗瓮，重六十斤，按之微软，中有声。遍询，人无识者。

石陨

四月十七日，武林富阳县（今浙江富阳）[1]太平村风日晴朗，忽于巳刻（9时—11时）天气晦黑，有大石坠地，声如雷，折而为二，重数百斤。

【1】武林，即杭州。《清史稿·地理志十二》：清代杭州府领州一、县八，富阳县即其一。今浙江富阳市。

青霜

五月初八日，山西省城雨霜三日，其色正青，所及之处，草木尽枯。

地陷

七月十二日，京师西城门地陷，广十八丈，深十六丈。俯视城堞宛然，下有水声。

高邮水怪

八月，河决归德（今河南商丘西南），冲没夏邑、永城二县（今河南夏邑、永城）。又高邮（今江苏高邮）河水发，一水怪状类妇人，两角，腋有双翅，乘潮往来，所到之处，水即泛溢，淹没者甚众。

宋莱阳

宋观察琬，字荔裳[1]，丁亥（顺治四年，1647年）进士。其于诗文不多作，然皆有崎历落之致。性倜傥，阔略细故[2]，尤好结纳，相识遍海内，坐客恒满，征歌命酒，欢笑谐谑，绝去崖岸。即有未经识面者，阑入坐便共对酌，去来不问，亦不复询其姓氏。尝被诬，陷身请室[3]中，几致不测。久之得释，客游吴地，系艇于六桥烟树之间，偕诸名流分韵唱酬，流连觞咏，动经岁月，意气豪迈，十年不归。求诸古人，元龙[4]豪气庶几近之。所著有《安雅堂集》。

【1】宋琬，字玉叔，号荔裳，莱阳（今山东莱阳）人。清初八大著名诗人之一。族子因宿憾，诬其与闻逆谋，下狱三年，久之得白，流于吴、越之间。

【2】阔略细故，即对别人不苛求细节。

【3】"请"通"清"，所谓清洗罪过之室，即囚禁有罪官吏的牢狱。

【4】三国时徐州人陈登，字元龙。《三国志·吕布传》附："陈登者，字元龙，在广陵（今江苏扬州）有威名……年三十九卒。"许汜与刘备共论天下人，曰："陈元龙湖海之士，豪气不除。"

地裂

初十日，陕西西安府蒲城县（今陕西蒲城）蔡邓堡，离县七十余里，堡东南一角地裂，阔四十余丈，陷伤户口五十余家，压死男妇九十五人。

产异

九月，柘林（今上海奉贤柘林）有金姓者，妻产一子，四手四足，目生额间，两耳俱在额上。

火焚奸僧

赵公廷臣[1]秉节两越时，有部民营逋[2]被逼，卖妻以偿，哭别于路。一皮工偶见，大为不忍，呼至家，取平生所积二十余金，悉付之，遂得完聚。其人感激，因具酌，嘱妻留款，而己避去。皮工念其贫，不赴。夜半夫归，见妇已勒死在榻，疑皮工所为，讼于官。公深以为疑，辗转详究。数日前，有游僧坐门首募化，是夕忽不见。公曰："此必僧所为也。"时具德禅师负高名，释徒云集。公托言设斋，令夫密觇擒僧，一讯具服。云是夜冒皮工，推户而入，灭烛淫媾。欢洽之际，抚其顶，大呼求救。僧急，以带勒杀之。公送师处置，于是积薪于庭，纵火焚之。远近称快。

【1】赵廷臣，字君邻，清代铁岭人，隶汉军镶黄旗。顺治二年（1645年）自贡生授江苏山阳知县，累迁江宁（今江苏南京）同知、江宁副使，湖南道副使，贵州巡抚，云贵总督加兵部尚书衔，浙江总督加太子少保。为官较清正，提倡农耕，与民生息，惩治贪官，有"赵佛"之称。康熙元年（1662年），任浙江总督。康熙十八年（1679年）二月，巡视海防时在浙江奉化病故。谥清献。

【2】营逋，无力偿还的久欠的债务。

寿数一定

己丑（顺治六年，1649年）进士成君亮，予座主青坛相国之冢嗣[1]，文穆公之文孙也[2]。弱冠[3]时，梦文穆语之曰："汝命应通籍[4]，而享龄不永，年三十，某月某日某时当卒，可谨识之。"后果中甲科。期将迫，先遣二妾，并令夫人别嫁。不可，强之始去。于是散家财，力行善事。一夕，又梦文穆谓曰："汝善行日积，上帝怜汝，赐一子，更延十年，至四十某月某日某时当卒，今幸无恙矣。"届期果无恙。相国乃召还夫人，曰："前者恐拂汝意，筑别馆处之。彼贞妇也，安肯醮乎？"奈未有嗣，复谋纳宠。夫人为买二妾，择日舆至家。定情之夕，秉烛细视，即前所遣之妾也。二妾不忍去，夫人携之同居。一家相对，宛然如再生。都人士诧为异事，竞为诗歌以记之。后举一子。至四十，果以某月某日某时，猝患心痛而卒。

【1】冢嗣，嫡长子。相国，宰相的别称。明代内阁阁臣、清代大学士官位都相当于宰相。青坛相国，明代阁臣成基命之子成克巩，字子固，号青坛。明崇祯十六年（1643年）进士，入清后，在顺治朝官至保和殿大学士兼户部尚书、少傅兼太子太傅等职。康熙元年（1662年），调秘书院大学士，故称青坛相国。进士成君亮乃其嫡长子。

【2】文孙，即守成之孙。成基命谥曰文穆，故称文穆公。成君亮乃成基命之孙。《明史·成基命传》：成基命，字靖之，大名（今河北大名）人。避明宣宗讳以字行。万历三十五年（1607年）进士。崇祯三年（1630年）三月，成基命成为首辅，与周延儒、何如宠、钱象坤共事。当年九月即致仕。八年（1635年）卒于家。赠少保，谥文穆。

【3】古代男子二十岁成年，加冠，但身体还没有强壮，所以称弱冠。

【4】通籍，即初做官。

谣谚

吾郡迩来赋役繁重，灾眚迭见，兼之官吏贪污，民不堪命，于是通郡[1]惶惶，有"六未见"之谣，皆一时实事，附记以博一笑："一未见，华亭县丞打知县[2]。（原注：华令郑之翰，与县丞韩廷遇争火耗，为韩所殴，几毙）""二未见，禁城杀人官勿断。（原注：东关营兵杀黄氏兄弟，告官，逐出免究）""三未见，扯住乡人做谋叛。（原注：张知府羽明指乡人为谋叛，忽起大狱，株连者甚众）""四未见，诏赦钱粮官勿算。（原注：奉旨蠲本年地丁三分，郡县匿蠲，严刑追比）""五未见，一两耗银四钱半[3]。（原注：时加耗甚重，上、青[4]尤甚，正银一两，至有加四、加五者）""六未见，百物俱贵米独贱。（原注：米价每石四钱）"其言虽俚，而一时风俗民情亦大概可见矣。

【1】原文"通国"，误，当为"通郡"。

【2】县丞本是县官的下属，以下犯上，故为一未见。

【3】因封建政府考虑在征收赋银时会有损耗，所以规定征收额定的赋银时可以按比例额外加收一定的银两称火耗、耗银。而贪官骨吏乘机上下其手，借机贪污，以耗银名目加收的数量竟达到正赋的一半，加重百姓负担。

【4】松江府最富庶的上海、青浦两县。

秋江图

先文敏公[1]书画，海内争购之。近有客以《秋江风雨图》见示者，真至宝也。以索价太昂，不能留，因题其末云："杳杳烟波深处，垂竿独坐渔矶。却棹扁舟归去，滩前白鹭惊飞。缥缈烟横远岫，朦胧雨暗前汀。一派江南好景，何人移入丹青？"

【1】按，作者的祖父董邃初是董其昌的堂侄。《明史·董其昌传》：董其昌，字玄宰，号思白。明代著名书画家，崇祯七年（1634年）致仕，九年（1636年）卒。谥曰文敏。

伪印

丙午（康熙五年，1666年）正月十八日，溧水（今江苏溧水）人顾起龙[1]浚河，获玉印一，上有篆文十六字，曰："人心惟危，道心惟微，惟精惟一，允执厥中。[2]"献于朝，获重赏。或云，印系弘光时[3]所造，一内臣怀之而逃，瘗于此地，非三代以前物。

【1】《清圣祖仁皇帝实录》："康熙四年（1665年）十二月庚午，江南江西总督郎廷佐疏报：溧阳县民顾起龙等，获玉玺，篆文：'人心惟危、道心惟微、惟精惟一、允执厥中'十六字，遣官赍进。命收贮内库，赏顾起龙等银各五十两。赍玺笔帖式三员，各马一匹。"据此，顾起龙系溧阳县民人，非溧水县人。
【2】语出《尚书·大禹谟》。
【3】1644年明亡以后，崇祯帝从兄福王朱由崧在南京成立的政权，年号弘光，次年被南下的清军所灭。

冒认崇祯

河间府（今河北河间）有妖人作乱，自称崇祯皇帝。被获，犹大言曰："前缢经煤山者[1]，其人姓岳，实代朕死。朕即日微服逃出，往来南北二十年矣。"指其妻曰："是即皇后。"指其女曰："是即长公主也。"竟不肯吐姓名，谓监刑者曰："国亡与亡，朕惟有一死耳。"按，慕容德[2]时，妖贼王始自称太平皇帝，临刑尚呼父为太上皇，兄为征东、征西，妻为皇后[3]。绝与此类。

【1】雉经，即自缢。煤山即今北京景山，崇祯皇帝自缢处。

【2】慕容德，前燕主慕容皝之少子，鲜卑人，十六国时期于公元400年在广固（今山东青州西北）创建南燕政权。

【3】《晋书·慕容德载记》："先是，妖贼王始聚众于泰山，自称太平皇帝，号其父为太上皇，兄为征东将军，弟征西将军。慕容镇讨擒之，斩于都市。临刑，或问其父及兄弟所在。始答曰：'太上皇帝蒙尘于外，征东、征西乱兵所害。惟朕一身，独无聊赖。'其妻怒之曰：'止坐此口，以至于此，奈何复尔！'始曰：'皇后！自古岂有不破之家，不亡之国邪！'行刑者以刀环筑之，仰视曰：'崩即崩矣，终不改帝号。'德闻而哂。"

猴奸

娄县（今上海松江）城壕中弃一小儿，手足俱人，猫首猴身，遍体生毛，耳出额上。或谓猴性淫，此必弄猴妇与猴奸，故有此异，殆人妖也。

松郡大狱

四月，江南巡抚韩世琦奏为明遗孽朱光辅与朱拱樏，潜住松江泗泾[1]龙珠庵，结党谋叛。知府张羽明发觉，获得周王伪宝、伪札、号旗，并同谋各犯姓名。其拱樏知事露，将伪太子朱光辅托僧六如拥护，挺身而逃。于是伪总兵金仲美、宗韩、伪游击陈山、伪粮道邵台臣、伪练兵官陈爵、伪书记胡文闇、伪仪宾赵十良等八十余人，皆凌迟。余株连者不计其数。其实所谓将军等，悉市井卖菜佣，而光辅、拱樏果否有无未可知，严缉竟不获。羽明欲图超迁[2]，力兴大狱，哀哉！未几革职去。

【1】原文"江泗泾"，误，泗泾在今上海松江区，故当为"松江泗泾"。

【2】超迁，即破格越级升迁。

狱中诗

是狱也，我郡单君恂、常州蒋君曜，及僧豁堂俱下狱，后惟三人获免。恂有才名，被系时有诗寄所知云："春晚园林笋药肥，阊间城（今江苏苏州）外噤双扉。鹡鸰[1]掠絮喃喃语，蝴蝶粘花款款飞。点易[2]秣陵（今江苏南京）三月暮，裁书燕市十年稀。故人居近罗含宅[3]，庭压松醪[4]待客归。"

【1】鹢鸼，燕子的别名。致之本、续识略二卷本均作"鹢鹇"。鹢，水鸟。鹇，一种观赏鸟。
【2】原文"曷"，致之本、续识略二卷本均作"易"，据改。
【3】罗含宅，菊花的一种，又叫罗含菊。（唐）李商隐："暗暗淡淡紫，融融冶冶黄。陶令篱边色，罗含宅里香。几时禁重露，实是怯残阳。愿泛金鹦鹉，升君白玉堂。"
【4】用松肪或松花酿制的酒，又称松肪酒、松花酒。

妖僧

九月十五日，陕西同州澄城县（今陕西澄城）有妖僧雪野，聚众倡乱，捕送官。将到，随身有黑云一片，覆罩县庭，大风刮目，冰雹乱下，观者皆走避。县尹命取黑狗一、斑牛一，杂以秽物，将血遍涂之，黑云随散。遂伏法。

相思鸟

相思鸟产越山[1]中，飞必成双。弋人罗得[2]其一，则其二自至。宋莱阳[3]持归见贻，一处笼中，一置笼外，百计驱之，终不去，嘱予作歌曰："吴兴（今浙江湖州）城东山缭绕，中有灵禽羽衣小。翠衿儇捷落岩前，红嘴玲珑翔树杪。人言此鸟名相思，虞人弋得雄与雌。削成柘弹休轻打，放入金笼好护持。携归试挂帘钉下，一去一留长不舍。高逐仍依翡翠屏，低飞只傍鸳鸯瓦。相思原自别离生，孤鸾寡鹄空悲鸣。经年饮啄不暂弃，对此偏增伉俪情。人情那得长相守，夕趋路傍朝聚首。纷纷眼底变爱憎，谁肯将心更怜旧。叮咛莫学买臣妻[4]，好向韩凭[5]墓上啼。照影不惭鱼比目[6]，回头休妒燕双栖。"宋为之击节。

【1】今浙江省是古越国之地。越山，即浙江境内的山。
【2】弋人罗得，即射鸟的人，用罗网捕获。
【3】宋琬，字玉叔，号荔裳，莱阳（今山东莱阳）人。清初八大著名诗人之一。族子因宿憾，诬其与闻逆谋，下狱三年，久之得白，流于吴、越之间。
【4】《汉书·朱买臣传》："朱买臣，字翁子，吴人也。家贫，好读书，不治产业，常艾薪樵，卖以给食，担束薪，行且诵书。"其妻耻羞之，求离去，后别嫁。后朱买臣以功博得功名，任会稽

太守，其进入吴县境内，把妻子一家带到太守府中款待，不久其妻羞愧自杀。

【5】(晋)干宝《搜神记》：相传战国时宋康王见舍人韩凭的妻子何氏美貌，就想霸占何氏。韩凭夫妇抗拒不从，殉情自杀。宋康王怒，命令将韩凭夫妇分葬，使他们的坟墓遥遥相望。不久就有两棵大梓树从两座坟墓的端头长出，十天之内就有一抱粗。树干弯曲，互相靠近，根在地下相交，树枝在上面交错。又有一雌一雄两只鸳鸯，在树上栖息，昼夜不离，交颈悲鸣。宋国人称其树为相思树。

【6】一种海鱼，今称比目鱼，双眼长在一侧，常两鱼并肩而行，古人多用来象征坚贞的爱情。

蚌与龙斗

八月十四日，大风拔木。宝山（今上海宝山）居人见海中一蚌，大二丈许，中衔一珠，如小儿拳，时时吐弄，白光亘天。俄有五龙盘旋其上，风雨晦黑。一白龙奋爪攫珠，为蚌所啮。良久，力挣得脱，沉入海底，若负重伤者。余四龙各散去，天气顿霁。蚌浮波面，竟夕不没，珠光照耀如昼。夫以龙之变化，而屈于冥顽不灵之物，亦可为贪得者之一戒也。

梅生葵

张孝廉[1]士绅，庭有古梅，三年不花。一日，老干忽放一萼，状似葵而绝大。识者以为不祥。又有野雉飞入中堂，逐之不知所之。俄而孝廉被病，卒。

【1】孝廉，即举人别称。

先慈吉祥善逝

先慈[1]殷太孺人，性端肃，不妄言笑，虽生长富贵，自处泊然，四十后即多蔬食。每晨起，讽《金刚经》[2]三遍，长幡绣佛，一灯荧然，念诵之声，不辍于口。含[3]若进肉味，先慈呼含而谕之曰："尔小子毋以三乘[4]为妄，我老必归西方，但愿我佛化身时无疾而终，此其验也。"果于是年六月十八，偶患霍乱，亦无痛苦，翌午，于普门大士成道日[5]，沐浴端坐而逝。逝半日，顶门犹热如火。适有苾刍[6]在坐，闻之大惊，以为彼教所仅见云。华亭沈白[7]为《吉祥善逝颂》以记之。

【1】先慈，对自己已故母亲的称呼。已故的父亲称先严。

【2】《金刚经》，全称《金刚般若波罗蜜经》，印度大乘佛教般若系经典，后经鸠摩罗什译。般若，梵语，意为智慧；波罗蜜，梵语，意为到彼岸。以金刚比喻智慧之锐利、顽强、坚固，能断一切烦恼，故名。

【3】作者董含自称。

【4】三乘：即"声闻乘""缘觉乘""菩萨乘"，声闻乘又名小乘，缘觉乘又名中乘，菩萨乘又名大乘，均指佛教。

【5】普门大士即观世音菩萨，其有出生日、成道日、出家日，成道日系农历六月十九。

【6】苾刍本西域草名，梵语以喻出家的佛门弟子。

【7】原文"华元沈白"，误，当为"华亭沈白"。沈白，字涛思，一作思涛，号赉园，华亭（今上海松江）人，布衣。工书法、诗歌。吴伟业称其所撰《均役碑》《吴淞江考略》，皆经世之业。卒年八十。

熟荒

秋大熟，斛米二钱。时湖广、江右价尤贱，田之所出，不足供税。富人菽粟盈仓，委之而逃。百货充斥，无过问者。百姓号为"熟荒"。犹忆顺治丙戌（三年，1646年）、辛卯（八年，1651年）两年，米价腾贵，每石价至四两余，而民反无流亡者。古人云"谷贱伤农"，信然。薛宗伯所蕴[1]有《丰逃行》，慨乎其言之也。

【1】薛所蕴，字子展，号行屋。崇祯元年（1628年）进士及第，崇祯十六年（1643年）为国子监司业。明亡以后，薛所蕴先降李自成大顺政权，后降清。据《清史稿·部院大臣年表一上》：薛所蕴，顺治十一年（1654年）十二月为礼部左侍郎，十四年（1657年）十一月致仕。

宗伯，原为西周时所设六卿之一，位仅次于三公，掌宗族、宗庙祭祀、礼仪等事。后世又俗称礼部尚书为大宗伯，礼部侍郎为少宗伯。

众星陨

十月十一日四更[1]，有大星见东南，众小星随之，或上或下，倏左倏右。大星陨，众星亦随之陨。

【1】四更,即丑时(1时—3时)。古人把一夜分为甲、乙、丙、丁、戊夜;又分一、二、三、四、五更。晚上戌时为一更,亥时为二更,子时为三更,丑时为四更,寅时为五更。

临安火

十二月,临安(今浙江临安)大火。十三日起,至十七日始灭,延烧民房二万余间,城为之空。有妇女数十口避入一古刹,火四面至,顷刻俱成灰烬。

大雪

十八日午后,大雪达曙,厚二尺余,层冰峨峨,往来路绝。淀湖有十余人操舟而前,至中流河冰骤合,篙橹忽胶,去岸又远,一夕俱死。又有人亲迎,冻死于道。

李举人自屠

永年县(今河北永年)举人李司鉴,性狠戾,连杀死妻王氏,妾张氏、李氏。事发,下狱。一日,听谳过市,忽夺屠肆刀,奔入城隍庙,高声历数平生过恶,先自割两耳,又截两指,随剔去肾囊,当即昏倒。家人扶回,宛转数日而死。

余杭赠诗

余杭(今浙江杭州西)董孝廉[1]宗城,性磊落,眉目耸秀,每捧手雄谈,四座倾听。曾下第南归,虽当失意,辞气豪上。方自谓拾青紫[2],绾印绶[3],驱驰金马之场[4],腾踏云龙之会[5];要当前鸣歌钟,后拥郑女,穷奢极欲,以展平生未足之志。故览黄河之激荡,历大江之迤逦,未尝不击楫高歌也。此志未遂,筮仕[6]得甘泉令,便道过予言别,留诗见赠曰:"昔年文价[7]重燕京,金榜初标第五名。花竹绕庐书满架,对君惭我宦游情。"后竟殁于任。

【1】孝廉，即举人别称。

【2】拾青紫，即获取高官显位的意思。

【3】绾印绶，古人印信上系有丝带，佩戴在身，后世借指获取官爵。

【4】金马之场，即寓意功成名就。西汉时长安未央宫有金马门，求官的人均待诏金马门等待皇帝召见。《三辅黄图》："未央宫……金马门，臣者署。武帝得大宛马，以铜铸像，立于署门，因以为名。东方朔、主父偃、严安、徐乐，皆待诏金马门，即此。"

【5】《周易·乾卦》："云从龙"，所以后世"云龙"比喻君臣风云际会。

【6】筮仕，即初出做官。

【7】文价，文章的声价。

晚达

巩昌（今甘肃陇西）杨君纯臣，与王修撰豫嘉之祖同举于乡[1]。至顺治辛丑（十八年，1661年），又与修撰同捷南宫[2]，年七十五。

【1】指杨纯臣先与王豫嘉的祖父在乡试中同年中式，一同成为举人。

【2】南宫指礼部主持的会试。此指杨纯臣又和王豫嘉在顺治十八年（1661年）会试中中式，一同成为进士。

火光亘天

丁未（康熙六年，1667年）正月二十日，昏时[1]，东北有火光，焰焰如焚，旋满西北。居人疑失火，互相奔视，或登高望之，见赤气亘天，逾刻而灭。

【1】昏时，即刚刚日落的时候。

海烈妇

海氏者，徐州（今江苏徐州）人，有姿色。夫陈有量，素孱懦，仅知书。岁饥，转徙毗陵（今江苏常州），偶为恶少杨二所窥。二故酒家佣，素结漕艘卒，以为此奇货也，诱以酒食，复与结兄弟欢，始得以叔嫂礼相见。侦有量他出，微语挑之。氏怒，厉色疾叱，二仓皇走。既知不可犯，独计："与若夫交，何为者？"会运艘骈集，中有卒魁林显瑞者，与二狎。一日酒酣，二因设谋，使附舟还徐（今江苏徐州），复令林捐金，聘为会计客[1]。有量喜得归，以告氏。氏疑之，曰："二非良人，宜亟反其金。"方逡巡间，林怂卫弁[2]诬陈受雇不赴，胁氏登舟。再出廿金，俾往苏（今江苏苏州），置篼[3]缆诸具。氏持不可，奋袂去。时祭金龙大王，垂帘舱门，请氏观剧。氏阖扉不出。林方刑牲，长年蓝九捧盘，倏蹶，覆血淋漓。林怒，殴之，九饮恨而已。林百计诱，氏终不顾。是夕，欲掩其睡，乃穴舱板[4]入。氏方危坐，大呼"杀人"！持之急，呼愈厉，邻舟俱惊起。林大沮丧。微闻哀泣声，久乃闻窸窣声，视之已投缳矣，时正月二十七日也，年仅二十有三。遂匿尸米中，谋渡江抛之。念有量且还，林之弟四建议，悬金募人能死量者。蓝九欣然应募，怀金密首于监兑[5]。朱司理士达[6]阅牍大惊，传经历[7]缪国瑞，授以牍，戒必得贼。缪查兑籍，见卫弁雷某旗丁有林显瑞者[8]，曰："得之矣。"急启钥，谒弁于梦，诒之曰："适奉严檄，某艘藏逃人。"弁惶悚偕行，呼舟人点名，至林，曰："此逃人也。"命锁之。林方肆辨，而烛光影中，蓝九跃出，语塞就缚。次晨验尸，舁出米中，颜色如生，其衣上下连缀，乃夫去后自纫，以备仓促者也。狱既具，上之司理，论如法。林遣弟四走淮，嘱兄三具告总漕，言氏死于反目，而司理申详先达，得允。三呕血数升，暴卒。显瑞愧悔自怨，述氏前后坚贞状，更恨误听杨二，誓不令独生。会有量归，杨二亦捕获，因赴讯，市人丛殴，遂先死于狱。士民赴奠，议范像构祠。启其棺，已七十余日，色不萎腐。进士赵止安、诗人王君麟辈竞投挽诗，多至数百首。毗陵令王光业为之记。予节取其大略如此。[9]

【1】会计客，即临时雇来管理漕船账目的人。

【2】清朝制度，每艘漕船设旗军十人，即所谓卫弁。

【3】篼，即纤索。

【4】舱板，船面上的铺板。

【5】漕运总督的属下有理漕参政、巡漕御史、郎中、监兑、理刑、主事等级别和职掌各不相同的属官。押运有参政、监兑、理刑等官。监兑官在河岸负责检查漕船上装的漕粮数量和质量是否合乎要求，清代因为漕粮是官收官兑，所以乾隆以前是以各府、州通判兼任，清朝末年则或由府、州同知、通判兼任。

【6】司理，即理刑，府、州属掌狱讼等事的官员。当时朱士达以司理兼任监兑。

【7】经历，即通政使司、布政使司等衙门所属职掌出纳文书的人员。

【8】康熙二十五年（1686年）议定：各省漕船卫所运军，"旧例每船自十名至十一二名不等。

今酌定每船额设十名,各省一例金差。"三十五年(1696年)又规定,每船十名运军不必全体充差。"漕船出运,每船金军一名,其余水手九名,雇觅有身家并谙练撑驾之人充役。"卫弁雷某即充差之旗军,林显瑞等即受旗军雇用的水手。

【9】致之本、续识略二卷本均此后续书:"祠在常州府城外,额曰'香阁铁汉'。陈有量守祠,后卒。"

破婚削籍

海盐(今浙江海盐)举人郑旦复,端简公[1]之孙也。将赴礼闱[2],乏路资。适邑中一富人,初以女许贫士,已委禽[3]矣,既复改许某,以百金贿郑,乞邑令批一照,即日与某成婚。旦复忽梦其祖责之曰:"汝作事大谬,本应登第,今拆人婚姻,上帝削汝禄籍,不惟不能上进,且客死矣。"问:"何从知之?"曰:"贫士祖宗,为此事日来相争,我理屈而退,故知之。"郑惊寤,急访女,欲还初聘者,而已无及。随呼贫士,以前银给之,使别娶,深自愧悔。及计偕[4]被斥,神气骚扰,呕血数升,即买舟言旋,不数程,一病而卒。海昌(今浙江海宁)诸生[5]朱襄有记。

【1】端简公,即明嘉靖时期刑部尚书郑晓。《明史·郑晓传》:郑晓,字窒甫,浙江海盐人。嘉靖元年(1522年)举乡试第一,次年(1523年)会试中进士。初授兵部职方主事,撰《九边图志》一书。因忤逆奸相严嵩,被贬为和州同知,后又升迁至太仆丞,拜刑部尚书。嘉靖四十五年(1566年)卒。谥端简。

【2】礼闱,即进京会试,又称春闱。

【3】委禽,即纳彩,订婚时男方向女方家送上了聘礼。由于古代礼仪规定的是送大雁,故又称"委禽"。今语言学家王光汉认为"雁"字,古有两解,此处当是指家禽"鹅"。

【4】计偕,举人进京会试的别称。秦汉时地方官每年将境内治安、租税、户口数额派计吏上报中央,郡国向中央推举的孝廉之类人才和其他簿籍或贡奉物品,也可相随而行,这种办法为"计偕"。《史记·儒林列传序》:"郡国县道邑有好文学,敬长上、肃政教、顺乡里、出入不悖所闻者,令相长丞上属所二千石,二千石谨察可者,当与计偕,诣太常,得受业如弟子。"司马贞《索隐》:"计,计吏也。偕,俱也。谓令与计吏俱诣太常也。"后世遂用来称举人进京参加会试。

【5】诸生,即生员、秀才。

银瓶祠

浙江按察司署,(宋)岳忠武[1]故宅也。岳被祸时,有女名银瓶,赴井死,屡著灵异,因立庙祀之。明季,东郡(今河南濮阳)宋君者,负气不信鬼神,既入署,吏以旧例请祀,叱曰:"予受命天子,小女子何能为?"后方听事,忽睹一女子弯弓射之,正中其肩。未几,疽发背死。今宋君弟复宦此地,事之甚谨。

【1】即宋朝抗金英雄岳飞,被奸臣害死,冤雪后谥忠武。

梦天榜

大名(今河北大名)黄之鼎,与交河(今河北交河)王瑄同赴公车[1]。一夕,谓之鼎曰:"夜梦天榜,会元[2]姓黄,其名模糊,不暇详视,可预为子贺矣!"及榜发,之鼎仅登榜魁[3],而元乃崇明(今上海崇明)黄君礽绪[4]。

【1】汉代以公家车马递送应征的人,后因以"公车"为举人进京会试的代称。
【2】会试第一名称会元。
【3】黄之鼎,号讷庵,元城(今河北大名)人。康熙丁未(六年,1667年)三甲第七十二名进士。榜魁,原指第一名,此处仅指会试中式,没有落榜而已。
【4】黄礽绪,字绳伯。号雪筠,崇明(今上海崇明)人。通经史百家及奇门壬遁诸术,又喜读阴符经知兵法。康熙六年(1667年)丁未得会试第一即所谓会元,名动京师。但他在殿试中却成绩不好,只是二甲第三十九名进士,授翰林院编修。

黄风黑虫

四月初七日,陕西邠州等处黄风竟日,地生黑虫。十七日,陨黑霜。

不云而雷

十八日午刻,姑苏(今江苏苏州)城外不云而雷,击碎金相国之俊[1]第四公子屋上鸱首,细如粟米。

【1】《清史稿·金之俊传》:"金之俊,字岂凡,江南吴江人。明万历四十七年(1619年)进士,

官至兵部侍郎。"后降清，顺治十年（1653年）"迁吏部尚书，授国史院大学士"。相国本指宰相，清朝大学士也尊称相国。

火鸡

荷兰国噶啰吧王油烦马绥极[1]，具本进贡方物。中有琥珀，重五斤八两。又有火鸡二，能食火，投炽炭于地，如啄粟麦。《十洲记》[2]：有火鼠。《杜阳杂编》[3]载却火雀。《西域记》[4]：富浪[5]有火鸟，食火炭。《后魏书》[6]：波斯国[7]有鸟，形如驼，能啖火。《原化记》[8]曰：祸斗[9]，兽也，如犬而食火。若鸡能火食，未之前闻。古人载骨托禽，名食火鸡，岂即此物耶？又暹罗国[10]贡六足龟二。（原注：按洪武初，三佛齐国[11]贡火鸡。）[12]

【1】噶啰吧，今印尼岛屿，当时被荷兰殖民者所占。王油烦马绥极是荷兰殖民者的首领。

【2】《十洲记》，又称《海内十洲记》，传说是汉代东方朔所著，多记奇事异闻，《四库全书总目》以为当是六朝时人伪托之作。

【3】《杜阳杂编》，（唐）苏鹗编著，属小说类笔记。

【4】《西域记》，（唐）玄奘撰，又称《大唐西域记》，该书是玄奘游历印度、西域旅途19年间之游历见闻录。

【5】富浪，中古时法兰克王查理大帝统一欧洲西部，阿拉伯人因称西欧为法兰克。富浪是法兰克的译音。也译作"佛郎"，明人相沿称葡萄牙、西班牙人为佛郎机。

【6】《后魏书》，即《魏书》，记北魏拓跋政权的史书。

【7】波斯国，今伊朗。

【8】《原化记》，（唐）皇甫氏撰。其人姓名籍贯不详，号洞庭子，大约是晚唐人。该书是一部志怪小说。

【9】原文"蜗斗"，误，当为"祸斗"。它被形容为外形像犬的妖兽，吞吃犬粪、并且喷出火焰。祸斗所到之处皆发生火灾，所以古人将它看作火灾之兆和极端不祥的象征。也有说法称祸斗吞食火，并且排出带火的粪便。祸斗应该是在神话中被妖魔化的中国南方部落的象征。

【10】暹罗，今泰国。

【11】三佛齐国，古代苏门答腊岛屿上建立的政权。

【12】致之本、续识略二卷本均与此不同："荷兰国噶吧王油，具本进贡方物。中有琥珀，重五斤八两。又有火鸡二，能食火，投炽炭于地，如啄粟麦。按《十洲记》，有火鼠、火雀。《西域记》：富浪有火鸟，食火炭。《原化记》曰：蜗牛，兽也。如火而食火。又暹罗国贡六足龟二。"

蝗灾

五月,淮安各属[1]蝗虫为灾,禾仅存十三四。兴化、海州、赣榆尤甚,飞则蔽天,堕地堆积数尺。至月尽,一半往西北,一半往东南。按盐官(今浙江海宁盐官镇)董君谷曰:江南素无蝗,昉于嘉靖八年(1529年),至崇祯十四年(1641年)季夏[2]二日,从西南蔽天而至。七月初,其族益繁,大为苗害。不知何据,容考之。

【1】清淮安府所属各县,辖区东西从今江苏射阳至洪泽,南北从今盐城至泗阳。

【2】夏季的最后一个月,即农历六月。

宝珠

六月,泖滨[1]民龚叟夜登厕,见沙际有白光,高丈余,达曙始灭,明夜复然。因识其处,晨起携锸往,良久于丛荻中获一蚌,其巨如箕,急负归剖之,得一珠,大如龙眼,光彩莹澈,夜置匣中,有白气腾上数尺。总戎梁公,以百金易之。时郡守适以赃被劾,往江宁(今江苏南京)对簿,有无名子题诗郡墙曰:"吴淞江水作贪泉,纵有明珠徙别川。昨暮贪珠人已去,鲛宫擎出夜光圆。"守归见之,觍然汗下。

【1】泖湖,原在上海松江西,今淤为平地。

烈士殉节

绍兴张君煌言,举壬午(崇祯十五年,1642年)乡荐,仕鲁藩[1],周旋海岛二十余年。后知事无成,散遣部曲,入普陀(今浙江舟山普陀)为僧。至是就擒,赋诗见志曰:"海甸纵横二十年,孤臣心事竟茫然。桐江(即富春江桐庐河段)空系严光钓[2],震泽(今江苏震泽)难回范蠡船[3]。生比鸿毛犹负国,死留碧血欲支天。鲁戈莫挽将颓日,敢望千秋青史传。"诸将重其义,欲降之。不可,且曰:"予穷海孤臣,岂至今日而复改节耶?"辞气慷慨,至死不屈。识与不识,莫不流涕。

【1】《清史稿·张煌言传》:"张煌言,字玄箸,浙江鄞县人。明崇祯十五年(1642年)举人。"顺治二年(1645年),张煌言等奉迎鲁王朱以海至绍兴,其后率部众孤悬海岛与清军周旋20余年,康熙二年(1663年)鲁王死,三年(1664年)张煌言被擒,被害于杭州。

唐宋应试进士,由州县荐举,称"乡荐"。明清时期乡试中式又称为领乡荐。

【2】严光,字子陵,东汉著名隐士,生于西汉末年,会稽余姚(今浙江余姚)人。少有高名,与东汉光武帝刘秀为同学好友。西汉末年,王莽篡政,群雄纷起,他积极帮助刘秀起兵。刘秀即位以后为东汉光武帝,多次延聘他出来做官,但他隐姓埋名,退居富春山,垂钓于富春江。最终他享年八十岁,葬于富春山。《后汉书·严光传》:"严光,字子陵,一名遵,会稽余姚人也。少有高名,与光武同游学。及光武即位,乃变名姓,隐身不见……除为谏议大夫,不屈,乃耕于富春山,后人名其钓处为严陵濑焉。建武十七年,复特征,不至。年八十,终于家。"

【3】范蠡,字少伯,春秋楚国宛(今河南南阳)人。春秋末年著名政治家、谋士和实业家。他与楚宛令文种相交甚深,不满当时楚国非贵族不得入仕而一起投奔越国,辅佐越王勾践,灭吴国,一雪会稽之耻。他功成名就之后激流勇退,化名姓为鸱夷子皮,与西施西出姑苏(今江苏苏州),泛一叶扁舟于五湖之中,遂游于七十二峰之间。其间三次经商成巨富,三散家财,自号陶朱公。《史记·越王勾践世家》:越王勾践元年(前496年)吴王阖闾攻越,负伤而卒。后三年,吴王夫差(阖闾之子)发兵攻越,越大败,勾践退保会稽,遣大夫文种屈辱求和。此后,勾践在文种和范蠡的辅佐下,十年生聚、十年教训,富民强兵,于十五年(前482年)发兵灭吴,一雪会稽之耻。"诸侯毕贺,号称霸王"。"范蠡遂去,自齐遗大夫种书曰:'飞鸟尽,良弓藏;狡兔死,走狗烹。越王为人长颈鸟喙,可与共患难,不可与共乐。子何不去?'"《史记·货殖列传》:"范蠡既雪会稽之耻……乃乘扁舟浮于江湖,变名易姓,适齐为鸱夷子皮,之陶为朱公……十九年之中三致千金……故言富者皆称陶朱公。"

云间唱和诗叙

楚蕲顾赤方景星[1],游云间,与予辈数人唱和赠答,得诗百首。楚人卢大参铉[2]为之序曰:"人生之乐,莫如友朋。友朋之乐,莫如唱和。古之唱和,虽君臣亦有焉,不独朋友矣。《鹿鸣》、《彤弓》[3],君臣相答,亦曰'嘉宾',盖略君臣之分,洵乎乐至忘形,同声相应,有莫知其所由然者。丁未(康熙六年,1667年)季秋,吾友顾黄公扁舟为云间游,诸名下递相赠酬。黄公简予曰:'旬日来诸子闻楚人至,磨砺以须,分队迭进,皆劲敌也。某亦时出奇兵以应之,诚不减巨鹿之战,惜吾子未得从壁上观也。'予甚壮之,正仆仆行役间,适汇帙寄予,读之深叹,一时盛事,洵在于兹。惟是吴楚相距千里,流共一江,风声意气,自相契符。昔骚赋创作,屈、宋[4]开先,而吴中才士继起。汉有严、朱[5],晋有顾、陆[6],江左风流,遂不减菊芳兰秀矣。今乃聚美同时,诚不可无一言以纪。予不惮极力铺扬,于楚人、吴人,终不敢轻分左、右袒也。并题一诗于后云：

楚江一水东连吴，才人两地遥相呼。
扁舟乘兴适来过，千里访我循海隅。
词坛久许推作伯，染翰落纸风雷驱。
此地名材似竹箭，抒华揽藻随雕镂。
方欺楚风久不竞，攘臂索战出分途。
期会相约猎城内，胜拥九峰及泖湖。
美钟诸子并韶秀，吐词多丽咀其腴。
决意专伺三鼓懈，捣虚欲夺大将符。
故将尊酒时作饵，香莼肥蟹充庖厨。
讵知醉后胆愈壮，神为督阵鬼执枹。
一任群雄列队进，奋笔洒墨终不枯。
咄嗟乎，咄嗟乎，此战甚酣今古无。
歌骚千载谁得继，赖君郢调幸未孤。
壁上观者谁氏子，范阳之裔大夫卢。"

叙诗并佳，故录之。赤方又赠予诗云："历落尚书后，人间说长公。策收身见放，遇否道尤丰。侪辈多行贵，文章老自工。吟君咏史作，浩气吐长虹。"

【1】顾景星，字赤方，号黄公，蕲州（今湖北蕲春）人。明末清初文学家。明末贡生，南明弘光朝时考授推官。入清后屡征不仕，康熙十八年（1679年）荐举博学鸿词，称病不就。

【2】卢铣，不详。明代于各地最高行政长官布政使下置参政、参议，时称参政为大参，参议为少参。

【3】以上二诗均出自《诗经·小雅》，都是有关周天子宴飨臣僚、诸侯的情景。

【4】屈、宋，战国时期的辞赋大家屈原和宋玉。

【5】汉有严、朱，指西汉时著名的赋家会稽吴（今江苏苏州）人严忌、严助和朱买臣。严忌，本姓庄，东汉时因避明帝刘庄讳，改姓严。善赋，为梁孝王门客，著有赋二十四篇，现存《哀时命》一篇，为哀伤屈原之作，见于《楚辞章句》。严助为严忌子（一说族子），汉武帝建元元年（公元前140年），郡举贤良对策，擢为中大夫，后迁会稽郡太守，复归长安，为侍中。善赋。《汉书·艺文志》载有他的赋三十五篇，今已失传。朱买臣，会稽吴（今江苏苏州）人，好读书，善《春秋》、《楚辞》，受严助的推荐得到汉武帝的任用，后因事被诛，有辞赋三篇，今佚。

【6】晋有顾、陆，指晋朝著名画家、辞赋家顾恺之和文学家陆机、陆云。《晋书·顾恺之传》："顾恺之，字长康，晋陵无锡（今江苏无锡）人也……博学有才气，尝为'筝赋'成，谓人曰：'吾赋之比嵇康琴，不赏者必以后出相遗，深识者亦当以高奇见赏。'"陆机，字士衡，为三国吴郡（今

江苏苏州）士族陆逊之孙、陆抗之子。《晋书·陆机传》："陆机，字士衡，吴郡（今江苏苏州）人也……少有异才，文章冠世，伏膺儒术，非礼不动……天才秀逸，词藻宏丽，张华尝谓之曰：'人之为文，常恨才少，而子更患其多。'"陆云，字士龙，是陆机之弟。诗文辞华美，重排偶，也善骈文，文才与陆机齐名。《晋书·陆云传》："陆云，字士龙，六岁能属文，性清正，有才理。少与兄机齐名，虽文章不及机，而持论过之，号曰'二陆'"。

启祯诗选

吴门（今江苏苏州）陈济生者，陈公仁锡之子也[1]，怀宗[2]殁年，曾刊《启祯诗选》，序系吴相国甡[3]所作，中有"二祖列宗"语。奸人沈天甫、吕中、夏麟奇以为奇货，挟诗索多金。不遂，令仆叶大出首刻造逆书，诋诬本朝（指清朝），诗册列名七百余人，宜遣官提讯。旋奉上传："天甫等所指事，茫无凭据；编诗之陈济生，久经物故；带诗之施明，又经遁逃。显系奸徒，扛扶挟诈。俱斩东市。"是举也，一则解文字之祸，一以杜告讦之门，众共快之。麟奇，我郡明经[4]，不知何苦而为此也。

【1】陈仁锡，字明卿，号芝台，长洲（今江苏苏州）人。天启二年（1622年）进士，授翰林编修，因得罪权宦魏忠贤被罢职。崇祯初复官，官至国子监祭酒。性好学，喜著述。陈济生，字皇士，号定叔，长洲人，陈仁锡之子。

【2】崇祯皇帝卒后，南明弘光年间谥绍天绎道刚明恪俭揆文奋武敦仁懋孝烈皇帝，庙号思宗，后改为毅宗。隆武年间谥为威宗。清军入京以后，多尔衮为笼络民心，下令从五月初六日开始，前明在京官员为崇祯哭灵三天。前明左中允李明睿提出以"怀"为崇祯的庙号，以"端"为谥号，合称"怀宗端皇帝"。后来顺治皇帝降旨取消崇祯的庙号，并改谥号为"愍"。

【3】《明史·吴甡传》："吴甡，字鹿友，扬州兴化（今江苏兴化）人。万历四十一年（1613年）进士。"崇祯十五年（1642年）官至礼部尚书兼东阁大学士，次年被斥。明亡后，卒于家。相国，宰相的别称。明代的阁臣都相当于宰相，吴甡因先后任东阁大学士、文渊阁大学士，所以得称相国。

【4】明经，明清贡生别称，相当于举人副榜。

义虎

山西孝义县（今山西孝义）郭外，诸山多虎。一樵者行丛箐[1]中，失足坠虎穴。两虎子卧穴内，樵彷徨不得出，泣待死。未几，有虎逾壁入，口衔生鹿，分饲小虎。见樵，怒甚。俄巡视，若有所思者，反以残肉食樵，抱小虎卧。昧爽[2]，跃去。少顷，复衔[3]一鹿饲其子，仍投馂[4]与樵。如是一月，浸与虎狎。小虎壮，虎负之出，樵急呼曰："大王救我！"须臾复入，以肩就樵，腾出石壁。虎置樵欲去，樵又跪告曰："蒙大王活我，今不识归路，惧不免，幸导我归，不敢忘报！"虎颔之，遂前至中衢。樵复告曰："某西关穷民，归当畜一豚一羊，候大王邮亭之下，某日过飨，无忘我言！"虎点首。追归，家人惊询。至期，典衣具畜。虎先期至，不见樵，竟入西关，民惊哗，呼猎者擒献邑宰。樵奔救，击鼓大呼。官怒诘，樵具告前事。不信。樵曰："请验之。"遂至虎所，抱虎哭曰："大王以赴约入关耶？"虎点头，堕泪如雨。观者数千人，莫不诧叹。官骇异，趋释之。投以豚，未尽，恋恋顾樵而去。土人异之，因建亭其地，名曰"义虎亭"。宋荔裳琬[5]有戚知邑事，述之甚详，并记以诗，末曰："亭名曰'义虎'，刻石传郊坊。楚国谷于菟[6]，书传非荒唐。作诗表厥异，愧彼中山狼。"[7] 予有和作，今不录。

【1】丛箐，即茂密的竹林。
【2】昧爽，即拂晓、黎明。
【3】原文"御"，误。当为"衙"。
【4】馂，即熟食或吃剩的食物，此处系指后者。
【5】宋琬，字玉叔，号荔裳，莱阳（今山东莱阳）人。清初诗坛八大家之一。顺治四年（1647年）进士，授户部主事，累迁永平兵仆道、宁绍台道。因族子以宿憾，诬其与闻逆谋，下狱三年。久之得白，流寓吴、越间，寻起四川按察使。康熙十三年（1674年）赴京述职时卒。
【6】春秋时楚成王名相斗谷于菟，其姓斗，名谷于菟，字子斑。于菟，虎的别称，音：乌涂。
【7】此文，王士禛：《池北偶谈·谈异一》"义虎"亦有记，文末云："宋荔裳琬作《义虎行》，王于一猷定作《义虎传》纪其事。"

一产四子

歙（今安徽歙县）民吴士全妻吕氏，一产四子。

牛眚

戊申（康熙七年，1668年）正月初十日，西关外民家产一犊，二首，八足，二尾，自腹以下，皮肉粘连，合而为一。予目击之。按晋大兴元年（318年），武昌太守王谅家牛生子，两头八足，两尾共一腹，三年后死。又咸和七年（332年），九德人袁荣家牛产犊，两头八足，二尾共身。占曰："上下无别之象。"[1]《郁冈斋笔麈》[2]

亦纪此异，云："嘉靖间屡见之。"

【1】按，以上两条见《晋书·五行志下》"牛祸"。
【2】原文"《郁冈笔麈》"，误，当为"《郁冈斋笔麈》"，明朝金坛（今江苏金坛）王肯堂撰写的笔记类书。《四库全书总目》："是编第一卷所载论医诸条……其他杂论天文、算数、六壬、五行家言，以及鉴赏书画之类，亦颇足参考。"

天枪见

二十七日酉刻（17时—19时），天枪[1]出西南，指东北，上下皆锐。初长二丈许，既而长至五六丈，数日而灭。《观象玩占》[2]曰："天枪云状左右锐，岁星[3]缩西南，不出三月乃生天枪，见则有兵丧，或云主大水。"至夏，果有地震、水发之变。

【1】天枪，星官名，又名"天钺"，属紫微垣，共三星。《史记·天官书》："紫宫左三星曰天枪"。《晋书·天文志》："天枪三星，在北斗杓东，一曰天钺。"
【2】《观象玩占》，道教经典之一。
【3】岁星，即木星。

叫魂

妖僧雪浪，与黄冠[1]朱凤仙习邪法。江南人章天首、张钱德从之学叫魂术，叫死程氏、程五福二魂，后复叫活。事发被擒，二人供有符咒、书符。诵咒，其人之魂即随去，受害者不止一人。总制郎公廷佐[2]请诛之，俱伏法。

【1】黄冠，即道士。
【2】起初，一军的指挥官称总制。后来，地方官也有总制，即总掌一地的军政要务。明、清时各省总督称总制。《清史稿·郎廷佐传》：郎廷佐，字一柱，汉军镶黄旗。顺治十二年（1655年）江南江西总督，十八年（1661年）分江南、江西为二，专任江南总督，直至康熙七年（1668年）以病解任。

太白昼见

五月初六日至初八日，太白昼见[1]。六月初九日，太白经天二十余日[2]而灭。钦天监上言："金星[3]自四月二十五日起，至五月十三日灭，星体微暗，不足为异。"然则六月所见者，又属何星？按，唐懿宗时，彗星出，司天奏星名含誉[4]，瑞星也，请宣示中外，编诸史册。总之，盛明之时，妖不为害，不足讳也。

【1】太白即"金星"，它在夜晚出现，日出的时候隐没。可是如果太阳升起太白星还没完全隐没时，看起来就好像天空中有两个太阳，所以星相学上又以这种罕见的现象为封建王朝"易主"之兆。

【2】经天，即昼见。此句即指连续二十余日白天还能看得见太白星。

【3】金星又称太白、启明、长庚，是古代人认为最亮的星宿。

【4】《晋书·天文志中》："瑞星……三曰含誉，光耀似彗，喜则含誉射。"

江浙地震

六月十七日戌时（19时—21时），江南地震。自西北起，至东南，屋宇摇撼，河水尽沸，约一刻止。翌日，遍地生白毛。两越亦于是日地震。既而北直、山东、河南，皆以地震告。五省同日同刻，真古今异变。

淮凤地震

淮安（今江苏淮安）同日地震，若雷吼，行人如立洪涛中。安东（今江苏涟水）县城垣、官署、民居，一时俱倒。地裂水泛，一望成巨浸。巢县（今安徽巢县）、和州（今安徽和县）、泗州（今安徽泗县）、徐州（今江苏徐州），庐舍尽塌。桃源（今江苏泗阳西南）、宿迁（今江苏宿迁），震死五六百人。清河（即清江浦，今江苏清江）、邳州（今江苏邳县），全没。白洋河（今江苏宿迁白洋河）地陷一孔，涌出黑沙。赣榆（今江苏赣榆西南）县，民无噍类[1]。

【1】噍类，原意指能嚼食物的动物，此处特指活着的人。

河堤崩坏

先是，六月十四日，淮水暴涨。宝应（今江苏宝应）、高邮（今江苏高邮），石塘俱坏。黑夜遇变，淹死者无数。翌日，浮尸蔽河而下。榆、柳高者，仅露其杪。至十七日地震，河堤崩坏，水势益汹涌。济河而上，伊、洛之间[1]，蛟龙突起。黄河董口（今山东鄄城县董口乡），水涸沙生，将来运道大为可忧，此谋国者所当早计也。

【1】济河，又称济水，古水名，发源于今河南省济源市，流经河南、山东入渤海。今黄河下游河道即原济水河道。伊、洛之间，指今洛阳以南地区。

山东同日地震

山东自十七日戌时起，地连震数次，自北而南，其声若雷，城墙颠仆，文庙亦毁。其被灾地方，济南（今山东济南）、兖州（今山东兖州）、东昌（今山东聊城）等共五十九处。沂水（今山东沂水）、郯城（今山东郯城），死伤尤众。利津（今山东利津）[1]、沾化（今山东沾化），钟鼓自鸣。莒州（今山东莒县）马鬐山崩，沿河地中作声，或井内涌出黄沙。又蛟龙群飞，爪破山石，往来路绝，怪异不可名状[2]。

【1】原文"利济"，误，当为"利津"。
【2】《清圣祖仁皇帝实录》："康熙七年七月丙辰。以山东六月地震，命户部速行详议，分别蠲赈。"《客舍偶闻》："六月十七日戌时（19时—21时），地震。督抚入告者，北直、山东、浙江、江南、河南五省而已。闻之入都者，山西、陕西、江西、福建、湖广诸省，同时并震。"

北直同日地震

北直同日地震二次[1]。又七月初二暴雨，至初八日止。西山水复发，冲断卢沟桥两洞。长新店（今北京长辛店）、良乡（今北京良乡）、涿州（今河北涿州）、商家林、单家桥、雄县（今河北雄县）、献县（今河北献县）、任丘（今河北任丘）以上，俱被漂没，二十余日水始退。至如唐山（今河北唐山）、曲周（今河北曲周）[2]、鸡泽（今河北鸡泽）、平乡（今河北平乡西南）、巨鹿（今河北巨鹿），地势洼下，九月尽，积水尚存，汪洋无际[3]。

【1】《清圣祖仁皇帝实录》："康熙七年（1668年）五月癸丑，子时，京师地震。"《清史稿·灾异五》："康熙七年（1668年）五月癸丑，子时，京师地震；初七、初九、初十、十三又震。"

【2】原文"曲州"，误，当为"曲周"。

【3】《清圣祖仁皇帝实录》："康熙七年（1668年）七月丁未，以浑河水发、冲决芦沟桥及堤岸。遣工部侍郎罗多等前往修筑。八月乙未，谕户部：……顺天等府所属地方、田禾淹没、庐舍倾圮颇多。除被灾田亩、俟该督抚亲勘轻重分数，具题酌免。但被灾之民，无以资生，必致流离失所。应作何赈恤，尔部速议以闻。寻户部议：发常平仓粮赈济，如不足，计数报部，近畿之地、从通仓动给；远者，令附近省分协济。从之。"《清史稿·灾异一》："康熙七年（1668年）七月，赵州、临城、高邑、深泽、安平、永年、蠡县、巨鹿、黄岩、乐清、平乡大水。"

碑出

庐州府庐江县（今安徽庐江），山裂七十余丈，现出石碑一座，上书四字："只符膘污。"

飓风

六月十三至二十日，漳州府（今福建漳州）飓风大作，暴雨不止，海潮忽涨，漂没者数千人。

侏儒

大名府滑县（今河南滑县）有赵人鉴者，顺治戊戌（十五年，1658年）进士，出为邑令[1]，罢归。其人长仅三尺，头面四肢俱极短小，声音亦微细。县堂别设矮桌，从下望之，如十三四岁童子，亦一异也。山阴（今山西山阴）傅孝廉[2]德孚为予说。

【1】原文"一为邑令"，致之本、续识略二卷本均作"出为邑令"，据改。

【2】孝廉，举人的别称。

托梦赠赙

陆生希俙，华亭（今上海松江）人。北游没于旅邸，丧贫不能归。时蔡公士英[1]家居，慷慨好施与。一夕，漏将半[2]，忽梦一人，儒衣冠，进谒，再拜曰："仆云间（今上海松江）陆生希俙也，觅食长安[3]，不幸客死萧寺[4]，怅怅无可告语，知公义侠，望垂怜。倘骸骨获反首丘[5]，九泉之下，感且不朽。"公惊寤，适同里林子卿馆于蔡，以梦中所见质之，姓名状貌，无一不肖。为之咨嗟累日，厚有所赙[6]，旅榇始得归。予感斯异，作长歌记之曰："陆生抱孤愤，挟策走燕市。岁杪犯霜雪，怅怅安所止。黄埃洗马足，朔风吹行李。奋袂投故人，相对蹩然喜。途穷见交情，旅食[7]还拊髀[8]。何意垂凤昔，沉忧滞骨髓。昨为堂中人，今作泉下鬼。蝮蛇行駥駥，封狐口还哆[9]。长人[10]几千仞，层冰渺无涘[11]。侧闻蔡中丞[12]，高谊薄古始。重士轻黄金，求贤屡倒屣[13]。夜半来入梦，再拜伏阶启。长跪前致辞，清泪滴如泚。愿得返故乡，羁魂荐江芷。中丞为咨嗟，飘瞥去何駛[14]。惊起秉烛坐，晓漏[15]尚未已。急呼素相识，云是旧桑梓。访之以形状，叩之名与氏。回忆梦中客，仿佛正相似。聊为脱骖赠[16]，遣仆助料理。窃悲庸俗人，意气徒虚耳。朝订金石交，夕弃如秽滓。呜呼存殁间，变态真莫比。新故总一辙，绝交良有以。贤哉蔡中丞，愧彼天下士。"

【1】蔡士英，字伯彦，号魁吾，清初著名大臣。顺治十二年（1655年）升漕运总督，加兵部尚书。史称其"两任督漕，多所振刷，厘革挽输，天庾迄无亏额"。后卒。其家本世居苏州吴县洞庭西山，明代初授燕山卫千户，再调山海卫，遂家居关东。《清史稿·蔡毓荣传》："蔡毓荣……父士英，初籍锦州。从祖大寿来降……从转战有功。顺治间，累迁至右副都御史，出为江西巡抚……寻改漕运总督，加兵部尚书，以疾告归。"

【2】漏，古代计时的工具。此指将半夜的时辰。

【3】汉唐时都城在长安（今陕西西安），所以后世将其用作首都的代名词，此指今北京。

【4】传说南朝时梁武帝建佛寺后，令书法家萧子云大书一"萧"字，故后世又称佛寺为萧寺。

【5】首丘，比喻归葬故乡。《礼记·檀弓上》："古之人有言曰：'狐死正丘首。'仁也。"（汉）郑玄注："正丘首，正首丘也。"（唐）孔颖达疏："所以正首而向丘者，丘是狐窟穴根本之处，虽狼狈而死，意犹向此丘，是有仁恩之心也。"

【6】赙，赠送财物给办丧事的人家。

【7】旅食，指平民百姓的粗粝饮食。

【8】髀，大腿。用手拍着腿欢呼雀跃的样子。

【9】蝮蛇行駥駥，蝮蛇是毒蛇的一种；駥駥，疾走的样子。封狐口还哆，封狐即大狐狸；口哆，张大口。《楚辞·招魂》："蝮蛇蓁蓁，封狐千里些。"

【10】长人，即居上位者、官长。

【11】层冰，即厚冰。涘，即水边。

【12】中丞，即明清时巡抚的别称。蔡士英在康熙九年（1652年）奉命巡抚江西，故得称中丞。

【13】倒屣，《三国志·魏志·王粲传》："献帝西迁，粲徙长安，左中郎将蔡邕见而奇之。时邕才学显著，贵重朝廷，常车骑填巷，宾客盈坐。闻粲在门，倒屣迎之。"又作"倒履"、"倒屧"。古人居家都是脱去鞋子，坐在席子上，若有客人来，再穿上鞋出门迎接。

这里是说，热情迎接客人，忙得连鞋子都穿倒了。屣、履、屧都是古代对鞋的称呼。

【14】飘瞥，即迅速飘过或飘落。驶，疾速。去何驶，即疾速地消失。

【15】晓漏，即夜漏将尽，天将亮的时候。

【16】《礼记·檀弓上》："孔子之卫，遇旧馆人之丧，入而哭之哀，出，使子贡脱骖而赙之。"就是解下骖马，送给对方以助治丧。后用来比喻以财助人之急。

九峰主人

吾乡峰泖之胜[1]，传播遐迩。自陈征君[2]殁后，烟霞寂寞，四方游屐[3]，无过而问者。予同年诸进士嗣郢[4]，好奇士也，筑室九峰间，自号九峰主人。创建园亭池馆，蜿蜒十余里，延致方外，俾职掌其中，鼎彝书画，粲然毕陈。每逢佳节则飞笺召客，胜流云集。尤爱岑闃[5]，芒屩[6]布衣，啸歌自得，其视富贵人，真不啻[7]腐鼠也。又性好道，茹斋戒杀，力为善事。迩来士大夫大抵口谈名教，实与行违，若诸君者，岂易得哉！后自知死期，临终书遗嘱数纸，端坐而逝，远近异之。

【1】上海松江佘山素有九峰十二山之称，或者连附近的湖泊并称为九峰三泖，是著名风景区。泖湖，松江的古湖，今已淤为平地。

【2】征君，即征士的尊称，指被朝廷招聘的隐士。陈征君，即明末松江名人陈继儒。陈继儒，字仲醇，号眉公，华亭泖桥（今上海松江枫泾镇）人，明代著名文学家和书画家。自幼聪颖过人，勤奋好学，博学多才，但生性狂放，不受礼法拘束。29岁时，焚毁儒生衣冠，绝意科举仕进。朝廷曾多次下诏召用，他均以病推辞。曾一度隐居小昆山，后筑室东佘山，杜门著书。崇祯十二年（1639年）卒于佘山。

【3】游屐，原指出游时穿的木屐，亦代指游踪。

【4】原文"诸进士嗣英"，误，当为"诸进士嗣郢"。本书《宅怪》《云间著述》均作"诸嗣郢"。据《青浦县志》：诸嗣郢，字乾一，青浦县人。顺治十八年（1661年）进士，在康熙初的江南奏销案中被斥黜功名，遂隐居不复出，筑屋于青浦县九峰山间，自号九峰主人，撰《九峰志》，为当地极有名气的绅士。又应知县魏球聘请，编纂《青浦县志》。

【5】岑闃，山野寂静的景色。

【6】芒屩,指芒鞋,亦即草鞋。

【7】原文"翅",误,当为"啻"。

叶贡生冤报记

吴门叶贡生襄[1],社中名宿也。家贫,买舟远适,谒一故交,待之良厚。适地方有一人为仇家诬讼,故人为叶地,絷之狱。叶札入,乃释之,获数十金以归。然其人实冤,忿恨自缢死。叶才下舟,其鬼号冤声不绝,白昼现形,沿途索命,抵家卒。楚人杜濬[2]为文记之曰:"予与姜绮季[3]偶饮一友斋,客有述叶生果报一事,座客怖失色。绮季独仰天大笑曰:'此鬼何足道哉!'客问故,姜曰:'尝见世间贪官污吏,受赃枉法,每断一狱,冤杀数人;每下一令,累死者数十人。积而计之,杀人如麻,必当鬼哭神号,塞破屋子矣。乃满载而归,求田问舍,畜姬妾,广屋宇,曾不闻有某某冤鬼登门索命者。乃独于一穷书生饥驱干谒[4],偶然误犯,而鬼已随其后,甚矣其不平也。可见贫贱有怨鬼,富贵无冤业。此等鬼物,不过如阳世间茹柔吐刚、势利之小人耳,何足惮哉!'一座抵掌称快。予独曰:'不然,大抵人生世间,不造恶业,上也;苟不幸失足而有冤鬼,则反宜多,不宜少。何则?鬼多则一鬼行而群鬼从,甲乙相问,俱寻某氏,必有爽然自失,无异辽东之豕者;又必有以为我众彼寡,以百千鬼搏一人,虽胜不武者;又必有以为其多如此,事亦平常,不足深恨者;又必有以为鬼多事多,责人善忘,辨诘烦难,不若舍之者;又必有以为彼既治之,我可坐享,相持不发者;又多鬼之中,必有懒鬼,但求省事,参差不齐,致群鬼减兴者;凡此皆救也。若彼踽踽凉凉,仅有一鬼,势不两立,则事可知矣。由是言之,贫贱之受报自苦冤鬼之少,富贵之无报正赖冤鬼之多,况彼冤鬼不恃众而恃独,正有豪杰之概,奈何反比之小人乎?'于是座客更大笑,几脱颐。"予喜其反覆诙谐,特录之。

【1】科举时代,挑选府、州、县生员(秀才)中成绩或资格优异者,升入京师的国子监读书,意谓以人才贡献给皇帝,故称贡生。明代有岁贡、选贡、恩贡和细贡;清代有恩贡、拔贡、副贡、岁贡、优贡和例贡。清代贡生,别称"明经",相当于举人副榜。

吴门,指今苏州一带。叶襄,字圣野,长洲(今江苏苏州)人。锐志经籍,为明诸生。明亡以后弃去,专攻诗律,卓有成就。

【2】杜濬,明末清初人,原名诏先,字于皇,号茶村,湖北黄冈(今黄州城区)人。少倜傥,为副贡生,不得志,乃刻意为诗。明亡,避地金陵,寓居鸡鸣山之右。求诗者踵至,谢绝不应。康熙二十六年(1687年)卒后,无以为葬。及陈鹏年知江宁府,始葬于蒋山北之梅花村。

【3】姜绮季，名廷干，一名廷翰，字绮季，浙江山阴（今浙江绍兴）人，以书画受重于时，顺治三年（1646年），清军破绍兴后，曾结"废社"，以遗民自居。

【4】干谒，为某种目的而求见地位高的人。

晚而举子

予年四十三，始举一子，逾年疹殇。已绝梦熊[1]之望，猝闻伤心之言，勉置婢妾，十年之间，连获男女数人。夫富贵或可幸邀，所难必者子与寿耳。仆虽功名偃蹇，从无怨尤，念天之待我者，未尝不厚也。古人云："德业观前面人，名位观后面人。观前面人，每见我不如人，而日励思齐之念。观后面人，亦见人不如我，而自消蹭蹬[2]之忧。"是非通人，不足与语此。

【1】梦熊，古人以梦见熊罴为生男的征兆。《诗经·小雅·斯干》："吉梦维何？维熊维罴。"又云："维熊维罴，男子之祥。"

【2】蹭蹬，失势之貌，困顿失意。

集句诗

集句，古人亦有作者，然不过偶一为之。明季有泗上施匪莪端教者[1]，名场耆宿，平生不自作诗，一取之唐宋诸家，每一挥毫，络绎奔会。如《吴门怀古》云："上方金殿郁岧峣，却忆吴王古市朝。小院回廊春寂寂，深帘飞絮昼寥寥。千年城郭名空在，百战山河血未消。衲子[2]不关尘世事，月明夜夜自吹箫。"《赠人》云："送君卮酒不成欢，竹里行厨洗玉盘。十载乱离知己泪，百年粗粝腐儒餐。风尘冉冉音书绝，桑梓凋零故旧残。客里聊为河朔饮，暂烦宾从驻征鞍。"浑成无迹，殊为可喜。《啸阁集》所载，多至万首，亦可谓仅事矣。

【1】施端教，字匪莪，泗州人。明季诗人、学者，著述甚丰。

【2】衲子，即僧人。

东村

予年来避迹东村，不入城市。岁暮，雪花满野，独坐无聊，适沈生麟携酒至，相与纵谈时事，畅饮极欢。沈即席口占，予和曰："黄云霭霴风怒颠，一群孤雁冲寒烟。浊醪不醉絮被薄，正是江村欲雪天。""雪压茅茨昼未开，一樽相对兴悠哉。肩披短蓑挂双鲫，溪叟叩门何处来？"

穿井

洛中人家穿井，忽黑雾蓊郁，见有物蜿蜒，似蛟而蛇尾，似蛇而顶有两肉角，长三尺许，腾空而去，竟不知何物。同年[1]益都（今山东益都）孙蕙说。

【1】明清时期，参加乡试或会试时同年登科的人互称同年、年兄。

天狱

元人《真腊风土记》[1]云："真腊地广七千里，其国富庶，商贾往来，谓之'富贵真腊'。土人为盗，不肯招承，迹涉疑似者，取铁铛熬油极热，令置手其内，若果盗物，顷刻糜烂，否则皮肉如故。又两家争讼，或挟诬设诈，王宫对岸有小石塔十二座，令各坐一塔，互相提防，三四日内，理屈者必大病，理直者无恙，百不爽一，故号'天狱'。"今中国百姓造业者多，官府明断者少，刑章冤滥，是非混淆，安得移此风于中土，一剖曲直哉。

【1】《真腊风土记》，（元）周达观著。真腊，位于今柬埔寨境内的古国。该书是研究真腊历史的重要著作，是现存的唯一记录。《四库全书总目提要》称此书"文义颇为赅赡，本末详具，可补元史佚阙"。

拾簪

东关外有李叟者，家甚贫，喜为善事。岁暮无聊[1]，遍从亲友丐贷，得白金二两五钱，拟为卒岁之资。归途忽遇一故人，为营逋[2]所迫，将赴水自沉。叟力为解劝，即探囊以赠。归语其故，妻子交谪，叟暂出避之。薄暮，行至紫霞宫[3]，见道旁有光灿然，拾视之乃一遗簪[4]也。金甚赤，货之，适值价二两五钱，与前数无异。盖此叟一念之善，为天所佑，似以此偿之。然则为善亦何损哉。

【1】岁暮，即岁末，也比喻老年，此处指前者。无聊，即无以维持生活。
【2】营逋，无力偿还的久欠的债务。
【3】紫霞宫，道教的宫观。
【4】簪，用来绾住头发的一种首饰。

遇九逢灾

今人逢九，云是年必多灾殃，俗传已久，愚夫愚妇皆信以为实。然予每窃笑之，不知此说原本于《灵枢》[1]，其言曰：凡人最患年忌，由九推之，年忌相加，则感之而病行。故人方七岁，是阳之少也，加九岁为十六岁，加九岁为二十五岁，加九岁为三十四岁，加九岁为四十三岁，加九岁乃五十二岁，加九岁乃六十一岁。九为老阳，阳极必变，皆人生之大忌，勿为奸淫之事，犹可自免，云云。但以七岁为始，非若今之人，竟以九积算耳。

【1】《灵枢》《素问》是我国古代两部理论医著，始见于《黄帝内经》。

卷 六

己酉至癸丑，康熙八年——康熙十二年（1669年—1673年）

改历

己酉（康熙八年，1669年）二月，钦天监奏：南怀仁推八年（1669年）历日，开载闰十二月。夫雨水为正月之中气，既有中气，则此月即为九年（1670年）之正中，应闰九年二月[1]。通行天下，将现颁历所载闰不必看。

【1】《清史稿·时宪一》："先是监官依古法推算，康熙八年（1669年）十二月应置闰，南怀仁言雨水为正月中气，是月二十九日值雨水，即为康熙九年（1670年）正月，不应置闰，置闰当在明年二月。"

卫公清修

曲沃（今山西曲沃）太师卫公文清[1]，清修雅操，冠绝百僚，好贤下士，延访不倦。予会榜，公为主司[2]，殿对后偕同年数辈往谒，见其寓馆湫隘卑湿，仅可容膝。少顷，公出，衣佩如儒生，谈及鄙卷，极口奖借[3]。同坐者共六七人，公不顾也。后病归，朝论必欲起公，复晋元辅，终始一节。及致政[4]，泽州说岩陈公[5]有诗送之曰："复起明光蹑旧踪，连章请急未从容。重来父老看司马，此去乾坤有卧龙。梦绕细毡闻夜雨，春违长乐远疏钟。知公未稳江湖兴，民隐还须达九重。"

【1】太师卫公，即清初大学士卫周祚。原文及致之本、续识略二卷本均作"卫公文锡"，误，当为"卫公文清"。《清史稿·党崇雅传》附卫周祚传："卫周祚，山西曲沃人。明崇祯进士，官户部郎中。顺治元年（1644年），授吏部郎中……十五年（1658年），授文渊阁大学士，兼刑部尚书，改国史院。以葬兄周胤乞假还。复起授保和殿大学士，兼户部尚书。以疾乞休。康熙十四年，卒，谥文清。"

【2】会榜，即参加会试。主司，即主考官。《清史稿·部院大臣年表一上》："顺治十八年（1661年）七月癸酉，卫周祚署吏部尚书。"

【3】奖借，即奖进、推许。

【4】致政，即致仕，原意是还禄位于君，即辞去官职。古代有七十致仕之礼。

【5】陈说岩，即陈廷敬，山西泽州人。《清史稿·陈廷敬传》："陈廷敬，初名敬，字子端，山西泽州人。顺治十五年（1658年）进士，选庶吉士。是科馆选，又有顺天通州陈敬，上为加'廷'字以别之。"康熙时，历任侍讲学士、内阁学士、礼部侍郎、左都御史、工部尚书、文渊阁大学士，康熙五十一年（1712年）卒。

议蠲

吴给事[1]国龙疏称：欲救民疾苦，莫若蠲免积逋。盖民力止有此数，经征完则带征欠，带征完则经征欠[2]，今年所欠之经征，又为次年之带征矣。积欠相仍，桁杨载道，亦复何益？请自八年以前，悉行蠲除[3]，则穷黎得生，而皇恩远沛矣。黄门[4]此疏，真救时急务也。

【1】古代，吏、户、礼、兵、刑、工六科，各设都给事中一人，正七品，左右给事中与给事中，均从七品，掌侍从、规谏、补阙、拾遗，辅助皇帝处理奏章，稽察六部事务。清代自雍正以后曾归入都察院，光绪时复设。

【2】"经征"指本年应征收的赋额，"带征"指今年顺带收上来的往年积欠赋额。百姓每年收入有限，交了经征只好仍继续欠往年的额赋，而如果交了往年的积欠，那就只好欠下今年的额赋，使之又成为来年的带征了。

【3】原文"捐除"，误，当为"蠲除"。

【4】汉代称接近皇帝的左右郎官为给事黄门，故后世也尊称给事中为黄门。

白垩

吴门朱翰林典，家巨富，其园居产白垩[1]，每季取一次，岁可得百余石，旋掘旋生，冶坊争鬻之，积资无算。钱氏《松枢十九山》[2]载：山右王冢宰国光[3]，有山地一区，其土结为铁砂，世擅其利。想即此类。

【1】白垩，白色疏松土状石灰岩，可烧制石灰、水泥，也可制粉笔。

【2】《松枢十九山》，明代万历时钱希言撰写的一本笔记体裁的著作。钱希言，字简栖，吴县人。博览好学，刻意为诗，恃才负气，人争避之，卒以穷死。

【3】王国光，字汝观，号疏庵，山西沁水南阳人。嘉靖二十三年（1544年）进士，官至吏部尚书，从政四十年，仕途坎坷，几进几退，是明代著名政治家、财政家和文学家。

明清时一般称吏部尚书为太宰、冢宰。

原文"山左"，致之本、续识略二卷本亦同，均误，应称"山右"。中国古代山左、山右中的"山"指太行山。按照坐北朝南的方位，则太行山左侧为山东省，故称为山左；右侧为山西省，故称山右。

产异类

海虞（今江苏常熟市海虞镇）孙状元承恩女，嫁戴氏，一产三子，俱非人类：一额有角，一遍体生长毛，一兽头四足。才出腹，便大笑不止，母惊死，家人立毙之。

淫报

宿松（今安徽宿松）令朱维高，入江南内帘[1]，取中一卷，明晨拟首荐。夜梦寿亭关公谓曰："某人不可中。"因手书一"淫"字。叩其详，曰："奸继母女，已干天谴矣。"次日忘之，以卷呈主司。初加称赏，忽以笔涂抹"险阻"二字。朱坚请曰："中卷有此字者甚多，似不应弃。"即命朱洗去，及洗而墨渍透数层矣，竟被摈。

【1】科举制度乡试和会试时，为防舞弊，试官在帘内阅卷，阅毕才允许撤帘回家，故也称试官为"内帘"。朱维高以县令充阅卷官，且其上有主司，此当是乡试，又称省试。

无臂道人

粤西全州（今广西全州）有无臂道人者，少为将，砍去二手，病废，隐居方外。喜学书，以肘夹笔，挥洒不倦，士大夫甚重之。每书款，自称"无臂道人"。卒，不言其姓氏。

濮孝廉

濮孝廉鳌，檇李（今浙江嘉兴）人，为诸生[1]，甚有声。密友季生，一夕梦鳌父来访，揖生曰："某子久宜荐，因父母殁四十余年，风雨暴露，殊恨之。诉之冥司，黜去其名。今科，不肖子又应列三十一名矣。"生曰："贤嗣之不葬亲，以贫故也。翁当默助，奈何反致恨乎？"其父颔之。生以梦语鳌，鳌诣柩前设誓。是秋果捷，名次无异。既屡促之，鳌不应。至是惝恍见父，神气骚扰。偶往武林（今浙江杭州），泊舟河干，夜半舟无故自覆。岸上人赴救，见一老叟，曳船使沉。因捶破船底，引出之。仆从十余人皆无恙，而鳌死矣。孝廉生平无大过，止以不葬亲，遂获斯谴。吁！

可畏哉!

【1】孝廉是举人的别称。诸生又称生员,即秀才。

药名闺情诗

长夏无事,友人有以药名索和者,戏拈三首,附记于此:"故纸南窗曙色通,葳蕤烟树影濛濛。未甘流落同瓜蒂,拼寄生涯逐断蓬。翠竹沥浪堪当茗,紫苏煎浴要防风。鬓蝉退后心情减,消尽腰肢半夏中。""飘零红紫草痕芜,五味嫌尝病未苏。比翼鸟分难独活,石莲根断怕全枯。空房胆小频诃子,客馆书成早寄奴。拟织锦缣传远志,回文稿本至今无。""碧纱人静掩香闺,会面从容又独栖。蜀地路遥情结哽,前湖风急影凄迷。针头熊胆连心苦,机上流黄背母啼。锦字未成空白纸,回乡音仗雁书题。"(原注:末首药名别名。)

雨沙

庚戌(康熙九年,1670 年)正月二十一日,天雨黄沙。

端午夏至

旧谚:"夏至难逢端午日,百年难遇岁朝春。"言节气相值之难,非以为瑞也。至日端午,岁庚戌(康熙九年,1670 年),予始一遘。至元旦立春,按崇祯元年(1628 年)朔立春,适际改元,咸以为天人一新,千载罕遇,真太平之兆。未几,寇盗纵横,祸乱四起。古语之不足信如此。

洞庭蜃气

五月,洞庭君山[1]侧蜃气见,楼阁旌旗,人物牛马,无一不备。食顷乃散。蜃气惟海有之,谓之海市,今见湖中,此不可解。岳州守包君元辰为之记。

【1】君山，古称湘山、洞庭山，因尧女湘君所游处而得名，位于湖北岳阳西南12公里的东洞庭湖中，与岳阳楼遥遥相望，是中国重点风景名胜区。

白鸦

江南六合县（今江苏六合）获白鸦一对，贡于京师。

先圣遗像

距松郡（今上海松江）西十里，曰陈陀桥，积雨基陷，居民运土筑之。不数尺，见一巨碑。众挽之出，石纹驳荦，拭视，乃先圣遗像也，傍列大字五，曰"唐吴道子作"，衣冠带佩，极为古雅。按隋大业中，夫子三十二代孙祯宦于吴，遂家焉，因葬衣冠，并立庙此地。宋淳熙中，有僧掘得宝玉六事，三璧、二环、一簪，皆古物。今复得碑像，士大夫相与迎入青浦（今上海青浦）学宫。予作诗恭纪曰："帝车南指肇圣儒，水精之子续陶虞。斯文未坠道不孤，麟衔玉书龙吐符。降灵尼邱躔泗洙，德被蛮貊届禽鱼。何况吴越贤才都，郊西十里地盘纡。纵横阡陌畇膏腴，农人激流互灌输。梧栏樗橡柳柘榆，走者豕犊浮鹃凫。传闻耳孙[1]挈生徒，仿拟阙里饰桼栌[2]。不知何年化榛芜，寝殿漫漶生菰蒲。询之父老曰匪诬，岁丁阉茂月毕辜[3]。雨师鞭龙没城郭，上游之水来太湖。倾江倒海天吴驱，老翁负来泄秽污。訇然有声出黄垆[4]，若非伏藏定璠瑜[5]。掘未数尺露龟趺[6]，野人聚观复奔呼。远迩争助钟与鈇[7]，泥沙窑窾[8]岸屈迂。中函巨石重莫扶，贯以累索施辘轳。翠文驳荦侵肌肤，磨光剔垢树路衢。熟视乃是东家模，□□□□□□□[9]。上有铁画墨沈枯，谁其貌者道子吴[10]。世方贱儒贵屠沽，夫子出欲何为乎？衣冠古雅晚近殊，而如蒙棋秀干躯。煌煌佩服飘髭须，案列简册字糊涂。口虽不言知圣谟，当年栖栖笑伥诙。漆书三灭形神劬，道之不行命也夫。伊余四过邹鲁区，宫墙耸峙嘉禾敷。扫洒愿一登庭除，有志未遂岁月徂。兹睹章甫忠心愉，仿佛孔堂游赐俱。有唐妙手名岂虚，后千百载谁能图。秦碑汉碣遭剖刳，此像俨列非天与。抚归斋沐惊妻孥，晨昏展谒甒瓵铺。子孙护藏防觊觎，山颓木坏无时渝。"[11]

【1】耳孙，泛指远代子孙。
【2】阙里，孔子故里。今山东曲阜城内有阙里街，因有两石阙，故名。
亲，房屋的大梁。栌，柱头承托栋梁的短木，即斗拱。此句即指孔子的裔孙迁居这里。
【3】阉茂，地支中"戌"的别称，即指戌年，十二属相中的狗年。毕辜，《尔雅·释天》："月在甲曰毕……十一月为辜。"即农历中得甲的十一月。
【4】黄垆，有多义，指九泉之下或坟墓等。
【5】璠瑜，鲁国的宝玉；或指人的贤才美德。
【6】龟趺，又名赑屃，传说中的龙生九子之长，貌似龟，力大无比，可负三山五岳。现实生活中多为石碑、石柱之底座，属灵禽祥兽。其原形可能为斑鳖。
【7】钟，量器。鈇，铡刀，斧头。
【8】窞，物在穴中欲出貌。窠，从穴中出貌。
【9】此处当有阙句。
【10】今上海松江有《宣圣遗像》，据说是根据唐代吴道子绘《孔子行教像》所刻。
【11】致之本、续识略二卷本均无所纪诗文。

长年

赵抑谦，闽人，善容成御女之术[1]，年一百六岁，畜数姬，举子女十余人。京华贵人，争相延至，竞作诗歌以赠之。闻今尚无恙。

【1】容成是道教兴起前后传说中的神仙，早期记述大多与房中术相关。

吴翰林

毗陵（今江苏常熟）吴翰林本立，为孝廉[1]时，贫甚，馆于吴大参家[2]。为一狐所迷，每晚必至，体为之惫，自恨将来必无功名之望。是科，将赴春闱[3]。狐曰："今晚一会，缘已尽，不敢复至矣。"挥泪而去。是年，吴登第（原注：江南无狐，或系他魅）。

【1】孝廉，举人的别称。
【2】明代于各省布政使下置参政、参议，俗称参政为大参，参议为少参。

馆，住宿或教书的意思，如家塾、家馆。

【3】春闱，即会试，因在乡试后的第二年春季三月举行，所以叫春闱。

鬼门关

天下山水之奇，莫过于粤西，然地极险僻，兼多瘴疠，故宦游者往往不能穷其胜概。菰城（今浙江湖州）吴太史[1]光，奉使安南（今越南），随地有纪。其过鬼门关，题驲壁[2]曰："路入鬼门隘，崎岖拥汉旌。翠山蛮雾合，白屋野烟平。树蝮[3]阴天见，林鼯[4]白昼行。词人迁谪地，万古一含情。"太史语予云：安南冠服，颇类中华，束带垂绅，绛袍乌帽，与明无异，但其君臣两足俱赤，则殊不雅观。

【1】太史，原指修史职官。明清时修史由翰林院负责，故又称翰林为太史。
【2】古代驿站专用的车，也指驿马。驲壁，即驿站的墙壁。
【3】树蝮，蝮蛇的一种，又称鳞皮树蝮，极毒。
【4】林鼯，即林中的鼯鼠。鼯鼠形似松鼠，能从树上飞降下来。住在树洞中，昼伏夜出。

屠牛报

泰和县（今江西泰和）南富村有王公选者，以屠牛为业。凡盗牛者，牵至其家，酬以薄价，岁以为常，所杀无算。后为人出首，县尹颛孙君重惩枷示。忽谓众云："前夜将半，梦一妇人披发向吾诉曰：'怀胎在身，乞缓一死。'及觉，有人叩门，牵一牸[1]至。我说：'夜梦妇人想就是你了。'这孽畜双膝跪下，两眼垂泪，被吾一刀砍杀，剖之，腹中果有一犊。今日受刑，此必牛之报也。"言讫瞑目，呼腹痛，号叫如牛，半日而死。

【1】牸，即母牛。

太湖水溢

六月，太湖跨三州，纳徽、浙诸山之水，周围八百里。吴江县（今江苏吴江）

去湖较近，于十二日辰刻（7—9时），西南风起，水一拥而至，平地高丈许，漂没庐舍，溺者数百人。县令大惊，一耆老白厌水故事，取县榜从桥上投水，拜呼曰："吴江没矣。"水遂退。

捕鱼报

松陵（今江苏吴江松陵）傍湖居民，聚而居者数千家，大率以渔为业。庭中掘深池，捕鱼畜之，取利最厚。闻水初至时，忽见水怪腾跳，或如兽形，或作魍魉状，大鱼皆从池跃出，小鱼数万继之，如雪片飞空，霜刃乱掷，波浪随之而兴。此方罹祸尤惨，识者以为好杀之报云。

陶广文惸[1]

陶广文惸，少有大志，负才名，屡上公车，报罢。秉铎[2]天台（今浙江天台），非其志也。自以才大被屈，愤懑不平，日招门下士，相与悲歌慷慨，共浮大白。尝携酒游石梁，访金庭之古洞，眺赤城之朝霞，触景自伤，不觉抚膺长恸。恸毕，复咄咄自问曰："陶生陶生，尔乃遂至此乎！"竟以郁结，疽发背而卒。以孝廉[3]之才器，自宜立致青云，顾乃屈于卑位，生无万钟[4]之享，死有伯道之痛[5]，岂平生所为，间有不可告人者乎？不然，我不得而解矣。

【1】原文"归广文"，误，致之本、续识略二卷本均作"陶广文"，据改。又见本书卷四"梦棺"："陶惸，松江华亭人（今上海松江），怀才不遇，六次会试均名落孙山，谒选得天台广文。"明清时称府、州、县教官为"广文"，亦作"广文先生"。

【2】秉铎，即担任官学的教官。

【3】孝廉，举人的别称。

【4】钟，古代量器名。万钟，指丰富的粮食，亦指俸禄。

【5】伯道，即西晋时邓攸，邓伯道。《晋书·邓攸传》："邓攸，字伯道，平阳襄陵（今山西襄汾县东）人……出为河东太守。永嘉末，没于石勒。石勒过泗水，攸乃斫坏车，以牛马负妻子而逃。又遇贼，掠其牛马，步走，担其儿及其弟子绥。度不能两全，乃谓其妻曰：'吾弟早亡，唯有一息，理不可绝，止应自弃我儿耳。幸而得存，我后当有子。'妻泣而从之，乃弃之。其子朝弃而暮及。明日，攸系之于树而去。"后来称人无子嗣为"伯道无儿"或"伯道之忧"，多用为同情、惋惜之语。

古钱

陕西庆阳府（今甘肃庆阳）东山，有不窋坟[1]，相去数丈，一古墓忽崩裂，中有石室、石床，堆古钱数处，散布四角，总计九百九十九枚；形方，长几二寸，狭上阔下，上有眼，下有方空，刻古篆二，曰"货布"，其式甚古。考太公九府钱[2]，有刀、布诸名，制像立名，俱相吻合，岂即此钱耶？土人云，以之辟邪最效。

【1】不窋是后稷的儿子，黄帝之苗裔。《史记·五帝本纪》："帝喾高辛者，黄帝之曾孙也。高辛父曰蟜极，蟜极父曰玄嚣，玄嚣父曰黄帝。自玄嚣与蟜极皆不得在位，至高辛（帝喾）即帝位。"《史记·周本纪》："周后稷……其母曰姜原。姜原为帝喾元妃……帝尧……号为后稷。后稷卒，子不窋立。不窋末年，夏后氏政衰，去稷不务，不窋以失其官而奔戎狄之间。"

【2】太公，西周初年的姜太公。《史记·齐太公世家》："太公望吕尚者……本姓姜氏，从其封姓，故曰吕尚。"他是周文王和武王的老师，商朝末年"天下三分，其二归周者，太公之谋居多"。武王灭商以后，封姜太公于齐（今山东东半部），所以他又是齐国的创始人。九府是周朝管理钱币的机构，（唐）张守节《史记正义》："周有大府、玉府、内府、外府、泉府、天府、职内、职金、职币，皆掌财币之官，故云九府也。"太公九府钱就是太公时周朝的国库钱。

濮阳王墓

娄县小蒸（今上海青浦区小蒸镇）西五六里，相传为汉濮阳王墓。墓傍隙地半亩，土人黑夜每见上有怪光，故弃而不治。九月初，有老叟欲除积秽，始举锄，见青气自下腾上，去土三尺，获古钱万余。其制不一，以铁条贯之，文曰"五铢"，曰"半两"，曰"泉货"。尝考秦钱文曰"半两"，汉行"五铢"，王莽作钱布名曰"宝货"，想即濮阳所藏，计二千余年矣。

负托遇鬼

越西王君益朋[1]，由词林转吏垣[2]。江臬卢慎言[3]者贪秽狼籍，被劾，行三千金益朋，求居间。益朋受金而不为之地，竟伏法。是秋，晋秩冏卿[4]。始入署，忽见慎言从内出，责以负托，揪发乱殴，随仆地。呼家人，具述颠末，呕血数升而卒。益朋有弟家居，创园亭，责一匠役，匠愤甚，奋斧劈之立毙。计其时，即益朋死日也，闻者叹诧。

【1】王益朋,据《世祖章皇帝实录》:顺治十二年(1655年)进士,入翰林院为庶吉士。十三年(1656年)四月,补授科道,为户科给事中。五月,升户科给事中王益朋为兵科右给事中。十月,转兵科右给事中王益朋为吏科左给事中。十五年(1658年),升吏科左给事中王益朋为本科都给事中。王士禛《池北偶谈·谈故三》:"世祖皇帝最重庶吉士,每亲自考较。乙未(顺治十二年,1655年)馆选,丙申(顺治十三年,1656年)特先授汉书庶吉士王益朋、王命岳等官六科给事中、监察御史。"

【2】词林,即翰林,官位正五品。吏垣,即吏科给事中。

【3】臬台,即按察使的简称,掌一省司法、刑狱等事。卢慎言,据《世祖章皇帝实录》,顺治十一年(1654年)由湖广下湖南道参政为四川布政使司川北道参政,十四年(1657年)升为江南按察使司按察使。十五年(1658年)江宁巡按卫贞元参奏江南按察使卢慎言婪赃数万,其父传与弟二济恶实迹,并私馈贞元银八千两情节,列款以闻。命革慎言职。并卢传、卢二等……严拏来京,审拟具奏。举荐卢慎言的原江南巡按刘宗韩及失察的江宁巡抚、江南总督等官员也均受到牵连和严厉处分。十六年(1659年)闰三月,卢慎言在狱中嘱托宗人府府丞董国祥分送金银,以求轻判,嗣因巡城御史访查,始行发觉。董国祥自首,革职流徙尚阳堡。当年十月癸卯,刑部题:"卢慎言贪酷诸不法事,鞫审皆实,且诬噬原参承问各官理合严惩,以示炯戒。卢慎言应即凌迟处死。家产并妻子籍没入官。"

【4】同卿,太仆寺卿的别称。太仆寺卿,官位从三品,历来被视为清显之职,掌管皇帝车马、牲畜等事。

龙斗

辛亥(康熙十年,1671年)五月十八日,镇江(今江苏镇江)月河镇,有龙列阵而斗,暴风骤雨,天气冥晦,沿河民房,倾倒者无数。

魏伯乡

前进士曹胤昌,楚人[1],于辛亥(康熙十年,1671年)季夏往滇,迎赠公[2]柩回籍。过楚雄府(今云南楚雄)一村落间,有农家童子,年十五,卧病在床,闻门外车马声,大呼曰:"此曹石霞也!何故过门不入?"促父往邀。父愚人也,怪其妄,叱之。久之,闻于府正。府正适与曹晤,偶述此事。曹甚讶,竟枉道复至村中觅之。此童大喜,留坐,与叙契阔,并诵曹会闱硃卷[3],深嘉叹赏。兼述都中晤语之地,一一不爽。曹惊曰:"得非内阁魏老师乎?[4]"曰:"然。"问:"何以托生于此？"屡叩不答，良久曰："我病已剧，今将往粤中某县，兄当偕往。虽然，恐兄少迟，赶不上矣。"曹大骇而别。未几，此童卒。曹扶榇至昆明，寓西寺，亦卒。许观察缵曾[5]亲过此村，闻之甚确[6]。

【1】湖北《麻城县志》："黄州（麻城属黄州府）曹胤昌，字石霞，崇祯己卯（十二年，1639年）解元，癸未（十六年，1643年）进士，以文章名世。"解元即乡试第一名。曹胤昌授嘉定知县。有巡按御史前来考察，问其刑名钱谷几何，曹胤昌答道："文章颇能几句，簿书非职所长"。结果左迁福建都转运使司照磨。清军南下后，解职归里。其父在云南顺宁卒于官，曹胤昌万里入滇，护送父亲灵柩归葬。洪承畴入湖广，檄召曹胤昌入其幕府。曹胤昌佯狂谩语，又写诗讥诮，被遣归。

【2】赠公，古代对官员父亲的敬称。

【3】会闱硃卷，即参加会试时的答卷。因阅卷官均用红毛笔评判，故称硃卷。

【4】致之本、续识略二卷本此处均作"得非内阁魏柏乡老师手"？且题目亦为"魏柏乡"。

按，"内阁魏老师"所指颇成问题。曹胤昌是明朝崇祯十六年（1643年）进士，该年入阁者系顺天府通州人魏藻德，且除此之外阁臣中再无魏姓者。但魏藻德，字师令（一作恩令），号清躬，无论乡贯、字、号均与柏乡（今河北柏乡）绝不相干。清初顺治三年（1646年）进士魏裔介，字石生，号贞庵，又号昆林，直隶柏乡（今河北柏乡）人，官至清太子太保、吏部尚书、保和殿大学士、太子太傅。按照习惯，魏裔介可以称魏柏乡，但他入仕于清初，卒于康熙二十五年（1686年），不可能会看到曹胤昌于明朝崇祯十六年（1643年）会试硃卷，更不可能于康熙十年（1671年）就已托生为云南楚雄农家子。此段当是叙魏藻德事，而误植于魏裔介。《藤荫杂记》："顺治丙戌（三年，1646年）会试，杜月湖芳以庶吉士同考，得魏柏乡裔介卷，已拟第一，后改十二名。李奭棠本十二名，改第一。月湖评魏文，拟之以苏长公，果居撰席。而月湖分校，次年即卒，柏乡作志铭述之。"《郎潜纪闻二笔·天人感应之捷》："顺治朝，魏柏乡相国疏纠首辅刘正宗，世祖震怒，以公不早言，并下狱，然卒直公出之。时方久旱，公甫出狱，甘霖大沛。嘉庆朝，洪稚存太史以上书成亲王、朱文正公，妄言时政，谪戍伊犁。明年，京师旱，上诣坛祈祷，减军流罪，不雨。诏赦直言获罪洪亮吉归，是日大雨，天人之感应捷矣。"

【5】许缵曾字孝修，号鹤沙，华亭人。顺治六年（1649年）进士。历官江西驿传道副使、四川布政使司上下川东道参政、河南按察使、云南按察使。

【6】王士禛《池北偶谈·谈异一》："黄州曹石霞（胤昌），崇祯己卯（十二年，1639年）解元，癸未（十六年，1643年）进士，以文章名世。父卒官顺宁，旅榇未返，万里入滇。顺宁有民家，生一儿，七岁不言，一日，忽语父曰：'楚人曹石霞，吾门生也，今日至此，当往见之。'家人疑怪不信，儿辄自往，父母尾之。至通衢，果有肩舆来者，儿从稠人中直前，止其舆，字而呼之曰：'石霞，吾待汝久矣！'曹愕然，儿又曰：'此地未可语，当至邸舍告汝。'既至邸，儿曰：'可屏人阖户。'如其言，儿南向坐曰：'我章格庵正宸也，一念之误，三堕轮回。始在豫，继在粤，在此候汝，又数年矣。今可随我去乎？'曹叹讶再拜曰：'某以父榇未返葬，间关万里，远涉南荒，未能即从夫子，请俟异日。'儿默然久之，曰：'然则吾先行待汝耳！'遂至其家，是夕死矣。曹赋诗纪异，不数月，竟卒于顺宁。其子以榇归，至某郡，忽重不可举，视其壁上，乃有曹入滇时吊洪半石（天禄）诗

洪亦黄人,槁葬于此。乃启洪櫬,祷于榇前,请同归葬,于是遂行。杨职方鄂州(兆杰)说。"按,《明史·章正宸传》:"章正宸,字羽侯,会稽(今浙江绍兴)人……崇祯四年(1631年)进士。由庶吉士改礼科给事中。""礼部侍郎王应熊者,温体仁私人也,廷推阁臣,望轻不得与。体仁引为助,为营入阁。正宸上言:'应熊强愎自张,何缘特简。事因多扰……宜存浑厚。奈何使狠傲之人,与赞平明之治哉。'帝大怒,下狱考讯,竟削籍归。"崇祯九年(1636年)又召为户科给事中,复罢职。明亡以后,章正宸出家为僧,一说绝粒而死。

戏赠聋者

族兄象孚,少年喜结纳,雅多兴趣。今老矣,且重听矣,索拙句为赠,以诗戏之,云:"终朝兀坐懒逢迎,有酒还须社日倾。席上麈挥惟见笑,窗前叶落不闻声。虚传磁石能通窍,漫采菖蒲为益精。入仕尚堪充著作,世间仍有杜台卿[1]。"

――――――

【1】《隋书·杜台卿传》:"杜台卿,字少山,博陵曲阳人也……少好学,博览书记,解属文。"历仕北齐、北周,隋文帝开皇初"被征入朝……患聋,不堪吏职,请修国史。上许之,拜著作郎"。

祷雨自沉

六月至七月,亢阳为灾,路绝行旅。细林山道士曹耕云者,向以术自诩,筑台高数丈,步罡画诀[1],每日上表三次。又用黑犬磔血,杂降檀[2]焚之,扰扰半月,日色愈炽。时有僧明愿者,东昌(今山东聊城)人,俗姓田,披剃马嵴寺,合掌跪赤日中,不饮不食,望空拜恳,誓七日不雨,愿以身殉。至期,跃入跨塘桥,自沉死。

――――――

【1】步罡,步天纲,又称"步天罡""踏罡步斗"。这是道士按北斗七星的排列而行的炼修法。道士施法时以布匹在地上排成北斗的形状,布匹上画出七颗星及其连线。术者闭气、念咒,然后按一定顺序以足踏画在本布匹上的七星。画诀,即画符,道士施法时把咒语画成箓,烧成灰后服下去以表示送达上神。

【2】降檀,即降香黄檀,与紫檀等号称中国古代四大名木之一,俗称黄花梨木。

墨竹

墨竹一派，自梅道人[1]后，宣、正间则推夏昶[2]，论者谓可比肩元镇[3]，徐渭、王问[4]俱不及也。迩者画者虽多，鹿城归太仆孙庄[5]，气韵萧疏，颇得古人遗意。庄别号麐鳌、巨山人，性好奇，喜醉后挥洒。尝画巨幅，题一绝贻予曰："劲节寒姿是性生，飒然笔底作秋声。吴儿只解称朱鹭，柳叶芦苗浪得名。"

【1】吴镇，字仲圭，今浙江嘉善人，元代四大名画家之一，自称梅道人、梅花道人、梅沙弥。

【2】夏昶，字仲昭，号自在居士、玉峰，今江苏昆山人。永乐十三年（1415年）进士，明代著名画家，尤以墨竹著名。

【3】元镇，即元末明初著名画家倪瓒。倪瓒，初名珽，字泰宇，后字元镇，号云林居士、云林子，或云林散人，等等，今江苏无锡人。博学好古，家雄于财，四方名士日至其门。元亡入明，黄冠野服，混迹编氓。工诗画，其画山水，意境幽深。

【4】徐渭，字文清、文长，号天池山人、田水月、田丹水、青藤老人、青藤道人，等等，山阴（今浙江绍兴）人。明代著名文学家、书画家。王问，字子裕，学者称仲山先生，江苏无锡人。明代著名画家，善画山水、人物、花鸟、竹石，无不精妙，运笔迅速，极饶生趣。

【5】鹿城，今浙江温州的别称。归庄，一名祚明，字尔礼，又字玄恭，号恒轩，又自号归藏、归来乎、悬弓、园公、麐鳌、巨山人、逸群公子等，今江苏昆山人。明末清初书画家、文学家。明代散文家归有光曾孙，书画篆刻家归昌世季子，善草书、画竹。

淫奔

毗陵（今江苏常州）庄氏，巨室女也，适同邑季生，性不慧。逾年，生一子。入都援纳[1]，女与家奴三人奸。一婢甚美，亦有风情，每夜张灯联榻，达曙不息。恐有觉者，于是挂帆而遁。后遁迹至松郡（今上海松江）。三奴皆长大伟岸，二人侍寝，则一人与婢狎。邻人疑之，未发。月余，其家移牒，捕送有司。庭鞫之日，观者四集，衵服行缠[2]，俱为轻薄子弟脱去。女美而荡，其夫在家，久与仆辈通，不能禁也。既系名族，抑且抱子，乃弃之而逃。岂淫情所钟，割恩越礼，一至此耶？后，诸奴皆伏法。

【1】援纳，即不经过乡试，通过捐纳直接入国子监学习，学习期满合格即可授官。《明史·选举志一》："科举必由学校，而学校起家可不由科举。学校有二：曰国学，曰府、州、县学。府、州、县学诸生入国学者，乃可得官，不入者不能得也。入学者，通谓之监生。举人曰举监。生员曰贡监，

品官子弟曰荫监,捐赀曰例监。"

【2】衵服,即贴身内衣。行缠,即裹足布,或是绑腿布。

兵变

九月,总戎梁公化凤[1]病故,兵四出为盗,署印侯将军不能制。于十八日,群聚府门索饷。郡守耿继训[2],年少不更事,以漫语应之。兵遂大哗,擒守殴詈,衣冠毁裂,拥至小教场,两日一夜,不与饮食,备受窘辱。时府藏告竭,计无所出,向典铺贷发,始得释。兵气既骄,肆行剽掠,百姓为之罢市。

【1】《清史稿·梁化凤传》:"梁化凤,字翀天,陕西长安县人。顺治三年(1646年)武进士。"十三年(1656年)正式授苏松总兵,十七年(1660年)擢苏松提督,加太子太保、左都督,后改江南提督。康熙十年(1671年)卒。

【2】耿继训,康熙初年任松江知府。叶梦珠《阅世编·士风》:"守松江者,以余所见……康熙中,为祖永勋、于汝翼……耿继训、刘栝、刘名标,或以讹误,或以被论去。"

射虎

上巡幸上都(即盛京,今辽宁沈阳),驻跸山海关,分骑大猎,一日获虎二十。予纪以诗云:"鸾舆十月上陵回,夹道欢声遍九垓[1]。八骏岂从瑶水过[2],六龙初向沛宫来[3]。朱缨都尉前驱入,毳帐[4]词臣后骑催。归近居庸(今北京居庸关)还大猎,汉家虎圈几时开?"[5]后,上亲射虎,虎咆哮而前,一近侍奋身当之,虎衔去数武外,置地,坐其上。众共格杀虎,近侍竟无恙,上之英武服物类如此。

【1】一又作九陔、九畡,指天下九州之地。又一作九陔、九阊,指九重之天,最高的天空。此处作后义解。

【2】《穆天子传》:传说周穆王出巡驾车用八匹骏马,日行万里(一说三万里)。

八马根据毛色分别命名:赤骥,盗骊,白义,逾轮,山子,渠黄,华骝,绿耳。瑶水,既瑶池。

【3】六龙,皇帝车驾的代称。除此以外,还有《易经》中的六爻、传说的日神、六兄弟的美称等多义。沛宫,汉高祖刘邦在家乡沛县(今江苏沛县东)的宫室。

【4】毳帐,游牧民族居住的毡帐。

【5】致之本、续识略二卷本均无作者所纪诗。

女怪

东洞庭（今江苏太湖洞庭东山）有贾人吴继进者，家巨富，继进尤善居积，百货充斥。一日，与客谈，忽空中闻应答声，谓吴曰："我侪八人，远来托迹，但日办素斋，并呼梨园一部，此外勿烦主人也。"吴唯唯，翌午设席，布灰于地以验之，足迹皆妇人，因呼为女仙。如是累月，继进愤甚，赴张真人府[1]诉之。寂然者数日，未几，复至，设席如初。伶人私相语曰："我辈真白日见鬼矣！"猝有批其颊者，昏仆于地。群优叩头乞哀，久之作声曰："姑恕汝。"自是或抛瓦砾，或几案无故自举，或登树颠，或骑屋梁，变幻百出。吴有侄，仅知书，性夸诞，自负必贵，盛衣冠入，厉声叱之，语未绝而头上冠从空中掣去，左臂中一砖，踉跄走。怪鼓掌大笑。内帑悉为徙去，合家苦之而不能禁。予谓吴聚敛无厌，故有此怪，财尽则祟止矣。周孝廉[2]官与吴密，述之甚详。

【1】道教指修炼成仙的人为真人。张真人，即道教五斗米教派（后称道教正一教派）始祖张道陵，他的府第称张真人府，又叫张天师府，为后世所传张天师的居住、传教之地，亦即正一教派的祖庭，在今江西龙虎山。

【2】孝廉，举人的别称。

北人不知南味

沈存中《笔谈》[1]云："庆历中（1041—1048年），学士会于玉堂，偶置生蛤蜊[2]一簋，令饔人[3]烹之。久而不至，检视，则曰：'煎已焦黑，而尚未烂。'坐客大笑。"顷，莱阳宋琬[4]饮予斋，盘中适有海螄[5]，宋极力以齿啮之，忽攒眉顾予曰："此物不甚佳，半日止碎一枚耳。"坐客亦大笑。

【1】《宋史·沈括传》：沈括，字存中，号梦溪丈人，钱塘（今浙江杭州）人。北宋仁宗嘉祐八年（1063年）进士，政治家。他在天文、物理、数学等方面有突出的成就，有《梦溪笔谈》著名于世。

【2】蛤蜊类双壳软体动物，生活于浅海泥沙中。吃时去壳，其肉可煮、炒食用，味鲜美。

【3】饔人，春秋时古官名，掌烹调切割之事，即后世的厨师。

【4】宋琬，字玉叔，号荔裳，莱阳（今山东莱阳）人。清初诗坛八大家之一。

【5】海螺螺科软体动物，生活于浅海泥沙中，壳似角塔，有高而呈锥状的螺旋，需将肉割出方能吃。

醉虎

壬子（康熙十一年，1672年）正月初十日，福山戍卒遇一醉虎，缚献王大将军辕门。将军剖肉分送郡绅，云小儿食之可以稀痘[1]。

【1】痘症是一种急性传染病。稀痘指服药后可使人免患痘症，或发病时痘颗稀少，不显危症。

猛虎行

孟道脉者，武昌人，为娄县（今上海松江）令[1]，性贪而昏，破家者不一而足。又酷嗜龙阳[2]，衙役年四旬以内，及无髭髯者，往往不免。岁余，耗正供五六万，抚军[3]列状上闻。适于春首获一牡虎，娄民益奇之，以为令岂其牝耶？不然，吾邑素无虎也。楚人杜浚作《猛虎行》以纪之，云："猛虎入娄邑，牝牡行相离。牝虎缨而冠，牡虎无威仪。牝虎性反恶，牡虎性较慈。牝虎食人多，牡虎逢人稀。牡虎不吐瘦，牝虎不厌肥。牡虎一朝缚，牝虎来追随。牡虎缚在后，反先牝虎縻。邦人快牝虎，观者如重围。明府出号令，挺刃无轻施。邦人急报复，遑顾从与违。相与尸牝虎，羊质虎其皮[4]。此兽诚久假[5]，今亦败于斯。"诗有乐府遗意，道脉后竟拟辟。

【1】《清史稿·地理志五》："顺治十二年（1655年）析华亭县（今上海松江）置娄县。"叶梦珠《阅世篇·居第一》："朱太史第，当府治之后……适娄县新分……将朱第卖为县治……即今娄县治也……自楚中孟道脉来令娄邑，稍增式廓，后人赖之。"

【2】龙阳君是战国时魏王的男宠，历史上记载的最早的同性恋者，后世遂以龙阳之癖作为同性恋的代名词。《战国策·魏策》："魏王与龙阳君共船而钓。龙阳君得十余鱼而泣下……曰，臣之始得鱼也，臣甚喜；后得又益大，臣直欲弃臣前之所得矣；今以臣之凶恶，而为王拂枕席；今臣爵志人君，专人于庭，避人于途；四海之内，美人亦甚多矣，闻臣之得幸王也，必亲上而趋大王，臣亦犹恐臣之前所得鱼也，臣亦将弃矣；臣安能无涕出乎？魏王曰，误，有是心也，何不相告也？

于是布令四境之内,曰有敢言美人者族。"

【3】抚军,清代巡抚的别称。

【4】羊质虎皮,即外表装作强大而实际上很胆小。(汉)扬雄《法言·吾子》:"羊质而虎皮,见草而悦,见豺而战,忘其皮之虎矣。"

【5】久假,有名无实的意思。

神火

二月二十三日,贵州镇远府(今贵州镇远),神火自石屏坠下,状如星陨,怪风四起。火飞渡河,官署民居,尽成灰烬。百姓奔避山中,山火复炽,虎豹咆哮,尘雾四塞。至暮,火始熄。

伪碑

四川成都府武侯庙,年久倾颓。有宋观察[1]可发者,喜功好事,取一旧碑,伪镌十六字,先一年埋庙下,后托言重修,掘得之,报幕府,拟缮疏上达。适有发其事者,遂中止。碑首列一"亮"字;下有"千一出"三字,言岁在"壬"也;中有"水月主",乃国号;"庚不大",乃纪年;"盖十八""龙复卧",则自寓其姓而窃比诸葛也。嘻!亦愚矣。

【1】观察是清代对道员即道台的尊称,道台是位于省和府之间机构的官员。

凿吴淞江

浙抚范公承谟[1]、江抚马公祐[2],合疏请开吴淞江。辛亥(康熙十年,1671年)冬起工,至孟夏始告竣,复作闸以备冲击。但沙松水疾,随筑随崩,恐难久耳。时畚锸如云,皆朝廷出钱雇募,而有司仍照田分派。或业多者贿脱,而穷民反承役,百姓苦之。计费金钱三十余万。自海公瑞[3]凿后,至是已一百二十年。海公调停允当,不烦国课,不费民财,计日奏功,士民皆追思之。

【1】范承谟，清初名臣范文程第二子。顺治九年（1652年）进士，历官浙江巡抚、福建总督。任上历勘浙江荒田，请免赋三十余万亩，赈灾抚民，漕米改折。"三藩之乱"起，被耿精忠囚禁，后被杀。《清史稿·范承谟传》："范承谟，字觐公，汉军镶黄旗人，范文程之次子。顺治九年（1652年）进士，选庶吉士，授弘文院编修……康熙七年（1668年），授浙江巡抚"，减轻百姓赋税负担，人称"爱民如子"。

【2】马祜，满洲人，其名又音译为玛祜。《清史稿·麻勒吉传》附玛祜传："玛祜，哲柏氏，满洲镶红旗人。顺治九年（1652年）翻译进士……康熙八年（1669年），江宁巡抚缺，命议政大臣等会推满洲郎中以上、学士以下通汉文有才能者备擢用，举奏皆不当上意，特以命玛祜……十年（1671年），时布政使慕天颜请浚吴淞江、浏河，玛祜与总督麻勒吉请以漕折十四万充费。"使苏、松、嘉、常、湖、杭六郡在水旱之时，不致大困。

【3】海瑞，明万历时期人，历江南淳安、诸暨等县知县、户部主事，官至右佥都御史巡抚应天十府，惩治豪绅，减轻穷人的赋税，得到百姓的拥护。万历十五年（1587年）卒于任。

胡僧见梦

吴先生伟业[1]，年方耳顺[2]，体气康强。一夕，忽梦胡僧突入，似熟识者，揖先生曰："公可俶装[3]，我将与公同行。"惊寤，以为不祥。不三日[4]，病卒。先生虚怀好士，尝作春雪诗、建业宫词。偶有客携至娄江（今江苏太仓），击节叹赏，许为玄晏[5]之序，而今已矣。以诗诔之云："梦里神先告，龙蛇逼岁除[6]。日斜惊怪鸟[7]，客至感鸣驴[8]。载酒常开径[9]，论诗亦列予。所思应不远，好检箧中书。"[10]

【1】吴伟业，字骏公，号梅村，江苏太仓人。崇祯进士。明末清初江南诗坛领袖，著名诗人，与钱谦益、龚鼎孳并称"江左三大家"，又为娄东诗派开创者。

【2】耳顺，六十岁的代称。

【3】俶装，即整理行装。

【4】原文"三不日"，误，当为"不三日"。

【5】玄晏，即高人雅士或山林隐逸。《晋书·皇甫谧传》："皇甫谧，字士安，幼名静，安定朝那（今甘肃平凉西北）人，汉太尉嵩之曾孙也……沉静寡欲，始有高尚之志，以著述为务，自号玄晏先生。"

【6】龙代表地支中的"辰"，蛇代表地支中的"巳"，即地支中的辰年和巳年，古代认为均是凶年。逼，即催迫。岁除，农历年底的最后一天，即除夕。

【7】怪鸟，比喻不祥之人。贾谊《鵩鸟赋》序："谊为长沙王傅，三年，有鵩鸟飞入谊舍，止于坐隅。鵩似鸮，不祥鸟也。"

【8】《世说新语·伤逝》:"王仲宣好驴鸣。即葬,文帝临其丧,顾语同游曰:'王好驴鸣,可各作一声以送之。'赴客皆一作驴鸣。"后世遂用"鸣驴"一词表示送丧。

【9】开径,指只结交少数高人雅士,不与庸俗之辈来往。《文选·杂诗下》谢灵运《田南树园激流植援》:"唯开蒋生迳,永怀求羊踪。"(唐)李善注引《三辅决录》曰:"蒋诩,字元卿,隐于杜陵。舍中三迳,惟羊仲、求仲从之游。二仲皆挫廉逃名。"

【10】致之本、续识略二卷本均作:"吴伟业,年垂耳顺,体康强。一夕,梦胡僧突入,似熟识者,揖先生曰:'公可束装,我将与公同行。'惊寤,以为不祥。不三日,病卒。"较此为略。

拂水山庄

柳是,字如是,吴人,初名杨影怜,流落外北里,姿韵绝人[1]。钱牧斋[2]先生一见惑之,买为妾,号曰"河东君"。为人风流放诞,先生爱之深,不甚拘束也。捐馆后[3],族人群起攻之,柳自系[4]死。予偶游拂水山庄[5],赋诗吊之曰:"山顶流泉入屋中,回廊曲曲闭春风。邺侯[6]书去空存架,惟见江梅绕砌红。满壁丹青写旧辞,朱栏碧树尚参差。燕楼寂寞佳人死,不枉当年赋柳枝。"王胜时沅和云[7]:"逋客归来负朔风,草堂依旧北山中。山中花柳还相笑,不见长条见落红。河畔青青尚几枝,临风弄影碧参差。叛儿[8]一去啼鸟散,赢得诗人绝妙辞。"二诗俱有深意。予以为既以身殉,不必苛求可也。

【1】柳如是,嘉兴(今浙江嘉兴)人。本姓杨,据说名爱、朝、影怜,年幼时被卖到吴江(今江苏吴江),改姓柳,名隐(一说隐雯。据陈寅恪《柳如是别传》载:"至若隐遁之意,则当日名媛,颇喜取以为别号。如黄皆令之'离隐',张宛仙之'香隐',皆是例证。盖其时社会风气所致……即于名字别号一端,亦可窥见社会风习与时代地域人事之关系。")字蘼芜,后改名是,字如是。因天资聪慧,容貌俏丽,尤擅诗词书画,成为明末清初秦淮八大名妓之一,后嫁与江南才子钱谦益。明亡,清康熙三年(1664年)钱氏死后两个月,柳如是自缢。

【2】《清史稿·钱谦益传》:"钱谦益,字受之,常熟(今江苏常熟)人。明万历中进士,授编修,博学工词章,名隶东林党。"号牧斋,晚年号蒙叟、东涧老人。明末文坛领袖,与吴伟业、龚鼎孳并称为江左三大家,瞿式耜、顾炎武、郑成功都曾是他的学生。崇祯元年(1628年)任礼部侍郎,翰林侍读学士,后被革职。南明时期,他曾一度参加抗清斗争,后降清,官至礼部尚书,顺治三年(1646年)称疾乞归,其后又因受牵连数次入狱,康熙三年(1664年)病卒。

【3】捐馆,死亡的委婉说法。

【4】自系,即自缢。

【5】拂水山庄是钱谦益早年在江苏常熟虞山构筑的住宅,钱谦益和柳如是死后分葬在此,两墓相距约20米,钱谦益的墓碑上写"东涧老人之墓",柳如是墓前石碑上书"河东君之墓"。

【6】唐朝李泌,唐德宗贞元三年(787年),拜中书侍郎、同中书门下平章事,累封邺县侯,时人呼其"邺侯"。其搜罗书勤,家富藏书,且多为书祖,比肩则寡。后来,人们在称美他人藏书之众时,喜用此典。(宋)周密《齐东野语·书籍之厄》:"若士大夫之家所藏,在前世如张华,载书三十车;杜兼聚书万卷,韦述蓄书二万卷;邺侯插架三万卷……皆号藏书之富。"

【7】致之本、续识略二卷本均无"王胜时沄和云"以下字句。王沄,字胜时,明末清初人,是明末松江文学团体"几社"成员,陈子龙的学生。嘉庆《松江府志·古今人传八》:"王沄,字胜时;原名溥,字大来,娄县(今上海松江)人。为陈子龙弟子,处师生患难时,卓然有东汉节义风。"

【8】《杨叛儿》是唐代诗人李白改自乐府的一首古诗,内容是描写一对青年男女,君唱歌,妾劝酒的融洽场景。李白《杨叛儿》:"君歌杨叛儿,妾劝新丰酒。何许最关人?乌啼白门柳。乌啼隐杨花,君醉留妾家。博山炉中沉香火,双烟一气凌紫霞。"

果报

福善祸淫之说,虽不可尽信,然不于身,必于子孙,报应之理,实有不爽者。吾乡李学道愫[1]、徐县尹鼎[2]、蔡孝廉文炳[3]、周郡守茂源为孝廉时[4],郡中一孀妇,无子,挟厚赀,族人欲攘之,讼于官,挽四君为助。适当计偕[5],当事委曲从命。妇遂自缢,临死谓人曰:"生既不能自直,死必有以报诸公。"岁辛丑(顺治十八年,1661年),李君宦楚,疽发背死。庚戌(康熙九年,1670年)仲夏,徐君游秣陵(今江苏南京),泊舟散步,俄踉跄回,谓偕行友吴山人懋谦曰:"顷见皂衣人手持勾帖,云为孀妇所讼,视之,我四人名皆在焉,惟李君有硃点,云已摄到,殆不免矣!"叩其故,因述前事甚悉。薄暮遍体发热,急归,腰生一痈,渐大如盂,求死不得,逾两月卒。辛亥(康熙十年,1671年),蔡君于脑后发一疽,自夏徂秋,旋绕满颈,稍动摇,头似欲堕地者,家人互相捧持,不卧不食者三阅月,竟不起。壬子(康熙十一年,1672年)夏,周君亦患腰疽卒。徐恂恂长者,平生无大过;周守括苍归[6],讨论风雅,与骚人墨士日夕唱酬,乃年仅一周,俱罹恶疾。诸君之过,皆出无心,可惜亦可畏也。

【1】学道,即学政。学政是一省中地位最高的官员之一,与巡抚、巡按同为三品,负责本省的科举考试和教育等事。李愫无考。

【2】县尹,知县别称。徐鼎无考。

【3】孝廉,举人的别称。蔡文炳无考。

【4】郡守,知府的别称。周茂源,字宿来,号釜山,华亭(今上海松江)人。顺治六年(1649年)进士,知处州(今浙江丽江)知府,后罢官家居,著述以终。

【5】计偕,举人进京会试的别称。秦汉时地方官每年将境内治安、租税、户口数额派计吏上报中央,郡国向中央推举的孝廉之类人才和其他簿籍或贡奉物品,也可相随而行,这种办法为"计偕"。《史记·儒林列传序》:"郡国县道邑有好文学,敬长上、肃政教、顺乡里、出入不悖所闻者,令相长丞上属所二千石,二千石谨察可者,当与计偕,诣太常,得受业如弟子。"司马贞《索隐》:"计,计吏也。偕,俱也。谓令与计吏俱诣太常也。"后世遂用来称举人进京参加会试。

【6】括苍,即处州。处州治今浙江丽水,丽水在隋唐时置括沧县,括苍在此处借指处州。

瑞虫

七月时,飞蝗从西北蔽天而来,草根木叶靡不立尽,独不食稻。半月后,悉向南去,不知所之。农人欢呼罗拜,目为瑞虫。因纪以诗曰:"季夏炎飚厉,飞蝗蔽天来。种类何烦多,排空若云霾。频年苦旱涝,民命日以哀。兹复遘此孽,毋乃天所灾。何图尔蝗翩然来过,惟食野草,不食黍禾。儿童跪拜,田畯喜[1],晓视绿滕光蕤蕤[2]。迎巫设醴答神休[3],击鼓摇旗绕村市。吁嗟!斯民邀福于尔,时无卓与宋[4],何德以致此。蝗乎,蝗乎,我父我母,我仓我杼。来不敢拒,去又曷处?官催捕蝗檄如火,不畏蝗虫畏官府。"

【1】原意是古代掌管农田稼穑的官,后世泛指农夫。

【2】蕤蕤,茂盛貌。

【3】神休,神明赐予的福祥。《文选·赋丁·郊祀》扬雄《甘泉赋》:"惟汉十世,将郊上玄,定泰畤,拥神休,尊明号。"(唐)李善注:"言将祭泰畤,冀神拥祐之以美祥。"

【4】时无卓与宋,本意应该是指姓卓和宋的品德高尚之人。此处或指明初的卓敬。卓敬是明初洪武时期的给事中,"靖难之役"燕王朱棣发兵夺侄子建文帝之位。卓敬拥护建文帝,坚拒朱棣的劝降而被杀,并夷三族,其后裔逃往深山避难,改姓宋氏。《明史·卓敬传》:"卓敬,字惟恭,瑞安(今浙江瑞安)人。颖悟过人,读书十行俱下。举洪武二十一年进士。除户科给事中,耿直无所避……燕王即位,被执……乃斩之,诛其三族。"

暴风摄寺

闰七月。淮安府(今江苏淮安)南门外乌沙河西嘴有祖堂寺,于初四日二更,忽风雨暴作,将寺摄去府西数里外,砖瓦木石皆从空坠下。

月下白气

十五日二更后，月色如昼，月下白气纷纷，仰望如密霰。

陆园胜概

当湖[1]有冯孝廉[2]者，家甚富，于郊外营一园亭，竭尽心力五十余年始落成，广袤几二百亩。孝廉殁，无子，陆侍御光旭[3]以善价得之。予偶游其地，侍御觞予于园中，曲栏窈窕，修池逶迤，古木苍藤，翳天蔽日。其最胜者曰"桂径"，老桂数千株，夹覆其上，行其中者，巾袖皆染浓香。池中制一舫，客至先命酌，令二童子鼓枻[4]而行，但见小桥断岸，曲折回旋，涧花乍舒，白鹤徐步。又一小阁，供花神十二，于春、秋二分设祭，祭毕，邀好事者共醉。盖园林之胜，甲于东南矣。酒后分笺索题[5]，予即席赋曰："亭台四合锁江滨，古树苍枝薜荔纫。风飐乱苹朝驻桨，月明丛桂夜留宾。参差竹径行偏杳，荡漾溪流境转新。闻道昨宵双鹤下，小楼弦管祀花神。"（原注：有双鹤自空而下）

【1】当湖又名柘湖，今浙江平湖的别称。

【2】孝廉，举人的别称。

【3】侍御，御史的别称。陆光旭，顺治八年（1651年）进士，任御史，曾出任陕西按察使，抨击满洲官员的腐败。康熙二十一年（1682年）受朱方旦一案牵连入狱，斩监候，后获释。

【4】鼓枻，即划船、泛舟的意思。

【5】致之本、续识略二卷本均无"酒后分笺索题"及其以下字句。

龙伤禾

二十日，有赤龙自嘉定（今上海嘉定）飞至上洋，抵蔡家口出海。冰雹随作，大如桃李。所过百余里，田禾悉坏。

二首

八月。华亭砖桥北里许，予家别业[1]在焉。邻人乔兰妻李氏，产一子，头上复生一头，差小，止具二目，厥状如瓠。其父惊骇，以足踢之，声啾啾，杀而瘗诸野。

予目击之。

【1】别业,即今所谓别墅,正式住宅之外的住处。

省元神告

吴兴(今浙江湖州)费君之逵[1],于六月初梦人谓曰:"今科省元乃太末(今浙江龙游)李开,尔后科解元也。然昨见上帝填榜,已易置今科矣。"瞥然而觉,意将信未信,已而果然。李以他误,名在副榜末。愚以为两君必各有所以致此,故两易之。然则功名得失,原可信之我心,毋徒索诸冥冥中也。见《闻见卮言》[2]。

【1】费之逵,康熙十五年(1676年)二甲进士。
【2】《闻见卮言》,清代祝文彦著。祝文彦,字方文,海宁(今浙江海宁)人,自称是刘宗周的弟子。

乡饮酒

古礼有宜举行者,有不必举行者。行而不善,不如其已也。即如近日所行乡饮酒礼[1],古先王敬老尊贤,本朝垂世立训,煌煌巨典,诚不可废。奈当事不推其本,以为此不过奉行故事。有厚赀者,即得与斯典;而德行文章可范后学者,概置勿问也。东村有一土豪陈姓,西郊有一市侩黄姓,二人最微贱,胥以贿得之,虽不敢赴饮,而俨然以大宾[2]自居。地方纵无老成耆旧,亦何至玷辱如此!夫子曰:"吾观于乡而知王道之易易也。"[3]乃对此辈而执觯趋迎,升歌合乐,毋乃轻朝廷而羞乡党耶?可为浩叹也。

【1】乡饮酒礼,古代嘉礼的一种,大约起源于上古氏族社会。周代时,以致仕之卿大夫为乡饮酒礼的主持人,贤者为宾,其次为介,又其次为众人。仪式严格区分尊卑长幼,升降拜答俱有规定;也有举荐贤能之士以献王室的意义,一般于正月吉日举行,见载于《仪礼》。汉以后郡县往往于学校中行其礼,皇帝则于太学中辟雍中举行。乡饮酒礼意在宣传封建社会道德伦理规范,有严格的管理制度与程序。明清时极为盛行,于每年的正月十五与十月初一分别举行,地点设在各府、州、县学的明伦堂。各级行政长官代表朝廷亲自到场,以彰显隆重。被邀请参加的宾客均为当地身家清白、齿德俱尊的耆老乡绅,其中致仕官员被称为大宾,年高有德者称作僎宾,年稍长、有德者

称作介宾。一般人均统称为乡饮宾。乡饮宾由管理地方文教的儒学官员进行考选、推荐，经地方长官考核批准后逐级上报本省督核准，之后方准许邀请参加乡饮酒礼。

【2】乡饮酒礼，致仕的官员是地位最高的客人，称大宾。

【3】原文："观于乡而知王道之易"，当为"吾观于乡而知王道之易易也。"《礼记·乡饮酒义》："孔子曰：'吾观于乡而知王道之易易也。'"（唐）孔颖达疏云："我观看乡饮酒之礼有尊贤敬老之法，则知王者教化之道，其事甚易。"

僧诗无蔬笋气

杼山（今浙江湖州杼山）释肇嵋，字雪坡，能为诗，娄江（今江苏太仓）吴祭酒[1]亟称之。尝以四韵见投云："十载名山见下帷，曾携彩笔上彤墀。灵和[2]柳树垂条日，句曲[3]松风入梦时。著就玉杯[4]追汉相，歌成香草怨湘累[5]。自怜马癖清狂甚[6]，何处林泉寄一枝。"亦喜[7]无蔬笋气也。

【1】吴祭酒，即吴伟业，因其曾任国子监祭酒，故名。吴伟业，字骏公，号梅村，别署鹿樵生、灌隐主人、大云道人，江苏太仓人。崇祯进士。明末清初著名诗人，与钱谦益、龚鼎孳并称"江左三大家"，又为娄东诗派开创者。

【2】灵和，有多义：指清心寡欲、柔和恬淡的修养和风度，或和谐协调，或祥和的政治氛围。另外，诗词中往往以此代柳树。此处指第一义。

【3】句曲，今江苏句容有句曲山，又名茅山，风光秀丽，是道家名胜之地。传说东晋时葛洪在此炼丹著书，齐梁时陶弘景不受梁武帝礼聘而隐居山中创立了道教茅山派。山上的蓬壶、玉柱、华阳三洞，道家以为十大洞天中的第八洞天。明人张宏有《句曲松风图》名画流传海外，"松风"实为古琴曲名，即《风入松曲》，张宏以"句曲松风"为题，为其所画之景多了一层声乐的维度。

【4】原文"玉林"，致本、续识略二卷本均为"玉杯"，据改。

【5】湘累，指屈原投湘水而死。《汉书·扬雄传上》："钦吊楚之湘累。"注引李奇曰："诸不以罪死曰累……屈原赴湘死，故曰湘累也。"

【6】马癖，即爱马之癖。《晋书·杜预传》："王济解相马，又甚爱之。预常称济有马癖。"

【7】原文"亦气喜"，"气"系衍字，当为"亦喜"。

兰亭真本

世传《兰亭帖》[1]，唐太宗殉葬。后遇温韬之乱[2]，发掘诸陵，复出人间，流传无定。至明，此帖入会稽张氏。其裔孙名升者，与予世讲[3]，幸获一见，真昭陵真迹也。后携至都门，辇上诸公[4]争欲得之，以索价太高，未有售者，复归山阴。

今张君已殁[5]，不知此帖又落谁手。此生恐不复再睹矣，故特识之。

【1】兰亭帖又称《禊帖》《兰亭集序帖》，著名的行书法帖。东晋穆帝永和九年（353年），三月上巳，王羲之和谢安、孙绰等修禊于山阴（今浙江绍兴）兰亭，临流赋诗，羲之草序，书法遒媚劲健，绝代更无，为隋唐诸家师法。

【2】温韬，原名李彦韬，五代时后梁人。温韬在长安做了七年行政长官，据说关中地区包括唐太宗的昭陵在内的几乎所有唐朝皇陵，都被他盗掘过。《旧五代史·唐书》："温韬，华原人。少为盗，据华原，事李茂贞，名彦韬，后降于梁，更名昭图。为耀州节度（治今陕西西安），唐诸陵在境者悉发之，取所藏金宝，而昭陵最固，悉藏前世图书，钟、王纸墨，笔迹如新。"

【3】世讲，两姓子孙世世有共同讲学的情谊，后称朋友的后辈为世讲，今称世交。

【4】辇上即朝廷，意指朝廷的大臣们。

【5】原文"殆"，据文意判断有误，当为"殁"。

啸雪庵[1]

吴绡[2]，字冰仙，姑苏人，许参政[3]之室也。幼负才藻，善诗画，所著有《啸雪庵诗余》[4]，钱蒙叟、吴梅村[5]两先生为之序，尝记其《咏相思鸟》云："南粤春深花木残，羽衣身暖锦成团。佳名莫与离人说，彩色惟教绣女看。丹实[6]啄来妃子笑，素枝[7]衔去楚臣欢。霜缣拟写相思态，应为伤心下笔难。"《咏双蝶》云："韩凭夫妇[8]两魂狂，来往关前亦自忙。晴日试调妆后粉，春风新换舞衣裳。餐多芳藻须犹醉，睡稳花枝梦亦香。欲与何人透消息，等闲飞过宋家墙。"读此二诗，其才调风情不言可知矣。

【1】原文"啸雪亭"，致之本、续识略二卷本均作"啸雪庵"，据改。

【2】吴绡，字素公，又字片霞，号冰仙，长洲（今江苏苏州）人。其父吴水苍官至通判。她嫁与常熟进士许瑶，善琴，工书画诗词。因其父与著名诗人吴伟业联宗，所以她得与其往来，称吴伟业为兄，有不少唱和诗作。

【3】许瑶曾官至参政，又称大参。

【4】原文"《啸雪亭集》"，误，当为"《啸雪庵诗余》"。

【5】钱谦益晚年自号蒙叟，吴伟业，号梅村。

【6】丹实，红色的果实。

【7】素枝，一作素华，即洁白的花。《楚辞·少司命》："秋兰兮蘼芜，罗生兮堂下，绿叶兮素枝，芳菲菲兮袭予，秋兰兮青青，绿叶兮紫茎。"

【8】（东晋）干宝《搜神记·韩凭夫妇》记述："宋康王舍人韩凭，娶妻何氏，美。康王夺之。凭怨，王囚之，论为城旦"，后来何氏与韩凭相约自杀，宋康王大怒，把两人分葬。"便有大梓木生于二冢之端，旬日而大盈抱。屈体相就，根交于下，枝错于上。又有鸳鸯雌雄各一，恒栖树上，晨夕不去，交颈悲鸣，音声感人。宋人哀之，遂号其木曰相思树。"

蒋公坐化

癸丑（康熙十二年，1673年）正月。金坛（今江苏金坛）蒋公超，字虎臣，顺治丁亥（四年，1647年）殿试第三人[1]。公性恬静，薄于嗜好，虽官居清要，邈焉物外，布衣蔬食，有如儒生。时以公事往五台，由武当入川，谒峨嵋山，入伏虎殿，沐浴趺坐，诵佛号数声，留偈一首，掷笔而逝。夫人碌碌利名，急流勇退者，已不可得，乃能深究性理，超脱形骸，不意我儒中乃有此人也。偈附于后："翛然猿鹤[2]自来亲，老衲无端堕孽尘。妄向镬汤求避热，那从大海去翻身。功名傀儡场中物，妻子骷髅队里人。只有君亲难报答，生生常愿祝宏仁。"[3]

【1】蒋超，字虎臣，自号华阳山人，金坛朱林镇人。他出生于书香之家，其父蒋鸣玉，系明崇祯十年（1637年）进士，官至山东按察使司佥事。蒋超顺治丁亥（四年，1647年）一甲第三名进士即所谓探花，授翰林院编修，官至顺天提督学政，去官后于康熙十一年（1672年）春在四川峨眉山伏虎寺披剃为僧，法名"智通"。蒋超是集文史学家、诗人、教育家、书法家于一身的僧人，与清初著名诗人王士禛等为友。康熙十二年（1673年）正月病逝。蒋超写有大量诗文，但保存下来的不多，乾隆时人阮葵生在《茶余客话》中说："国初沈绎堂、蒋虎臣齐名，沈书传者多，而蒋不多见。"今有《绥庵集》传世。王士禛《池北偶谈·谈献四》："翰林修撰蒋虎臣先生超，金坛人，自号华阳山人。幼耽禅寂，不茹荤酒……晚自史馆以病请告，不归江南，附楚舟上峡，入峨眉山，以癸丑（康熙十二年，1673年）正月卒于峨嵋之伏虎寺。"

【2】猿鹤，指猿和鹤，或借指隐逸之士。

【3】原文："翛然猿鹤自来亲，老衲无端堕孽尘。妄向镬汤求避热，那从大海去翻身。功名傀儡场中物，妻子骷髅队里人。只有君亲难报答，生生常愿祝宏仁。"王士禛《池北偶谈》："偶向镬汤求避热，那从大海去翻身。功名傀儡场中物，妻子骷髅队里人。"起因于顺治十一年（1654年）郑成功大举进兵，收复舟山、揭阳等地，后败退，金坛地方官吏借机以"通海案"的名义奏报朝廷，陷害当地平时主持正义的诸生10人，由此并连累61人无辜被杀。蒋超当时正因奔父丧在家，也受到牵连，买通官府才得以幸免，故临终时才有此叹。此偈或作："悠然立鹤自相亲，老衲无端堕孽尘。枉向镬汤求避热，那似大海去翻身。功名傀儡场中物，妻子骷髅队里人。只有君亲难报答，生生惟愿视能仁。""由来猿鹤自相亲，老衲无端坠孽尘。妄想镬锅来避热，却从大海去翻身。功名傀儡场中物，妻子骷髅队里人。只有君亲无答报，生生常自祝能仁。"大意相同，词句略有差异。

总河为神

朱尚书之锡,治河有惠政,殁于任,颇著灵异[1]。地方官请肇封,朝议以无所凭据,难加封号。总河王光裕力请敕为河神,百姓立庙以祀,至今血食,遂安(今浙江新安江水库库区)金龙神遂盛云。

【1】《清史稿·朱之锡传》:"朱之锡,字孟九,浙江义乌(今浙江义乌)人。顺治三年(1646年)进士,改庶吉士,授编修。十一年(1654年)七月,擢弘文院侍读学士,四迁至吏部侍郎。十四年(1657年)……以兵部尚书衔,总督河道,驻济宁(今山东济宁)。"顺治、康熙之世,屡治河决,康熙五年(1666年)卒于任。直隶、河南、山东总督朱昌祚疏言:朱之锡治河十年,驰驱南北,以致凤病日加,乃至不起,年止四十有四,未有子嗣,"吁请恩恤,赐祭葬"。"徐、兖、淮、扬间颂之锡惠政,相传死为河神。十二年(1673年),河道总督王光裕请锡封号,部议不行。乾隆四十五年(1780年),高宗南巡视河工,始允大学士阿桂等请,封助顺永宁侯,春秋祠祭。嗣加号曰'佑安',民称之曰朱大王。"

国祚之久

三月。土鲁番因入贡,疏言:"臣国骞遭变乱,不能进献。今地方稍平,时遣兀鲁和隥于一千八十三年二月二十八日,远贡方物[1]。"夫国祚之久,周家八百尚矣。自汉以下,多者不过三四百年耳。乃远方小夷,不立年号,止记岁月,一姓相袭,至千有余载,岂其地陋国贫,君民等夷罔有窥伺。抑人民淳朴,远胜中华,故子孙相传,久而勿绝耶?后黎西国贡狮子,亦称天主降生一千六百七十四年[2]。俱见邸报。

【1】王士禛《池北偶谈·谈故一》:"吐鲁番自顺治十三年(1656年)入贡,至康熙十二年(1673年),国王玛墨忒塞伊忒韩复遣其臣兀鲁和隥等献马……后称一千八十三年二月二十八日。予昔在礼部,见荷兰、暹罗、琉球诸国表文,用金花笺,文义皆如中国,或谓是闽、粤人代作也。"吐鲁番地区早在西汉时就设行政机构进行统治,汉设西域都护府管理西域事务。唐贞观初在西州治所设置了安西大都护府。唐天宝元年(742年)唐设西安、北庭节度使,改西州为交河郡。元代吐鲁番盆地分柳中、火州、吐鲁番3部,元皆设"达鲁花赤"监之。明洪武元年(1368年),建立柳中、火州、吐鲁番万户府。清康熙十九年(1680年),准噶尔部控制吐鲁番盆地。乾隆二十年(1755年),清灭准噶尔,吐鲁番盆地属清。康熙十一年(1672年)是回历1083年,此当为使臣出发之年,其抵达北京已是康熙十二年(1673年)即回历1084年。蒋氏《东华录》:"康熙十二年三月,吐鲁番入贡,疏言:'臣国骞遭变乱,不能进献,今地方稍平,特遣兀鲁和隥于

一千八十三年二月二十八日进贡方物。'"

【2】康熙十三年正当 1674 年，故黎西国所说的应是所谓的西历，即今公历。

宅怪

余庐北郭三十余年，室非高明，从无鬼瞰。首春探梅邓尉[1]，半月归，家人诉有鬼患，不信。既而怪异迭见，大约有声无形，傍晚即歇，垂晓复作。颇惮余，偶一他适，即出为患。至孟夏，怪始绝。未几，丧一子二女。侄孙治家亦然，随丧二女。闻青溪（今上海青浦）诸进士嗣郢[2]家，其祟更甚，失一长子。总之，不祥之征也。然禁城内外，青天白日，鬼魅横行，岂正气伏藏，而阴邪遂肆狂逞耶？

【1】邓尉，即苏州城西南三十公里邓尉山，以"香雪海"景区闻名，使人多探观梅花于此，是中国著名的赏梅胜地。

【2】诸嗣郢，字乾乙，号松槎，一号勿庵，青浦（今上海青浦）人。顺治辛丑（十八年，1661 年）进士。他是江南名士，著作有《九峰山人集》《溪上吟》。

杯中鬼

熊光裕者，楚人，顺治乙未（十二年，1655 年）进士，由县令擢杭严道。性贪愎，一人法不当死，受怨家金，屈杀之。后裁缺归，将抵家，见前所杀人，鞠躬岸侧，声言迎接。同坐者俱不见，光裕心甚恶之。后庭花盛开，与妻妾列坐其下。一宠姬捧金卮送酒，饮未及半，其人忽从杯中跃出，长数寸，披发浴血，怒目四顾，堕地而没。光裕惊仆，立死。锡山（今江苏无锡西郊）秦翰林松龄[1]为予道。

【1】秦松龄，字汉石，又字次椒，号留仙，又号对岩，晚年号苍岘山人，江苏无锡人。明末清初人。顺治十二年（1655 年）进士，翰林院庶吉士，后授国史馆检讨，又因江南奏销案削籍。康熙十八年（1679 年），举"博学鸿儒科"一等，复授翰林院检讨。历充顺天乡试正考官，又因磨勘落职。秦松龄家有园在惠山之麓，暇辄邀集故人遗老，唱和其中。

蠲租

上以江南苏、松、常、镇、淮、扬六府连岁灾荒，民生困苦，十三年（1674年）地丁正项钱粮特蠲其半，计蠲银一百三十四万七百余两，米豆三万七千八百余石[1]。

【1】《清圣祖仁皇帝实录》："康熙十二年（1673年）四月辛亥，谕户部，江南苏、松、常、镇、淮、扬、六府连年灾荒、民生困苦，与他处不同。朕心时切轸念。除今年钱粮、已经派拨兵饷外。其苏松等六府、康熙十三年（1674年）分地丁正项钱粮，特行蠲免一半。以昭朕存恤灾黎至意。"

知贡举

唐宋制科以来，最重文衡[1]，凡知贡举者[2]，必循官序，采文望素优者充之。如唐人诗曰："三主礼闱[3]年八十，门生门下见门生。"得见门孙，便侈为仅事。本朝则不然，大约一登翰苑[4]，即可与斯选，往往有门孙之门孙相聚一时者。然或终身不识一面，或相遇如路人。世谊[5]既疏，情分益薄，事虽盛而实则衰，不足荣也。

【1】指以文章取士的标准来取舍权衡，又指科举制度下的主考官。此处系指后者。
【2】主试者称为"知贡举"，就是"特命主掌贡举考试"的意思，一般以朝廷名望大臣担任。
【3】礼闱，即会试，因其由礼部主办，故名。
【4】翰苑，翰林院的别称。
【5】世谊，即世交。出自同门的门生、门孙因为都是上宗同一个主考官，故称彼此有世谊之交。但清代对担任主考官的官员的资历要求不严，门生、门孙既滥，彼此多不相识。

灵棋经

《灵棋经》[1]，不知造于何人，前列唐人一序，云：汉留侯受之黄石公，用梓木制棋十二，刻上、中、下字各四，掷而成卦。每岁人日[2]，以酒果祭之。考书披词，吉凶得失，无不奇应。予虔奉二十余年，叩以事，十验八九，胜于向市廛日者[3]问卜多多矣。

【1】《灵棋经》是中国古代一部记述杂卜的著作，传说是黄石公传授给汉留侯张良，后来东

方朔掌握了其术，才流传于世。灵棋经以棋为卜具，卜棋成卦，卦有爻辞。

【2】农历正月初七是中国传统习俗中的"人日"，即传说中的人类的生日。

【3】日者，即通过观察天象以测定人的祸福吉凶的人。

贪报

海昌（今浙江海宁）沈进士令式[1]为广东学政，颇纳贿。其前任某，亦以贪黩职，诸生环署大哗，某恐甚，念积镪不能尽出，乃贮诸井，覆以巨石，人无知者。及沈莅任，前任公子携两仆来谒，礼币极厚，密告曰："先君宦此，遭谤黜归，宦赀若干藏于斯，今来叩取。倘蒙相许，愿各分其半。"令式及子建岭欣然迎款，询知藏金之所，为置盛馔，因毒杀其子与仆，即掩尸于井而攫其金，自以为得计。及罢职归，将抵家，建岭忽见其子突至前，呼索命。一夕，无故于舟中仓皇自缢。令式惊骇，心复惭恚，不两月相继死。虽有遗金，岂能享哉？海宁（今浙江海宁）耆儒朱襄述之甚详。

【1】沈令式，海宁海昌人。顺治六年（1649年）进士，历官知县、知府、礼部郎中。《清圣祖仁皇帝实录》："康熙九年（1670年）二月丁卯，以原任福建提学道沈令式为广东按察使司佥事，提调学政。"

县令为丐

粤东陈鉴，明季贡士[1]，国初谒选[2]，得华亭尹。为人略知书而险僻，无所顾忌，又性喜讪人[3]。以侵粮下狱，僦居松郡，士大夫无与往还者。每至旧役家索饮食，稍不如意，即讦其阴私，或讼之官，人皆畏而避之。或遇于路，以为不祥。至是老耄不能糊口，夫妇相携行乞于道，年八十，竟以馁死。夫以本邑之官，而即为此土之丐，亦目中所仅见者。

【1】贡士是举人参加会试及格后获得的资格。

【2】谒选，赴吏部应选。

【3】讪人，公开嘲讽别人，让别人在大众面前无颜以处。

亲丧不守制

三年之丧，古今共行[1]，一闻讣音，未有不匍匐奔赴者。时江藩慕某[2]，丁内艰[3]，恋恋不能去，再三恳抚军[4]题留。上谓冢臣[5]曰："亲丧守制，一定之例。慕天颜独无父母乎？速令离任。"后竟在任守制。又樆李（今浙江嘉兴）魏君学渠[6]视楚学，首春闻母丧，匿不报，至十月终，犹吉服莅事，被参而归。二人一系甲榜、一孝廉有名[7]，乃贪位忘亲，一至于此。魏君家世忠义，尤为可惜也。

【1】三年之丧，指子女为父母、臣下为君主守孝三年。

【2】藩台，明清布政使的别称。《清史稿·慕天颜传》："慕天颜，字拱极，甘肃静宁人。顺治十二年（1655年）进士，授钱塘知县。"其在"康熙九年（1670年）擢湖广上荆南道……寻擢江苏布政使"。"十二年，丧母。总督麻勒吉、巡抚玛祜疏言：'天颜廉明勤敏……请令在官守制。'"

【3】古代，遇到父母去世称丁忧、丁艰。子遭母丧或承重孙遭祖母丧，称丁内艰；遭父丧或承重孙遭祖父丧，称丁外艰。子女按礼均须持丧三年，官员应离职归家居丧三年。

【4】抚军，巡抚的别称。清代巡抚是一省行政长官，布政使是其下属。

【5】冢臣，大臣的别称。

【6】魏学渠，字子存，号青城，浙江嘉善人。顺治五年（1648年）举人，由成都推官历官江西湖西道。康熙己未（十八年，1679年）举博学鸿词，官刑部主事。著有《青城词》。

【7】甲榜，即由举人而考中进士的别称。因举人、进士各为一榜，也叫"两榜"。甲榜，这是相对于乡试时中举人的乙榜而言。孝廉是举人的别称。

乌衣佳话

王氏《乌衣佳话》[1]云："长洲（今江苏苏州）有一翁，子怠于奉养，大书堂壁曰：'人生七十强支持，帘卷西风烛半枝。传语儿孙好看待，眼前光景不多时。'子大惧，恳请涤去，供奉有加。"古人云："树欲静而风不息。"今之人解此者鲜矣。

【1】《乌衣佳话》，作者明人王兆云，字元桢，湖北麻城（今湖北麻城）人。其《王氏杂记》收有四卷。《四库全书总目》："《乌衣佳话》，《明史·艺文志》作八卷，此本仅前后二集，每集分上下卷，或为合并，或为缺佚，均不可知。"

郡中艺事

本朝来我郡以艺著者，书学则有曹思邈、钱谷、沈楫[1]。钱、曹皆名宿，而结构精劲当推钱第一，晚年名益重，求书者户常满。丹青则有韩旷[2]之山水，丁汉宫[3]之传神。韩落笔苍老，饶萧散之姿。丁年甚少，每遇得意，辄复神似。医术则有金时榆、章旭，幼科则王西月、王霁云、曹叔明[4]。金擅时名，章遇奇疾往往见效。刘叟自诋善风鉴[5]，亦十得六七。手谈推张生吕陈[6]，大江以南，擅国手之目。琴师则有金生德宏[7]，然其人伧父[8]，不堪相对。后起纷纷，俱不足道也。

【1】清朝松江地区钱谷、曹思邈、沈楫三人的书法最有名。钱谷，字子璧，号内史，晚号东海逸民，华亭（今上海松江）人。诸生。诗、画俱工绝。曹思邈，字鲁元，室名葆石堂，松江（今上海松江）人。工书法，尤精草书。沈楫，字蓉洲，号东山，嘉定（今上海嘉定）人。其风格师法元代著名书画家赵孟頫。

【2】韩旷，字野株，松江（今上海松江）人，工画，擅山水。

【3】丁汉宫，应当是当时松江有名的人物画家，无考。

【4】以上五人均是松江名医，无考。

【5】刘自迩，无考。风鉴，一指风度、鉴识，一指相面术，此处系后者。

【6】张吕陈，清康熙年间松江围棋国手。

【7】金德宏，清代松江音乐家，无考。

【8】晋南北朝时，南人讥北人粗鄙，蔑称之为"伧父"。见《晋书·左思传》、（南朝）刘义庆《世说新语·雅量》、陆游《老学庵笔记》。后世用以泛指粗俗、鄙贱之人，犹言村夫。

自题行乐图

噫嘻董生[1]，曷为而髡？不缁不黄[2]，不贾不耕[3]。泛泛中流，若梗与萍[4]。口无戈矛，胸无棘荆。一丘一壑，载浮载沉。知我者谁？图中之人。每相对而如语，庶与余兮结邻。尔嘲我为庐中之穷士，我亦笑尔[5]为纸上白民[6]。

【1】董生，作者董含自谓。

【2】不缁不黄，即非道非佛。

【3】不贾不耕，即非商非农。

【4】梗，树的枝条或草藤的根茎。萍，漂浮在水中的浮萍。

【5】原文"我笑亦尔"，误，当为"我亦笑尔"。

【6】白民，即平民、没有功名官爵的人。

吕道士

吕道士者，关外人，传五雷法[1]，能劾鬼怪，凡病家延之，其病立起。兼多艺，以伎游人间。予赠以诗云："飘绾青螺髻，绦悬碧玉环。近从关外路，来往浙西山。橘实垂秋井，松花落钓湾。降君焚鹊尾[2]，礼斗[3]夜方还。"

【1】五雷法，道教方术。所谓道士得雷公墨篆，依法行之，可致雷雨，祛疾苦，立功救人。因雷公有兄弟五人，故以五雷称之。
【2】鹊尾，鹊尾炉的略称，亦泛指香炉。香炉有柄，做法事的时候拿在手中，又称行炉。
【3】礼斗，道教中为消灾解厄、祈福延寿而设立的礼拜北斗星君的道教法会，也称"拜斗"。

三吴风俗十六则

风俗之日趋于下也，犹江湖之往而不返也，然未有甚于今日者。岁暮多暇，约略数端，以志[1]感慨云。

明初崇尚俭约，贻谋[2]子孙内服，以松江三梭布为之，毋得用绫绢。今市井小人，皆不屑以此制亵衣，而富贵子弟毋论矣。吾乡休养生息，较四十年前十不逮一，若漫无节制，上官往来犹以为富饶视之，恐非地方之福也。

苏松习尚奢华，曩时赖一二贤大夫负清望者主持风教，上司郡邑又率皆科第中人，类能崇尚廉俭，正己率人，风俗为之一变。迩来势力相竞，夸多斗靡，一绅宴总兵马逢知，珍奇罗列，鸡鹅等件，率十余对为一盂，水果高六七尺，甘蔗牌坊下可走三四岁婴儿，视明季直土硎土簋[3]耳。

前朝缙绅，类能自重，当事亦接之惟谨。迩来士大夫日贱，官长日尊，于是曲意奉承，备极卑污，甚至生子遣女，厚礼献媚，立碑造祠，仆仆跪拜。此辈气焰愈盛，视为当然，彼此效尤，恬不为怪。以父母付畀之身，而屈体受辱，不自爱惜如此。噫，亦丑矣！

各衙门差役俱有定数，多者不过数十人。晚近事广弊繁，地方奸猾及富人避役者，皆投充其间，上下衙门，串成一局，把持挟诈，无所不至。荐绅中有一二寡廉鲜耻者，联为宗族，揖为上宾，衣冠扫地矣。

吴兴（今浙江湖州）《李氏杂记》[4]载：嘉靖六、七年，诸生与县令体统悬绝。后闻县官上任，诸生有通贺仪者。未几，具花币贺太尊矣。为之致叹。今则白丁铜臭，苟不惜馈遗，皆得与郡守抗宾主礼，谈宴谐谑，无所不至，区区邑令，又何足数耶。

谚曰："世治尚文，世乱尚武。"二者实缺一不可。前朝偏重文吏，武备废弛，今则不然，修儒行者目为弃物。相传一甲科谒抚军，接之甚倨。续有武弁晋谒，笑语款洽，临别谓曰："适见一进士，体貌堂堂，所惜者出自异途耳。"可叹更可笑也。

吴下素称浇薄，然士君子护惜名义，缙绅廉洁者多，营利者少，士子读书者多，干谒者[5]少。今则反是，于是一夫发难，列款刻揭，几遍吴下。小人往往挟持君子，体统遂不可复问矣。

余为诸生时，见妇人梳发，高三寸许，号为"新样"。年来渐高至六七寸，蓬松光润，谓之"牡丹头"，皆用假发衬垫，其重至不可举首。又仕宦家或辫发螺髻，珠宝错落，乌靴秃裩，貂皮抹角，闺阁风流，不堪寓目，而彼自以为逢时之制也。

明季服烟有禁，惟闽人幼而习之，他处百无一二也。近日宾主相见，以此鸣敬，俯仰涕唾，恶态毕具。始则城市服之，已而沿及乡村矣。始犹男子服之，既而遍满闺阁矣。习俗移人，真有不知其然而然者[6]。

三吴人文，甲于远近，家弦户诵，不必世家。近来征徭之害，遍及横经[7]，郡邑下僚，皆得而辱之，鞭挞缧继，与奴隶无异。诗书礼仪之风荡然矣。

"官无大小，皆称曰老；人无老幼，皆称曰翁。"此四语见前朝奏疏中，然犹为士大夫言之。今市魁厮养，互相呼谓，居之不疑。上下不分，体统莫辨。狐裘虽敝，乃以补黄狗之皮，毋乃不可乎？

前朝未尝无差徭之扰，乃据予所目睹，其时贫富熙熙，各安其生。今朝廷宽大，近古所无，且蠲诏屡下，而百姓贫者益贫，即富者亦有日蹙之势。细思其故，则牧民者为之也。当预征之令乍颁，虎差四出，索金钱，婪酒食，咆哮骂詈，各饱所欲，而正供先耗其一矣。百计完官，膏血垂竭，乃忽创为拿亏之说，任意轻重，额外诛求，而正供耗其二矣。钱粮完欠，权在经承，皆系衙门积蠹。厚贿者虽产多额重，亦可经岁悬欠；产薄者力不能分，则签票纷纭，敲扑惨酷，势不得不多方借贷以赂之，而正供耗其三矣。甚至私派不一而足，如海塘、河工之类，无岁无之，郡邑串成一局，愚民含冤，束手待毙，而正供已耗其四矣。四耗之外，尚有不能尽悉者。然则国家课税，大半入官吏之橐，无怪乎逋负者之比比也。夫天地生财止有此数，使得良牧，民安得而日困穷？俗亦何由而益敝哉？

古人重墓志，必求名公巨卿以表其墓，犹恐未悉其平生，故以行述先之。迩来为人子者，虑亲之隐德不彰，往往自状其父母，理无不可，然须使亲能受，庶子心亦安。今之人誉言过当,本无一长可见,而以为功德赫奕也;素鲜文望,以为可比踪韩、柳[8]也;才知点画,以为追配钟、王也[9];略解韵书,以为才并李、杜也[10]。连篇累牍,俱属子虚[11]。死而有知,当含愧于地下矣。而人子方装潢成帙,遍处赠人,识者能无掩口乎?

曩昔士大夫以清望为重,乡里富人,羞与为伍,有攀附者,必峻绝之。今人崇尚财货,见有拥厚赀者,反屈体降志,或订忘形之交,或结婚姻之雅,而窥其处心积虑,不过利我财耳。遂使此辈忘其本来,足高气扬,傲然自得。究之贫富一定,彼此两伤,始密终暌,后悔莫及,竟何益之有哉?予行年七十,不名一钱,方以自此幸。乃近有以"清旷"二字相讥笑者,真俗人之见也。

西关岳庙侧有杨侯祠,其来久矣。神像狰狞可畏,相传为冥府理刑。年来造孽者众。争媚神以祈免祸,祭献无虚日。正殿寝宫焕然一新,金碧辉煌,观者目眩。嗟乎!聪明正直之神,岂福此虎狼蛇蝎乎?

范濂《据目抄》[12]曰:春元用布围轿,自嘉靖乙卯(三十四年,1555年)张德瑜[13]始,此何元朗[14]所志慨也。夫士子既登贤书,肩舆亦不为过,乃昔贤犹或非之。近开捐纳之例,于是纨绔之子,村市之夫,辇赀而往,归家以缙绅自命,张盖乘软纱舆,仆从如云,持大字刺,充斥衢巷,扬扬自得。此又人心之漓者愈漓,而世之下者更下也。

【1】原文"以致",误,当为"以志"。

【2】《诗经·大雅·文王有声》:"诒厥孙谋,以燕翼子。"后以"贻谋"指父祖对子孙的训诲。

【3】土硎,古代盛汤羹的瓦器。土簋,古代盛饭的瓦器。

【4】原书无考。

【5】干谒,为某种目的而求见地位高的人。

【6】致之本作:"今不惟遍满闺阁,渐而孩提之童俱服之矣。岂不骇哉!"

【7】横经,"横陈经籍"的意思,指受业或读书人。

【8】唐代著名文学家韩愈、柳宗元。

【9】三国曹魏时期著名书法家钟繇和东晋时的王羲之。

【10】唐代大诗人李白、杜甫。

【11】汉代文学家司马相如《子虚赋》中,虚构子虚、乌有先生、亡是公三位人物,借他们的对答表达自己的政治观点。后世遂把不真实或虚构的事情称为"子虚乌有"。

【12】明末清初人范濂《云间据目抄》一书的简称。

【13】何良俊《四友斋丛说·正俗二》:"尝闻长老言,祖宗朝,乡官虽见任回家,只是步行;宪宗朝,士夫始骑马;至弘治、正德间,皆用轿矣……今举人无不乘轿者矣。董子元云:举人乘轿,

盖自张德瑜始也。方其初中回，因病不能看人，遂乘轿以行，众人因之，尽乘轿矣。"

【14】何良俊，字元朗，号柘湖，江苏华亭（今上海松江）人。明代戏曲理论家。著有《柘湖集》《何氏语林》《四友斋丛说》。

相地[1]

凡风水之说，莫盛于江西，然读《青囊》《海角》《狐首》诸经[2]，其言曰："行因势起，聚因势止。起为来龙，止为坐穴。[3]"又曰："鼻颡吉昌，角目灭亡，耳致侯王，唇被兵伤。葬龙之腹，必后世福。伤其胸肋，朝穴暮哭。[4]"考经按词，寻龙察脉，其理茫昧，盖有不尽然者。迩来谷阳（今河南鹿邑）范氏贯玉，世承家学，且居心纯正，人不敢干以私。有某公子售地，一富商欲得之，公子以百金私嘱。贯玉曰："地果吉，何用酬？否则百金无庸也。"呕反其金。其以诚行术有如此者。今其子钻、泘俱有文，能继其业，抑亦为善之报也。

【1】本条致之本、续识略二卷本均载在卷六"补遗"，而本书缺，今据补于此。
【2】以上三种书即道教讨论风水、相地、相宅术数之学的《青囊经》《海角经》《狐首经》。《青囊经》据说是秦汉时人黄石公所著，全书分化始、化机、化成三卷。《海角经》又称《青囊海角经》，著者不详，但也有人认为是唐代著名风水师丘延翰的著作。《狐首经》，著者不详，是一部从地理方面阐述风水学说的著作。
【3】此句出于《狐首经》。
【4】此句出于东晋著名学者、文学家、道学术数大师郭璞写的《葬经》。

卷七

甲寅至戊午，康熙十三年
——康熙十七年（1674年—1678年）

龙阵

甲寅（康熙十三年，1674年）三月十四日，总漕檄催粮艘过河，有长淮卫运船三十四艘水涨难行，泊京口（今江苏镇江）。傍晚，暴风起，雷雨交作。至十五日辰刻始息，仅存八艘；十四艘被风浪打碎，人米悉漂没；其十二艘沿江寻觅，寂无下落。又木排润州一带（今属江苏镇江）[1]失去无踪。据焦山[2]僧云，俱被龙阵摄入海中矣。

【1】原文"润州木牌一带"，误，当为"木排润州一带"。又，致之本、续识略二卷本均作"润州木排一带"。

【2】焦山，"京口三山"著名风景区之一，在今镇江东北。其他二山是北固山、金山。

众谋筑室[1]

自癸丑（康熙十二年，1673年）滇、黔兵起[2]，处处告变，兵食两诎。朝廷急欲谋足食足兵之策，奸人窥伺意旨，竞为诬妄。于是有以开矿之说进者，如河南民张吉庚等是也。有以窖藏之说进者，如河南民傅兴隆等是也。有以地不爱宝之说进者，如山左民称银矿累累，可取以助军饷是也。有诡云奇计可以克敌者，如江宁妄人献兵策阵图是也。有欲设计诱敌者，如旗下知县刘国翰是也。有进足兵之策者，如给事黄运启欲将商贾、农民尽编为兵是也。有以丈量之说进者，如御史刘安国是也。究之呓语纷纷，有同儿嬉。幸庙算优长，出奇制胜，不然，天下从此多事矣。可叹也。

【1】众谋筑室，又作众谋筑舍、作舍道边、筑室道谋，指没有定见，众说纷纭，难以成事。

【2】指驻云南的平西王吴三桂与驻福建的靖南王耿精忠、驻广东的平南王尚之信发动的三藩之乱，其至康熙二十年（1681年）始平，历时8年。

泽州寄诗

余蒙泽州夫子总宪陈公赏拔[1]，自伤赋命穷薄，暌违以来，久未获亲承绛帐。曾以小诗上献，有"蛇雀尚知酬主德，国恩师谊两茫茫"之句，公为之怆然，随有诗题便面《见怀》[2]云："九峰问讯近何如？数子飘零十载余。万事黄金输负贩，几人白首老樵渔。君今海上求仙药，我欲山中葺敝庐。何限塞鸿凄断处，江流西土忆双鱼。"每临风展读，殆不禁泪下沾襟矣。

【1】《清史稿·陈廷敬传》："陈廷敬，初名敬，字子端，山西泽州人。顺治十五年（1658年）进士，选庶吉士。是科馆选，又有顺天通州陈敬，上为加'廷'字以别之。"康熙时，历任侍讲学士、内阁学士、礼部侍郎、左都御史、工部尚书、文渊阁大学士，康熙五十一年（1712年）卒。作者顺治十八年（1661年）参加会试时曾得陈氏赏拔，中进士，殿试二甲第二名。

【2】原文"诗题面见怀"，致之本、续识略二卷本均作"诗题便面见怀"，据改。

便面，扇子的一种。《汉书·张敞传》："白以便面拊马。"（唐）颜师古注云："便面，所以障面，盖扇之类也。不欲见人，以此自障面，则得其便，故曰便面，亦曰屏面。"后世也泛指扇面。《见怀》是陈公回赠的诗题。见怀，即承蒙怀念的意思。

绘图御史

蒋御史伊[1]，慷慨负直节，假满还朝，以民生当恤、士气当伸，绘十二图以献：一为难民妻女图，二刑狱图，三寒窗读书图，四春耕夏耘图，五催科图，六鬻儿图，七水灾图，八旱荒图，九观榜图，十废书图，十一暴关图，十二疲驿图。皆切中时事，真今日之朝阳鸣凤也[2]。

【1】蒋伊，字渭公，号莘田，江苏常熟人，清代书画家、诗人，性孝友，负才略，工诗文，善绘事，康熙十二年（1673年）进士及第。《清史稿·蒋陈锡传》："蒋陈锡，字雨亭，江南常熟人。父伊，康熙十二年（1673年）进士，选庶吉士，授御史。疏陈民间疾苦，绘十二图以进。累官河南提学道副使，卒官。"

【2】《诗经·大雅·卷阿》："凤凰鸣矣，于彼高冈，梧桐生矣，于彼朝阳。"古人以凤凰为灵鸟，"朝阳鸣凤"比喻品德出众、正直贤德的人。

哭友

沈浩然，字雪峰[1]，少为高才生，后剃发从浮屠氏。性恬淡[2]，工书，善诗文，风流儒雅，古道照人。以久历险阻，故年未艾而衰病侵，寻寓郡北之善应庵，未几卒。良友云亡，知音邈绝，口占二诗以哭之曰："甘载江湖欲避名，破巢遗卵可怜生。闲来重觅高人迹，惟见群乌绕树鸣。""多病怜君带孔移[3]，麦光[4]新寄药奁[5]诗。

钟期[6]死后琴声绝，白首交情更属谁？"庶几歌以当泣矣。

【1】沈浩然，字雪峰，清康熙时松江（今上海松江）人。著名书法家。
【2】原文"恬性淡"，误，当为"性恬淡"。
【3】成语"革带移孔"即移动腰带的孔，比喻人的憔悴消瘦。《南史·沈约传》："言已老病，百日数旬，革带常应移……"
【4】麦光，唐代用龙须草生产的优质宣纸。苏轼《和人求笔迹》诗："麦光铺几净无瑕，入夜青灯照眼花。"
【5】《药查启秘》，一部著名的医书。
【6】钟期，即钟子期，是楚国一个樵夫，善解音律。伯牙是春秋战国时期晋国的上大夫，是当时著名的琴师，也是作曲家。一次，他奉命出使楚国，在江边遇到钟期。钟期对他弹奏的曲子的深意一一揭晓，伯牙十分高兴，引为知音，结为兄弟。后来钟期死，伯牙十分悲伤，在其墓前摔琴绝弦，自此不再弹琴。《列子·汤问》："伯牙善鼓琴，钟子期善听。伯牙鼓琴，志在登高山，钟子期曰："善哉，峨峨兮若泰山！"志在流水，钟子期曰："善哉，洋洋兮若江河！"伯牙所念，钟子期必得之。伯牙游于泰山之阴，卒遇暴雨，止于岩下，心悲乃援琴而鼓之，初为霖雨之操，更造崩山之音。曲每奏，钟子期辄穷其趣。伯牙乃舍琴而叹曰：善哉！善哉！子之听夫志想象犹吾心也，吾于何逃声哉！"《汉书·扬雄传下》："是故钟期死，伯牙绝弦破琴而不肯与众鼓。"

孝廉评诗

顾孝廉宸，晋陵（今江苏常州）人，有声公车间[1]。其所评制举义[2]，盛行于时，至风雅一道，或未深究。尝会饮，痛贬弇州先生曰："诗人荒谬，至王元美极矣。"[3]于是弹毁弇集。予笑解之曰："弇州操文章之柄，奔走天下，且《四部稿》[4]中，岂遂无佳作？君宜细心阅之。"顾大怒，拍案连呼："不通！不通！"而起。又曾作诗赠当事，县尹一百二十韵、郡守二百四十韵、总戎三百六十韵。以官之大小，为韵之多寡，识者笑之。

【1】公车，参加会试的举人。
【2】"评制举义"，评论科举中式的八股考卷。
【3】王世贞，字元美，号凤洲，又号弇州山人，太仓（今江苏太仓）人，明代文史学家。
【4】王世贞的著作《弇州山人四部稿》的略称。

口舌报

吴中有袁于令者[1],字箨庵,以音律自负,遨游公卿间。所著《西楼记传奇》,优伶盛传之,然词品卑下,殊乏雅驯,与康、王诸公作舆台[2],犹未首肯。其为人贪污无耻,年逾七旬,强作少年态,喜纵谈闺阁事,每对客淫词秽语,冲口而发,令人掩耳。予屡谓人曰:"此君必当受口舌之报。"未几,寓会稽(今浙江绍兴),冒暑干谒[3],忽染异疾,觉口中奇痒,因自嚼其舌,片片而堕。不食二十余日,竟不能出一语,舌根俱尽而死。

【1】袁于令,吴县(今江苏苏州)人。原名晋,字令昭,又字韫玉,号凫公,又号箨庵等。明清戏曲作家。明末诸生,入清后任工部都水司官。清顺治三年(1646年)任临清(今山东临清)关监督,次年任荆州(今湖北江陵)知府。他为官放荡不羁,日以唱曲下棋为乐。顺治十年(1653年)罢官,寄寓南京(今江苏南京)。晚年迁居会稽(今浙江会稽),病卒。著有传奇《西楼记》《鹔鹴》《珍珠衫》《玉符记》《长生乐》《瑞玉记》《合浦珠》等,总称《剑啸阁传奇》,现存前两种。《西楼记》又名《西楼梦》,是他的代表作。《西楼记》写书生于鹃和妓女穆丽华的爱情故事,剧本结构严密,情节曲折,音律工整,当时曾被广泛演出。袁于令曾师事明末吴江派戏曲家叶宪祖,戏曲创作讲究音律,"无敢乱宫商",因此前人亦将他归入吴江派。

【2】舆台,对贱役的称呼。《左传·昭公七年》云:人分十等,其最下即是"舆台",在"仆"之下。

【3】干谒,为某种目的而求见地位高的人。

松酿

尝见宋人小说载,云间(今上海松江)酒最淡,有小词云:"浙右华亭(今上海松江),物价廉平,十文钱买得三升。打开瓶后,滑辣光馨,教君霎时饮,霎时醉,霎时醒。听得渊明说与刘伶[1]:这一瓶约重三斤,君还不信,把秤来称,有一斤酒,一斤水,一斤瓶。"彼时华亭尚属檇李(今浙江嘉兴)[2],想宋时如此。迩来居民取泖(音:铆)水为之,清冽无比。又有刘姓者,善酿,名刘酒,凡燕会及享[3]上官皆用之,不减惠泉醇醪、虎丘三白[4],可以一刷此诮矣。

【1】陶渊明、刘伶,晋朝的著名诗人,均以善饮闻名。

【2】各本均作"檇里",误,当为"檇李"。

【3】原文"饷上官",误,致之本、续识略二卷本均为"享上官",据改。

【4】惠泉醇醪，无锡惠泉黄酒就是苏式老酒的典范，它和绍兴加饭酒、丹阳封缸酒和福建沉缸酒一道并称为中国古代四大名酒。

虎丘三白，又称太湖三白，也称无锡三白，指太湖地区特有的美味：白鱼、白银鱼、白虾。虎丘在苏州西北郊。

暴雨

八月初四日，暴雨自午至酉（11时—19时），沟渠皆溢。时适县试士，俄顷衢巷堂皇俱成巨浸，生童泅水出，有几至溺死者。民家或坐几上，或伏屋角，竟夕不炊。翌日水方退。

死作阎罗

予续娶海虞（今江苏常熟海虞镇）赵中允[1]公女，其族宗俱言祖文毅公殁为冥王，初未之信，后阅钱氏《狯园》[2]乃得其说，节取大略而录之：万历丙午（三十四年，1606年）三月十六日，陈中丞用宾[3]开府黔中，时因夫人病剧，医祷罔效，设坛召乩仙。乩仙至，自称金碧山神。问："疾可救乎？"答言："我本欲为夫人请命，奈冥王新即位，法甚严峻，无路可救。"问新王为谁？曰："江南常熟人，即春官侍郎[4]赵公用羹也，今为第五殿阎王，十五日莅任，按察人间善恶，公尚未之闻耶？予往矣。"书毕寂然。中丞惊愕，心念侍郎系同年，请告归里，闻尚强壮，安得有此事？俄而夫人卒。越三月，阅邸报，知侍郎委以三月十五日捐馆[5]，始信山神之言非妄矣。万里之遥，一日而神已知之，岂不怪哉。谢氏《杂俎》[6]，亦载此事。侍郎立朝，矫矫风节，死为地下主者，固宜尔也。公为予妻曾祖，彼族虽共传说，而实未详颠末，因漫识于此。

【1】中允，东宫太子詹事府属官。明代有左、右中允，清代则满、汉中允各一员。根据本书《自述》，当是明代崇祯朝左中允赵士春。

【2】钱氏《狯园》，明代钱希言的著作《狯园》。

【3】中丞，原为御史中丞的别称，明清时是巡抚的别称。

陈用宾，字道亨，福建晋江人。明朝隆庆元年（1567年）举人，五年（1571年）进士。万历二十一年（1593年）至三十五年（1607年）任云南巡抚，对稳定西南疆多有贡献。万历三十四年（1606年）云南税使、太监杨荣在云南恣行威虐，残害军民，被冤民万人杀死，三十五年（1607

年）武定土官阿克也乘机叛，全境动乱。事平以后，《明史·神宗纪二》："万历三十六年（1608年）八月癸亥，治云南失事诸臣罪，巡抚都御史陈用宾、总兵官沐睿下狱，论死。"朝官多知其冤，百计营救，被囚数年后因患重病始放归，遂病卒。

【4】春官侍郎，即礼部侍郎。《周礼》分设天、地、春、夏、秋、冬六官，大宗伯春官为长官，掌理礼制、祭祀、历法等事，后世遂以春官为礼部的通称。

【5】捐馆，死的委婉说法。

【6】谢氏《杂俎》，明代谢肇淛《五杂俎》。

人首鱼

海滨渔人获一鱼，人首鱼尾，重三十斤。旧曾见一书记：嘉靖时，上海北宫前有大鱼，人首鱼尾，乘潮而入，潮退不能去。众渔人捕得，畏之，不敢食。一徽商以贱价买之，煎之得油数百斤。其骨长三四丈，至今尚存。[1]

【1】致之本、续识略二卷本所记文字与此略有出入。

怪鸟

乙卯（康熙十四年，1675年）三月，郡城每夕闻鬼哭，声甚凄切。或云此名城嚎。或又云仿佛见怪鸟，遇夜即啼。于是西关居民竞鸣锣爆竹以逐之。

弑逆

马公绍曾，平湖（今浙江平湖）人，官少司空[1]。子肯堂，幼不率教，及长，贪横无忌。邑令倪君适为予言：除夜，有良家女经其门，色颇艳，逼入行淫。不从，以刀划其乳，立死。又奸一仆妇，微不顺旨，执两足倒撞下楼，颅骨俱折。每岁杀数人，吏不敢问。其祖封翁[2]曾卧病肯堂斋，遣两奴挟之出，曰："毋死我室也。"封翁愤恚，一恸而卒。公因此宦兴索然，告假归。肯堂悖逆弥甚，田产宦橐，悉为所夺，郁郁不得志。一日他适，以白金数十两授爱妾王氏曰："我有急需，汝可藏以待用。"肯堂侦知，往索不与，怒詈曰："吾父尚不敢违我命，汝何为者？"呼仆去衵服[3]，痛捶之，攫金去。王氏自缢，未死，适公归，愤甚，独步书斋，踟蹰半日，饮卤汁半升,肠裂而卒。县令陕人陈孚宸者,欲寝其事,公之弟及妾鸣鼓讼冤,合邑哗然不平,欲截去鼓楼一角。上司闻之大骇,提至省城,论如律。肯堂于狱自杀。窃怪弑逆大变,代不恒有,乃出自世禄之家;且公欲惩一子,势亦何难,竟同于匹夫匹妇之所为,殊不可解。相传公食贫时,与一尼结欢,于神前密誓,苟富贵,以侧室处之。后惧物议,竟负前约。尼畜恨[4]饮卤而死。逾年,夫人生一子,即肯堂也。时薄暮,见一少尼踉跄向内,随觅无所睹,而婢报已举子。公忧疑不决,欲溺之,夫人力争而止。及长,事母少尽子道,而独逞逆于父,实冤报也。闻此事颇确,故识之。

【1】马绍曾,清代户部侍郎。明、清称工部尚书为大司空,侍郎为少司空。此处误。

【2】古代,父、祖以子孙贵显而受封典者称封君、封翁。此处指马绍曾的父亲、马肯堂之祖父。

【3】衵服,贴身内衣。

【4】畜恨,即积恨。(唐)善生《旅中答喻军事问客情》:"畜恨霜侵鬓,搜诗病入神。"《全唐诗》第十二函注云:"善生,贞元时僧。"

瓜异

闰五月,东关民家"李"生"黄瓜",三十保"黄瓜"生"茄"。

炎雪

六月十二日,海宁县(今浙江海宁)下微雪,色赤。朱司理[1]嘉征作《炎雪篇》以记之。

【1】司理,地方上掌刑狱之官。

石碑[1]

十五日,衢州(今浙江衢州)鸡鸣山忽暴风骤雨,雷电交作,山划然劈作一穴,现石碑一座,上有五字,曰"扣罘知果邿",人莫能辨。

【1】原文"石牌",致之本、续识略二卷本均作"石碑",据改。

科场冤报

盐官（今浙江海宁盐官镇）查贡生[1]雍,有族叔死,家富无子。雍利其产业,逼婶冯氏再醮。冯誓守节,坚迫之,遂投缳死。后雍赴京兆试,首场已毕五草,婶忽突至前,且哭且詈,以手掩其卷。随觉头旋目眩,不终场而出。乙卯（康熙十四年,1675年）秋,复与浙闱。才构思,婶至,哭詈如前。推之仆地,亟出驰归,因发病。婶屡来索命,虽远徙,不数日即觅至,未几死。雍一子,止数岁,临绝时见婶戟手骂曰:"当并其种去之。"后亦暴亡。海宁人皆能言之。尝闻场屋中有神兵绕护,诸魅莫敢近,惟感恩、报怨两种精魂得直入无禁。意者其然欤？

【1】科举时代,挑选府、州、县生员（秀才）中成绩或资格优异者,升入京师的国子监读书,意谓以人才贡献给皇帝,故称贡生。明代有岁贡、选贡、恩贡和细贡；清代有恩贡、拔贡、副贡、岁贡、优贡和例贡。清代贡生,别称"明经",相当于举人副榜。

画虎

吴孝廉康侯,字铁庵,疁城人（今上海嘉定）。善古文词,性任侠,负气节,里中有不平事,不惜奋身以直之。尝闭户学画龙虎,遂臻其妙,四方争求之。后为武康（今浙江湖州武康）令[1],武康山中多虎,欲审其形状,亲自往射,几为所伤。曾写便面[2]贻余,并题其上曰:"咄哉白额何雄视,写出霜毫掣电紫。双瞳夹镜光透纸,寒皋[3]木叶下纷纷。醉中惊起李将军,一矢射落西山云。"笔墨晻暧（音：俺爱）[4],辞句历落[5],予至今珍藏之。

【1】原文"一为武康令",致之本、续识略二卷本均作"后为武康令",据改。
【2】扇子的一种。《汉书·张敞传》:"白以便面拊马"。（唐）颜师古注云:"便面,所以障面,盖扇之类也。不欲见人,以此自障面,则得其便,故曰便面,亦曰屏面。"后世也泛指扇面。
【3】鸟名。即鸜鹆,俗称八哥。
【4】晻暧,多义：昏暗貌,盛貌,掩映。此处作"掩映"解。

【5】历落,原意疏落、参差不齐,借喻与众不同。

胥主政

建业(今江苏南京)有胥主政[1]度清者,好为大言,作诗每自诩曰:"我落笔烟云,堪与少陵[2]媲美千古,余子辈安足数哉!"因名其诗曰《胥工部集》[3],欲与杜为敌,镂板赠人。阅未终篇,不觉失笑,乃知"李赤"[4]"杜荀鸭"[5],古今未尝无对也。四方士大夫争求其集,藏弃箧笥,以为笑资。

【1】主政,职官名,旧时各部主事的别称。
【2】唐代诗人杜甫,字子美,自称"少陵野老""杜陵布衣",世称"杜少陵"。杜陵是汉献帝陵,少陵是汉献帝许后陵,均在西汉京师长安(今陕西西安北)的南郊。自汉代以来,杜氏就是杜陵地区的名门望族,如三国、晋朝的著名将领、文人杜预就是杜陵人,杜甫家是杜预之后,所以尽管他祖籍襄阳(今湖北襄阳),生于河南巩县(今河南巩义),但仍自认杜陵杜氏。
【3】杜甫因出任过工部员外郎,所以又世称"杜工部",有著作《杜工部集》。
【4】《柳河东集·李赤传》:"李赤,江湖浪人也。尝曰:'吾善为歌诗,诗类李白。'故自号曰李赤。"
【5】杜荀鹤,字彦之,号九华山人,唐代诗人,有著作《杜荀鹤文集》。《全唐诗续拾》"杜四郎"注云:"四郎,唐末或五代时梁园富家子,时号'杜荀鸭'。"《全唐诗补遗》注引《后史补》:"梁园有富家子杜四郎,好接文士,爱为诗篇,时号杜荀鸭,以比荀鹤。"(清)李调元《雨村词话·套袭》:"太白词有'云想衣裳花想容',已成绝唱。韦庄效之,'金似衣裳玉似身',尚堪入目。而向子諲'花想容仪柳想腰'之句,毫无生色,徒生厌憎。此皆李赤之于李白,黄乐地之于白乐天,杜荀鸭之于杜荀鹤,无赖之类所为也。"

绣江集

范树鏾,名彤弧,上海人。为诸生[1],以博雅自负,喜游贵人之门。沈阳有同姓为显官,致政归,策蹇[2]从之,每对客称家衮[3]不绝口。书著《绣江集》一卷,网罗见闻,纂集轶事,秘甚不轻示人。然中所载多有未确,顾乃诬证旧事,诋娸昔贤,求其立心,大伤锲薄[4]。即如王新建之道学[5]、徐文定之相业[6]、顾正心之义侠[7],皆不能免。然则善真不可为乎?斯直《碧云騢》[8]之流亚也。又曾记先祖少宰公[9]力致高道素之死[10],此时思陵[11]盛怒,高自取死法,与他人何与?且先人天性不饮酒，宦京邸二十余年，寓中惟携一婢及驵仆数人，歌舞之说，毫无影响。即此一事，益足见此集之不足据矣，予不可以不辨。

【1】诸生，明清秀才的别称。另外，经考试录取而进入府、州、县各级学校学习的生员也统称诸生。

【2】策蹇，即策蹇驴，乘跛足驴的意思。

【3】对同族居高位者的称呼，又称宗衮。

【4】浇薄，刻薄。《新唐书·魏征传》："且暇豫而言，皆敦尚孔老；至于威怒，则专法申韩。故道德之旨未弘，而锲薄之风先摇。"

【5】王新建即明代著名理学家王守仁。《明史·王守仁传》：王守仁，字伯安，号阳明，谥文成，浙江余姚人。因他曾在余姚阳明洞天结庐，自号阳明子，故被学者称为阳明先生，后世一般都称他为王阳明，其学说世称"阳明学"。他因武宗正德十四年（1519年）平宁王朱宸濠之乱，世宗嘉靖初封新建伯，但嘉靖八年去世又因桂萼等谗言被取消世袭。穆宗隆庆初平反，谥文成，追封新建侯，故世又称王新建。

【6】徐文定，即明末数学和科学家、农学家、政治家、军事家徐光启。《明史·徐光启传》：徐光启，字子先，号玄扈，官至礼部尚书、文渊阁大学士。死后谥文定，故称徐文定。

【7】顾正心，字仲修，号清宇，南直隶华亭（今上海松江）人。监生。家富，生性豁达侠义，施恩于不报之地，钦授光禄署丞，从祀乡贤。

【8】《碧云騢》，书名。本是宋人魏泰作，却托名早于他的著名诗人梅尧臣。张邦基《墨庄漫录》云："（魏泰）有一书，讥评巨公伟人阙失，目曰《碧云騢》，取庄献明肃太后垂帘时，西域贡名马，颈有旋毛，文如碧云，以是不得入御闲之意。嫁其名曰都官员外郎梅尧臣撰。"

【9】少宰，明清时吏部侍郎的别称。作者祖父董羽宸，字原孚，号邃初，万历四十一年（1613年）进士，历任左副都御史、吏部左侍郎，故曰少宰公。

【10】高道素，天启、崇祯朝工部营缮司主事，崇祯二年（1629年）因督修桂王府崩塌而被处斩。《烈皇小识》：桂王朱常瀛是明神宗的儿子，万历二十九年（1601年）受封，天启七年（1627年）九月就藩衡州（今湖南衡阳）。桂王府于天启二年（1622年）动工，由内监黄用和工部营缮司主事高道素督造，历时六年至天启七年（1627年）始告竣。不料，住进不久，就出现寝宫后殿椀梁损堕。"崇祯二年（1629年）三月初三寅时，正殿尽倾"，压死宫女六人。黄用、高道素因此被斩。据说"道素在刑部先拟赎徒。董御史羽宸疏激上怒，屡谳屡驳，加等论死……是日，道素意必无他虞，沈醉以往；及行刑，则已醒矣，仓皇不能出一语，但连呼'如何如何'而已，人多冤之。"又见《明季北略·桂王寝殿坍塌》。《明史·刘之纶传》：刘之纶崇祯元年（1628年）第进士，改庶吉士……二年（1629年）己巳之变，皇太极率后金军围困北京，他以建筑受崇祯重用，擢兵部右侍郎。他受命视师，招募万人迎敌，"既行，通州守者不纳，雨雪宿古庙中，御史董羽宸劾其行留。"

【11】崇祯皇帝的陵墓称思陵，此处借指崇祯皇帝。

神女辨

明张应登[1]《巫山神女庙碑记》曰："巫山神女，宋玉为襄王赋之，谓其能入怀王之梦[2]。盖玉以王溺于细腰，神其说以中之，无是事也。然则山果无神女耶？于传有之。禹继父治水，东造绝迹，西延积石，南逾赤崖，北过寒谷[3]，有所滞，必召神问之。凿岷江[4]，至瞿峡[5]，千岩万壑，连络千里，乃仰天啸叹，俄见神人，状肖美女，自空而下，授玉篆灵符，且命其臣任章、童律等六人，为禹翼助。及奠分山川，告厥成功，还至巫峡，思神女助力，询于童律。律对曰：神乃帝女瑶姬、云华夫人也[6]，（按，宋范成大《吴船录》云：瑶姬，西王母之女、云华夫人，助禹治水者）封于巫山之麓，或为轻云，或为霏雨，或为游龙，或为翔鹤，既化为石，复化为人，千变万化，不可殚述。庙在县东三十里，计十二峰南，飞凤之麓，阶下断碑，有"地平天成，权舆于此，功被我民"之句，旧字如南岳禹碑，汉晋人以今文出之者。是禹以成功而始祀神女，其来已远。宋治平中（1064年—1067年），诏葺庙宇。元丰中（1078年—1085年），敕号游真。土人疾病则祷，天旱则祷，祷则应。嘉靖十九年（1540年），中丞[7]李公毁之，毁玉言之神女也。嗣后宪副王公乔龄[8]复之，复禹祀之神女也。一神女耳，一神女庙耳，知玉不知禹则毁，信禹不信玉则复。嗟乎！宋玉则说怀王之梦，襄王则想宋玉所说之梦，吾侪可复说宋玉所说之梦乎？[9]宜郭侯增庙貌，隆祀典，黜伪说，而定正论之为亟也。应登蜀产，神之佑之有年矣，厌薄宋玉之赋，痛恨襄王之梦亦有年矣，东出道巫，郭侯磨碑待记，泊舟祠下，次第其语，勘此一段公案以觉梦梦者。《经》曰："有其举之，莫敢废也。"[10]慎勿以毁，言失实可也。走笔甘刻，晴午解缆，轻云霏雨，神之铺烟景以享我乎！鼓楫张帆，龙游鹤举，神之理安澜以送我乎！余即不敏，乐为之记。"此碑现在，何世人之尚梦梦也。

十二峰附[11]：

一望霞，二翠屏，三朝云，四松峦，五集仙，六聚鹤，七净日，八上升，九起云，十栖凤，十一登龙，十二圣泉。

【1】张应登，字梦襞，内江（今四川内江）人。明万历年间进士，历任彰德府推官、兵科给事中、山东按察副使等官。

【2】宋玉是战国时鄢（今襄樊宜城）人。生于屈原之后，一说是屈原弟子。他曾事楚顷襄王。好辞赋，为屈原之后的著名辞赋家。巫山神女，一说是炎帝之女，一说是西王母之女。传说楚襄王之父怀王游巫山高唐时梦遇神女，宋玉陪伴楚襄王游云梦时讲述了这个传说，当晚楚襄王果然

梦遇神女，醒来向宋玉追述其事，令其以赋描述出来，于是有宋玉创作的《高唐赋》和《神女赋》。

【3】（东汉）赵晔《吴越春秋·越王无余外传》：大禹治水"周行宇内，东造绝迹，西延积石，南踰赤岸，北过寒谷"。

【4】岷江，古称汶江和都江，以岷山导江而得名。岷江发源于岷山，是汇入长江的重要支流之一。岷江口是长江中上游的分界点。

【5】长江三峡西起四川白帝城，东到湖北南津关，分布着瞿峡、巫峡、西陵峡三个峡谷，总长度达192公里，是我国最大的三峡。

【6】神女即瑶姬，一说是天帝之女，一说是炎帝之女，一说是西王母之女。（五代）蜀杜光庭《镛城记》："瑶姬，西王母之女，称云华夫人，助禹驱鬼神，斩石疏波，有功见纪。今封妙用真人。"又见《墉城集仙录》。传说，大禹到长江上劈山开峡。瑶姬交给他天书《黄绫宝卷》，教他用锤、钎凿石，造车、船运土。大禹在她的帮助下，带领众人，把三峡开通，使江水东入大海。据说现在巫山城外的授书台，就是当年瑶姬授书的地方。

【7】中丞，御史中丞的简称，明清时巡抚的别称。

【8】宪副，都察院副长官左副都御史的别称。王乔龄，明代学者。

【9】按，致之本、续识略二卷本无自此以下文字。

【10】《礼记·曲礼下》："凡祭，有其废之，莫敢举也；有其举之，莫敢废也。"（唐）孔颖达疏云："正义曰：'此明祭有常典不可辄擅废兴。'"

【11】续识略二卷本"十二峰"单列一条，误。当是传抄时错简所致。今巫山十二峰分别坐落于巫山县东部长江两岸，南北各有六峰。江北六峰：登龙、圣泉、朝云、望霞（神女）、松峦、集仙；江南六峰：净坛、起云、上升、飞凤、翠屏、聚鹤。

致之本、续识略二卷本中十二峰名称与此有异：一望霞，二翠屏，三朝云，四松峦，五集仙，六聚鹤，七净日，八上升，九疑云，十栖凤，十一登龙，十二聚泉。

山矾生菌

陈仁玉《菌谱》，遍录松菌、竹菌诸名。厥产不一。予庭前山矾[1]一株，枯半载矣，根间忽蘖生菌，旋摘旋生，烹之香甘松软，美不胜言。

【1】山矾，山矾花的简称，俗名椋花，木高数尺，冬不凋谢，花白而香。

异形

平生所见异形：山左（今山东）一贩枣客，长丈余，首几及屋梁，每出，儿童噪而随之。吾郡一僧，年可四十许，身不满二尺，一人承之以盘，沿街乞食。燕市一叟，眼毛长数寸，蓬松围绕，掩覆其目。江宁（今江苏南京）见一人，足背反，向后而行，步如常人。乃知古所称"三耳秀才"[1]，抑或有之。

【1】三耳秀才，指很聪明的人；也比喻人狡猾。（晋）陶潜《续搜神记》："兖州张审通为泰山府君所召，额上安一耳，既醒，额痒，果生一耳，尤聪俊，时号'三耳秀才'。"（宋）李昉《太平广记·神六·董慎》："隋大业元年，兖州佐史董慎，性公直，名法理。"冥府太山府君召为右曹录事。董慎推荐善写判词的当州府秀才张审通为管记。结果张审通初次写的判词却被天曹驳回，且府君也连累被谴。府君"即命左右，取方寸肉，塞其一耳"。张审通复撰判词，再次多方论辩。天曹在事实面前不得不承认张审说得有理，批准判词之外，也奖励了太山府君。"太山府君因命左右割下耳中肉，令一小儿擘之为耳，安于审通额上，曰：'塞君一耳，与君三耳，何如？'""审通数日额觉痒，遂涌出一耳，通前三耳，而涌出者尤聪。时人笑曰：'天有九头鸟，地有三耳秀才。'"

乖龙

丙辰（康熙十五年，1676年）元旦，有龙于东南，黑云叆叇，逾时而没。予记以诗云："丙辰春王之一日，有物蠕蠕霾雾圠。赤光块圠[1]鳞爪张，倒吸江潮[2]几千尺。儿童奔叫瞪半空，一龙夭矫[3]随群龙。此时阴寒蛰海底，早出毋乃欺天公。扬髻簸虺驱列玦[4]，水怪旃[5]旄纷布列。马衔腾踏天地惊[6]，忍使穷黎尽鱼鳖。春来雨脚厉乱吹，入夏不止愁疮痍。豢龙自是我家事，便欲乘云一问之。"

【1】《扬子·方言》："块圠，不测也。"
【2】江潮，致之本、续识略二卷本均作"江湖"。
【3】夭矫，自纵恣貌。
【4】玦，佩玉。致之本、续识略二卷本均作"缺"。虺，二十八星宿中的尾星宿，又叫龙尾星。在此是龙尾的意思。
【5】旃，古代赤色、无饰、曲柄的旗子，也泛指旌旗。
【6】天地惊，致之本、续识略二卷本均作"天吴惊"。

猛兽杀虎

二月，宁波府慈溪县（今浙江慈溪）山中出一猛兽，群虎聚而斗之。猛兽连杀三虎，余散走。古称兹白、酋耳、黄腰、渠搜[1]，俱能杀虎豹，此岂其类耶？

【1】兹白、酋耳、黄腰、渠搜是古代传说中能食杀虎的猛兽。《逸周书·王会》："义渠（今西北甘肃庆阳一带）以兹白，兹白者，若白马，锯牙食虎豹；央林（今福建泉州一带）以酋耳，酋耳者，身若虎豹，尾长参其身，食虎豹。"《本草纲目·兽部二·虎》："酋耳，《瑞应图》云'酋耳似虎，绝大，不食生物，见虎豹即杀之，太平则至。''黄腰，《蜀志》名黄腰兽。鼬身狸首，长则食母，形虽小而能食虎及牛、鹿也。'渠搜，《逸周书》：'渠搜，西戎（今甘肃酒泉一带部落）露犬也，能食虎豹。'"

京师异风

五月朔，钦天监争日食未决，登观象台看验。忽天气晦黑，有大风从西山来，势极猛厉，飞沙拔木，震动天地。前门、厚载门一带，房屋六畜，俱被摄去，居人死伤无数。有男妇数人，卷入半空，掀翻撞击。赑屃[1]极巨者，从空移去数丈。卢沟桥民，吸堕前门内。远近奔骇，日食竟未及验而罢，自来风变所希有也[2]。或谓龙斗而然。又云，隐隐见天半有金甲神二，手执红旗，摇飐空中，风随之而起。好事者因刊图以记其异。

【1】古代传说中的一种巨大的动物，外貌像龟，后世一般以其像置于碑座。
【2】王士禛《池北偶谈·谈艺六》："康熙丙辰（十五年，1676年）五月初一日，京师大风，昼晦，有人骑驴过正阳门，御风行空中，至崇文门始坠地，人驴俱无恙。又有人在西山皇姑寺前，比风息，身已在京城内。"朝鲜《李朝肃宗实录》二年（1676年）十二月辩诬使别单云："五月初一日[北京]大风，声如雷。正阳门外家舍倾倒，人畜飞去。钦天监奏妖星见，主外臣私入，请稽查。清皇（按：指康熙皇帝）不从。九门提督为揖奸细，驱逐商民。清皇大怒，亲踢之，厚加责罚。"

星陨为石

初九日，青浦县（今上海青浦）瓢湖地方，大星陨地有声。居人争掘之，见一石色黑，手按尚热，秤之重十九斤。击碎以刀磨之[1]，火光四射。

【1】原文及致之本、续识略二卷本均作"摩之"，误，当为"磨之"。

钟自鸣

宁波府（今浙江宁波）新建庆云楼，中悬巨钟，于五月初四夜不叩自鸣。百姓哗言寇至，郡守乃于望日设醮以禳之。（原按，明隆庆时，燕河营真武庙钟自鸣，又平阴县门内有钟不叩自鸣，后亦无他异。）

梅菊夏开

仲夏积雨天气，乍寒乍热。我乡黄菊遍开，又予老苍头[1]家腊梅亦放数朵。里人卢元昌[2]以诗记之曰："灼灼榴花赛火垂，绿荷如盖挺新池。那知群卉趋炎日，冷眼偷看各一枝。"予和曰："绕地莲萼未曾闻，竟向东篱探菊来。五月亭林花事少，明年须是满园栽。"

【1】老苍头，老仆人的别称。
【2】卢元昌，字文子，松江华亭（今上海松江）人。诸生。性高雅，不喜与俗人交，少年操衡文之柄，名噪海内。杜门著述。尝作《文房四诔》传世。

甘露

予书斋前芭蕉，五月结蕊，大如升，花开类荷，瓣作黄白色，茎长二尺，上缀青子百枚。每放一瓣，中簇花心二十余囊，末贮清露，其甘如饴。开至八月，每旦采数十囊。所结子不及成实，旋就萎落。蕉生甘露，处处有之，而江南绝少。予十许岁曾于旧宅见之，今复再睹焉。

沈阳水发

六月二十九日，辽阳、沈阳河水发，沿河一带，悉被冲没，居民有淹死者。

鳖中儿

总戎[1]梁公进鳖羹,庖人剖之,中有一小儿,长三寸,肢体俱全,亟弃去。松人闻之,竟绝此味。医蔡生天槎云,鳖中往往有之。不知何据?或言,鳖交水面,窥见过往舟中人形,感而肖其像。恐亦未确。

【1】总戎,一方军事统帅的别称。唐代称节度使为总戎,清代称总兵为总戎。

止溪

朱推官嘉征[1],字岷左,海宁(今浙江海宁)人。授蜀中理官,罢归,筑圃止溪,人称为止溪先生,夙负才名。予偶赴湖山之约,得交于先生。时年老矣,谈吐如涌泉,性傲兀,目中无当意者,独倾倒于予,若以为可与言者。我何以得此于先生哉!其平昔所结撰,皆艰深幽峭,古致佶屈[2]。尝汇晚年著述,问序于予,予踟蹰良久,而先生已殁。我负诺矣。一门父子姑媳皆能文,俱有诗集行世,亦一奇也。

【1】推官又称司理、推事,掌府、州刑狱等事。《四库全书总目·集部·乐府广序》:"朱嘉征,字岷左,别号止溪圃人,海宁(今浙江海宁)人。前明崇祯壬午举人,入国朝官徽州府(今江西歙县)推官。"
【2】原文"倍屈",误,当为"佶屈"。

儒释合旨

《楞严》[1]七处征心,谓身内、身外、潜根见、内外、随合、中间、无着[2]。此七者,世尊与阿难反复指示,求诣真际,极微妙,然不过欲破其妄心,妄除而真者自见[3]。《中庸》"诚则明矣"四字[4],足以尽之。何者?诚则尘缘不杂,明则返清净体,而光明洞照,一切皆空矣。至下文云,凡因果世界,微尘因心成体,以及五阴、六入、七大诸说[5],种种开示,又即"不诚无物"[6]之义,与我儒未尝不合也。

【1】《楞严》,佛教的经典《楞严经》。

【2】七处征心,是佛陀于楞严会上征诘阿难心目之所在。阿难先后回答"执心身内、执心身外、潜伏根里、内外两在、随合随有、心在中间、一切无着"七个答案。

【3】世尊,对佛陀的尊称,佛的十号之一,阿弥陀佛和释迦牟尼佛都可称为"世尊"。佛经上常见的"世尊"是指释迦牟尼佛。阿难,全称阿难陀,佛陀释迦牟尼的堂弟,侍从二十五年,是佛陀释迦牟尼十大弟子之一,被称为多闻第一。所谓"七处征心"是佛陀和阿难对话时,阿难从身内、身外、根里、内外明暗之间、随合随有、中间、无着处等七个方面寻求心性所在,而佛陀则一一破之。指出这是使众生迷不知返的"妄心",它是虚妄万法生起的根源,所以不破除它就不能止散乱而归心于寂静,就不能够显示出真如妙心。

【4】语出《中庸》,意思是说:真诚就会明理。

【5】五阴:色阴、受阴、想阴、行阴、识阴。六入:眼入、耳入、鼻入、舌入、身入、意入。七大:地大、火大、水大、风大、空大、根大、识大。佛教认为这都是妨碍人修炼佛法的魔境,只有破除之后才能脱然领悟佛教的真谛。

【6】语出《中庸》,意思是说:不诚,就没有万物。

大雪

十二月二十八日,黑虹见。是冬严寒,大雪屡降,堆积至三四尺。登高四望,如玉树银田,或云此丰岁之兆也。时一人往五里桥,为雪所压,村人见雪中有物动摇,亟趋视,则已僵矣。[1]

【1】致之本内容与此同,续识略二卷本颇异,内容如下:十八日午后,大雪达曙,厚二尺余,往来路绝。淀湖有十余人操舟而前,至中流,河水遂合,篙橹忽胶,去岸又远,一夕俱死。又有人亲迎,冻死于道。

沁园春

余年五十,始见白髭,偶阅宋玉叔琬[1]《沁园春》,似谐似讪,不觉抚掌。其词曰:"叹息吾衰,两两三三,霜雪盈颏。怪素丝若练,偷描病态。银茎如戟,硬作愁媒[2]。面目生疏,主人讶客,何所闻而不速来。还防汝,入宫见妒[3],朋辈嫌猜。况逢贝锦蚊雷[4],更颠倒,雌黄[5]蛇与虺[6]。叹[7]黑云突起,九阍[8]难叫;青蝇[9]欲吊,只影堪哀。不自我先,不自我后,汝乃乘危利我灾。炎凉态,笑星星髯也,果小人哉。"语气似辛稼轩[10],而滑稽过之。

【1】宋琬,字玉叔,号荔裳,莱阳（今山东莱阳）人。清初著名八大诗家之一。顺治四年（1647年）进士,曾蒙冤入狱数年,后得雪,官至四川按察使。有《安雅堂集》《二乡亭词》行世。

【2】有二义：发愁时皱着的眉头；古代妇女的一种眉妆,曲折、细而长,眉梢上翘,据说是汉代梁冀妻所创。

【3】原文"见嫉",误,据《沁园春·诮白髭》原作改。

【4】古代锦名。上有贝形纹饰。左思《蜀都赋》："贝锦斐成,濯色江波。"

蚊雷,蚊群飞时所发出的巨大声音。陆游《宿沱江弥勒院》诗："蛙吹喧孤枕,蚊雷动四廊。"

【5】雌黄,一种矿物,可做颜料。古人用雌黄涂改文字,因此称乱改文字、乱发议论为"妄下雌黄",称不顾事实的乱说为"信口雌黄"。

【6】虺,毒蛇,比喻奸恶小人。

【7】原文缺"叹"字,误,据《沁园春·诮白髭》原作改。

【8】九阊,原意九天之门,亦指九天。刘禹锡《楚望赋》："高莫高兮九阊,远莫远兮故园。"在此比喻朝廷。《明史·王家屏传》："小民愁苦之声殷天震地,而独未彻九阊。"

【9】青蝇,即苍蝇。《诗经·小雅·青蝇》："营营青蝇,止于樊。岂弟君子,无信谗言。营营青蝇,止于棘。谗人罔极,交乱四国。营营青蝇,止于榛。谗人罔极,构我二人。"这是一首著名的谴责诗,后世把专进谗言的人比作苍蝇。

【10】辛弃疾,字坦夫,后改幼安,历城（今山东济南历城区）人。南宋爱国词人。中年命名所居宅曰稼轩,自号"稼轩居士",后世遂称辛稼轩。

煞神

郡邑传递简帖[1]者曰农民[2],即昏阍类[3],其役最贱。北关外有徐姓,以此致富。为其子援纳入监[4],又一重赀纳运判[5],满载而归。纱舆绣补,扬扬自得,复挥金交结当事,于是俨然荐绅[6]矣。然形状侏儒,小器易盈,骄矜之气,益于颜面,对之欲呕。予族人有市房一所,运判以二千金买之,鸠工改葺,金碧烂然。临徙,服公服,昇四人舆,徐下车[7]缓步登中堂,徘徊四顾,笑谓仆辈曰："贵人之居,不可不如是也。"复累石为山,石忽动摇有声,一石从空飞堕,几为所伤。运判惊仆,呕血数升。旦卧纱幮[8]中,见门外一巨鸡,高四五尺,绛冠铁距[9],上骑一道士,长及屋梁,鼓翼昂首,从外而入。运判大呼,家人急往救之。自言所睹,若为物击,宛转欲绝,未几死。或曰,此即所谓煞神也。其父初亦乘舆,遇邻里不复拱揖,至是遭众痛骂,垂首而避之。古语云："升不受斗,不覆即毁。"[10]夫人之分量,各有厚薄,以小人乘君子之器,而又以不善处之,欲不亡得乎？

【1】简帖，书信，书简。致之本、续识略二卷本均作"柬帖"。
【2】《说文解字·释民》："萌（懵）而无识也。"古者有四民：士民、商民、农民、工民。
【3】"昏"同"昏"。"阍"，守门奴仆。
【4】援纳入监，即不经过乡试，通过捐纳直接入国子监学习，学习期满合格即可授官。
【5】宋代于转运使、发运使下设判官，职位略低于副使，称转运判官、发运判官，简称"运判"。清代，有些省的运判还有催征钱粮之责。
【6】"荐绅"同于"缙绅"，一般指有官职或做过官的人。
【7】续识略二卷本无"徐下车"三字。
【8】纱幮，即纱帐，室内张施用以隔层或避蚊。
【9】鸡距，雄鸡的后爪。
【10】原文"不毁则覆"，致之本、续识略二卷本均作"不败则覆"。按，此语出自宋朝张耒《明道杂志》："升不受斗，不覆即毁，物理之不可移者。"今据《明道杂志》原文改。

神医

医道通于神明，迩来习者虽多，罕精其术。长男威宝病痢，诸医翕集，皆云不治，已付之无可奈何，半月后忽自止。犹忆[1]予年甫十一，忽患腹痛，百药罔效，垂四十余日，粒米不能进。适秦景明昌迈[2]自远归，惊曰："若迟半日，则不可为矣。"一剂立愈。其方止用人参一钱，石菖蒲二钱，煨姜三片。诸医力争，痛无补法，乃药甫脱口而痛止。秦为人潇洒不俗，自知死期，医道之神，目中仅见[3]。

【1】致之本、续识略二卷本均缺"医道通于神明……犹忆"一段。
【2】各本均作"昌运"，误，当为"昌迈"。秦昌迈，或书秦昌遇。"迈"的繁体字为"邁"，或因与"遇"形似而误。《松江府志》作昌迈。秦昌迈，字景明，松江人。明末著名医学家，善治痘疹，著作《症因脉治》。
【3】致之本、续识略二卷本均缺"秦为人……目中仅见"一段。

长爪

松陵（今江苏吴江松陵镇）董翰林阎，字方南，姿度恬雅，品质清粹，少年登科，谦下如寒士，对之鄙吝俱消。其两手指爪，俱长数寸，计偕[1]时往返驱骞卫[2]，从无损折,饮食起居,较他人更便。涵养之醇,不言可知。昔人称李昌谷[3]长爪通眉,方南气识殆过之远矣。

【1】计偕,即举人进京参加会试的别称。

【2】蹇卫,即驽钝的驴子。

【3】李昌谷,即唐代诗人李贺。李贺,字长吉,河南福昌县昌谷人。一生愁苦多病,仅做过数年奉礼郎的小官,所以世称李长吉、李昌谷、李奉礼、鬼才、诗鬼等,与李白、李商隐三人并称唐代"三李"。

濑中集

毛大可甡,负奇才,避仇走四方,自言当以客游老。所著《濑中集》[1],词藻艳发,一时纸贵。尝缄诗寄予云:"自别云间[2]去,三年渡汝溪。蒋亭方二月,吾忆董胶西[3]。蕙草春前寄,苹风[4]醉后题。双缄思不尽,长使角巾低。"后改名奇龄[5],举博学宏词,入翰苑。

【1】清初毛奇龄著,收于其弟子编辑的《西河合集》中。

【2】今上海松江。

【3】西汉著名儒学领袖董仲舒,因其曾任胶西王相,故称董胶西。这里是借指作者董舍。

【4】苹是浮于水面的水草,苹风即是吹过水面的风。

【5】毛奇龄,原名甡,又名初晴,字大可,又字于一、齐于,号秋晴,又号初晴、晚晴等,萧山城厢镇(今属浙江)人。以郡望西河,学者称"西河先生"。清初经学家、文学家,与兄毛万龄并称为"江东二毛"。明末诸生,清初参与抗清军事,流亡多年始出。康熙时荐举博学鸿词科,授检讨,充明史馆纂修官。寻假归不复出。治经史及音韵学,著述极富。所著《四诃合集》分经集、史集、文集、杂著,共四百余卷。

元旦雷

丁巳(康熙十六年,1677年)元旦,四鼓震雷,达旦方止。既而雨雪大作,路绝行人。

请免岁贡加征[1]

台臣陆祚蕃[2]《民间利弊》一疏内一款:"查宦户加征[3],原以军需浩繁,暂时举行。逆孽荡平,停止不远,但贫老岁贡[4],景逼桑榆[5],筮仕止于寒毡[6],家居唯资馆谷[7],积田不过数十亩或数亩,啼饥号寒者十而八九也。乃竟与华腴[8]之仕一例加增,殊堪悯恻。臣请将宦田除去岁贡一条,其捐纳岁贡者[9]不在此例,所减无多,而衰迈穷儒感恩戴德,国家养老恤贫之意亦寓其中矣。"

【1】致之本、续识略二卷本中均无此条。

【2】台臣,对御史等谏官的别称。陆祚蕃,原名陆胤蕃,康熙十二年(1673年)进士,历任登莱青道、广西按察使司副使,督学广西。官至贵州贵东道。著有《粤西偶记》。

【3】宦户,家里有人在外任官的户籍。康熙十二年(1673年)平西王吴三桂等反于西南。《武塘野史》载浙江嘉善地区康熙十六年(1677年)"二月,岁试,卷烛心红(银朱之名)纸札皆系生员纳银备办……以军需孔亟,考费充饷故也。十三日加征宦户米,每石三斗,又加征宦户白折,每亩一分,又加征宦户石灰。"

【4】科举时代,挑选府、州、县生员(秀才)中成绩或资格优异者,升入京师的国子监读书,称为贡生。其中每一年或两三年由地方选送年资长久的廪生入国子监读书的,称为岁贡,由于大都挨次升贡,故有"挨贡"的俗语。

【5】桑榆,原指日暮,借喻人的晚年。

【6】筮仕,指初出做官。寒毡,指寒士的清苦生活或清苦的读书人。

【7】馆谷,多义,此处指教私塾所得的酬金,又称束修。

【8】腴,土地肥美。

【9】捐纳岁贡,指没有参加过考试或入府、州、县学学习,只缴纳一笔银钱就取得了岁贡生资格。

鬼谴

张惟赤者,浙之海盐(今浙江海盐)人,为人贪鄙果敢。居言路,思建奇策为躐进地[1]。时军饷告匮,遂上言一应田产地丁银一两加征三钱,岁可增饷数百万。其客武林(今浙江杭州)陈生为之具草。异议突发,由是漕米、白折[2],一例加征。惟赤积金如山,自顾无大损,而清修自好者皆仓皇无措,于是怨声载道,即荤上诸公[3],多有以此咎之者,心颇惭悔。一日晨起,忽发狂,披发徒跣,以首击柱,血肉狼籍,家人竞持不能止。良久呼曰:"鬼卒至矣!"匍匐入床下,扶起,已呕出心肺而死。陈生年老,止一子,亦同日暴死。识者以为有天道。

【1】躐进,越级提升。

【2】明清时期各产粮大省每年除缴纳漕米外,江南苏、松、杭、嘉、湖五府还特别额外征收上等白粳糯米、粳米供皇室和在京各部官僚专用,称作"白粮",共计十七万余石。漕米、白粮均称本色,从明英宗时起将部分漕米改为白银缴纳,称改折。

【3】辇上即朝廷,意指朝廷的大臣们。

财有定数

余世父[1]善心计,爱窖藏,积镪数十万。一日,持五千金,偕次子侃至丙舍[2],瘗密室中。入土六七尺,上覆巨砖,人无知者。侃后迫他用,乘父在郡城,私往取之,劚地丈余,无所见。于是遍掘室中,仅余东北角数尺,以相去稍远,且疑父先期取去,兴尽而止。父闻亟往,复疑子窃,试于东北掘之,不三尺,窖藏宛然,比前地已徙二丈许矣。侃卒以贫死。又姊丈[3]张孝廉士绅,家人汲水,见井中有元宝二,屡沉屡浮,举家悉见。百计钩致,不可得,乃竭泉求之,仅获碎银四十三两,元宝遍觅竟不复出。夫以父之所有,子尚不可以幸取;井中之银几何,而多寡大小,毫不可假人,奈何妄觊他人之物,并图及分外哉?二事予亲见之。

【1】世父,原指大伯父,后世一般用来通称伯父。

【2】丙舍,即在墓地的房屋,或墓地上搭建的停灵的棚子。

【3】姊丈,姐姐的丈夫。

宅祟

东邻朱氏宅颇宽敞,向多鬼祟,有张孝廉哲者僦居之。一日晨起,觅履不得。既而家人履俱失去。启户索之,庭有银杏一株,高数丈,履悉倒悬其上。张惧,亟徙去。

伶人被刺

枫泾镇(今上海西南枫泾镇)为江浙连界,商贾丛集,每上巳赛神[1]最盛,以重价雇八九岁小儿，擎以铁柱，高十许丈，竞出珍宝以饰之，鼓乐前导，沿街迎三日乃止。舟车填咽，游人接踵，又架高台，邀梨园数部，歌舞达曙，曰神非是不乐也。一日演秦桧杀岳忠武父子，曲尽其态，观者挥泪叹息，忽一人从众中跃登台，挟利刃直前刺桧，流血满地。执缚送官，讯擅杀平人之故。其人仰对曰："民与梨园，从无半面，实以一时愤激，愿与桧俱死，初不暇计真与假也。"有司怜其义愤，竟以误杀薄其罪。

【1】"上巳"是中国农历三月中第一个出现"巳"的日子，因此叫"上巳"。其大概起源于周朝，《论语》中就曾说到这个节日，俗称"三月三"。这个传统节日自春秋开始，经过几千年历史变化，至今演变成清明节。

鹧鸪天

孝廉张砚铭渊懿，性不与物竞[1]，工填词，所居近西郊，一水环绕，种花养鱼，萧然世外。善饮酒，能终夕不醉。予暇时过从，恍如桃源中人。生日，作《鹧鸪天》云："负郭田园五亩余，数株高柳映清渠。腰镰薙草鱼支俸，手锸栽花[2]鸟傚居。斋字拙，谷名愚，尽教魂梦到华胥[3]。日长自有消闲诀，三尺纶竿[4]一卷书。"其旷达之致如此。

【1】原文"不与物忌"，致之本、续识略二卷本均为"不与物竞"，据改。
【2】原文"栽衣"，致之本、续识略二卷本均为"栽花"，据改。
【3】华胥，指伏羲的母亲华胥氏，相传华胥踩雷神脚印，有感而受孕，生伏羲。
【4】纶竿，钓鱼竿。

记梦

余自少懒散，不善治生。放弃[1]以来，家贫累重，不无忧生之嗟。窃念兢兢自好，而境遇拂郁，天之报施，疑不可信。一夕，雨窗独酌，漏三下始就枕。梦二青衣人排闼直入，手持片纸，呼予名曰："王召，宜速行。"予肃衣冠随之去，约十余里，至一城，中有大殿，丹楹刻桷，金碧辉映。伛偻而入，见一王者南向坐，赪面紫髯，佩服如天帝状，傍列侍卫数百人。予跽谒屏息，忽闻殿上厉声呼曰："尔碌碌庸儒，穷通得失，各有定分，何得妄生怨尤？且尔欲富乎？欲登仕版乎？抑将野处以适志乎？"予伏不敢对，有人从旁趣之。予叩头曰："世乱才拙，不愿为官，欲得富耳。"王微哂，左右顾。左一人，绣衣束带，如世之所谓贵人，趋而前曰："若欲富，已领王命。但随我往足矣。"于是挟之出。俄顷抵家。其人形貌侏儒，神气昏浊，执手慰藉良厚，坐定，讯余平日所为何事？仿佛以近所读书一册呈之。接置座侧，若不识一字者。良久，见褭蹄麟趾[2]从地涌出，烂然盈庭。予询曰："此从何来？"曰："若患贫，故王命以此畀尔，尔宜悉心经营，纤啬为贤[3]，义侠为贼[4]，猗顿、乌、卓[5]，可翘足待也。"语毕起别，仆从拥之去。予亟持金入，呼童具锸，思穴地藏其半；又思以半之半权子母[6]，半置产为子孙计。既富思贵，又欲乘时入赀，以取功名。自旦至暮，千筹万算，饮食都废。入夜，虑有不虞，手自键户，令家人更番击柝[7]，终夕踧躅，目不交睫。倦欲凭几假寐，眼方合，闻有声割然，以为盗也，矍然惊起，则晓钟鸣矣，一灯倚壁，竹床纸帐，依然如故。觉而细思，向者贫而忽富，今者富而忽贫，向者何劳，今者何逸？然则神之默示，其爱我者至矣。乃徐起盥漱。于时榴花盛开，苍翠绕屋，松风冷然，与稚子读书声相应。适内子挹黄梅水瀹茗[8]，遣小玉送至，披襟而饮之，回忆梦中之事，自悔复自笑。因援毫以识之。时丁巳（康熙十六年，1677年）夏五[9]，夏至后一日。

【1】放弃，流放；贬黜。

【2】褭蹄麟趾，汉代饼金中麟趾金与褭蹏金的并称。褭蹄又称褭蹏，马蹄形铸金。沈括《梦溪笔谈·异事》："襄随之间，故春陵白水地，发土多得金麟趾褭蹏。麟趾中空，四傍皆有文，刻极工巧。褭蹏作团饼，四边无模范迹，似于平物上滴成，如今干柿，土人谓之'柿子金'。"

【3】纤啬，计较细微；悭客。

【4】义侠，行义除暴的侠士。

【5】猗顿、乌、卓：猗顿，战国时期著名商人。《史记·货殖列传》："猗顿，用盬（音：古）盐起。乌氏倮，畜牧，及众斥卖……秦始皇令倮比封君，以时与列臣朝请……蜀卓氏之先，赵人也，用铁冶富。秦破赵，迁卓氏……致之临邛，大喜，铁山鼓铸，运筹策，倾滇蜀之民，富至僮千人。"《史记集解》引《孔丛子》："猗顿，鲁之穷士也……以兴富于猗氏，故曰猗顿。"乌氏（音：支），战国时期我国北方民族名，分布于今甘肃省平凉县一带。倮，人名。卓姓原属战国时赵国，秦破赵后，迁卓氏于蜀之临邛（今四川邛崃）。其后卓王孙冶铁冶富，富至僮千人。卓王孙之女便是司马相如之妻卓文君。

【6】权子母之利，即放债营息。母即本金，子即利息。

【7】柝，打更的梆子。

【8】瀹茗，煮茶。黄梅，成熟的梅子。

【9】夏五，农历的夏季五月。

长夏十友

节届三伏,溽暑特甚,苦无避炎之地,幸有十友为伴,稍破寂寞,因各赋一绝,偶识于此。

石几曰:"巧匠琢青玉,瘦骨[1]涵冰霜。客来聊坐隐,双臂生秋凉。"
竹榻曰:"此君绿玉姿,潇洒抱劲节。高枕北窗风,梦踏峨嵋雪。"
蒲团曰:"斗室谢尘鞅,卖身[2]充佛奴。妙香袅石鼎,日夕盘双趺。"
怪石曰:"玉盘供怪石,搜奇剔秽滓。照影光参差,恍映潇湘水。"
竹奴曰:"玲珑戛寒玉,长夜共反侧。藉汝伴孤眠,肥婢无颜色。"
方枕曰:"蕉叶纹如水,欹斜面面寒。将身化蝴蝶,无梦到邯郸。"
箬笠曰:"无钱买缨笠,笋箨[3]裁作帽。茫茫细雨中,尽日持竿钓。"
瓷瓯曰:"山翁赠新岕[4],蟹眼翻幽泉。久抱卢仝癖[5],支炉手自煎。"
蕉扇曰:"芭蕉剪作扇,弄影何团团。那许纤尘染,虚窗六月寒。"
棕拂[6]曰:"孤根托岩岫,携手度炎夏。萧散宜幽人,无劳比王谢[7]。"

【1】原文"瘦首",致之本、续识略二卷本均作"瘦骨",据改。
【2】原文"买身",致之本、续识略二卷本均作"卖身",据改。
【3】箨,笋皮。原文"箨笋",致之本、续识略二卷本均作"笋箨",据改。
【4】岕,两山之间的空旷地。浙江宜兴古称阳羡,自唐代始阳羡茶就被作为贡茶进献朝廷,因其地的好茶都是产于两山之间的空地,所以明清时又称岕茶。
【5】今广东潮州人嗜饮茶,其所煮功夫茶最著名。唐代的卢仝嗜茶,故潮州人称嗜茶者为"有卢仝癖"。
【6】棕拂,用棕做的拂尘。
【7】王谢,东晋时江南最有势力的王导、谢安家族。

前生孽报

洞庭陈生者,家甚贫,挈妻及弟徙洙泾(今属江苏苏州)。其地商贾骈集,陈为人柔佞,善贸易,不数年,累千金。忽染疾,伏枕数日,蹶起谓妻与弟曰:"我三人前生俱为僧,共奸一妇而杀其夫,手刺之者即我也,今冤将偿,拘讯期迫,我先行,汝二人亦不免矣。"言毕,自拔其发,并髭髯俱尽,复取刀割舌,又以两指将眼珠剔出,少顷气绝。予家西席[1]周生与陈邻,目睹其事。今不知其妻、弟若何?当续访之。

【1】古代对家塾老师的尊称。

鸟船

八月。敕下江南造战舰一百号赴洞庭，名鸟船，状如飞鸟，长十一丈五尺，阔二丈四尺，深一丈七尺，桅高九丈五尺。宜兴（今江苏宜兴）山中有九真庙，祀女仙九人，傍有古树，其叶每年一易，大几数十围。方巡道国栋[1]议取之，夜梦有九女入室，素衣冶容，若有所诉。方不为止，督工往伐。忽一虎突出，欲攫方，方惊仆。一典史跪致辞曰："大王为山君，必有灵爽。方公奉朝命而来，事非得已。幸勿加害。"虎徘徊四顾，咆哮而去。国栋归即发病，日遣人诣山致祷，竟不起。又虞山妙清寺有古榆，枝干凌空，夜有光怪，县官遣丞往斫。斧始下，喷血如注。众牵置舟，树忽自动，俄顷跃入水，舟即覆，匠役同日死者数人。众以絚[2]挽之，转入泥底，重不可出。楚中诸帅，托言进剿，欲以此支吾岁月，徒费金钱，可惜也。

【1】巡道，明清制度，按察使司副使或佥事所任道员之称。方国栋，字干霄，顺天宛平（今北京）人，清朝官吏。顺治三年（1646年）举人，授蠡县（今河北蠡县）教谕。入为国子监助教，累擢至刑部郎中。十六年（1659年），出为广东海北道佥事。

【2】絚，粗绳索。

再举乡试

九月，再举乡试。时开秦、楚、闽诸例纳赀者，许列名太学，及补入各省红案[1]，特行乡试以酬之。[2]

【1】清代各省学政于考试后揭晓名次，称为出案。其将名单发交各府、州、县时，还有红案之称。
【2】致之本、续识略二卷本添有以下文字："五十二年癸巳岁（1713年），恭遇皇上六十万寿，特旨开科。是年二月乡试，以五十一年岁者作科举入场，会闱殿对，皆在秋。又五十三年正科，上又谕，武生能文者，一体入文场考试，文生有武事者，亦应武闱。此皆皇上优士之特典也。"致之本校称"据所记年代，知为后人所加"。

星陨有文

十月初七日，更余，京师人见大星自东南流入西北，大如斗，白气环绕，从上属下，堕顺天府怀柔县内，状类人首，上有星斗篆籀之文，人莫能辨。

廉吏为神

梁君浩然，山左（今山东）人。由明经[1]知严州府（今浙江建德东北），廉介有守，退衙，课仆艺蔬以自给，百姓德之。擢宁绍道（辖绍兴、宁波境）[2]，初莅任，见一白须老人，手持禀帖，跪谒岸左。喝问司阍何不传报？众悉无睹。三日后，方视事，忽闻空中鼓乐声，仿佛见驺从骈集，云迎新官赴任。即日无病而卒。父老有见梦者，知即为彼土之神云。

【1】明经，清代贡生别称。科举时代，挑选府、州、县生员（秀才）中成绩或资格优异者，升入京师的国子监读书，称为贡生。贡生相当于举人副榜。

【2】宁绍道，宁绍道台的简称。明代地方最高行政长官布政使之下有佐官左、右参政及左、右参议，分管各承宣布政命名司辖区内部分地区钱谷等事。清代，清乾隆十八年（1753年）废参政、参议、副使、佥事等官衔，专置分守道主管一省内若干府县政务，分巡道主管全省提学、屯田等专门事务。守、巡诸道多加兵备衔；长官皆称道员，俗称道台，尊称观察。

除妖

十一月二十七日，有妖人于海子口建土城一座，分八门，上列旗号。十二月初四日，攻破，获草人五十余，皆持弓矢，及活马数匹，不见一人。见邸报。

地震

戊午（康熙十七年，1678年）四月初五日，未刻（13时—15时）地震，窗户动摇，头目俱眩。

狮子

五月，西洋国贡狮子，厚赐其使本多白拉等，遣归。

魏公直节

魏公象枢，山西蔚州人，立朝亢直[1]，守正不阿，慷慨敢言，不避嫌怨。官都宪时，极言天下事。时有廉令陆龙其者，任嘉定（今上海嘉定）令，洁己爱民，为贪抚参革去，贪吏刘某、曹某，反入荐剡。公大不平，上章争之，言："朝廷鼓励人才，澄清吏治，惟恃赏罚耳。乃廉官贪官，参处同例；尽职溺职，保荐无分，何以昭劝惩、示儆戒乎？若下官可以欺上官，则上官可以欺君上，上下相蒙，使廉吏灰心，贪风日炽，臣不得不鳃鳃然虑之也。"又言："考校一官，风教攸系。天下最为不平者，孤寒无进步之路；天下牢不可破者，科场多昧心之人。乞严加申饬，大破积习，于以肃官方而励人心，士风民命，庶其有瘳乎。"抚今之事，读公之文，可为叹息流涕者也。

【1】魏象枢，字环溪，号庸斋，晚称寒松老人，山西蔚州（今河北省蔚县）人。顺治三年（1646年）进士，选翰林院庶吉士，历任刑科给事中、工科右给事中、刑科左给事中、吏科都给事中、都察院左佥都御史、顺天府尹、大理寺卿、户部侍郎、都察院左都御史、刑部尚书等职。魏象枢作为言官，敢讲真话，且以整肃纲纪为己任，被史家誉为清初直臣之冠。

丑令

汉魏以来，牧民之官，其选最重。迩来此途太杂，有楚人某捐纳华亭尹，其人长不满四尺，胸高一尺，背突起尺余，前仰后俯，肩过于项。每出，妇人、稚子争穴墙以窥，靡不匿笑。予同籍孙给谏[1]蕙忼爽负气概，上书言宜加遴择，以清仕路，朝廷爱民，前古无比，若得一革此弊，尤今日之第一亟务也。[2]

【1】给谏，唐宋时给事中及谏议大夫的合称，清代是六科给事中的别称。

【2】致之本、续识略二卷本，本条内容如下："华亭尹南公梦斑，松民俱称'南驼子'。长不满四尺，胸高一尺，背突肩耸，见者无不匿笑，而为人廉明正直，所谓圣贤聪明之心者耶？"与此不同。

刑戒书

我郡一宦家子,杖杀一婢,二婢惧而自缢。身受刑辱,其鬼现形,昼夜号冤,敲窗捶壁,变怪百出。止一子,数岁,白日为鬼所杀。因思吕叔简[1]有《刑戒书》数则,真千古格言,为人上者不可不录一通于座右。特识于此:

五不打:老不打,幼不打,病不打,衣食不继不打,人打我不打。

五不就打:人急勿就打,人忿勿就打,人醉勿就打,人随行远路勿就打,人奔走喘息勿就打。

五且缓打:我怒且缓打,我醉且缓打,我病且缓打,我见不真且缓打,我不能处分且缓打。

三莫轻打:生员莫轻打,上司差人莫轻打,妇人莫轻打。

三莫又打:已拶莫又打,已夹莫又打,要枷莫又打。

三怜不打:盛寒酷暑怜不打,佳辰令节怜不打,人方伤心怜不打。

三应打不打:尊长应打,为与卑幼讼不打;百姓应打,为与衙役讼不打;工役铺行应打,为修私衙或买办自用物不打。

三禁打:禁重杖打,禁从下打,禁佐贰、捕快非刑打。

吕君此书,真仁人之言,可补律法所不逮也。

【1】吕坤,字叔简,一字心吾、新吾,自号抱独居士,河南宁陵人。明朝文学家、思想家。吕坤刚正不阿,为政清廉,被誉为明万历年间天下"三大贤"之一。

吴太守

吴太守绮,字园次,广陵(今江苏扬州)人。出守吴兴(今浙江湖州),性潇洒,喜交游,酷嗜诗酒,不善居官,被放归。家贫,颇事干谒[1],以酒色自娱,不复问家人生产。夏日,偕诸名流过予小集,分韵赋诗,俄顷成一律云:"黄雀风清夏屋渠,董帏初启劝投壶[2]。主人自为开三径[3],词客从来在五湖。银管[4]分题传野鹤,玉盘行馔斫江鲈。披襟此日如秋爽,不信招凉别有珠[5]。"坐客为之搁笔。

【1】干谒,为某种目的而求见地位高的人。

【2】帏,帐子、幔幕,或指二幅以上的单层布幔重叠遮掩内室、多重帐幕。董帏,《汉书·董

仲舒传》:"少治《春秋》,孝景时为博士,下帷讲诵,弟子传以久次相授业,或莫见其面,盖三年不窥园,其精如此。"所谓下帷讲诵,据说董仲舒讲学,在讲堂里挂上一幅帷帘,他在里面讲,弟子在帘外听,只有资性优异、学问不错的弟子才能够登堂入室,得其亲传。其余弟子皆按受业的先后和深浅,在门下转相传授。由于董仲舒专心治学,因此有"董帷不窥""目不窥园"的成语。

原文"董帷初起劝提壶",误,当为"董帷初启劝投壶"。投壶,古代士大夫宴饮时做的一种投掷游戏。

【3】三径,传说汉代蒋诩隐居后,在屋前竹下开了三条小路,只与隐士求仲、羊仲二人交往,所以后世指家园或归隐者的居所。

【4】指饰银的毛笔管或白色的笔管。

【5】(晋)王嘉《拾遗记·燕昭王》:"昔黄帝时,务成子游寒山之岭,得黑蚌在高崖之上,故知黑蚌能飞矣。至燕昭王时,有国献于昭王。王取瑶漳之水,洗其沙泥,乃嗟叹曰:'自悬日月以来,见黑蚌生珠已八九十遇,此蚌千岁一生珠也。'珠渐轻细。昭王常怀此珠,当隆暑之月,体自轻凉,号曰'销暑招凉之珠'也。"

九华忏悔

张给事[1]惟赤加征贻害,前载已详。今秋客湖上,所闻更异,并识于此:五月二十二日,日初过午,其家守门老仆,忽闻屋上驰骤声甚厉。惊视,见数鬼卒以银铛系惟赤头,手执铁锤撞其背。号哭呼仆曰:"我罪重,受刑最酷,速报大相公当面语之!"仆曰:"主人他出,奈何?"言未绝,鬼卒拽之登屋,回顾曰:"明午复来,可语汝主,待我少顷。"主人归,仆泣告。大怒,责其谤主,命与杖。仆诉曰:"明午若不来,受杖未晚,愿系颈以待。"乃释之。翌午,声响如前,檐瓦震动,则鬼卒复驱张至矣。亟入报,趋出,果见父,伏地大哭。张抚之曰:"起,起。可速款公差,并多焚楮帛,庶免目前之苦。"于是立办盛馔三席,二燕鬼卒,其一以享父。食将毕,复切嘱曰:"我罪孽深重,不可幸脱,速向九华山某洞请某僧为我忏罪。然冥王怒甚,恐亦难解也。"言罢泪如泉涌,从空掷杯于地,鬼卒复拥之去。惟子及老仆见之,他人俱无睹。海昌(今浙江海宁)僧奕闻从彼邑来,言之甚确。

【1】给事,即给事中,与御史同为言官。致之本、续识略二卷本均作"给谏"。

夏雪

七月初四日，沪渎地方（今上海黄浦江下游），忽下微雪，行人以箑[1]承之，颇有积者。

──────────

【1】箑，扇子。

天鸣

八月初八日，东南天有声如汤沸，或云如海啸声，自戌初至亥末（19时—23时）始息。《五行传》曰："天鸣有声，百姓劳形。"《观象玩占》记晋大兴二年（319年）、陈大建十三年（581年）、隋开皇二十年（600年），俱有此异。

禾变葱

福州府闽清县（今福建闽清）田中禾稻，间变为葱，见邸报。时吾乡亦霖雨伤稼，予作《秋雨谣》曰："夏旱何久，有禾不得出。秋雨何多，有谷不得入。瓶欹囷仄甑已空[1]，哀吟无计箑天公。望庚[2]聊慰愁，看丙[3]莫浪喜。阴风来从东，复见日北珥[4]。西城豪客金满床，东村富翁粟满仓，祝天愿天雨不止，一石幸增十石价，便可拖青纡紫[5]扬辉光。有客对我笑，劝我勿怨天。有田尚无米，何况君无田。吾闻岭峤之间方格战，百姓无多戎马遍。悲哉一死终难逃，种稻成葱事尤变。君不见，福州府，闽清县。"

──────────

【1】瓶欹，盛水的容器斜倒着；囷仄，贮谷的圆仓侧倾着。形容无水无食。甑，古代蒸饭的陶器，底部有许多透蒸气的孔格，置于鬲上蒸煮，如同现代的蒸锅。

【2】庚，"伏天"的代称。旧历杂节三伏，以夏至后第三庚日为始，名初伏；第四庚日为中伏，故有庚伏之称。

【3】丙，五行中丙、丁属火，所以作为火的代称。

【4】珥，月、日的光晕。民谚云："（太阳）南珥风，北珥雨，两珥都有好天气。"

【5】拖青纡紫，汉代诸侯佩戴的印绶为紫色，公卿为青色，后世以之比喻官位显贵。

牛鬼

南闱乡试初场,见一巨牛,无首,历阶升堂,众共追觅,不知所之。

气感

娄县(今上海松江)民何璧,女许朱氏子为室,年俱十九,虽两相慕,尚未配偶。一日,朱仔来候,适值女以手抚其腹,遂有娠。二家俱小姓,不以为意。及产,有声蓬蓬自腹中出,少顷腹平,惟虚气而已,盖气感也。尝闻《耳谈》[1]载,吴聘君与弼母居江右,父宦京邸,同夜梦相姤而孕聘君,相传以神交而生。不觉失笑。后与弟争产,指为非兄,交讼于官。按《洗冤录》[2]亦有气感,无神感之说。古人云,思女不夫而孕。然乎?否乎?

【1】《耳谈》又作《耳谭》。王同轨,字行文,黄冈人。明万历间由贡生官江宁知县。其自述云:"予游蓟门,奉士大夫麈谈,纷此种种,而京师翼翼,人物凑杂,厥事尤夥,因札记之,曰《耳谈》。"后增为十五卷,再成《耳谈类增》五十四卷。《四库全书总目提要·存目》云:"其书皆纂集异闻,亦洪迈《夷坚志》之流。"

【2】(宋)宋慈《洗冤录》(又称《洗冤集录》),是世界上第一部系统的法医学著作,它比国外最早由意大利人菲德里写的法医学著作要早350多年。其内容包括勘查死亡现场的方法,鉴别死亡原因的技术,等等。

河豚宜戒食

沪渎(今上海黄浦江下游)包明经[1]尔昌,将赴廷试,亲党相聚饯送,因设席以款之。日午,客未至,尔昌馁甚,适厨间烹河豚,先进一脔,随具衣冠出揖客。初觉一手麻木,既而遍体皆麻,急入内,脱一靴未竟,腹胀肠裂而卒。河豚遇毒,往往闻之,若包氏则目击者。宛丘(今河南淮阳)张耒[2]云:"橄榄、至宝丹,俱解河豚毒[3]。吴人悉不论,直云用不洁。"今吴人未有不用橄榄者,张不知妄说,可发一笑。

【1】明经,明清时贡生的别称。

【2】张耒，字文潜，号柯山，因晚年居住陈州宛丘（今河南淮阳），故人称宛丘先生。他是宋神宗熙宁进士，历任临淮主簿、著作郎、史馆检讨。哲宗绍圣初，以直龙图阁知润州。宋徽宗初，召为太常少卿。《宋史·张耒传》："张耒，字文潜，楚州淮阴（今江苏清江西南）人……弱冠第进士……出知颍、汝二州……闻苏轼讣，为举哀行服，"并为此遭贬官。"时二苏及黄庭坚、晁补之辈相继没，耒独存，士人就学者众，分日载酒肴饮食之。"

【3】《本草纲目·鳞部·河豚》："世传中其毒者，以至宝丹或橄榄及龙脑浸水皆可解。复得一方：惟以槐花微炒，与乾胭脂等同份捣粉，水调灌之，大妙。"

麒麟

江西袁州府（今江西宜春）山村牛产麒麟，有红雾覆罩，遍体生鳞。村民不识，锄杀之。

食犬报

吴门定光寺僧某，性淫毒，不修戒行，靡恶不作。平生喜食犬，所杀无算。一日，忽得疾，口作犬吠声不绝，数日死。尝读《楞严经》，言菩萨元制食三净肉，谓不见为我杀，不闻为我杀，不疑为我杀[1]。今复益之以二：自死、鸟残，令比丘[2]得食五净肉[3]，此肉神力化生，本无命根。又曰：净肉除人、蛇、象、马、驴、狗、狮子、狐、猪、猕猴十种，余俱可食。然则于世间味，竟无所不食矣。使后之缁流[4]得以藉口，皆菩萨为之作俑也。

【1】三净肉，第一、眼不见杀，即没有亲眼看见动物临死的凄惨景象；第二、耳不闻杀，即没有听见它惨叫的声音；第三、不为己所杀，即不是为了自己想吃才杀的。

【2】比丘，梵文的音译，指受过具足戒的男子，俗称和尚。

【3】五净肉，即除三净之外，再加上：自死，即自己死掉了或病死、老死、因意外而死等，另说病死、老死除外；鸟残，即鸟兽之残羹。

【4】缁是黑色的意思。佛教僧尼多穿黑色衣服，故称缁流。

彭祖横死

上海张主政[1]宸，年垂耳顺[2]，自矜工容成之术[3]，有仆妇美而荡，闻之不信，于是刻期相嬲[4]。接未久，张精溢而卒。昔彭祖[5]七百七十九岁，犹惧不寿，日谋秘方，晚娶妻郑氏，以妖淫败道而殒。彭尚横死，何况余子？记之以发一笑。

【1】主政，官名。旧时各部主事的别称。
【2】耳顺，《论语·为政》："子曰：'六十而耳顺。'"指个人的修行成熟，没有听不进去的事情。
【3】容成是道教兴起前后传说中的神仙，早期记述大多与房中术相关。
【4】刻期，规定、约定的期限。相嬲，相戏嬉；相纠缠。
【5】彭祖，一作彭铿，或云姓籛名铿，传以长寿见称。原系先秦传说中的仙人，养生家，后道教奉为仙真。

粘诗相诮[1]

海昌（今浙江海宁）杨中丞雍建[2]初擢亚相[3]，邑令某趋谒，屏舆从步行至门，礼数极恭。未几，转黔抚[4]，令复往贺，鸣锣清道以过之。有为诗粘于县壁以诮之云："势利官情势利交，掂斤簸两也徒劳。内台外抚[5]俱天眷，一样铜锣两样敲。"令见之，愧恨而已。陆翼王元辅[6]说。

【1】此文致之本、续识略二卷本均以"势利"、"粘诗相诮"重复出现。
【2】中丞是御史中丞的简称。明清时用作巡抚的别称。杨雍建，字自西，号以斋，今浙江海宁盐官人。顺治十二年（1655年）进士，历官都察院左副都御史，康熙十八年（1679年）出任贵州巡抚，晋至兵部侍郎。
【3】唐以后常称御史大夫即明清的副都御史为亚相。
【4】黔抚，即贵州巡抚。
【5】内台外抚，御史台即明清都察院，设在京城，巡抚是地方长官，所以称"内台外抚"。
【6】陆翼王元辅，即陆元辅。陆元辅，字翼王，一字默庵，号菊隐，今上海嘉定人，是明末清初一位富于民族气节的诗人、学者。陆元辅从青年时代就拜侯岐曾及黄淳耀为师。清军南下，二师先后殉难，陆元辅异常悲愤，誓不出仕。康熙中，他受大学士吴文僖推荐，曾勉强入京参加"博学鸿词科"考试，落第，遂居住在北京设馆授业。京师的士子们闻知陆元辅的学问，纷纷拜他为师。陆元辅由于学识渊博、诗文出众，与本县的赵俞、张云章、张大受、张鹏翀、孙致弥合称为"嘉定六君子"，名闻遐迩。

葬友

诗人殳丹生,字山夫,垂老落魄,往来吴越间[1]。晚寓家枫桥(今江苏苏州),受知于锡山(今江苏无锡)令吴公兴祚[2]。后以贫死,公时开府七闽[3],闻之恻然,遣人葬之寒山寺侧。予偶过其居,题诗壁间云:"老死寒山古寺东,诗人漂泊叹途穷。故交万里收遗骨,薄俗犹存挂剑风[4]。"

【1】殳丹生,字山夫,初名京,字彤宝,浙江桐庐人。工诗、画。有诗词传世。初寓苏州,徙盛泽,复迁蒋湖,晚年弃家出走,云游五湖,卒于苏州。

【2】吴兴祚,字伯成,汉军正红旗人。一度坐事由知州降补无锡知县,政绩卓越。康熙十三年(1674年)超擢福建按察使,复晋巡抚,以收复厦门、金门功累迁至两广总督。平生工诗文,擅音律。为官清正廉洁,仕官四十余年,官位一品,所得禄赐尽以养战士。《清史稿·吴兴祚传》:"吴兴祚,字伯成,汉军正红旗人,原籍浙江山阴……坐事降补江南无锡知县。县吏亏库帑,更数政未得偿,官罢不能去。兴祚至,为请豁除,其当偿者出私财代输。清丈通县田,编号绘图,因田征赋。飞诡隐匿,皆不得行。县徭役未均,最烦苦者为图六。兴祚以入官田征租雇役,民害乃除。岁饥,为粥食饿者。八旗兵驻防苏州,兴祚请于领兵固山,单骑弹压。兵或取民鸡,立笞之,皆奉约束……康熙十三年(1674年),迁行人,仍留知县事,用漕运总督帅颜保荐,超擢福建按察使……十七年(1678年),擢巡抚……二十年(1681年),擢两广总督。三十六年(1697年),卒。兴祚为政持大体,除烦苛,卒后远近戴之。历官之地,并吁祀名宦。"

【3】明清时出任督抚,也称开府。福建省原有七府,后有八府,故称七闽、八闽。

【4】春秋时,吴王寿梦少子季札出使路过徐国,徐君很爱他的剑。季札已心许,准备回来时再送给他。等到回来时,徐君已死,季札就把剑挂在徐君墓上,表示不能因徐君已死而违背自己许剑的心愿。《史记·吴太伯世家》:"季札之初使,北过徐君。徐君好季札剑,口弗敢言。季札心知之,为使上国,未献。还至徐,徐君已死,于是乃解其宝剑,系之徐君冢树而去……曰:'始吾心已许之,岂以死倍吾心哉!'"后以"挂剑"为怀念亡友或对亡友守信,亦用来讳称朋友逝世。

以数为名

近阅邸报,见有均、房(今湖北均县、房县)总兵[1]四十六者,以数命名,莫解其义。及览元、明诸记,载有元将军五十八、六十八,监察御史五十九,参政七十,尚舍卿七十六,与此正同。今满洲以数命名者极多。

【1】总兵即总兵官,明代从京师至地方,皆立卫所。遇有征伐,则任命将领担任总兵官。清

朝之后，地方军权归为各省总督、巡抚，其下军职武官为提督，也有巡抚直接兼任提督，提督下有总兵官：陆路总兵约70名，水路则为13名。

古书难据

《空同子·化理篇》[1]曰："松、桧不栖蝉，江之南不产荆棘。"我乡荆棘随处皆是。余庭前有古松一株，亭亭独峙已五十余年，每至秋初，蝉声聒耳。不知李梦阳何以有此说。

【1】明代文学家李梦阳，字献吉，号空同子，今甘肃庆阳人。弘治七年（1494年）进士，屡忤权贵，两次下狱，宦途坎坷。他在五十六岁时写成《空同子》八篇。分别从化理（上、下）、物理、治道、论学（上、下）、事势、异道等六个方面"该物究理"，"发明性命之源"。《明史·李梦阳传》："李梦阳，字献吉，庆阳人……弘治六年（1493年）举陕西乡试第一，明年成进士，授户部主事。""梦阳才思雄鸷，卓然以复古自命……倡言文必秦、汉，诗必盛唐，非是弗道。"

古语

古语云：奔竞者不愿黜而黜至，赌博者不愿贫而贫至，庸医治疾不愿死而死至，醉饱房劳不愿病而病至。予以为，贵者不愿危而危至，富者不愿辱而辱至，高亢者不愿谤而谤至，筹算者不愿愁而愁至，至有子不教不愿覆亡而覆亡至，多畜俊仆不愿淫乱而淫乱至，此又事之必然者也。

昼夜变异

《南唐书》[1]曰："卢文进陷契丹[2]，出猎，当午，晦如夜，星皆见。土人曰，此名筀日[3]，不足异。"是昼变为夜也。《齐地记》[4]曰："东莱（今山东威海东）有日夜出，因名不夜城。"是夜变为昼也。日行有度，恐无夜出之理，若非齐谐，则亦齐东野人之语耳[5]。

【1】《南唐书》是记载五代时南唐国历史的纪传体史书，不在二十四史之列。该书有三部：宋

代胡恢撰，已佚；宋代马令撰；宋代陆游撰。马、陆二书都记载了南唐国自李代吴至李煜降宋间的兴衰史。以下所记均引自陆游本。

【2】《旧五代史·唐书·庄宗纪二》："天祐十四年（917年）二月甲午，新州（今河北涿鹿）将卢文进杀节度使李存矩，叛入契丹，遂引契丹之众寇新州。"

【3】日食时，白天昏暗如夜，契丹称为笪日。

【4】《齐地记》，传说的这本书至少有三种，作者分别为（晋）伏琛、（十六国南燕）晏谟，又有说是解道康或解道虎、解道彪、解道虔，但时代无考。

【5】齐东，战国时齐国的东部；野语，乡下人、农人说的荒唐话。《孟子·万章》："此非君子之言，齐东野人之语也。"比喻荒唐而没有根据的话。

长短大小不侔

春秋长狄侨如[1]，身横九亩，断其首而载，眉见于轼[2]。以九亩之身而首不及数尺，何身之大、头之小乎？卫灵公[3]臣公孙侣，面长三尺，广径三寸，何其长而狭乎？秦襄王[4]时，宕渠郡（今四川渠县）献长人二十五丈六尺，毋乃太长？汉武帝时东郡（今河南濮阳）送一短人，止七寸，毋乃太短？此皆形容之过，理所必无，不足信也。

【1】长狄，春秋时北方狄族的一支，身材高大。其首领名侨如。《左传·文公十一年》："冬十月甲午，败狄于咸，获长狄侨如。富父终甥摏其喉以戈，杀之，埋其首于子驹之门，以命宣伯。"又有云：此为北方狄人，其首领侨如身材高大，故称"长狄"。

【2】轼，即古代马车车厢前当作扶手的横木。

【3】卫灵公是春秋时期卫国第二十八代国君，也是著名的昏君之一，以其爱好男宠，多猜忌，且脾气暴躁而留下不好的史学评价。

【4】秦襄王，秦始皇的父亲。

三冈识略校注

（清）董含◎撰　于德源◎点校

下

北京燕山出版社
BEIJING YANSHAN PRESS

卷 八

己未至癸亥，康熙十八年
——康熙二十二年（1679年—1683年）

黑气

己未（康熙十八年，1679年）元日，申刻（15—17时），有黑气自西南属东北，其长竟天。

天雨谷

二月，江南天长县（今安徽天长），天雨谷。

山左饥荒

自春届夏，东郡（今山东地区）大荒，人相食，草根木叶，一时俱尽。行旅皆结队而过，如单行或三四人作伴，甫出门即被啖[1]。

【1】《清圣祖仁皇帝实录》："康熙十八年（1679年）正月甲辰，山东巡抚赵祥星疏言：康熙十七年（1678年）东省雨泽愆期，秋成歉薄。除见在赈济外，请将常平仓谷……动支接赈。得旨：据奏山东米价腾贵，百姓饥馑，深轸朕怀。该抚速委地方贤能官员，动支仓谷赈济，以救饥民。戊申，谕户部：山东、河南二省被灾……遣侍郎察库前行河南省、侍郎萨穆哈前往山东省……无论正项钱粮，或漕粮，或一应杂项钱粮，酌动赈给饥民……勿致流离。"

京师地震

七月二十八日，巳时（9时—11时）初刻，京师地震，自西北起，飞沙扬尘，黑气障空，不见天日，人如坐波浪中，莫不倾跌。未几，四野声如霹雳，鸟兽惊窜。是夜，连震三次，平地坼开数丈。德胜门下裂一大沟，水如泉涌。官民震伤，不可胜计，至有全家覆没者。二十九日午刻（11时—13时），又大震。八月初一日子时（23时—1时），复震如前。自后时时簸荡，十三日震二次。十九至二十一日，大雨三日，衢巷积水成河，民房尽行冲倒。二十五日晚，又大震二次。内外官民，日则暴处，夜则露宿，不敢入室，昼夜不分，状如混沌。朝士压死者，则有学士王敷治、员外王开运、总河王光裕、通冀道郝炳等。积尸如山，莫可辨识。通州城房坍塌更甚，空中有火光，四面焚烧，哭声震天。有李总兵者，携眷八十七口进都，宿馆驿，俱陷没，止存三口。涿州、良乡等处，街道震裂，黑水涌出，高三四尺。山海关、三河地方平沉为河[1]。环绕帝都，连震一月，亘古未有之变，举朝震惊，因下诏求直言。既而群寇以次扫除，海宇乂安，竟为荡平之兆云。

【1】《清圣祖仁皇帝实录》："康熙十八年（1679年）七月庚申，京师地震。谕户部：本月二十八日巳时（9时—11时），地忽大震，变出非常……念京城内外军民房屋多有倾倒，无力修葺，恐致失业，压毙人口，不能棺殓，良可悯恻。十一月乙巳，户部议覆：'直隶巡抚金世德疏言：本年地震，通州、三河、平谷被灾最重……其香河、武清、永清、宝坻等县被灾稍次者……蓟州、固安县被灾又次。'"

民国《平谷县志·灾异》："平谷县忽地底如鸣巨炮，又似数千马飒沓而至。始而庐舍摇荡，如舟在风浪中，继则全然倾圮，压毙者无算。其生者亦咸破颅折体。顷又闻地且沉，争登高以避，盖地裂丈余，黑水兼沙从底涌泛。有骑驴行道中，遂裂而坠，杳无形影。邑东山多崩陷，海子庄东南有山长里许，名锯齿崖，参差峙立形如锯齿，盖地震摇散而未崩陷者。其他断如刀切而存其半者，皆崩而陷入地中者也。又大辛寨庄南有砖井歪斜，人呼为搬倒井，亦地震移动之所致。是时城乡房屋塔庙荡然一空，遥望茫茫，了无障隔，黑水横流，田禾皆毁，人多无食，阖境人民逃亡逾半。至八月初六日，帝遣员到县放赈，每户银一两。九月十五日，又给压毙之男女每名棺殓银二两五钱，并将本年钱粮蠲免。嗣经部查明，计地震所及，东至奉天之锦州，西到豫之彰德，凡数千里。平谷、三河极惨。自被灾以来，或一日数震，或间日一震，多日尚未宁静，诚亘古所稀有之灾也。"

鬼城

将军额楚进征粤寇[1]，距藤县（今广西藤县）二百余里，遇鬼城一座，旗帜森列，四门昼闭，疑中有埋伏，发兵攻之。城破，黑气障天，倏见毒蛇、蜈蚣及蛛、蝎等物从空飞出，恶气喷薄，士卒触之，皆体涨腹痛，踣地欲绝。急撤兵而过。

【1】《清史稿·额楚传》："额楚，乌扎拉氏，满洲镶黄旗人。"清朝将领，康熙七年（1668年）迁将军。吴三桂等三藩之乱中，"耿精忠之叛也，徽州（今安徽歙县）所属多附贼……叛将祖泽清复以高州（今广东高州）应贼，诏趣额楚自肇庆（今广东肇庆）兼程进，至藤县（今广西藤县），遇大疫，士马多死。疏请增遣备御，未至而寇集，城陷。与勒贝进解南宁（今广西南宁）围，还江宁（今江苏南京）。十九年（1680年）卒。"

雪庵道人

客从新安（今河南新安）来，携字一卷，云系一巨室家藏物，遇乱散佚，重价购归。展阅乃草书《前出师表》，字大二寸许，笔力遒健，纵横变化，殆入神品。后题："至元辛巳（元世祖至元十八年，1281年）夏四月廿有三日雪庵道人书于崇教院。"按题，乃元世祖十八年（1281年）。《辍耕录》载，李雪庵与赵子昂同时，凡禁扁皆其所书，想即其人也[1]。

【1】《元史·赵孟頫传》：赵孟頫，字子昂，号松雪，湖州人（今浙江湖州）。延祐年间，他以从二品的集贤侍讲学士升为翰林学士承旨、荣禄大夫，官居从一品。他是元代著名文学家兼书画家，卒后谥文敏。李雪庵，元代书法家，朱履贞《书学捷要》说："元李雪庵运笔之法八，曰：落、起、走、住、叠、围、回、藏。"《南村辍耕录·前辈谦让》："延祐间，兴圣宫成，中官李丞相邦宁传奉太后懿旨，命赵集贤孟頫书额。对曰：'凡禁扁皆李雪庵所书。公宜奏闻。'既而命李、赵偕至雪庵处，雪庵曰：'子昂何不书？而以属吾邪？'李因具言之，雪庵遂不固辞。前辈推让之风，岂后人所可企哉！"

四诔[1]

吾友卢文子元昌[2]，性高雅，不喜与俗人交，少年操衡文[3]之柄，名噪海内，四方尺素[4]，邮寄不绝。久次诸生[5]，不乐，遂弃去，杜门著述。尝作《文房四诔》，远近传之。一诔云："不律[6]不律嗟已老，鳞角兔毛何潦倒。无缘簪汝侍承明[7]，当年投汝苦不早。祖龙祖龙[8]计何疏，蒙恬[9]不杀空焚书。今朝送汝瘗退冢[10]，中山从此休遗种。"二诔云："帝鸿[11]多事凿墨海[12]，万古白石丧真宰[13]。我今与汝愁结邻，琉璃黯淡销精彩。翔凤生芝那可期，送君且葬王公池[14]。素旌上写陶泓字[15]，弘农主人[16]已辞世。"三诔云："书契[17]以来有蔡侯[18]，千株秃尽桑根愁。凌云不给汉殿札，凝光侧理笺空投。我今誓与赫蹏[19]别，桃花斑文且尽裂。埋君诔君无一辞，君不见，堂堂无字碑。"四诔云："男儿七尺当负戈，有墨须向盾鼻[20]磨。不然亦自尚书赐，隃縻[21]两梃作大字。若教长与仲将[22]俱，如漆之点不如无[23]。元卿元卿尔休矣，从来曳白腰缠紫[24]。"

【1】诔，即诔文，哀祭文的一种，累列死者生平的文辞，相当于如今的致悼词或哀悼文章。
【2】卢元昌，松江华亭人，作者董含的友人，也是明末清初著名文人，以诗词名世。

【3】衡文，即品评文章。

【4】尺素，即书信的别称。

【5】久次，即年资长短或久居某官位。诸生，明、清时称考取秀才入学的生员称诸生、生员。

【6】不律，即写字工具。《说文解字》"聿"字："聿，所以书也。楚谓之聿，吴谓之不律，燕谓之弗。"

【7】承明，汉代未央宫内有承明殿。这里借指朝廷。

【8】祖龙，指秦始皇。《史记·秦始皇本纪》："三十六年……秋，使者从关东夜过华阴平舒道，有人持璧遮使者曰：'为吾遗滈池君（水神名）。'因言曰：'今年祖龙死。'"南朝（宋）裴骃《史记集解》引苏林曰："祖，始也；龙，人君像；谓始皇也。"

苏林，东汉末年学者。裴骃，五代十国时期南朝宋人，补注陈寿《三国志》的裴松之之子，所著《史记集解》与唐司马贞《史记索引》、张守节《史记正义》合称"史记三家注"。

【9】蒙恬，秦始皇时秦朝大将军，传说他发明的毛笔。

【10】退冢，即"退笔冢"。埋秃笔头为冢。唐代张怀瓘《书断·僧智永》："智永住吴兴（今浙江湖州）永欣寺，积年学书，后有秃笔头十瓮，每瓮皆数石……后取笔头瘗之，号为'退笔冢。'"张怀瓘，唐代书法家、书学理论家。官翰林供奉、右率府兵曹参军。著有《书议》《书断》《书估》《评书药石论》等，为书学理论重要著作。

【11】帝鸿，即黄帝帝鸿氏。

【12】墨海，即砚的别名。

【13】真宰，即自然之性。

【14】王公池在浙江绍兴西园。南宋嘉泰（1201—1204年）年间，西园有飞盖堂，堂后有池，曰"王公池"，王公池挖于吴越钱氏，为西园中主要景点，王逵守越，重浚此池，故名"王公池"。

【15】陶泓，即砚之托名。陶制之砚。砚中有蓄水处，故称。《韩昌黎集·毛颖传》："颖与绛人陈玄、弘农陶泓及会稽褚先生友善，相推致，其出处必偕。"按，毛颖指笔，陈玄指墨，陶泓指砚，褚先生指纸，皆为拟托人名。

【16】弘农主人，借指砚，见《韩昌黎集·毛颖传》。

【17】书契，借指文字。《周易·系辞传下》："上古结绳而治，后世圣人易之以书契。"

【18】蔡侯，东汉发明造纸术的蔡伦。他是个宦官，原任尚方令，汉安帝时封他为龙亭侯，故人称他造的纸为蔡侯纸。

【19】赫蹏，又称赫蹄，古代称用以书写的小幅绢帛，东汉以后亦借指纸、薄纸。

【20】盾鼻，即盾的把手。后人把在军队从事文书工作称"磨盾鼻"。

【21】在唐代以前，墨的重要产地在陕西千阳，古称"隃糜"，故唐代以后借指墨。

【22】《世说新语笺疏·巧艺》："韦仲将能书。魏明帝起殿，欲安榜，使仲将登梯题之。既下，头鬓皓然，因敕儿孙：'勿复学书。'"

【23】人称墨有"百年如石，一点如漆"。

【24】元卿，卢元昌自谓。曳白，即卷纸空白，考试交白卷；金紫，即金鱼袋及紫衣，唐宋的官服和佩饰，后世用以指代贵官，此处喻指高官都是些无知无识之徒。

星变江鸣

八月，火星侵位[1]。又江南江鸣三昼夜，如万牛齐吼，居人骇避。

【1】原文"大星侵位"，致之本、续识略二卷本均为"火星侵位"，据改。火星在中国古代天文学中叫作"荧惑"。天蝎座属于二十八宿之中的心宿，心宿有三颗星，分别代表了皇帝、皇子和皇室中最重要的成员。火星留守在天蝎座的罕见的天象，被称为"荧惑守心"，被认为是凶兆，象征皇帝驾崩，丞相被罢。

道书

《云笈七签》[1]载道书备矣，乃读《开天》《灵宝》诸经[2]，其悖理不经，较释典[3]更甚。尝谓上古有盘古真人[4]，从天尊[5]授内经，得以飞升。厥后神人氏出，状貌神异，类盘古，故亦号盘古[6]。世人相聚，但知此盘古，岂知元始之初复有盘古哉？又曰，过去有劫，名曰龙汉[7]，爰生圣人，号曰梵气天尊，以《灵宝》教化度人。龙汉一运，历九万九千九百九十九劫，乾坤破坏。嗣后屡开屡坏，至帝喾[8]时，太上[9]遣三天真皇赍《灵宝》五篇以授帝喾。喾将上仙，乃封之钟山。夏禹巡名山，得喾所封真文，于是奉持出世，依法自修，故禹得仗神力，能凿龙门，通四渎，天下乂安。托于尸化，其实非死也。禹复封之北岳及包山、洞庭[10]，吴王阖闾出游仙人山，隐居取以授王。其文篆书不可识，使人问孔子。孔子曰："此是《灵宝》五符[11]，王尊事之。"然不能遵奉，科条真文乃飞上天，不知所在。又《老子中经》曰："丹田名藏精宫，中有神，姓孔名丘，字仲尼。"读之不觉失笑。荒唐谬妄，敢于诬圣，昌黎所云"焚其书，火其居"[12]，岂止浮屠氏哉。

【1】《云笈七签》是道教类书，汇集了各种道教经典，宋真宗景德年间进士张君房总编。

【2】《开天经》是《太上老君开天经》的简称，经文论述太上老君创造宇宙天地万物及人类之历史。《灵宝经》有古今之别。古《灵宝经》即《灵宝五符经》，又叫《五符经》；今《灵宝经》即《灵宝无量度人上品妙经》，也叫《度人经》。

【3】释典，泛指佛教经典。

【4】道教经典认为：盘古真人，因立功德见召于天中。元始虚皇道君（元始天尊）把《灵宝内经》三百七十五卷传给盘古真人。高上虚皇太上道君则授以《三皇内经》三十六卷。

【5】天尊，道教对所奉天神中最高贵者的尊称。

【6】道教经典认为:"神人氏出生,其状神异,若盘古真人,而亦号盘古,即是无劫苍生万物之所承也。"

【7】龙汉,道教所谓元始天尊年号之一。又为五劫中的始劫。劫,灾难的意思。

【8】帝喾,姬姓,上古时期"三皇五帝"中的第三位帝王,即黄帝的曾孙。

【9】太上,太上老君,道教天神,传说中的道教教主,为三清神仙中的第三位。又称"道德天尊""混元老君""降生天尊""太清大帝"等。

【10】北岳,即恒山,今山西浑源县东。包山、洞庭,今江苏苏州有包山。今太湖有洞庭山。

【11】原文"《灵宝》王符",误,当为"《灵宝》五符"。

【12】昌黎,即唐代文学家韩愈,昌黎(今河北昌黎)人。其在《原道》一文中反对佛教,提出"人其人,火其书,庐其居",铲除佛教寺院。

积财贻害

新安(今安徽歙县)有富人二,一程,一汪,以贾起家,积财巨万。性鄙啬,虽产日广而自奉弥俭,以重利权子母[1],持筹握算[2],锱铢必较[3]。汪无子,病将革,族人争立,抢夺一空,奴辈各攫货散去。汪卧床不得食,引首四顾,饮恨而卒。程三子,长子获与乡荐,贪济以横,田宅益广,遇乱,怨家群起劫之,被杀。余二子、五孙,皆死于兵。予尝读《五代史》,载董温琪积赀巨万,祕琼灭其族[4],瘗之一穴,尽取所有。琼后橐其资装,道出魏。范延光[5]伏兵境上,杀而夺之,挈归河阳,辎重盈路。杨承勋遣壮士驱之堕水,悉攘其货[6]。夫诸公功名富贵,震赫一时,乃因一人之财,而坑数家之命。盖盈满者造物所忌,况又不以道,又积而不散,身不及害,必祸子孙。此理与势,万万不爽者,人奈何不鉴于古,独不虑蹈祕、范诸公[7]之覆辙耶!

【1】重利权子母,即放高利贷取息。《国语·周语下》:"景王二十一年(公元前524年)将铸大钱。单穆公曰:'不可。古者,天灾降戾,于是乎量资币,权轻重,以振救民。民患轻,则为作重币以行之,于是乎有母权子而行,民皆得焉。若不堪重,则多作轻而行之,亦不废重,于是乎有子权母而行,小大利之。'"

【2】筹:古代计数用的筹码;持筹,原指筹划,后称管理财务。持筹握算,比喻精打细算。(汉)枚乘《七发》:"孔老览观,孟子持筹而算之,万不失一。"

【3】锱、铢,古代很小的重量单位。锱铢必较,形容很少的钱也一定要计较。也比喻气量很狭小。《荀子·富国》:"割国之锱铢以赂之,则割定而欲无厌。事之弥烦,其侵人愈甚,必至于资单国举然后已。"

【4】原文"董温""秘琼",误,《资治通鉴》和《旧五代史·祕琼传》均作"董温琪""祕琼"。

《旧五代史·祕琼传》："祕琼，镇州平山人也……有勇，[后唐]清泰中，董温琪为镇州节度使，擢[祕]琼为衙内指挥，依为腹心。及[董]温琪陷蕃，[祕]琼乃害[董]温琪之家，载其尸，都以一坎瘗之。[董]温琪在任贪暴，积镪巨万，[祕]琼悉辇之，以藏其家，遂自称留后。"

【5】《旧五代史·范延光传》："范延光在魏州日，以齐州防御使祕琼获董温琪珠金妓妾，及经其境，复害而夺之，物议由是减之。"

【6】《旧五代史·杨光远传》："杨光远，小字阿檀……为西京留守，兼镇河阳……时范延光致仕，辇囊装妓妾，居于河阳，光远利其奇货，且虑为子孙之仇，因奏延光不家汴、洛，出舍外藩，非南走淮夷，则北走契丹，宜早除之。高祖以许之不死，铁券存焉，迟疑未允。光远乃遣子承勋以甲士围其第，逼令自裁。延光曰：'天子在上，安得如此！'乃遣使者乞移洛下，行及河桥，搤于流而溺杀之，矫奏云延光自投河，朝廷以适会其意，弗之理。"

【7】原文"蹈范诸公"，误，当为"祕、范诸公"。

前辈先见

明杨公廷和[1]柄国时，弟为卿者一，在方面者二，子侄恂等通显者数人。既而长公子慎复抡鼎元[2]，贺客填户，公颦蹙不欢。或问其故，公曰："君知傀儡乎？当席散，则傀儡尽出。天道恶盈，我恐曲终席散时也。"未几罢相，升庵遣戍，恂杀人抵辟，其余死亡略尽。人服公先见。夫以公之德业，升庵之才名，尚不能保，而况不如公者乎？唐张丞相嘉贞[3]曰："近世士大夫务广田宅，为不肖子酒食费，我无是也。"吾于二公之言有感。

【1】杨廷和，字介夫，号石斋，四川新都人（今四川成都）。成化十四年（1478年）进士。历仕宪宗、孝宗、武宗、世宗四朝，两为首辅。

【2】杨慎，字用修，号升庵，杨廷和之子。明代三大才子之一。正德六年（1511年）状元，嘉靖三年（1524年）因"大礼议"忤嘉靖皇帝，被流放滇南，终老其地。抡鼎元，即科举考试中选状元。

【3】张嘉贞，唐代蒲州猗氏人（今山西临猗），历仕武则天、唐睿宗、中宗和玄宗四朝，官至中书令。唐代中书令相当于丞相。

日食

庚申（康熙十九年，1680年）元旦，日有食之。

发掘祖墓

何元朗良俊世居柘林,因号柘湖[1],负才名,自奉豪侈。殁后胤嗣孱弱,家业益落,至第六传,止存裔孙何安一人而已。安无赖,以肩挑为业,久而不能自给,复鬻身为奴。一日,谋诸妻曰:"闻祖翁厚葬三世,中多金宝,若发取,可毕生享用矣。且子孙独我在,谁为禁之者?"于是投牒县官,托言迁葬,遂纠博徒数人,荷锄往。先发中二冢,棺骸朽坏,空无所有。次至元朗夫妇,剖之,衣冠宛然,从风而化。于元朗便房[2]得金带一束,于夫人得金凤凰、玉如意各一,金钿二,银镯一,镜数枚。二棺俱杪枋[3],坚固如新,念货之可得数百缗,因覆尸于地。三冢遗骸,共十一具,悉弃岸侧,头颅纵横,男妇合并。安欣然满载归,见者愤恨,亟报官。安以金带赂之。官笑曰:"渠之子孙,与他人何欤?"置不问。或谓安必前生冤对,故托生其家,以快报复,斩尸扬灰,未逾斯惨。夫盖棺事定,乃祸发后人,戮及数世,天为之乎?抑彼祖宗者自为之乎?呜呼,亦可悲已!

【1】何良俊,字元朗,号柘湖,松江华亭(今上海松江)人。明代戏曲理论家。著作有《柘湖集》《何氏语林》《四友斋丛说》。《松江府志》有传。

【2】便房,原指皇帝陵墓冢专有的放置棺木的建筑,后来也用在宗室贵族或重臣的墓中,象征着生人的卧居之处。此处指墓中放置棺木之处。

【3】杪,即杪椤,蕨类植物门杪椤科,属蕨类孢子植物。蕨类植物门中均为草本植物,仅杪椤科为木本植物,今国家一级保护植物。古人制作匣柜多用楸、梓、杉、杪之类,而且内不用漆,取其防虫。

枋,加工成方形的木材,也指棺材。杪枋,即用杪木制作的棺材。

贵贱有定分

《燕翼录》[1]曰:宋天禧初,富人郑巽出粟五千六百石赈饥,求补官,不许。晁迥上言,乞特从之,以劝来者,丰稔即止。诏补三班借职。自后皆得援巽例以请[2]。然则州县官不许接坐,令庭参[3]而已。又《云间琐录》[4]载,我家朗洲公子仪登第[5],有司赠旗匾。父南田翁[6]欲往报谢,乞宗达以书先容,具揭[7]入,行庭参礼[8],郡守立待一茶。后司李[9]及县令俱朗洲同年[10],南田以庶人自居,绝不往谒。观此二事,见古之上官慎重名器,下亦各安其分,罔敢僭越,风俗犹古。今仕路一变。《抱朴子》[11]曰:"人有出身卑碎,徒以因缘际会,低眉屈膝,超越不次,毛成羽长,蝉脱粪壤，便自轩昂，目不顾步，器满意得。"可谓形容殆尽矣。

―――――

【1】《燕翼录》，即（宋）王栐《燕翼贻谋录》。

【2】三班借职，即宋代武臣的最低职级，分东、西、横三班。入仕者先为三班借职，转三班奉职，以次递迁。《燕翼贻谋录》："国初无纳粟补官。天禧元年（1017年）四月登州牟平县学究郑巽出粟五千六百石赈饥，乞补第巽。不从。晁迥、李维上言，乞特从之，以劝来者，丰稔即止。诏补三班借职。自后援巽例以请者，皆从之。"

【3】封建时代，下属到衙门谒见长官时的礼节叫庭参礼。文职北面跪拜，长官立受；武职北面跪叩，自宣衔名，长官坐受。

【4】云间指今上海地区，《云间琐录》一书不详。

【5】登第又称登科，即会试后得中进士。朗洲公董子仪，嘉靖元年（1522年）举人，十七年（1538年）进士。《松江府志·古今人物传五》："董子仪，字羽吉，上海人。嘉靖十七年进士，授刑曹，改礼部仪制司，遂入内阁与史馆校录，凡进御雨雪祈报之文出其手，皆称旨。子仪崇论谔谔，诸供奉者多白衣，参杂不能安，遂挤之出，判河东盐运司。益砥砺名节，悉核乾没诸弊。未几卒于官，囊中惟图书数卷而已。"

【6】南田翁，即董子仪之父。

【7】揭，即揭帖。明清下属给上级的文书、揭发的文书、私人文书、文告，等等，都可以称揭帖。这里是指自我介绍性质的私人文书。

【8】庭参礼，见上[3]。南田翁既以庶人自居，则对知县行文职礼。

【9】司李，即司理，地方上掌刑狱之官。

【10】同年，指科举中同一年中式的人。

【11】（东晋）葛洪撰《抱朴子》。该书分内、外两篇，被后世作为道教经典。其中外篇主要是对葛洪生平的自述和谈论社会上的各种事情，内篇是葛洪对道家思想和丹道修炼方法的阐述。

孝子复仇

上海县吴某，授秦中一令。偶富民犯法，令故重入其罪。其人百计祈哀，初亦佯许，卒杀之。止一子，十余岁，并没为奴。后年老罢归，有戚开府[1]东郡，时吴已巨富，且逾古稀矣，辇金诣戚，为起官计。亲友互谏止之，不听。富民之子，已伟然一丈夫，性恭谨，指使无不当意，极爱之，令首途[2]，中道不辞而去，众疑为逃也。一夕，解鞍甫息，其人率壮士三十余辈，皆以绛帕抹额，斩关入，叱令跪，面数杀父之罪。吴叩头乞怜，诸奴亦环伏号泣，愿以所辇之金进。殊不顾，挥刃断其颈，以首挂鞍，并截四肢，呼啸上马而去。余仆载尸踉跄归，家人结草为首以殓之。此庚申（康熙十九年，1680年）仲秋事也。夫《春秋》大复仇，然君父之大义深，不共戴天[3],隐忍不发者,往往有之。乃能韬晦二十余年,屈身忍辱,获雪大耻,非智勇兼济,能如是乎?虽史书所称,何以加焉?惜未详其姓名云。[4]

【1】明清时出任督抚,也称开府。
【2】首途,上路、启程、出发。
【3】原文"深不共",语意不通。疑当以"深"字前移,"不共"后当补"戴天"二字。
【4】致之本、续识略二卷本均作:"夫《春秋》大复仇,韬晦二十余年,屈身忍辱,获雪大耻,非智勇兼济,能如是乎?虽诗书所称,何以加焉?惜未详其姓名耳。"与此略异。

淫尹

嘉禾(今浙江嘉兴)有钱柱者,纳资授高密(今山东高密)令。性贪淫无检。县傍即典史[1]衙署,两楼相望。史妻有艳色,每晓妆,令必登楼窥探。一日启窗,目挑心许,情不能禁。先遣妾往致殷勤。史妻来答,趋出揖之,然未敢迫也。史忽于中秋夕,设席招令。欣然往。半酣,呼妻捧觞为寿,情愈荡。史佯起更衣。乘间订以明夜来会。翌日,以公事檄史往某处,盛饰赴约。妻含笑出迎,急趋拥之,长跪求欢。忽见史从外率数仆仗剑入,缚令于地,持刃欲下者再。抟颡祈哀,史索万金。遥呼家人从楼窗掷下,计将三千金。不许,又益其半。并与笔纸,叱之直叙颠末,始释之。未几,合邑遍传,上司遂两斥之。嘉善(今浙江嘉善)孙君为予说。

【1】典史,设于州县,隶属于知州、知县,主管缉捕、刑狱等事,属于未入流(九品之下)的文职外官。在没有县丞的地方也代行县丞职权。元代始设,明、清沿袭不废。

妖星吐光

十一月朔,日初没,有妖星吐白光,自西南起,指东北,围大尺余,其长竟天,上下锐,厥状劲直,逾时而灭。至十二月初旬,始隐不见。或曰天枪,或云疑是长星,予作《妖星行》以记之。

产蛇

北俞塘沈进士士英,侄女嫁庄氏子,怀妊三年不产。有医者诊之曰:脉象颇异,疑必异物,当以药下之[1]。服毕,觉腹中奇痛,产一胞,堕地而裂,中有小蛇五,蜿蜒盘屈,以次而出,急扑杀之。沈布衣麟亲见其事。

【1】原文"以药之下",误,当为"以药下之"。

蜂报冤

敝庐之左,有鸭脚一株[1],高四五丈,双鹊巢其巅。鹊育二雏。比邻某畜蜂甚伙,鹊乘间每旦啄食,并哺其子。一日,有数蜂随鹊飞去,回翔树杪,若侦逻者。未几,群蜂以千计,争先出穴,状若列队,齐拥至巢,半绕其外,半冲入,且啮且螫。少顷,鹊雏毛血零落,堕地死,群蜂轰然望北去。二鹊哀鸣,奋爪嘴向空乱啄,竟不能救。夫小虫何知,尚能竭其智力,不顾躯命,以报宿憾。世人肆意妄行,自以为物莫我难,乃祸机潜发,后悔何及!予目击其事,故感而识之。

【1】鸭脚,又称鹅掌柴,鸭脚木,亦称伞树。五加科,广泛栽作室内或庭院的观叶植物。

将军好文

王将军永誉,三韩世家也[1],荀中郎仗节之年[2],来镇我松。性恬雅,不尚势焰,喜诗能书,恂恂如儒生,与予辈相对论诗,竟日不倦。每出行,屏驺从,仅一马二卒,遇者不知其为大将军也。古称杜当阳轻裘缓带[3],周左率执笔赋诗[4],将军殆近之矣。在郡二年,兵民两安之。惜乎移任粤东而去[5]。

【1】《清史稿·金玉和传》附王一屏孙王永誉传:"王一屏,先世本满洲,姓完颜氏",先为明将,后降清,隶汉军正红旗。孙"王永誉,字孝扬,袭爵……康熙十七年(1678年)江西平,改永誉江南提督,驻松江"。三韩指今朝鲜半岛,以其先世本满洲,故称。

【2】仗节,又称持节,手执符节。古代大臣出使或大将出师,以及边镇大吏上任的时候,皇帝授予符节,作为凭证及权力的象征。汉唐时,授诸州刺史一职时常加"使持节"一衔。

荀中郎，即东晋荀羡。《晋书·荀羡传》："荀羡，字令则，颍川郡颍阴人（今河南许昌）。"他出身名门望族，世代为宦，"出尚公主，拜驸马都尉。"晋穆帝时，"除北中郎将（故后世称荀中郎），徐州刺史，监徐、兖二州、扬州之晋陵诸军事，假节……时年二十八，中兴方伯，未有如荀羡之少者。"《南史·谢澹传》："谢澹，字景恒，谢晦从叔也。"南朝宋少帝景平中"累迁光禄大夫。从子晦为荆州，将之镇，诣澹别。晦色自矜，澹问晦年，答曰三十五。澹笑曰：'昔荀中郎年二十九为北府都督，卿比之已为老矣。'晦色甚愧"。《宋书·谢晦传》作"年二十七"。此处是说明王永誉在出任江南提督时，与东晋名门望族荀羡出任方面重臣同岁，即二十八岁。提督，即一地的最高军事长官。在清朝通常为各省绿营最高主管官，称得上是封疆大吏。若以职能分，提督分为陆路提督与水师提督，掌管区域达一至两省，数万平方公里，甚至数十万平方公里。致知本、续识略二卷本均作"伏节"，误，伏节是殉节、舍身取义的意思，与此异。

【3】杜当阳，西晋著名的政治家、军事家和学者。《晋书·杜预传》："杜预，字元凯，京兆杜陵（今陕西西安东南）人。"他因参与灭东吴孙氏割据政权有功，进爵当阳县侯，所以后世又称杜当阳。杜预虽然是让敌人胆寒的军事家，但他实际上并不会骑马射箭，战争中仍然穿着宽大的衣服，人们都佩服他是不上阵的将军。

【4】《隋书·周罗睺传》："周罗睺，字公布，九江寻阳人也。"南朝陈朝著名将领，除太子左卫率。"陈主曰：'周左率武将，诗每前成，文士何为后也？'都官尚书孔范对曰：'周罗睺执笔制诗，还如上马入阵，不在人后。'自是益见亲礼。"隋灭陈后，周罗睺降隋。

【5】据《清史稿》本传，王永誉"康熙十九年（1680年），迁广东将军"。

河决

辛酉（康熙二十年，1681年）。淮安府（今江苏淮安）五月二十七日大雨五昼夜，堤倒河决数处，直犯郡城，淹死人畜无数。知府曹君，取府堂镇淮匾投于河，水稍退。

寒食扫墓

寒食扫墓，率诸儿宿僧舍，梦一人衣道士服，手持羽扇，相与接谈良久，语多旨趣。忽惊醒，天已曙矣。口占一绝云："二十五声莲叶漏[1]，一百六日杏花风[2]。道人晓起唤残梦，溪鸟乱啼窗日红。"

【1】漏，古时的一种计时工具。莲叶，即莲花的叶子，因为佛教中很多传说和莲花有关，例如佛祖出世时就是足踏莲花，因此常用莲来喻指寺院。

【2】按中国农历计算，冬至后一百六天就是寒食节，即清明的前一天。杏花风，即清明前后杏花开时的风。

冰雹

六月十八日申刻（15时—17时），杭州省城雨冰雹，大者如桃，小者如豆。

私增田额

从来田亩有一定之额，时巡抚某，忽创为丈量之说，檄废令刘从谏，先丈青浦县。刘与图蠹[1]共为奸利，田之增减，视贿之重轻，计起科田一万三千余亩，百姓哗然不平。此项初无与朝廷，徒饱贪吏奸民之腹，贻地方无穷之害，良可叹也。尝忆元时，有奸人诣中书，诉松富民包隐田亩，为粮一百七十余万石；沙荡[2]，为钞五百余万缗，宜立官纠察追收。中官移文验视，时王艮[3]为江浙行省检校官，条陈曲折，言其不过耸朝廷之听而报宿怨，且冀创立衙门，为徼名爵计耳。万一民心动摇，患生不测，非培养根本之策。事遂寝。艮字止善，绍兴人。今安得有止善其人，为民请命哉？

（原按，沈存中《笔谈》云：两浙田税，亩三斗。钱氏国除，朝廷遣转运使王方贽均税。方贽悉令亩出一斗。或奏其擅减税额。方贽谓：亩税一斗者，天下之通法。两浙既为王民，岂当异视？上从其说，至今不改。方贽生五子，多显者，孙珪为宰相，岂惠民之报欤？然则病民之报，不言可知也。）

【1】图蠹，为谋取私利而搜刮百姓的吏役。
【2】沙荡，沿海的滩涂地。《元史·循吏二·王艮传》："迁江浙行省检校官。有诣中书诉松江富民包隐田土，为粮一百七十余万石；沙荡，为钞五百余万缗。"
【3】《元史·循吏二·王艮传》："王艮，字止善，绍兴诸暨（今浙江绍兴）人。尚气节，读书务明理以致用，不苟事言说。"

左道伏法

楚人朱方旦[1]，以左道惑众，自号"二眉道人"，美田宅，广仆从，拥妻妾子女，如富家翁。诡言有奇术，妄谈休咎[2]。前楚抚参处下狱，幸脱，愈肆行无忌。其党推为圣人复出，督抚、藩、臬[3]及士大夫无识者，皆投贽执弟子礼。王侍讲鸿绪[4]特疏之曰："妖人朱方旦，佯托修炼之名，阴挟欺世之术，广招党羽，私刻秘书。其书有曰：'古号为圣贤者，安知中道？中道在我山根之上，两眉之间。'其徒互相标榜，有顾齐宏者[5],则曰'古之尼山、今之眉山也',陆光旭[6]则曰'孔子后二千二百余年,而有我师眉山夫子。朱、程精理而不精数,大儒之用小;老庄言道而不言功,神仙之术虚'等语,皆刊书流布,蛊惑庸愚,侮慢先圣。乞正典刑,以维世道。"上震怒,方旦立斩,翟凤彩[7]、顾齐宏等秋后处决。光旭后放归。陆君登两榜[8],有名,惟喜术数,故与斯祸。厥后又有钦天监南怀仁者[9],上所著《穷理学》一书[10],其言以灵魂为性,谓一切知识、记忆,不在于心而在头脑之内。语既不经,旨极刺谬,命立焚之。

【1】楚人,即今湖北人。朱方旦,湖广人,康熙十九年(1680年)自号二眉山人,聚徒横议,撰《中说补》,谓中道在两眉间山根上……康熙二十年(1681年)七月,侍讲王鸿绪得朱方旦所刻《中质秘书》,指摘其中有诬枉君上,悖逆圣道,蛊惑民心之处,次年(1682年)二月,九卿议复,乞正典刑,以维世道。结果朱方旦被斩,弟子陆光旭、翟凤彩、顾齐宏亦被判为斩监候。孟森《朱方旦案》一文认为:"士大夫谈清代轶事者,往往及朱方旦之名,然首尾不详,但以妖人目之,若王好贤、徐鸿儒之类。此缘专制时代官文书所束缚,又政教不分,学问中禁闭自由思想,动辄以大逆不道戮人。一经遭戮,传者遂加其词,印定耳目,无能言其真相者矣……当时侍讲王鸿绪所参三大罪:一则谈传教信仰,具出世法,略去帝王臣庶之阶级也;二则信徒之多也;三则发明记忆在脑不在心,以为立说新异也。由今观之,前二者皆宗教家面目,而其后一端,所谓新发明之脑力作用,尤为生理之定义,学界之雅言,略以为大罪,则今日之书籍皆当焚禁,学校皆当封毁矣。"

【2】妄谈休咎,即胡乱给人推测吉凶。

陆光旭,顺治八年(1651年)进士,任御史,曾出任陕西按察使,抨击满洲官员的腐败。康熙二十一年(1682年)受朱方旦一案牵连入狱,斩监候,后获释。

【3】督抚,总督和巡抚的合称。藩台,即布政使,在总督和巡抚之下,掌管一省的财赋和人事。臬台,即按察使,在总督和巡抚之下,专管刑名。

【4】《清史稿·王鸿绪传》:"王鸿绪,初名度心,字季友,江南娄县人(今上海松江)。康熙十二年(1673年)一甲二名进士,授编修。十四年(1675年),主顺天乡试。充日讲起居注官。累迁翰林院侍讲。十九年(1680年),圣祖谕奖讲官勤劳,加鸿绪侍读学士衔。时湖广有朱方旦者,自诩二眉山人。造《中说补》,聚徒横议,常至数千人。自诩前知,与人决休咎。巡抚董国兴劾其左道惑众,逮至京,得旨宽释。及吴三桂反,顺承郡王勒尔锦驻师荆州(今湖北荆州),方旦以占验出入军营,巡抚张朝珍亦称为异人。上密戒勒尔锦勿为所惑。方旦乃遨走江、浙,会鸿绪得其所刊《中质秘书》,遂以奏进,列其诬罔君上、悖逆圣道、摇惑人心三大罪。方旦坐诛。"

【5】顾齐宏,自称朱方旦的弟子。

【6】陆光旭,自称朱方旦的弟子。

【7】翟凤彩,自称朱方旦的弟子。

【8】陆光旭是两榜进士出身。

【9】南怀仁，字敦伯，又字勋卿，是明末来华的外国传教士。他是康熙皇帝的科学启蒙老师，精通天文历法、擅长铸炮，是当时国家天文台（钦天监）业务上的最高负责人，官至工部侍郎，正二品。卒于1688年。

【10】《穷理学》包括逻辑学与方法论及形而上学、数学、天文学、测量、力学与机械、生物学与医学等六个方面的内容，反映了明末清初"格物穷理之学"的总体概况。

先辈名言

于谷山《笔尘》[1]曰："许鲁斋[2]退居苏门（今河南省辉县西北。又名苏岭、百门山），与姚枢、窦默[3]同游，慨然以道自任，尝语人曰：'纲常不可一日亡于天下，苟在上者无以任之，则在下之责也。'凡事必征于礼，以倡率乡人，一时风俗，为之丕变。昔者臧文仲殁，鲁人哀之[4]；子皮之死，子产叹其无与为善[5]。我于先生见之矣。"今风会日浇，士大夫以财势相竞，富人市侩，引与游处。间有一二清节之士，目为迂疏，去之惟恐不速。蚩蚩之众，从风而靡。古今人相去奚啻千万里哉！

【1】（明）于慎行《谷山笔尘》。

【2】许衡，河内（今河南省焦作）人，字仲平，号鲁斋，谥文正，封魏国公，宋元之际学者。他与姚枢、窦默等讲程朱理学，是元初忽必烈重要的建国谋士之一，官至教领太史院事。

【3】姚枢，柳城（今辽宁朝阳）人，字公茂，号雪斋。是元初忽必烈重要的建国谋士之一，官至翰林学士承旨。窦默，广平肥乡（今属河北）人，字子声，初名杰，字汉卿。他与姚枢、许衡等同是元初忽必烈重要的建国谋士，官至翰林侍讲学士，晚年加至昭文馆大学士。

【4】臧文仲，即臧辰，臧哀伯次子，谥文，故死后又称臧文仲。春秋时他出任过鲁卿，世袭司寇，执礼以护公室。他历事鲁庄公、闵公、僖公、文公四君。曾废除关卡，以利经商，于国于民，尽职尽责。其博学广知而不拘常礼，思想较为开明进步，对鲁国的发展起过积极的作用。

【5】子皮，郑国上卿罕虎的字，与子产同时。春秋后期，他支持子产在郑国推行了很多善政，是郑国的贤臣。子产，即公孙侨，字子产，又字子美，郑国贵族。子产执政后，进行了一系列违反周礼而有利于封建化的改革，甚至带有激进的法家色彩。他做出的贡献主要有：一、铸"刑书"，公布成文法律。公元前536年子产"铸刑书"，把制定的刑书铸在鼎器上，开创了公布成文法的先例，否定了"刑不可知，则威不可测"的旧则。二、提出"以宽服民""以猛服民"的主张。后世，儒家主要继承了"以宽服民"，法家主要继承了"以猛服民"。

鬼胎

八月十九日，马嵋寺东张千总妻产一子，眼居额上，顶生两肉角，口列巨齿四，自颈以下，悉如人。张怒，扑杀之，掷寺后，聚观者数千人。去敝庐不半里，予目击之。

娄江赠诗

太仓（今江苏太仓）许秀才旭，善诗能书，以重阳日生，因号"九日"，有《秋水堂稿》。尝以诗见贻，云："当年二妙[1]擅英声，五载逢君倍老成。达早岂知淹仕牒[2]，才高翻喜占诗名。行吟方外同司马[3]，依隐江东类步兵[4]。漫托《东皇》劳《九辨》[5]，沅兰湘芷不胜情[6]。"予感其意，至今藏之。

【1】二妙，即同时代的才艺著名的二人，或自己推重的二人。

【2】达早，即很早就得到显要的地位。淹，滞留。仕牒，任命官职的文书。此指作者董含很早就得中进士，但因江南奏销案牵连而被削官。

【3】方外，指超脱世俗礼教之外；司马，古代官名。方外司马，即指虽作了官但不拘于朝廷礼节、制度和尊严。《晋书·谢奕传》：东晋时江南名相谢安之兄谢奕与大将军桓温友善。"温辟为安西司马，犹推布衣好。在温坐，岸帻笑咏，无异常日。桓温曰：'我方外司马。'奕每因酒，无复朝廷礼。尝逼温饮，温走入南康主门避之。主曰：'君若无狂司马，我何由得相见！'"

【4】《晋书·张翰传》："张翰，字季鹰，吴郡吴人（今江苏苏州）……翰有清才，善属文，而纵任不拘，时人号为'江东步兵'。"魏晋之际，以狂放不羁著名的竹林七贤之一的阮籍曾为步兵校尉，人称"阮步兵"，故张翰得此称。

【5】东皇，屈原《九歌》中的篇名。东皇太一是《九歌》中最高的天神，而《东皇太一》是屈原对"东皇太一"的颂歌，是"屈赋"中，最为隆重、庄肃的一篇。"东皇太一"可能就是屈原根据楚人祭祀中最高的天神"太一"，加上祖先"东皇"，而创作出来的上帝和祖先合一的天神。《九辨》是战国时期著名诗人宋玉写的一篇优秀的抒情长诗，抒发自己落拓不偶的悲愁和不平，也揭露和批判了当时社会的黑暗。

【6】沅、湘都是流经湖南的河流，兰、芷，都是香草的名字，屈原在词赋中常用来自喻自己的情操。

松郡虎见

云间（今上海松江）素无虎，府志载佘山[1]有大青、小青，相去已久，无足据者。九月初，忽有虎从西来。初十日，伏东郊外华阳桥灌莽中。有顾氏子，年十七，早行被啖。复潜迹至天马山一带，居人多闭户不敢出。总戎遣兵四出搜之，虎往来倏忽，偶一遇，逡巡却避，经月不获。诧为神虎，乃于普照寺建道场，命黄冠咒阴兵驱之，后竟逸去。予作新乐府以记其事，云："虎何来？在四郊，忽东而忽西，往来咆哮。朝食人兮，暮食犊与豕。官吏清廉，尔何为然？居人惶惶，告之幕府。昨檄千兵，今发全伍。迁延却避，恐逢虎怒。沿村捉鸡鸭，膏彼刀与斧。经旬竟不获，屡出亦何补。爰命黄冠诵经，缁衣击鼓。问奚所为，誓将驱虎。虎庶几赴山而蹈海兮，以全我将军之神武。"（原按：嘉靖初年，一虎自北从官路来，入市西空房中蹲坐。市有少年勇力五人，持刀枪攻之。虎跃起，五人皆伤，二人死，虎亦不食。次早，忽出门，渡浦至柘林西去，不知所之。见《申江杂识》[2]。）

【1】今上海松江区有东佘山、西佘山，是上海著名市郊风景区，现建有佘山国家森林公园。

【2】《申江杂识》一卷，（明）董容大著。董容大，字申江，号广文，是作者董含的族曾叔祖。原书为抄本，今不见。据清同治《上海县志》卷二十七艺文志著录，此书记述松江乡里故实。

平西逆报

十月二十九日，王师平云南，伪洪化吴世璠[1]及三桂婿郭壮图俱自杀，逆党方光琛、李本深、马宝、胡国柱、夏国相、巴养元、赵国佐等以次伏诛[2]。当三桂之穷追永历也，永历已深入缅甸，三桂率兵进至阿瓦，檄取之。缅人惧，送永历及太后、中宫、太子赴三桂营，未几俱遇害[3]，此壬寅（康熙元年，1662年）四月事也。是日，天地昏黑，风雨雷电交作，滇人皆为出涕。及世璠败，亦投缅国，缅人以其不义，拒不纳，于是吴氏无少长俱骈戮。论者谓，三桂世受明恩，乃于其子孙不遗余力，卒之白首称兵，妄觊非分，荼毒生灵，此诚覆载[4]所不容也，故不及数年，遂至举宗被屠，骸骨不保。呜呼！孰谓无天道哉！

【1】吴世璠，吴三桂子吴应熊之庶子。康熙十二年（1673年）吴三桂据云南反，次年正月僭称周王元年。康熙十七年，吴三桂在衡州称帝，改元昭武。八月，吴三桂病卒，吴世璠自云南奔丧，

至贵阳被其下拥立为帝，改号洪化。

【2】据《清史稿·吴三桂传》，吴三桂之婿是夏国相、胡国柱。郭壮图、方光琛，分别是吴三桂所封的大学士和国公，被吴世璠依为腹心。其他诸人均是吴三桂的重要部将。

【3】清朝建立以后，顺治三年（1646年）明桂王朱由榔据肇庆（今广东肇庆）建永历政权，后在吴三桂追击下逃入缅甸。顺治十八年（1661年）吴三桂以大军迫缅甸王交出朱由榔，复于康熙元年（1662年）以弓弦绞杀朱由榔及其子。

【4】覆载，即天地的意思。

削平诸逆

三桂以移藩据滇反叛，僭号大周，于甲寅（康熙十三年，1674年）正月称帝于衡州（今湖南衡阳），起建宫殿，改元昭武，铸钱曰"利用通宝"。四方起兵从逆者，则有靖南王耿精忠、平南王尚之孝、广西将军孙延龄、陕西提督王辅臣、潮州总兵刘进忠、四川提督郑蛟麟、云南总兵马宝、四川总兵谭弘、襄阳总兵杨来嘉等。群聚蜂起，望风归附，大者拥众数十万，小亦不下数万，羽檄交驰，区宇割裂。乃八年之内，睿谋独运，以次削平。信乎，神器不可以力争也。

野史氏曰：撤藩之变，虽曰人事，岂非天意哉？使其先粤，而闽，而滇，则辅车无存[1]，崦嵫将至[2]，可喜遂首丘之志[3]，吴、耿免赤族之祸，三方无涂炭之悲矣。计未出此，致寻斧柯[4]。军兴未几，言利之臣纷纷而进，西园车满，燕世肩摩，朱紫及于舆台[5]，衿佩遍于伶隶[6]，史册以来所希见也。乃若东牟[7]导其先驱，榆关（今山海关）踵其后劲，运丁阳九[8]，罪盈缅甸，孔、耿及身而斩，吴尚殄为鲸鲵。四凶滔天，若聚而歼之，以此始者，必以此终。呜呼，天道好还[9]，可不惧哉！

【1】辅车，原意指颊辅与牙床，一说车夹木与车舆。比喻事物互为依存的利害关系。

【2】崦嵫，山名，在今甘肃天水县西境。古时常用来指日没的地方。

【3】首丘，比喻归葬故乡。《礼记·檀弓上》："古之人有言曰：'狐死正丘首'，仁也。"（汉）郑玄注："正丘首，正首丘也。"（唐）孔颖达疏："所以正首而向丘者，丘是狐窟穴根本之处，虽狼狈而死，意犹向此丘，是有仁恩之心也。"

【4】斧柯，即斧柄。

【5】朱紫，官员穿的衣服的颜色，喻指贵官。舆台，对贱役的称呼。《左传·昭公七年》云：人分十等，其最下即是"舆台"，在"仆"之下。

【6】衿佩，指青年学子。语出《诗·郑风·子衿》："青青子衿，悠悠我心……青青子佩，悠悠我思。"毛传："佩，佩玉也。士佩瓀珉而青组绶。"伶隶，地位低贱之人。

【7】东牟，古山名，为唐代渤海靺鞨大祚荣的根据地，一说在今吉林敦化东北；一说即今吉林桦甸东北苏密城西老岭。此处借喻吴三桂卖山海关，引清军入居中原。

【8】运丁阳九，指灾荒年景和厄运。

【9】天道好还，旧指恶有恶报。《老子道德经》："以道佐人主者，不以兵强天下，其事好还。"

赀郎古今不同

暇日，有二客过予，纵论古今。一客曰："今人从宦，文章德业，远不逮古人，惟治生产为胜之。即如陶朱公，十九年中，三致千金[1]，便称富人，今田舍翁[2]见之，将笑破口矣。赀郎[3]见于西汉者，惟张释之、司马相如[4]。以二人之才，释之有久宦减仲产之叹[5]，相如谢病归，家徒壁立，盖为世所轻[6]，仕亦不达，苟非异日他有以自见，必为赀郎所累，坎壈终身矣。迩来一登仕途，便可取偿十倍。本朝立法之宽，非前代所能及也。"一客曰："古之赀郎，亦只因多识几个字耳。"予为之一笑。

【1】千金，喻指极多的财富。《史记·货殖列传》："〔范蠡〕十九年中三致千金，再分散与贫交疏昆弟。"言战国时的范蠡经商，一再家累巨万。后世用为比喻发财致富。

【2】田舍翁，种田的庄稼汉。

【3】赀郎，以家富资财而被朝廷任为郎官，后世即称出钱捐官的人为"赀郎"。

【4】张释之，《史记·张释之传》："张廷尉释之者，堵阳（今河南方城东）人也，字季。有兄仲同居。以赀为骑郎，事孝文帝，十岁不得调，无所知名。"司马相如，《史记·司马相如列传》："以赀为郎，事孝景帝，为武骑常侍，非其好也。"

【5】张释之与兄仲同居，久而不得升官，耗费了不少家财，所以深感对不起其兄仲，感叹"'久宦减仲之产，不遂。'欲自免归"。

【6】司马相如精通楚辞，善于写辞作赋，汉景帝年间任武骑常侍，因为景帝不喜欢词赋，所以无法施展自己的才华，常常称病，被景帝免职。以后他和枚乘一起游于梁孝王门下，在那里作了著名的《子虚赋》，梁孝王短命去世，宾客星散，司马相如回到老家成都，而家里已是父母双亡，家徒四壁，无以自立。

科名不绝

海内世禄，如莆田之林、宜兴之吴，阀阅之盛，不可多得。吾郡科第，惟寒宗[1]稍多，亦最久。自明天顺己卯（三年，1459年），迄今康熙辛酉（二十年，1681年），世传十五，时历两朝，通计二百四十余年，科名继起，皆一祖所生，其间中断者止七年。宅族通显或过之，求其连绵不绝，吾族之外，未易多觏也。按谱，御史介轩公讳纶，始中天顺己卯（三年，1459年）举人，甲申（天顺八年，1464年）进士，通籍[2]十七年殁。七年，子大理公世良讳恬、太守公世恒讳忱，俱中成化丙午（二十二年，1486年）举人、弘治丙辰（九年，1496年）进士。又五年，季弟知州公世康讳怿，中辛酉（弘治十四年，1501年）举人。大理公通籍二十六年卒。太守公中二十六年，尚宝公朗洲讳子仪，中嘉靖壬午（元年，1522年）举人、戊戌（嘉靖十七年，1538年）进士。又十六年，太守公卒。尚宝公中二年，五泉公讳充大、廷评公讳志学，俱中庚子（嘉靖十九年，1540年）举人。又八年，尚宝公卒。五泉、廷评二公中十年，少宗伯公讳传策中己酉（嘉靖二十八年，1549年）举人、庚戌（嘉靖二十九年，1550年）进士。又三年，望海公讳传教，中壬子（嘉靖三十一年，1552年）举人。又三年，两公卒。宗伯公中十八年，环浦公讳晋，中隆庆丁卯（元年，1567年）举人。又十二年，宗伯公卒。望海公中二十一年，文敏公讳其昌，中万历戊子（十六年，1588年）举人、己丑进士。又六年，望海公卒。文敏公中十六年，绯百公讳尊闻，中癸卯（万历三十一年，1603年）举人。又四年，先祖少宰遂初公，中丙午（万历三十四年，1606年）举人、癸丑（万历四十一年，1613年）进士。又二十年，文敏公卒。少宰公中十三年，中丞公讳象恒，中戊午（万历四十六年，1618年）举人、己未（万历四十七年，1619年）进士。又三十年，少宰公卒。中丞公中三十七年，而不肖含叨中顺治甲午（十一年，1654年）举人、辛丑（顺治十八年，1661年）进士；弟俞，中庚子（顺治十七年，1660年）举人。又五年，中丞公卒。虽祖宗德泽未艾，而立身扬名，以垂勿替，是所望于后之人耳。

【1】对自己家族的谦称。

【2】通籍，又作通藉，指记名于门籍，可以进出宫门，后世便称做官为"通籍"。

认后辈为同年

唐兴公先生昌世，家世阀阅，盛德古道，为吾郡冠。天启辛酉（元年，1621年）登贤书[1]，乙丑（天启五年，1625年）成进士。时年八十有六，复届辛酉（康熙二十年，1681年）宾兴[2]，先生尚善饭，筋力强健，饮酒剧谈，能竟夕不倦。邀新孝廉[3]讲年谊[4]，投谒者称"年晚生"[5]，先生悉以年弟[6]刺答之。昔徐文贞公，嘉靖癸未（二年，1523年）探花，年八十一，及见后癸未（万历十一年，1583年）进士；陆文定公，嘉靖辛丑（嘉靖二十年，1541年）会元，年九十七，及见后辛丑（万历二十九年，1601年）进士；袁公福征，嘉靖癸卯（嘉靖二十二年，1543年）举人、甲辰（嘉靖二十三年，1544年）进士，年八十一，及见后癸卯（万历三十一年，1603年）举人；姚方伯永济，万历戊戌（二十六年，1598年）进士，年九十八，及见顺治戊戌（十五年，1658年）进士。此外不多见。屈指先生寿开九袠[7]，又为登第之期，天之厚先生，宁有涯涘哉！先生以予与次公进士子锵有姻谊，嘱为韵语以记之曰："绕城丛桂又飘香，风景推移岁月长。昔日青云初得路，此时白发更逢场。乡间旧德追徐、陆，江左门高数谢、王。屈指两朝能有几，漫随年少共翱翔。"予倡之，同郡诸君子从而和之，得诗数百首，亦足征一时盛事矣。（原按：文贞公正月卒，不及见会榜者一月；唐先生六月卒，不及见者六月。）近浙中桐乡（今浙江桐乡）沈元锡，前甲子（明天启四年，1624年）举人，见后甲子（清康熙二十三年，1684年）举人；平湖（今浙江平湖）陆之祺前己未（明万历四十七年，1619年）进士，见后己未（清康熙十八年，1678年）进士。

【1】登贤书，即乡试中式。
【2】宾兴，地方官宴请应考之士，也指乡试。
【3】孝廉，举人的别称。
【4】年谊，即科举时代称同年登科的关系。
【5】晚生本是文人在前辈面前的谦称。年晚生，科举时代面对早年登科者时的谦称。
【6】年弟，科举时代面对同年登科者的自称。
【7】"袠"通"秩"。十年为一秩，九秩即九十岁。

居乡不操乡音

吴阊（今江苏苏州）蒋进士埴，不操乡音，无一土语。闺房燕私，如对北客，殊属无谓。偶见一书，记陆文裕公[1]深喜作官语，与妻子僮仆言亦然。陆公名人，此却大可怪。

【1】陆文裕，即陆深。陆深，初名荣，字子渊，号俨山，松江府（今上海）人。弘治十八年（1505年）进士二甲第一，累官四川左布政使，嘉靖中为太常卿，兼侍读。卒，谥文裕。

昇平宴

壬戌（康熙二十一年，1682年）正月十四日，上以海宇荡平，兵革偃息，大宴百僚于乾清宫。仿柏梁体[1]，以次联句，上自为序，题曰"昇平嘉宴"，赋诗者共九十三人。

【1】柏梁体又称柏梁台体，要求每句七言，都押平声韵，全篇不换韵。柏梁体开古代七言诗的先河。据说汉武帝筑柏梁台，与群臣联句赋诗，句句用韵，所以这种体裁的诗称柏梁体。

海寇劫粮

三月初五日漏五下，海寇驾二巨舟，由吴淞江直入龙华口（今上海），劫去粮艘二。守备司起龙，不及甲，单舸追之，力战杀贼。副将张一奉畏贼，不敢赴救。起龙矢尽，中鸟枪死。贼屡入内地，官兵既不能预防，任其出入。海邑弹丸，莅兹土者，岂可无善后之策哉！

前辈风流

张带三先生讳若羲[1]，性高洁，隐居菜花泾，不入城市，缁衣禅笠，萧然世外。喜饮酒，每从相知浮白[2]纵谈，意气甚壮。然外虽颓唐，而内实沉照，隐约玩世，人莫能窥其际也。予上巳[3]以新筥[4]贻之，先生答以一绝云："臆间犹记老狂生，翠酿春灯[5]眼倍明。世事悠悠交态变，绿杨深处尽埋名。"

【1】致之本、续识略二卷本均作"讳君义"。本书作"讳若羲"。《清诗纪事·明遗民卷》："张若羲，字吴东，一字带三，江南华亭（今上海松江）人；明崇祯十六年癸未（1643年）进士。入清不仕。"朱彝尊《明诗综·诗话》："吴东为余中表兄。甲申（1644年）以后，潜身家巷，躬自灌园。余尝访之郊西，适荷锄带笠，相揖于紫瓜白苋之间。破屋数椽，下一榻，以留吴处士骐。暇相酬和，诗思清厉，有亮节而无懦响。"

【2】浮，宴席上罚人饮酒。白，罚人饮酒的大杯。浮白，汉代以后通常指饮酒。

【3】"上巳"是中国农历三月中第一个出现"巳"的日子，因此叫"上巳"。其大概起源于周朝，《论语》中就曾说到这个节日，俗称"三月三"。这个传统节日自春秋开始，经过几千年历史变化，至今演变成清明节。

【4】筹,竹编的滤酒器,或代指酒。

【5】翠酿,即新酿的酒。春灯,凡是用来庆贺新春的灯都泛称春灯。

由贴

旧制,黄册十年一造[1],初无税银。因倭乱饷缺,收田每一两纳税二分,永不为例。当时议之者犹纷纷。今县令欲济其私,忽造"由贴"之说[2]。奸胥图蠹[3],娄诈数倍。夫人之产业,非系祖贻,即属价买,虽无由贴,谁能夺之?况此外私派[4],种种不一,公然刻单传比[5],毫无顾忌,士绅亦箝口结舌。倘复按差,当不至此。时言路竞言吏治日非,民生日困。察吏安民,非复巡方[6]不可,乃谋国者力持不可,何也?

【1】黄册和鱼鳞册是明代赋役征发的主要依据,内容是登记天下人口和土地,其中登记人口及其财产状况的叫黄册,绘制全国土地田亩的叫鱼鳞册。黄册以一里(110户)为单位编成一册,内容以编列户口、徭役为主,但对每户所拥有的田产,也分别记载旧管(原有多少田地)、新收(新买多少田地)、开除(买出多少田地)、实得(买卖加减之后,实有多少田地)四栏,称作"四柱式"。由于里甲中的每户人家,丁粮数字常有变化,因此黄册每十年更造一次。黄册一式编造四份,分别由户部、布政司、府、县各保存一份。保存在户部的一份,册面用黄纸,因此称为黄册。此处说的旧制,是指的明代的制度。

【2】由贴,又称由帖,是封建地方政府向田主征收赋税并登记的凭证,内容包括事由、经丈量后的土地面积、缴纳赋税的等级和数量,以及土地的方位、四至,等等。此处说的是入清以后的新规。

【3】图蠹,谋取私利、搜刮百姓的吏役。

【4】私派,即国家征收的正式额赋之外,由地方官府巧立名目征收的各种杂税。

【5】刻单,即刻印由贴。传比,即传告各方人士,限期缴纳。

【6】古代天子出巡四方称巡方,以后天子派大臣巡察四方也称巡方。明代都察院设十三道御史分管各地监察任务,同时分别兼管京师内皇城内外治安。每年八月派出各地巡察的监察御史称巡按,别称巡方。

华苹山人

吴懋谦,字六益,别号华苹山人[1],喜吟咏,遨游缙绅间,诗名甚著。年届古稀,才丧妾,复买一姬,膏面染髭,以博如皋一笑[2]。予戏贻一诗云:"骚人春晚爱幽居,老去风情尚未除。旧赋白头怜薄幸，新'题红叶'[3]怕生疏。炉薰翠被迎欢夜，髻拥寒灯见面初。莫倚巫山行雨惯，襄王今是病相如。"山人久病，故结语稍规之云。

【1】吴懋谦，字六益，江苏华亭（今上海松江）人。明末清初著名诗人。早与陈子龙、李雯诸人交游。与北方申凫盟齐名，时称"南吴北申"。晚归里，筑独树园，自号独树老夫。卒，门人私谥贞硕先生。懋谦论诗，以汉、魏、盛唐为宗。著有《华荟初集》及《芷庵二集》十二卷并传于世。

【2】《春秋左传·昭公二十八年（前514年）》："昔贾大夫恶，娶妻而美，三年不言不笑。御以如皋，射雉，获之。其妻始笑而言。贾大夫曰：'才之不可以已。我不能射，女遂不言不笑夫！'"（晋）杜预："为妻御之皋泽。"皋，水边高地。如，往也。（唐）孔颖达疏："《诗》云：'鹤鸣于九皋'。是皋为泽也。如，往也。为妻御车以往泽也。"后用为取悦美妻或表示以才华博得女子的欢心。

【3】"题红叶"，诗名，据说是唐宣宗时宫女作，见《全唐诗》卷七九七。关于红叶题诗的传说很多，著名的有宣宗时中书舍人卢渥，偶临御沟，见一红叶，叶上题诗云："水流何太急，深宫尽日闲。殷勤谢红叶，好去到人间。"就从水中取去，收藏在巾箱内。后来，他娶了一位被遣出宫的姓韩的宫女。一天，韩氏见到箱中的这片红叶，感叹道："当时偶然题诗叶上，随水流去，想不到收藏在这里。"这就是有名的"红叶题诗"的故事。后世遂以"题红叶"为吟咏情思、闺怨或良缘巧合的典故。

于公清节

于公成龙，山右（今山西）[1]人。由岁贡[2]至大官，性刚正，以清节自励，累典大郡，苞苴[3]请托概不行，以是受知于上。晋直隶巡抚。自奉尤俭，妻子不免饥寒。刻苦之操，老而弥笃。至是擢两江总制，单骑就道，仆从不过数人。下车之始，贪吏皆望风敛迹，民气一新。

【1】清代有两个叫成龙的官吏，一个是卒于康熙二十三年（1684年）官至江南、江西总督，兼摄江苏、安徽巡抚的山西人于成龙；一个是卒于康熙三十九年（1700年）官至直隶总督、河道总督的汉军镶黄旗于成龙。这里说的是前者，康熙皇帝誉之为"清官第一"；后者号称小于成龙。《清史稿·于成龙传》："于成龙，号北溟，山西永宁（今山西离石）人。"原文"山左人"，致之本、续识略二卷本亦同，均误，应称"山右人"。

【2】《清史稿·于成龙传》："于成龙……明崇祯间副榜贡生。"科举时代，挑选府、州、县生员（秀才）中成绩或资格优异者，升入京师的国子监读书，称为贡生。明代有岁贡、选贡、恩贡和细贡；清代有恩贡、拔贡、副贡、岁贡、优贡和例贡。贡生的身份相当于举人副榜。贡生有几种：每一年或两三年由地方选送年资长久的廪生入国子监读书的，称为岁贡。

【3】苞苴，指礼物或贿赂。

关公著灵

五月十五日，越东严州府（今浙江建德东北）久雨，山水暴发，江流复涨，骇浪滔天。初闭城以拒之，俄顷水高于城，四围皆成巨浸，女墙[1]上可行舟，溺者不计其数。傍郭一古刹，祀关壮缪[2]，主僧颇修戒行，夜半梦关公蹴之曰："起！起！我先行，汝可与周将军偕来。"僧惊寤，水已没榻。自分必死，忽见周将军浮水欲出，遂附其背。溯流一百余里，直抵富阳（今浙江富阳）。时富阳居民远见神像，长三四丈，驾波入浪，泛泛而至，趋视乃关公也。不数刻，又见巨像背负一僧，亟救之，叩其故，大惊。于是募资建寺，奉香火焉。

【1】女墙，又称女儿墙，指城墙上凹凸的小墙。一般建筑中则指高出屋顶的矮墙。
【2】关壮缪，即三国时期的蜀将军关羽，死后追谥壮缪侯。

洗县

大兴人（今北京）蔺友芳者，父为长班[1]，入赀[2]授青浦（今上海青浦区）令。友芳目不知书，坐衙判事悉听左右指挥，但张目四顾而已。于是胥役横行，婪赃以万计。上司廉，知百姓怨恨刺骨，追印入告。凡平民受害者，环署大哭。友芳惊惧，遗矢满地。围绕十昼夜不散，竞担水荷帚灌濯县堂，屋梁庭柱俱以布拂拭之，名曰"洗县"，盖百余年来所未闻也。

【1】长班，官员身边随时听使唤的仆人，又称"长随"。
【2】入赀，即捐资以得到官职。

纸皂行

衙役之横，莫甚于吴下，设机横毒，酷于虎狼。时制府于公[1]知其弊，一应催征，檄用纸皂[2]，纸皂不应则木皂至。虽省需索，而两皂一到，则举家不能安寝。卢君元昌戏作《纸皂行》曰："有皂有皂携纸皂，画成三寸么麼（音：腰磨）[3]小。此皂捉人咄怪哉，皂捉皂兮尤绝倒。狗亦不吠鸡不鸣，二皂到家家不宁。五月苦无新谷卖，饿皂索酒嗤空饼。刻木为吏[4]事有无，刀镌墨泼[5]充追呼。监门鹄面[6]今休绘，怕煞[7]沿街虎皂图。"

【1】制府，又称制台、制军，即总督。此于公当是一代清吏，江南、江西总督于成龙。《清史稿·于成龙传》："成龙至江南，进属吏诰戒之。革加派，别积弊……察知民间疾苦、属吏贤不肖。"

【2】皂，旧时衙门内的差役。所谓纸皂，即原来衙门差役到百姓家中催讨赋税，现在则改为一纸催单，百姓称之为"纸皂"。木皂，即刻在木板上的催单。

【3】"么麼"，即很微小。

【4】意思是不能受狱吏的污辱，即使是木头做的狱吏也不能见他。形容狱吏的凶暴可畏。《汉书·司马迁传》："故士有画地为牢势不入，削木为吏议不对，定计于鲜也。"鲜，鲜明。

【5】指用刀刻的木皂、用墨写的纸皂。

【6】监门，守门人。鹄面，容颜枯瘦的样子。

【7】原文"怕杀"，误，致之本、续识略二卷本均作"怕煞"，据改。又，致之本、续识略二卷本此句均为"怕煞沿家虎皂图"。

星变

七月二十七日，有星出于西南，尾指东南，光芒长四五尺，昏后渐低不见，至八月尽始灭。以星变，诏求直言。

仆见冥报[1]

虞山（今江苏常熟）有某者，善治生，积镪[2]至数十万，台榭歌舞，穷极侈丽。性淫纵，多侍姬，日夜饵丹药以济其欲。忽背发一疮，初甚小，渐大至二尺许，如负重石，诸医束手无策。或谓宜先泄其毒，遂用利刃碎割，复以竹筒实药，煮极热，当顶插入，以吸毒气。相传地狱变相，刀林沸镬，阴惨不过如是而已。既诸法罔效，自知不治，于是呼僮婢扶入库室。阿堵[3]绕地，以手抚摩，凝泪浩叹。时新建洞房，回环窈窕，俾宠姬居之，几案陈设，莫非珍宝，四顾唏嘘，悲不自胜。先是，有膳夫病热昏愦死，一夕复苏，语妻曰："我未应死，然不过延半月耳，第见我主人先在地府，以铁叉钩背，悬于殿柱，傍有蓝面鬼卒，执椎捶之，痛楚叫号，莫可名状。"

妻急掩其口。已而果发背疽潦倒，一月而卒。尝忆倪文节公[4]曰："贫贱之人，一无所有，临终脱一'厌'字。富贵之人，无所不有，临终带一'恋'字。脱一'厌'字，如释重负。带一'恋'字，如担枷锁。"诚哉是言！人苟能超然俗外，富贵贫贱，亦安往而不自得哉？

【1】致之本题为"冥报"。
【2】镪，成串的钱，泛指钱币或银锭。
【3】阿堵，对钱的蔑称。阿堵的本意是"这个"的意思。东晋世族代表人物王衍，字夷甫，性清高，喜清谈。《世说新语·规箴》："王夷甫雅尚玄远，常嫉其妇贪浊，口未尝言'钱'字，妇欲试之，令婢以钱绕床，不得行。夷甫晨起，见钱阂行，呼婢曰：'举却阿堵物。'"从此成了"钱"的别名，并且带有轻蔑的意味。
【4】《宋史·倪思传》："倪思，字正甫，湖州归安（今浙江湖州）人。"南宋乾道二年（1166年）进士，中博学宏词科。官至兵部尚书、礼部尚书等职，主张抗金。他还是著名学者，博学多才，著有《齐山甲乙稿》《兼山集》《经锄堂杂志》。卒后谥曰文节。

旗杆气出

十月二十三日，杨总戎捷[1]辕门有"帅"字旗杆二，辰刻忽于左杆斗内透黑气，一股自下而上，高三四尺，逾数刻始不见。二十四日，黑气从杆杪出，其光渐细而短。二十五日，则左右两杆俱有光。二十六日，左右并演武场内旗杆二处，皆透顶而出，变为青气，直贯半空，又有白气围绕其下，日高三丈始灭，聚观者数千人。至二十七日，气止不出，后亦无他异。

【1】总戎，军队的统帅，如明代的总兵，清代的提督。《清史稿·杨捷传》："杨捷，字元凯，义州人，先世居宝应（今江苏宝应）。"原为明将，顺治元年（1644年）降清后参与平定三藩之乱、收复台湾等重要战役，官至江南提督，授昭武将军，康熙三十九年（1700年）卒。著有《平闽记》。

殴父

西郊有陈生章[1]者，年老去为幕客，糊口四方。阅数年，挟三百金以归。二子俱不肖，窥囊橐装重，聚而索之，诱索累日，生坚不与。二子大哗，诟詈交作。夜半，穴垣以入，一子曳足，一子踞父腹，以绳贯两手，拳梃[2]交下，体无完肤。哀呼求救，尽出金付之，始得释。一女未嫁，复疑父有私与，共逼之赴井死。生愤极，竟不能惩，郁郁抱病卒。偶见宋人李夏卿[3]有诗云："东金西木两睽违，由此生男不足依。一把残骸无处着，不归沟壑欲归谁？"注云："《珞琭子》[4]云，东金西木，必生悖逆之儿。"盖此类自古有之矣。

【1】陈章没有在科举中考中过功名，所以即使年老也称陈生。

【2】原文"拳挺"，误，当为"拳梃"。梃，即木杖。

【3】李夏卿，名国栋。"东金西木"，星命家语，是说生辰的日与时金木相克，其人必定不孝。（南宋）陈郁《藏一话腴》："李国栋夏卿《感怀》云：'东金西木两睽违，由此生男不足依……'自注云：'《珞琭子》曰：东金西木，定生五逆之男。仆命庚申日甲申时，正为此耳。'"

【4】《珞琭子》书为言禄命者所编撰，其方法专以人生年月日时八字推衍吉凶祸福，大约是北宋人所作。

平岛寇

时群盗俱平，惟郑逆负固海岛。诸将惮波涛之险，未有胜算。适荷兰国进贡使臣马珍西[1]留闽省，总制姚启圣[2]耻久无功，请令赍敕书速回本国，谕荷兰王会师共剿。予阅邸抄，不觉失笑。忆明万历时，倭寇朝鲜，议赴援，恐路远，听一妄男子上言，欲发暹罗国兵，由海道捣其巢穴，庙堂[3]诧为奇策，乃知古今事未始无对也。幸国家全盛，鲸鲵降服，不然，毋乃为小丑所窃笑乎？后施将军琅进兵，克澎湖，直抵台湾，郑克塽全军归附。上嘉其功，封琅为靖海侯[4]。

【1】杨捷《平闽记》："康熙十七年八月初四日。用荷兰议启：为禀明下情，恳乞题请事。本年九月二十七日，敬奉王爷令谕，内开：'准兵部清字咨开，该议政王会覆福建巡抚吴具题前事。查得巡抚吴奏称：荷兰国马珍西氏禀称，夹板船到闽，随即贸易，如有顺风，即令发回等语。'相应将现到船只，令其贸易；如伊要回，即令发回。禀内又称：'必得觅一空闲之地，盖房居住，除奉禁货物之外，其余听凭贸易。并请给敕，如有用本国之处，于何年用，差遣何事，亦应请敕书内注明等语。'……敬此，窃照本职自江南带兵到省，时因泉城被围日久，急于应援，随即整旅南下，力解泉围。拮据行间，两月于兹。其于水师之曾否招齐，船只曾否足用，尚未及周知。至于荷兰国官兵作何调用，令其何处夹剿，本职到闽日浅，尤未深察其腹心情形，未敢轻率启覆。况招集修理水师船只及调用荷兰国官兵，俱系抚院题请。今奉前因，除现在就近移咨抚院商议，容议妥移覆到日另文启覆外，合先具。"

【2】《清史稿·姚启圣传》："姚启圣，浙江会稽（今浙江绍兴）人，字熙止，号忧庵。"明季

诸生。籍隶镶红旗汉军,康熙二年(1663年)中举,八旗乡试第一,授广东香山知县。官至福建总督,以全家人的性命做担保,向康熙推荐施琅,在收复台湾之役中建有大功。

【3】庙堂,太庙的明堂,本是古代君王祭祀、议事的地方,后来借指朝廷。

【4】《清史稿·施琅传》:"施琅,字琢公,福建省晋江(今福建晋江)人。"他起初是明总兵郑芝龙部将,后随郑芝龙降清。郑芝龙之子郑成功坚持抗清,施琅以后归顺郑成功,参加抗清斗争,但因与郑成功积有矛盾,复设计逃出,再次降清,康熙元年(1662年)迁水师提督。康熙二十二年(1683年),施琅率军平台,封靖海侯。他积极呼吁清廷在台湾屯兵驻守,力主保台固疆,均被采纳。

大酺

癸亥(康熙二十二年,1683年)正月,上以海宇荡平[1],宜与臣民共为宴乐,特发帑金一千两,在后宰门(今地安门)[2]架高台,命梨园演目连传奇,用活虎、活象、真马。先是,江宁(今江苏南京)、苏(今江苏苏州)、浙(今浙江杭州)三处织造[3],各制献蟒袍玉带、珠凤冠、鱼鳞甲,俱以黄金白玉[4]为之。上登台抛钱,施五城穷民。彩灯花爆,昼夜不绝。古所称大酺[5],想即此也。予留滞周南,不获一睹盛事焉,为长歌记之曰:"皇帝御极廿二年,削平群盗收黔滇。赓歌[6]已继柏梁盛[7],大酺直驾炎刘[8]前。五城结台高百尺,凌虚缥缈疑飞仙。梨园十部供奉久,教坊杂剧相后先。妙舞清歌出天半,搣金击鼓声渊渊。六龙遥临百辟[9]侍,恍惚仙乐娱钧天。珠旗飘扬曳明月,宝马草歙挥金鞭。野狐横吹笮篥管[10],段师[11]巧拨鸳鸯弦。鱼鳞甲遣黄金铸,雁翅盔教白汞镌。长枪大剑尽犀利,生虎活象材官牵。兰陵假面唱入阵[12],秦人鱼龙戏曼延[13]。郭郎郎当[14]拖舞袖,絚(音:耕)妓倒挂身盘旋[15]。罗刹[16]食人肆惨夺,高僧救母情堪怜[17]。牛鬼蛇神无不有,九幽百怪纷变迁。观者如云马匼匝[18],千门万户俱哄阗。穷黎匍匐厘帝念[19],楼上往往抛金钱。江左官司竞希宠,优伶买得歌喉妍。沐猴衣冠堪斗狗,抵掌优孟殊翩翩。高车大马多意气,俄从粪土到日边。天子圣明大臣直,尔曹切莫恣狂颠。"

【1】康熙二十年(1681年)清军攻陷云南省城,吴世璠自杀,三藩之乱平,是谓"海宇荡平"。台湾收复是在本年八月。

【2】后宰门,即厚载门,其名始于元代,明改为北安门,清改为地安门。其址当在今北京地安门十字路口。

【3】清朝内务府在江南这三处丝绸业最发达的地方设立织造衙门,专门负责为皇家制造绸缎等物。

【4】原文"黄金白金",误,古代白金是指银子。致之本、续识略二卷本均作"黄金白玉",据改。

【5】大酺,即帝王为表示欢庆,特赏赐民间举行大宴饮。

【6】赓歌,最早作于先秦的一首乐府诗。

【7】指汉宫殿柏梁台。《史记·孝武本纪》:"其后则又作柏梁、铜柱、承露仙人掌之属矣。"

【8】炎刘,汉代帝王姓刘,按五行是以火德王。

【9】百辟,即百官。《宋书·孔琳之传》:"(徐)羡之内居朝右,外司辇毂,位任隆重,百辟所瞻。"

【10】中国古代一种管状乐器,多用于军中。其最初源于龟兹国乐,后来广泛传于北方地区。其管身木制,八孔,管口插一苇制的哨子发音。(唐)杜佑《通典·乐四》:"筚篥,本名悲篥,出于胡中,其声悲。"

【11】段师,古代著名的琵琶演奏家。

【12】《北齐书·高长恭传》:"兰陵武王长恭,一名孝瓘,文襄第四子也。""长恭貌柔心壮,音容兼美",所以每出战时为了震慑敌人,都戴上凶恶面具,战无不胜。北齐人作歌舞《兰陵王入阵曲》。

【13】鱼龙戏,又称鱼龙百戏,是中国古代的百戏杂耍节目,唐代及其以后诗文中屡有提及。

【14】杨大年《傀儡》:"鲍老当筵笑郭郎,笑他舞袖太郎当,若教鲍老当筵舞,转更郎当舞袖长。"

【15】絙,即粗绳索。指女艺人倒悬在粗绳子上,凌空盘旋。

【16】罗刹,即佛教传说中的食人恶鬼。《慧琳音义》:"罗刹,此云恶鬼也。食人血肉,或飞空、或地行,捷疾可畏。"

【17】出自佛教的《经律异相》或《佛说盂兰盆经》的《目连救母》故事。目连原名为大目犍连,得六通后,想要度化父母以报哺育之恩,却发现亡母生于饿鬼道中。目连盛饭奉母,但食物尚未入口便化成火炭,其母不能得食。目连哀痛,于是乞求佛陀。佛陀告诉目连,其母罪根深结,非一人之力所能拯救,应仗十方众僧之力方能救度。于是教他在七月十五僧自恣日,为父母供养十方大德众僧,以此大功德解脱其母饿鬼之苦。

【18】周匝环绕的意思。

【19】"廑"同"勤"。廑念,殷切关注。

咏灯

军旅初息,人有昇平之庆。吾郡元夕[1],灯市颇盛,儿童皆劈竹剪纸为之。醉后戏拈三律,聊识以博一笑。"老人灯"云:"连宵相对口如瘖,束缚形骸耄渐侵。瘦骨只余垂尽气,热中犹剩未灰心。长衫潦倒知难脱,短鬓蓬松不受簪。抛掷便应同木偶,早随儿辈共相寻。""走马灯"[2]云:"羡君谈笑拥青油,片纸功名第一筹。营垒两重屯卫、霍[3],山河半尺斗曹、刘[4]。甘泉夜见烽烟起,赤壁朝看甲马收。莫道火攻原下策,敕书先拜九光侯。""宝盖灯"[5]云:"万点星球簇锦鞴[6],阿谁捧出一轮圆。黄襕[7]拂地人初骇,蓝顶摩空影乍鲜。遮掩沐猴嬉夜月,驱驰竹马上凌烟。儿童夹道争喧拥,此物多应不值钱。"

【1】元夕,即上元节,又称元宵节,在农历的正月十五。

【2】走马灯,又名马骑灯,是中国传统玩具之一,灯笼的一种,常见于元夕、中秋等节日。灯内点上蜡烛,烛产生的热力造成气流,令轮轴转动。轮轴上有剪纸,烛光将剪纸的影投射在屏上,图像便不断走动。因多在灯各个面上绘制古代武将骑马的图画,而灯转动时看起来好像几个人你追我赶一样,故名走马灯。

【3】卫、霍,即西汉抗御匈奴、捍卫北疆的著名将领卫青、霍去病。

【4】三国时曹操、刘备的并称。辛弃疾《南乡子·登京口北固亭有怀》:"天下英雄谁敌手?曹刘。生子当如孙仲谋。"孙仲谋,即东吴孙权。

【5】宝盖,佛道或帝王仪仗等的伞盖。

【6】锦制的衬托马鞍的坐垫。

【7】襕,古代一种上下衣相连的服装。通常是士人穿的服装,因其在衫下施横襕为裳,故称。

变畜偿债

漕泾镇(今上海金山区漕泾镇)有李俊卿者,家畜一牛。一夕,忽作人言曰:"我只少你米一石五斗,填了三年,无一顿饱食,今偿债已毕,我将去矣。"合家共闻,急起视之,闻其喉间作声,似有物堕地,而牛已死矣。

赵公清慎

莱阳(今山东莱阳)赵公仑,字阆仙[1],戊戌(顺治十五年,1658年)进士,性高洁,清修乐善,奖进人才,孜孜不倦。督学南省,指天誓日,过江击楫曰:"某若一毫自私,决不能生渡江北矣。"于是干谒[2]不行,孤寒吐气,簋簋之风[3],为之一变。绅士竞为诗章以歌咏之。

【1】赵阆仙,清初曾官至学政,与大画家石涛友善。《郎潜纪闻初笔·赵阆仙督学风节》:"莱阳赵仑阆仙,康熙二十一年(1692年)督学江南,力矫时风,清廉自矢,过江击楫曰:'某若一毫自私,不能生渡江北矣。'于是干谒不行,孤寒吐气,簋簋之风,为之一变。见董含《三冈识略》。"

【2】干谒,为某种目的而求见地位高的人。

【3】簠簋,古代的食具,也作祭器。簠簋之风,即官吏的贪贿之风。

日本刀

茸城[1]去海不百里,寇盗出没,海禁甚严。迩来鲸浪已息,往来贸易者,概弛其禁。于是商贾及富豪之家竞装巨舰,东至日本,遇便风,不数日可到。彼土殷富,闽粤流寓者多。颇知中国物价,汉人不能欺,往者亦无大利。客有携日本刀见赠者,制甚工巧,色烂烂若霜雪,能吹发陷坚,锋极铦利,索予作歌记之曰:"南船远涉虬龙穴,换得东溟三尺铁。金丝缠靶玉鹿卢[2],斑斑翠滴蛟螭[3]血。电光斜拖老蛟尾,锋割芙蓉淬秋水。摩挲[4]黑夜鬼怪愁,脊上犹凝青兕髓。感君持赠光拂面[5],月蚀良工亲锻炼。纯钩巨阙何足珍,雪点霜花团一片。藏之宝匣蜀锦兜,白气烂烂晨方收。莫向床头乱腾跃,平生不辨作恩仇。"

【1】原文"茸城"误,致之本、续识略二卷本均作"茸城",据改。茸城,今上海松江的别称。
【2】鹿卢,古代一种玉制的雕琢精致的剑饰。亦作辘轳,后世以之代称剑。
【3】原文"妖螭",致之本、续识略二卷本均作"蛟螭",据改。
【4】原文"摩杪",致之本、续识略二卷本均作"摩挲",同音而误,据改。
【5】原文"光佛面",致之本、续识略二卷本均作"光拂面",据改。

宋朝御像

仲秋,送长儿蓉江应试。赵进士天润[1]叔侄,以予有戚谊[2],置酒召饮。赵氏,宋王孙也,南渡移家暨阳(今浙江诸暨),藏宣祖、杜太后以下御像十六。予恭请一见。盥手展阅,太祖、太宗,龙姿凤章,英气赫奕,真开代之君。真宗、哲宗,或神气端严,或仪貌威武,或眉目耸异,望之知为守成令主。若道君丰颐广额,亦似有福泽者;惟钦宗状屑削,绝无帝王之表,乃同受拘辱,蒙尘沙漠,殊不可解。及建炎中兴,秀伟天挺。孝、光诸帝,风采大略相似。若恭、端少主,形貌逼仄,竟类凡品矣。今其子孙居澄江(今江苏江阴)及海虞(今江苏常熟海虞镇)者犹数千人,号称巨族,历朝以来,屡有显者,非五代短祚[3]之主所可比也。

【1】致之本、续识略二卷本均作"天澜"。

【2】戚谊，因婚姻关系产生的交谊。

【3】短祚，指皇帝在位年限很短。

曲阜赠言

曲阜（今山东曲阜）颜吏部光敏[1]，性磊落，工诗文，最留心八法。长身玉立，音吐如钟。偕番禺（今广东广州）诗人屈大均[2]过寒斋，议论卓荦，有不可一世之概。别后以古诗见投云："董侯早通籍[3]，华颠兀秉耒。芝草冠群芳，令名人不逮。君看鹤盖[4]阴，俯仰难为态。市儿艳纷奢，达人[5]悯荒秽。何如守残编，肤寸[6]起烟霭。峨峨九培塿，矗起拟东岱。选声[7]閟醇和，扢藻[8]绝疵颣。甘遂[9]作息伦，狂歌托圣代。密雨连朝昏，大海同煖靉。矫首眺苍旻[10]，为君发遥慨。"吏部与予相结契，颇多知己之言，恨山川间隔，不能时通尺素也。

【1】《清史稿·颜光敏传》："光敏，字逊甫，曲阜（今山东曲阜）人，颜子六十七世孙也。"康熙六年（1667年）进士，由中书舍人累迁吏部郎中，充《一统志》纂修官。书法擅名一时，尤工诗，为金台十子之一，著有《乐圃集》《旧雨堂集》。

【2】《清史稿·屈大均传》："大均，字介之，番禺（今广东广州）人。初名绍隆，遇变为僧，中年返初服。"明末清初著名学者、诗人，因其曾参加抗清活动，著作多毁于雍正、乾隆两朝，现存者都是后人辑录的。

【3】通籍，又作通藉，指记名于门籍，可以进出宫门，后世便称做官为"通籍"。

【4】鹤盖，形如飞鹤的车盖。

【5】达人，即精通某个领域的高手。

【6】肤寸，即下雨前逐渐聚集的云气。

【7】选声，即讲求诗韵，吟诗作赋。

【8】扢藻，即铺张词藻。

【9】原文"甘逐"，误，致之本、续识略二卷本均作"甘遂"，据改。《本草纲目·草部》："甘遂，苦寒有毒，专用于行水，主治腹满、面目浮肿等症。"

【10】矫首，即昂首。苍旻，即苍天。

卑官能诗[1]

昌平（今北京昌平）杨自牧，任子[2]也，家贫力学，意气傲兀，闻有异书，口诵手抄，至老不倦。喜吟咏，有《潜籁轩稿》行世。为我邑二尹[3]，诸公皆折节下之，安得谓卑吏中遂无其人哉？曾有《秋日感怀》云："且将生事付沉冥，领略秋光到草亭。阮籍酒能浇垒块，陶潜菊可度颓龄[4]。步来野鹤形同瘦，看到孤松眼倍青。采药赁春千古上，何人浪许少微星。"

【1】此条在致之本、续识略二卷本中均重复出现。

【2】任子，即因父兄的功绩，得保任授予官职。《明史·选举志一》："明初因前代任子之制，文官一品至七品，皆得荫一子以世其禄。后乃渐为限制，在京三品以上方得请荫，谓之官生。"该制度始于汉代，经宋，以至明清，均保留不废。《光绪顺天府志·列士传》："杨自牧，字下人，杨春茂之子。性高雅，工吟咏，不事举子业。与昆山顾亭林交最善，以荫官江南娄县（今上海松江）丞，所著《潜籁轩诗集》行世。"

【3】二尹，明清时知县的副手县丞或知府的副手府同知的别称。

【4】垒块，又云"块垒"，指胸中的郁闷之气。颓龄，垂暮之年。陶渊明，字元亮，号五柳先生，南朝刘宋政权代替东晋，他改名陶潜。《陶渊明集·九日闲居》："酒能祛百虑，菊为（原注：一作"解"）制颓龄。"

腊月雷电

十一月初十日，夕微雪，明晨奇寒，滴水成坚冰，舟楫不通，冻死者颇众。至廿三日，冻始开。十二月朔，寒复如前。至初九日，腊才半，天气忽蒸热，类四五月，昏后雷电大作，暴雨如注。

肠覃

予有妾，右腹内生一痞[1]，始如弹丸，五六年后大如鹅卵，中似有一窟，往来动移，或痛或止，百药罔效。久之，遍体发肿，内作水声，日夕呻吟，死而复苏者再。诸医束手无策，皆云此名"水鼓病"，已成不可复痊矣。章文学旭[2]，字东生，名医也，善治奇疾，往邀之。曰："此非水症，乃积聚所致，不半日可愈。但所用药性猛利，转斗而下，驱水甚捷，试问病人，愿服与否？"病者曰："我已垂殆，苟一线可救，死无恨也。"于是取红丸十粒，如绿豆大，以槟榔、枳实[3]等五六味，煎汤下之。初觉喉中响声可畏，势将不支。顷之，胸膈间如刀乱刺，哀号转掷，痛不可状。又顷之，下水斗许，头面肿退。不逾时，又下数升，腹背肿退。病人曰："我今觉胸腹顿宽。"遂熟睡片刻。时章君犹在坐也，曰："此番不独水去，痞亦当渐散矣。"

留补剂二，曰："明、后日可连服之。"遂辞去。至晚，又下水四五升，手足肿全退。不三日，病全愈。既而忽痞势动摇，下红黑痢三昼夜，痞亦不见。众医惊服，往叩其故。章笑曰："此名肠覃[4]，在《内经·水胀论》[5]中，君辈自坐不读书耳。"皆惭而退。按岐伯[6]曰："寒气客于肠外，与胃气相搏，癖而内着，息肉乃生。始如鸡卵，至其成若怀子之状，按之则坚，推之则移，月事以时下。又有一种名石瘕[7]，病状相同，月事不以时下，皆妇人之疾。因内有积聚，可导而下，似水胀而非水胀也。"此疾若非章君，久矣作泉下之鬼矣。

【1】中医指患者自觉胸腹间阻塞不舒的一种症状，称"痞块""痞积"。
【2】文学，唐以前官职名，明清废，此处借来称府、州学的教官。
【3】槟榔、枳实，即植物槟榔、枳橘的幼果，制成中药后主治消积、行水、积滞内停等症。
【4】肠覃，古病名。据《灵枢》中"水胀篇"的记载，有腹内生恶肉，结于肠外，初起大如鸡卵，以后逐渐增大，久则腹大如孕，按之坚硬，推之可移，女子月经如常。治宜温通行气，活血化瘀。《灵枢》《素问》是我国两部理论医著，始见于《黄帝内经》。
【5】《内经·水胀论》，即《黄帝内经·灵枢经》"水胀篇"。
【6】岐伯，中国远古时代传说的著名医学家，(东汉)皇甫谧《历代帝王世纪》：(黄帝)"又使岐伯尝味百草，典医疗疾，今经方、本草之书咸出焉"。《黄帝内经》就是记录的他和黄帝之间的对答。
【7】原文"石癥"，致之本、续识略二卷本均作"石瘕"，据改。《黄帝内经·灵枢经》"水胀篇"："石瘕者，生于胞中，寒气客于子门，子门闭塞，气不得通，恶血当泻不泻，以留止，日以益大，状如怀子，月事不以时下，皆生于女子，可导而下。夫膀胱为津液之腑，气化则能出焉。今寒客于子门，则气塞而不通，血壅而不流，以留止，结硬如石，是名石瘕也。"

古谚不足据

《田家杂占》[1]《纪历撮要》[2]诸书，载古今谚详矣，以近事考之，往往无验。如云："两春夹一冬，无被暖烘烘。"是岁两春，而冬间奇寒，为迩来仅见。又云："重阳[3]无雨一冬晴。"又云："九月十三晴，钉靴挂断绳。"是秋两日俱有雨，而一冬竟晴。又，"云遮中秋月[4]，雨打上元灯[5]。"癸亥（康熙二十二年，1683年）中秋月色如昼，甲子（康熙二十三年，1684年）上元阴雨竟日夕。又，"腊[6]报春多雪。"是腊雷电大作，至春雪殊少。又，"冬无雪，麦不结。"是冬无雪，至夏，麦大熟。古谚之不足据如此。

【1】《田家杂占》是《田家五行》中的"杂占篇"。元末明初娄元礼著(《松江府志》又载是元末明初陆泳所著)《田家五行》,是一部农业气象和占候方面的著作。书中所述都是吴中地区的情形,或按日序记载占候;或分天文、地理、草木、鸟兽、鳞鱼等类,或归于三旬、六甲、气候、涓吉、祥符等类。大部属于物候性质。该书为太湖流域天气预报经验专辑,当时流传很广。

【2】《纪历撮要》,(唐)鹿门老人撰,是一部观察天气、物候的书籍,收录在《居家必备》一书中。

【3】重阳,农历九月初九日。《易经》认为"六"是阴数,"九"是阳数。九月初九,两个"九"重叠,故为大吉,所以值得庆贺。

【4】中秋,农历的八月十五日。因为一季是三个月,八月是农历秋季的第二个月,所以古时称为仲秋,后来传为中秋。十五日正当望日,月亮正圆,象征着团圆的美好愿望。

【5】上元,又称元夕,正月十五日。

【6】腊,腊月,农历的岁末十二月。

卷 九

甲子至戊辰，康熙二十三年——康熙二十七年（1684年—1688年）

上元甲子

甲子（康熙二十三年，1684年）元旦丁卯[1]，逆计岁一百八十，三元[2]周而复始，为上元甲子[3]。有伏阙上书者，以为重起上元，累朝难遇，请法古帝王改元、封禅、巡狩诸大典，以答天庥[4]。

【1】中国传统以天干、地支计岁、计日。康熙二十三年（1684年）是甲子年，其元旦即正月初一日是丁卯日。

【2】所谓三元是中国古代哲学以《周易》《阴阳五行》为基础的术数理论中的一种，其以六十年为一个甲子。阴阳五行以三个甲子共一百八十年为一周，称其中的第一个甲子为"上元甲子"，第二个甲子为"中元甲子"，第三个甲子为"下元甲子"，合称"三元甲子"。

【3】此处所说的上元甲子，即认为康熙二十三年（1684年）是三元中的第一个甲子年。

【4】天庥，上天的庇护。

请减浮粮

任黄门辰旦[1]，性伉爽，敢直言，曾尹上海，熟知松郡利弊，上章请减浮粮，以均国课。其言曰："苏、松[2]赋额独重，乃故明之弊政。各直省全征者多，而两郡则数百年来必不能无欠者，此非尽有司之拙、百姓之顽，盖力不逮也。其风俗虽喜繁华，然仅在城市十余里之间，此外啼饥号寒，与硗瘠[3]之区实无以异，故屡加重创，积逋如故，竟何补于国哉？今幸逢圣世，千载一时，祈查嘉、湖、常、镇四府[4]之额，按其最重者，定为苏、松之赋；即不然，亦请从稍减。减一分，则民免一分之困矣。"黄门[5]后复恳切面陈，上为霁颜[6]。惜乎竟未之行也。

【1】任辰旦，字千之，号待庵，浙江萧山（今浙江杭州萧山）人，授上海县知县，有治绩。后任兵科掌印给事中，典湖广乡试，官至大理寺丞。《清史稿·任辰旦传》："辰旦，字千之，浙江萧山人。顺治十三年（1656年）进士。康熙初，授上海知县。清苦自励，敏于听断，数决疑狱，豪猾敛迹……康熙十八年（1679年）举博学鸿儒，放还故官。复以良吏荐，入为给事中，论事切直，改大理寺丞。母忧归。旋以前廷推事注误落职，卒于家。"

【2】江南苏州府和松江府两地。

【3】硗瘠，土地贫瘠。

【4】原文"嘉禾、常、镇四府"，误。嘉禾是嘉兴的古称，如此则只有三府，所以当为"嘉、湖、常、镇四府"，即嘉兴、湖州、常州、镇江四府。《清史稿·食货志二》："各省中赋税繁重，苏、

松而外，以浙江嘉、湖二府为最。"

【5】秦汉时期宫门是黄色，黄门侍郎传达诏命等事。后世此官虽废，但一般也尊称皇帝身边官员，如御史、给事中等言官为黄门。

【6】霁颜，即收敛威颜、和颜悦色的样子。

羊产猴

正月晦[1]，上海马桥居民益亥，畜牝羊，产一羊、一猴。

【1】晦，农历每月的最后一天。此处即正月末一日，即二月朔日的前一天。

前生杀人

北桥镇农民张宁，生一子，年已二十，忽发疹，医药罔效，临危呼父，把臂为别，坚持父臂，啮去肉二寸许，睁目大骂曰："我前生为汝所杀，今始得报，勿望久活也。"未几，宁疮口溃烂，脱落一臂，叫号月余而死。

于公遗爱

四月十八日，两江总制于公成龙[1]，先一夕觉体中微有不适，是日晨兴，坐内堂判决数事。少顷，瞑目不语，额有紫光，遂端坐而逝，年六十有八。两司[2]以公独身在任，共入内寝，检遗囊为棺殓计，见一榻萧然，衾帏俱极敝陋，笥中存白金三两、旧衣数件，余仅青蚨二千、粟米五六斗而已，叹息堕泪而出。百姓为之罢市。公性廉洁，刚直不阿，居官孜孜以爱民为念，其所设施有不便于民者，随即改去。俭于自奉，不为妻子计，恶衣粗食，安之若素。其刻苦自励，直能忍人之所不能忍者。及捐馆，远近奔赴，哭声如雷，昼夜不绝。虽屡遭诬蔑，上信之弥笃，以为廉吏第一，故谗谤不入。殁后，思之不置，赐祭葬，谥清端。士民复立祠于清凉山，岁时祭之。今人生前豪横，惟恐不足，盖棺论定，为世诟詈。若公者，真旷世一见也哉。

【1】总制，清代总督的别称。于成龙卒于康熙二十三年（1684年），官至江南、江西总督，

兼摄江苏、安徽巡抚。《清史稿·于成龙传》："于成龙,号北溟,山西永宁（今山西离石）人……康熙十七年（1678年）迁福建按察使……十九年（1680年）擢直隶巡抚……二十年（1681年）入觐,召对,上褒为'清官第一'……未几,迁江南、江西总督……革加派,别积弊,治事常至达旦。好微行,察知民间疾苦,属吏贤不肖。自奉简陋,日惟以粗粝蔬食自给……康熙二十三年（1684年）,江苏巡抚余国柱入为左都御史,安徽巡抚涂国相迁湖广总督,命成龙兼摄两巡抚事。未几,卒。"

【2】两司,即布政使司和按察使司的合称。清代,总督和巡抚为地方最高长官。总督管辖一省或二三省,治理辖区内的军民要政。巡抚是省级地方最高行政长官,总揽一省的军事、吏治、刑狱等事,地位略次于总督。巡抚之下设布政使、按察使两司,是一省的最高官署。布政使司掌管一省的民政,主官是布政使；按察使司掌管一省的刑名,主官是按察使。总督的官品高于巡抚。

杨董冤报

闽人杨富,旧从海中投诚,授南瑞总兵[1]。当靖藩之变故也[2],富麾下将卒,调拨殆尽,颇有怨言,然反形未露也。制府董公卫国[3]言其必反,遂乘不备,遣兵攻之。富率家丁三百余人溃围走,追灭之。至是改楚督,初莅任,忽见富由中门入,仆从拥卫甚众,横戈跃马,直前刺之。惊起,问左右,悉无所睹。急返内,见富随入,挥拳怒骂,索命甚迫。即日延黄冠,结坛祈解。俄闻空中呼号声,如被搏击者,则气绝矣。夫富谋叛本朝,诚为可诛,然尚在疑似之间,乃死后卒能报复,富亦厉鬼也哉。杜茶村濬[4]为予说。

【1】总兵,武官职名。南瑞,江西南昌府、瑞州府的合称。

【2】即康熙十二年（1673年）以平西王吴三桂为首的靖南王耿精忠、平南王尚之孝三藩之乱。因事从清朝撤藩之议而起,故又称靖藩之变。

【3】董卫国时为江西巡抚,所以有杀杨富之事。《清史稿·董卫国传》："董卫国,汉军正白旗人……顺治十八年（1661年）,擢山西巡抚。康熙十三年（1674年）改兵部尚书衔。吴三桂反……南瑞总兵杨富谋叛,卫国廉得实,置之法,并歼其党,上嘉之。寻改设江西总督,以命卫国……康熙二十一年（1682年）,调湖广总督……月余卒。""廉",访查的意思。

【4】杜茶村濬,即杜濬,字于皇,号茶村,黄冈（今湖北黄冈）人。清初著名诗人。《清史稿·杜濬传》："杜濬,明季为诸生,避乱居金陵（今江苏南京）……诸公贵人求诗者踵至,多谢绝。"年七十七,卒于扬州,葬于南京。"杜濬诗最富,世所传不及十一,手订者四十七册。"为吴伟业、阎若璩所推崇,称为"诗圣"。

黑霜

四月二十一日,陕西隆德(今属宁夏回族自治区)、庄浪(今属甘肃)二县[1],天降黑霜,麦菜尽枯。见邸报。

【1】原文"龙德",误,当为"隆德"。明代,甘肃属陕西布政使管辖,清初沿旧制不改。康熙三年(1664年)分陕西为左右布政使,以右布政使驻巩昌(今甘肃陇右),康熙七年(1668年)改为甘肃布政使司,徙治兰州(今甘肃兰州)。《清史稿·地理志十一》:"隆德,乾隆四十三年(1778年)省庄浪县,以其地来属。"

张真人

张真人继宗[1],天师五十四代孙也[2]。自苏(今江苏苏州)至松(今上海松江),驺从赫奕,愚民聚观,填塞衢巷。绅士寡识者,亦趋迎陪侍。其人年甫弱冠[3],茫无知解。每准一词,纳银十二两;书一符,偿三金。其徒皆市井无赖,共相附和,肆为奸诈,获金数千。远近被鬼祟者,闻其来,皆斋沐三日,激切祈请,叩头待命。但批发文书房登号,漫云候归府行文,仰城隍神查报而已。毫无一验,识者哂之。临行,诸受绐者旋绕骂詈,欲索还原金,乘夜兼程而去。真人自宋徽宗时,虚靖先生[4]道法大行,后其术渐衰,饮食男女,与平民无异。乃历代以来,靡所变革,至与衍圣[5]并崇。即英君察相,从无议及此者,殊不可晓也。按隆庆改元,有言路请削其爵,降为提点[6],至万历初年,夤缘复续旧封。惜忘言者姓名云。

【1】张继宗,字善述,号碧城,正一道龙虎宗第五十四代天师。康熙十八年(1679年),张继宗入京觐见康熙皇帝。史载,当时有人争夺张天师之位。康熙令张继宗与其人分坛祷雨,分别真假,结果张继宗获胜,授正一嗣教大真人,赐书上清宫匾。

【2】张天师是世袭的正一道领袖,是对道教门派之一的"正一道"龙虎宗各代传人的称谓。道教由东汉张陵(张道陵)创始,后世乃称张陵为"天师"或"祖师爷",其子张衡为"嗣师",其孙张鲁为"系师",被尊为"三师"。"正一道"坚守天师职位必须传授给亲族,即"非我宗亲不能传",张继宗是第五十四代传人。

【3】古代男子二十岁行冠礼,表示已经成人,但体还未壮,所以称作弱冠,后泛指男子二十左右的年纪。

【4】宋徽宗年间,龙虎山(今江西鹰潭龙虎山)道教圣地,嗣教第三十代天师张继先,精通道法、符法,除妖驱魔,治疫消灾,功勋卓著,崇宁四年(1105年)被宋徽宗赐号"虚静先生"。

【5】自汉代独尊儒术以来，孔子嫡裔孙都有世袭的爵位。北宋崇宁三年(1104年)以后的封爵是"衍圣公"，并被后世延续。

【6】提点，即专门负责某一方面的职务。明太常寺道录司所属有太和山（即武当山）提点管理道士。

日生珥

五月初十日，日生珥[1]。

【1】珥，即月、日的光晕。民谚云："（太阳）南珥风，北珥雨，两珥都有好天气。"

龟异

唐进士子锵，背溪而居，其仆早起，见一大龟，长尺许，众小龟昇之登岸。仆趋捕之，小龟散走，因携入。幼主俱数龄，以组[1]系其颈，游戏庭中。进士从外归，见之惊诧，以为必神物也，亟释其缚，放溪水中。忽有小龟无数，拥之行水面，后复有数千龟络绎随之，渡南岸去，俄顷不知所之。二子不数日俱暴亡，逾年，进士亦卒。

【1】组，即丝带。

东巡

九月二十八日辛卯，上东巡。十月初八日庚子，驾幸岱宗[1]，不拜，随下山。十六日戊申，渡河。二十一日癸丑，过高邮（今江苏高邮）。二十二日甲寅，至广陵（今江苏扬州），游琼花观。二十三日乙卯，驾八桨船，幸金山（今镇江金山）[2]。二十四日丙辰，至铁瓮城[3]，幸竹林寺。二十六日戊午，抵吴阊（今江苏苏州），游瑞光寺，登虎丘（今江苏苏州西虎丘山）。是日，太皇太后遣官促驾归，即日回銮。二十八日庚申，乘马看惠山（今江苏无锡惠山）。二十九日辛酉，抵长巷，宿村舍。十一月朔壬戌，午刻驻江宁府（今江苏南京），幸雨花台，登报国寺塔顶，垂长索量塔，高三十三丈。初二日癸亥，谕太常寺备祭礼，谒明太祖陵[4]。上亲奠，三跪三叩首，诸臣三跪九叩首。谕地方官，俾守陵人役用心防护，春秋二祭，须极严洁。礼毕，往忠臣庙、国子监一带，登观象台。初五日丙寅，幸燕子矶[5]，登舟出大江。北行，看黄河决口。经过地方，应征丁银，悉行蠲免。予有纪事诗云："遥望銮舆惊九衢，徂徕[6]岳色路盘纡。龙旂十丈穿林度，虎旅千群夹道趋。河伯玒琛[7]随后队，山神负弩效前驱。侍臣莫献东巡颂，玉牒金绳[8]事有无。"

――――――

【1】岱宗，即泰山。因在中国的五座名山衡山、恒山、泰山、嵩山、华山中，泰山为首，故称岱宗，又称岱山、岱岳、东岳、泰岳。

【2】康熙皇帝的这次出巡实际上应称作南巡。《清史稿·圣祖纪二》："康熙二十三年九月辛卯（二十八日），启銮。十月壬寅（初十），上次泰安（今山东泰安），登泰山，祀东岳。辛亥（十九日），次桃源……壬子（二十日）上渡淮。甲寅（二十二日），次高邮湖……丙辰（二十四日），上幸焦山、金山，渡扬子江。舟中顾侍臣曰：'此皆战舰也。今以供巡幸，然艰难不可忘也。'"按，八桨船即所谓战舰。

【3】铁瓮城遗址在今江苏镇江市区，又称京口城，是至今保存较好的三国时期东吴的古都之一。

【4】即明太祖朱元璋的孝陵。

【5】燕子矶，在今南京北郊，三面临江，古代曾是重要渡口。

【6】徂徕山，在今山东泰安的东南，后世用来比喻生长栋梁之材的大山。

【7】河伯，中国古代神话传说中的黄河水神。玒，表示飞声时读"洪"，表示"至"的意思时读"贡"。琛，珍宝。

【8】金绳玉牒，用黄金或其他贵金属制作的绳子编的书简。玉牒，一般指皇家谱系的书或佛、道经典。此处或指后者。《后汉书·方术传序》："然神经怪牒，玉策金绳，关扃于明灵之府，封縢于瑶坛之上者，靡得而窥也。"

修志

上谕翰林诸臣修《一统志》，先命各省部院大臣修省志汇缴。每府聘绅士谙典故者三四人，分任其事。我邑有钱生者，年已耄，夤缘[1]充选，分辑[2]人物志。大纳贿赂，不问何人，悉得幸列，余概削去之，合郡大哗。里人张处士[3]彦之，伉直士也，贻书责之曰："朝廷修省郡之志，所以纪山川，详城郭，稽人才，核田畴，正赋税，序时代，考废兴，其论断是非，宜与史同，不可苟焉而已。郡志[4]宜详，会志[5]宜简。应详而简，有挂漏之虞；应简而详，有纰谬之患。我郡自古以来人才辈出，或以忠孝，或以节义，或以德业，或以文章，舍此而外，泛而及焉，滥觞[6]极矣。明自高祖以迄嘉、隆二百余年，止于五六十人；神庙以后不及百载，所录百有余人。济济贤才，何前少而后多欤？至兴朝以来，仅录五人，略生平之行谊，视家业之盛衰。其他间收一二封翁[7]，以充人数。若名卿钜儒、孝子义士，概不见录。我郡才薮，止应如是耶？甚至前朝直臣许公誉卿[8]，亦复见删。删许公，是删东林矣；删东林，是删君子矣。虽蜉蝣撼柱，无足轻重，然援笔者自处何地耶？夫会志一书，与志传墓表，迥乎不同，取人宜高，持论宜公，不然则失之诬。费金钱而糜日月，乃颠倒错乱，一至于此，余窃不取焉。不揣鄙陋，敢附谠言[9]以陈之。"后郡守见是文，自悔所举非人，拒不复接。闻者快之。

【1】夤缘，即攀附、巴结地位高的人，以达到自己的目的。
【2】原文"分输人物志"，误，致之本、续识略二卷本均作"分辑人物志"，据改。
【3】处士，旧时指没做过官的读书人。
【4】郡志，即记录一地山川、物产、人文等情况的地方志书。古代地方行政区分州、郡、县三级，以后郡废，后世则以之称"府"。
【5】会志，即郡治所在地的地方志。
【6】此处"滥觞"一词误用。滥觞的"滥"，不作泛滥讲，是"浮"的意思，原指江水的上源水浅，仅可浮起酒杯，比喻事物的起源。
【7】封翁，父、祖以子孙贵显而受封典者称封君、封翁。
【8】许誉卿，《明史·许誉卿传》：许誉卿，字公实，号霞城，松江华亭（今上海）人。万历四十四年（1616年）进士。东林党的重要成员，天启时勇劾权奸魏忠贤，故有盛名。
【9】谠言，即正直、慷慨的言论。

月食

十一月十六日丁丑，寅刻（3时—5时），交冬至，即于是刻月食。

姓姓

《前汉书》载，以"姓"为姓者，有姓伟；以"姓"为名者，有射姓。

岁朝立春

乙丑（康熙二十四年，1685年）正月朔辛酉，辰刻（7时—9时）立春（原注：予降寅[1]以来第二次也）。

【1】古代以"寅"纪年、纪月、纪日、纪时，寅年即属虎的一年，寅月即正月，寅日即地支为寅的那一日，寅时即3时—5时。屈原《离骚》："摄提贞于孟陬兮，惟庚寅吾以降。"摄提全称为摄提格，就是寅，意思说屈原本人是寅年（虎年）出生。孟陬，农历的正月，即寅月。后一句"惟庚寅吾以降"，即庚寅日出生。全句是屈原自述自己生于寅年、寅月、寅日。本书作者董含生于天启六年（1626年），是丙寅年，故称降寅。致之本、续识略二卷本均作"寅降"。

水灾

自五月至七月，淮、扬、滁一带，大雨如注，昼夜不息，水势汹涌，四面成巨浸，田禾庐舍俱没[1]。百姓惊窜，有登塔顶馁死者，有浮至芦荡为毒蛇啮死者，有以长绳连系，一家数口同日并命者，惨状种种不一。水退，禾尽槁，地方官缮疏上闻。

【1】《清圣祖实录》："康熙二十四年（1685年）九月丙寅，漕运总督徐旭龄疏报：淮扬等处水灾、请行赈济。户部议：赈济事应令地方官料理。得上谕曰：淮扬等处，又罹水患，百姓甚苦。朕心深为悯恻。若令地方官赈济，恐灾民未沾实惠。应亟为拯救，使小民不致流离失所。著遣部院堂官一员，速往踏勘，详议具奏。戊辰，命户部侍郎苏赫踏勘淮扬被灾地方。十一月己未，户部议：侍郎苏赫往勘淮扬水灾，疏请免被灾百姓钱粮，将运丁所余米麦赈济。应如所请。上谕大学士等曰：今国用亦云充足。前曾令详察各省钱粮，于来岁蠲免。夫欲使民被实惠，莫如蠲免钱粮。朕南巡时，观宿迁、邳州、百姓生计，今年尚可支持。淮扬等处饥民已经被灾，不能办纳钱粮。今仅免本年钱粮，百姓沾恩有限。须将明岁钱粮一并蠲免，庶于民大有裨益。至直隶各省遇灾钱粮亦欲蠲免。尔等会同户部，将被灾地方、蠲免钱粮数目一并察明详议具奏。庚申，谕曰：江南宿迁县、兴化县、邳州、高邮州、盐城县、山东郯城县、鱼台县地方今年重罹水灾，小民艰苦，亦应加恩轸恤。所有康熙二十四年（1685年）下半年、二十五年（1686年）上半年地丁各项钱粮俱与豁免。尔部速行该地方官通行晓谕。务使人人均沾恩膏，以副朕爱育苍生至意。如有不肖有司官役借端蒙混、反私行重征者，该督抚指名题参，从重治罪。"

读书帐

予幼喜读书，长而弥甚，今老矣，嗜之尤笃。迩来气血渐衰，不能久坐，往往卧而观之，但夏秋之交，每为蚊蝇所苦，未易驱除耳。偶见闽人张远有《读书帐记》曰："去岁武林（今浙江杭州）回，制罗帐一，轻薄如蝉翼，自外视内，须发可鉴。每当夏夜秋宵，置烛于外，手持一卷，卧而阅之，蚊蚋钻窥，终莫能入。烛尽火灭，清风徐来，则颓然而寐。中宵梦醒，明月透光，纤毫毕呈，虽欲自惰其形骸，不可得已。"远字超然，能诗、古文，既与予有同癖，且喜其制之善也，故特录之以示我后人之能读书者。

不葬亲

（宋）罗巩游太学[1]，有神祠甚灵，以前程祷之。一夕，梦告曰："子已得罪于冥，可亟归。"巩："某生平无大过，愿闻获罪之由？"神曰："子无他过，唯父母久不葬。"巩曰："某尚有兄。"神曰："子为儒者，明知礼义，子兄碌碌，不足责也。"未几，卒。近有一二亲族，累代未葬，予每以此规之，默然不答。未知报应当何如？录之以为世戒。

【1】罗巩是北宋末年徽宗大观年间的太学生，原故事见于（南宋）洪迈《夷坚志·罗巩阴谴》："罗巩者，南剑沙县人。大观中在太学，学有祠甚灵显，巩每以前程事，朝夕默祷。一夕，神见梦曰：'子已得罪阴间，亟宜还乡，前程不须问也。'巩平生操守鲜有过，愿告以获罪之由。神曰：'子无他过，惟父母久不葬之故耳。'巩曰：'家有弟兄，罪独归巩，何也？'神曰：'以子习礼义为儒者，故任其咎。诸子碌碌，不足责也。'巩既误悔，乃急束装遽归，乡人同舍者问之，以梦告。行未及家而卒。曹绩说。巩乃曹祖姑婿也。"

禽耻他子

长乐谢某为井陉（今河北井陉）令。有鹤巢其树颠，育二卵，为童子所窃，鹤飞鸣不已。谢知之，饬还，已破矣，因取二鹅卵代焉。久之，伏得雏，乃鹅也。雄啄其雌，雌伏不敢动，雄怒飏去。须臾，偕群鹤来，向雌哓哓，若声其罪者。雌引颈悬树死。夫鹤微物，犹耻抱他子，今人动取他人之子以乱其宗，真此禽之不若也。

太极丸

世称缅铃,为妇人所御。据彼处土人云,缅人觅鹏精,裹以小金丸,如绿豆大。男子微割其势,纳铃于中,旋复长合,终其身弗复出矣,名太极丸。鹏性最淫,遇牝即合,遗精于地,收之为铃,得暖则跃跳不止,盖气所感也。土人求之,亦不易得。今世所传,大如龙眼,俱系赝作,聊以欺人耳。见《日南杂记》[1]。

【1】《日南杂记》,不详。日南,汉武帝时所设郡,其地在今越南中部。

杂谑

毗陵(今江苏常州)董侍御文骥[1],性疏脱,论文作字,终日相对,无一俗语。年尚壮,即弃官归。遇事冲口便发,里人多憎之。一日,久旱祈雨,群僚及乡大夫毕集,侍御大言曰:"今日必无雨。明日乡绅不出,雨当立至矣。"众叩其故,答曰:"天旱求雨,乡绅求晴故也。"举座大噱。

【1】董文骥,字玉虬,武进(今江苏常州武进,古称毗陵)人,清初著名诗人。顺治六年(1649年)进士,博学高才,工诗善书,后弃官归里。侍御,御史的别称。

白塔看潮

秋仲,送儿辈至鹿城应试。相传八月十八日,白塔看潮。至期,舟者、步者,络绎不绝。予随众往观,见游人杂沓,舟子皆白衣荡桨,回旋水面,绝不睹所谓潮也。叩之父老,云:"此地向无潮,土人借此以赛神耳。"因口占二绝,云:"八月潮头一丈高,居人结队竞嬉敖[1]。行过白塔重重路,那得江门半点涛。""白衣黄繖[2]斗江津,打鼓鸣锣荡桨频。不向灵胥[3]问消息,却从村社赛邪神。"天下事有名无实,大率类此。

【1】嬉敖,即嬉遨,嬉游的意思。
【2】黄繖,即黄伞,黄颜色的伞,又称黄罗伞盖,一种仪仗。明清时,知府以上官员出行时,

常以之为前导。

【3】灵胥，即春秋时期的伍子胥，传说他死后为涛神。

岘山

吴兴（今浙江湖州）山水之胜，闻于远近。九月望，始获裹粮[1]一游。乃偕二三童子，褰裳扪萝[2]，憩道场之巅，登白雀之麓，搜奇历邃，访古遗迹，泊舟于碧浪湖者几半月。明发，拟解维归，怅然不忍别，因留诗于岘山[3]之壁曰："白蘋洲畔蓼花横，小艇烟波任意行。拟向吴兴赋《招隐》[4]，操丝练茧寄余生。"

【1】裹粮，携带干粮。

【2】褰裳扪萝：褰裳，提起衣服。扪萝，攀援葛藤。

【3】浙江湖州城南有岘山风景区，山脚下有碧浪湖，又叫岘山漾。

【4】《招隐》，此指西晋左思的《招隐》一诗，即招人归隐的意思。魏晋之世，朝廷权力争斗复杂，仕途险厄，所以隐逸避世思想大为流行，反映在诗歌创作中，出现了不少以"招隐"为题材的作品。

革淫祠

十月，江抚汤公斌[1]，拘苏州上方山僧人，责问何故诱妇女入寺烧香，即锁僧前去，将五通神像抛入太湖中。随具疏，以为"吴郡风俗淫靡，男子唱曲赌牌，妇人靓妆艳服，或聚会赛神，或联袂僧院，越礼诲淫，莫此为甚。而淫祠一事，尤为可恨。有所所谓五通、五显、刘猛将、五方贤圣等名号，皆荒诞不经。愚夫愚妇，为其所惑，牢不可破，笙歌酒醴，昼夜不绝，男女杂处，奔走如鹜。妇女少有姿色者，偶犯寒热之症，恍惚梦与神通，往往羸瘠而死。圣明在上，岂容此淫昏之鬼肆行无忌乎？臣已收取妖像，土偶者投之深渊，木偶者付之烈炬。檄行有司，凡如此类，尽数查毁。其房屋木料，拆备修学宫、城垣之用。民始而骇，继而疑，皆为臣危之。数月以来，绝无他异，始悟往日之非。然妖邪巫觋，臣去之后，必造怪诞之更说，议兴复。请敕严禁，庶人心正而风俗淳矣。"奉旨："各直省淫祠滥祀，惑众诬民，有关风化，著勒碑永禁。"数百年恶俗，一朝而革。汤公此举，真不愧狄公[2]矣。公起家进士，端方恺悌，律己甚严，故受知于上，擢抚我吴。入为卿长[3]，百姓阴被其德。但过于仁慈，访获衙蠹，不甚惩创，旋即释归，归而诈害良善，其横愈甚。殆廉静有余，而明断不足者欤？

【1】汤斌，字孔伯，号荆岘，晚年号潜庵，河南睢州人。清初理学名臣。汤斌出身明朝阀阅旧族，率先入仕清朝并大力推行清政府的文化政策。但生活简朴，为时人所称。一生清正恭谨，所到之处能体恤民艰，弊绝风清，死后谥号文正。曾任江宁巡抚。

【2】狄公，指唐武则天时期的直臣狄仁杰。

【3】汤斌康熙二十五年（1686年）自江苏入朝后初为礼部尚书，次年改工部尚书。清朝六部中以礼部为首，故初称卿长。

鬼居腹中

《东村记事》[1]曰：青浦人苏甲，居金家桥，宅邻古墓，锄去之，筑室其上。落成之日，觉腹中胀闷，忽闻人声，或大或小，如数人聚语。甲大骇，问之傍人，不闻也。徐听之，声益大，谓："吾辈宅已坏，苦无居，居若腹中耳。"遂闻其家长指挥家人，安顿甚悉。复闻众请于家长曰："我曹出入，由前门抑后门耶？"家长曰："昼则前，夜则后。"前谓口，后谓余窍也。已而有一人出，口忽自张，其由后也亦然。少顷，闻腹中曰："某归矣。"或夜为男女事，不异人间。昼夜喧聒甚至。一日，觉鬼多出，遂闭口不言，亦不食。鬼不得入，则争啮其耳，痛彻心骨，不得已，张口延之。俄闻腹中大笑曰："主人耳有奇味，不可不尝也。"坐是形益槁，家亦日贫。或教之诵佛号，亦诵佛相应，莫可如何。如是四年，仅存皮骨，居亦别售。鬼因曰："汝困矣，我辈将谋他往。然须一醉始去。"甲大喜，急具酒食。祭毕，遂寂然，病良已，数年后方死。问土人无不知者。

【1】《东村记事》，清初宋征舆著。《四库全书总目》："宋征舆，字辕文，华亭（今上海松江）人。顺治丁亥（四年，1647年）进士，官至都察院左副都御史。"明末清初时，他与陈子龙、李雯等同为江南文学团体"几社"的领袖。嘉庆《松江府志·古今人传八》："宋征舆，字辕文，华亭（今上海松江）人。顺治四年（1647年）进士，授刑部江西司主事，晋员外郎中，出为福建布政使右参议兼按察司佥事、提督学政。"累迁至左副都御使。"征舆称雅才，工诗赋，与同里陈子龙、李雯称云间三子。"陈子龙时负盛名，惟最推重宋征舆，"以为出己之上"。

打鬼法

康熙二十五年丙寅（1686年）正月十七日，驾幸佛王寺，看喇嘛僧演打鬼法。见邸报。

五色晕

四月初四日，日生五色晕，自辰至午（7时—13时）始灭。

结婚破产

华亭（今上海松江）南桥镇有富人邹连城者，农家子，祖、父皆巨富，藏镪无算。再传至连城，性尤纤啬，善居积，朝夕皇皇权子母之利[1]，富甲一郡。晚举子女十余人，联姻贵族。适逢纳官之例，纱舆绣补，意气自得。忽一病不起，诸子幼稚无知。于是其姻家周监生[2]纶者，佯倡抚孤之说，纠众，统狼仆数十，阑入内寝。伊妻仓皇走匿。贮米万石，并室中所有，俱估价均分，珠宝黄白，尽饱囊橐。且稔知窖藏甚多，相与威逼其妻，又将奴婢锁缚，按籍搜掘，满载而去，势同抄没。虽绿林豪客，不酷于此矣。邹氏宗人有义愤者，才发一语，喝仆丛殴，几丧厥命，远近骇叹。迩来士大夫嫁娶不论门族，沈约所谓"王满联姻"[3]，实骇物听，蔑祖辱亲，莫甚乎于此也。乃既订姻娅，复从而劫夺之，真目中所仅见者。纶果于为恶，未几疽发于背，见邹率众鬼挥拳相向，痛苦叫号，五脏溃裂而死。

【1】权子母之利，即放债营息。母即本金，子即利息。

【2】监生，是国子监学生的简称。明清时的监生主要有如下几种：举监，由举人做监生的，叫举监。贡监，由秀才做监生的，叫贡监，也叫贡生。秀才一经成为贡生，就不再受地方儒学管教，俗称出贡。在清朝，贡监也叫优监，表示从生员（秀才）中选拔优秀的人去国子监读书。凭借父辈做官而成监生的，叫荫监，其中又分为恩荫和难荫两种。以捐纳钱粟得为监生的，叫例监。例监不算是正途，因此不被人所看重。

【3】沈约，字休文，汉族，吴兴武康（今浙江湖州德清）人，南朝史学家、文学家。出身于门阀士族家庭，家族社会地位显赫，父、祖均位居高官。沈约笃志好学，博通群籍，擅长诗文。历仕南朝宋、齐、梁三朝。但其作品除列为二十四史之一的《宋书》外，多已亡佚。

沈约任御史中丞，南齐士族王源将女儿嫁给了富阳满氏，并得到一笔巨大的聘金。沈约上表弹劾，说王源出身显贵，但满氏"士庶莫辨"，并没有士族身份，因此"王满联姻，实骇物听"，要求朝廷革去王源的官职，别出士族，"禁锢终身"。

越中水灾

闰四月二十五日，处州府（今浙江丽水）山水陡发，顷刻高三四丈[1]。又兰溪县起蛟，裂地出水。青田、丽水、龙游、江山、开化、仙居等邑（以上均今浙江诸县市），疾风骤雨，水同日暴涨。城中居人，初阖户以拒之，既启户欲奔避，而巨浪冲入，水高于雉堞，溺死者不计其数。

【1】《清圣祖仁皇帝实录》：康熙二十四年（1685年）乙丑，九月丙寅，漕运总督徐旭龄疏报：淮扬等处水灾、请行赈济……上谕曰：淮扬等处又罹水患，百姓甚苦。朕心深为悯恻。若令地方官赈济，恐灾民未沾实惠。应亟为拯救，使小民不致流离失所。著遣部院堂官一员速往踏勘，详议具奏。十月甲寅。户部左侍郎苏赫疏言：臣踏勘江南被灾邳州、宿迁、高邮、邵伯、盐城、兴化等六州县卫所，黎庶罹灾。有房屋漂荡，见今贫乏，不能糊口者；有仅可度一二月者，应蠲免赈济。查凤阳、徐州、淮安等仓，所有积年支给运丁余剩米麦应行动用。再于各府产米丰收地方采买，及劝输赈济。务使饥民得所。十一月己未，户部议：侍郎苏赫往勘淮扬水灾，疏请免被灾百姓钱粮，将运丁所余米麦赈济。应如所请。上谕大学士等曰：淮扬等处饥民，已经被灾，不能办纳钱粮。今仅免本年钱粮，百姓沾恩有限，须将明岁钱粮，一并蠲免，庶于民大有裨益。至直隶各省遇灾钱粮，亦欲蠲免。尔等会同户部，将被灾地方蠲免钱粮数目，一并察明详议具奏。庚申，谕户部……直隶献县、河间县、河间卫、江南宿迁县、兴化县、邳州、高邮州、盐城县、山东郯城县、鱼台县地方今年重罹水灾，小民艰苦，亦应加恩轸恤。所有康熙二十四年（1685年）下半、二十五年（1686年）上半年地丁各项钱粮俱与豁免。

一宅两文恪

予祖居之西有大宅，系唐文恪文献公[1]旧居。唐裔式微，辗转他售，易数主，往往以不吉徙去。至本朝，沈绎堂学士荃[2]买居之。学士殁后，亦谥文恪。一宅前后数十年有两文恪公，亦异事也。

【1】唐文献，字符征，号抑所，华亭（今上海松江）人。明万历十四年(1586年)状元。授翰林院修撰，官至礼部右侍郎，掌翰林院事。卒，谥文恪。

【2】致之本、续识略二卷本均作"沈筌",误,当为"沈荃"。沈荃,字贞蕤,号绎堂,别号充斋,华亭(今上海松江)人。顺治九年(1652年)探花,授编修,累官至翰林院侍读学士、礼部侍郎,卒谥文恪。学行醇洁,是清初著名书法家之一。《清史稿·沈荃传》:"沈荃,字贞蕤,江南华亭(今上海松江)人。顺治九年(1652年)一甲三名进士。授编修……康熙九年(1670年)特旨召对,命作各体书,称旨,诏以原品内用。"此后由侍讲入直南书房累迁至詹事府詹事,加礼部侍郎衔。沈荃的书法深得明人遗风,是康熙年间最重要的书法家之一。

牛偿命

六月。东村红八桥有农家畜一牛,壮健异常,主人极爱护,筑牛宫以居之。一夕,闻哀鸣跳踯,既而喘息不止,吹灯起视,见赤练蛇二,且啮且穴两耳。其后窍,一蛇入已垂尽,尚余尾在外,急拔之。而腹胀大如鼓,宛转蹜地。剖之,腹内先有二蛇,盘曲昂首,因击杀之,并牛弃去。此必宿生冤报,故既罚为畜,而复偿以命。今人恣意作恶,自应堕入畜趣,安可不以此牛为前车之鉴哉。

资治通鉴补

明末疁城(今上海嘉定)严衍[1],好古之士也,著《资治通鉴补》四百余卷,门人谈允厚助成之。自言积三十年苦心,夏以油纸藉臂而书,汗流自顶至踵,不暇扇;冬则砚冰未融,必火烘日暵而书之,未尝暂辍也。又云:"此书未就,忧在难成;此书既成,忧在难守。子孙贤不肖未可知,一难;兵戈水火之未易防,二难;有力者借观,以致遗缺,三难。"近朝廷购求异书,辇上一钜公欲得之,其子遍谒士大夫,祈录一副本,浼予为序,因得纵观,信有功于涑水氏[2]者,但卷帙浩大,倘有好事君子共襄美事,真艺林一佳话也。

【1】严衍,字永思,号午亭,别号拙道人,苏州府嘉定(今上海嘉定)人。明万历年间秀才。为人刚直,一生未仕。隐居教授,各地名士前来从学者百余人。他尤精于史学,潜心研究,致力编撰,历30余年,于明末清初作《资治通鉴补》500卷,为《资治通鉴》拾遗补缺,刊正疏误,理乱删复。

【2】涑水氏,即主持《资治通鉴》编纂的宋代政治家、学者司马光,其原籍陕州夏县(今属山西)涑水乡,世称涑水先生。

龙挂

七月初三日,江宁(今江苏南京)北河口有龙从空挂下,云雾瀚郁,河流激荡,吸去大船一、小船二。俄自天半堕地,断为两截。[1]

【1】这是在江河湖海上发生龙卷风时常见的现象。

私盐宜禁

我乡滨海,擅鱼盐之利,年来武弁衙门差兵巡缉,商人计费,倍增其值。朝廷稔知贫民困苦,特许背负筐提,不在禁例。巡抚赵公,复出示申明其说。于是游手无赖,结队往贩,肩挑者络绎不绝,其价顿减。诸商不平,奔诉鹾使者[1],随给白捕[2],沿街缚人。遂撄众怒,一呼而集者数千人,于七月廿九日,拥至富商王、程、张三家,毁门入,室中所有,恣意打坏。营兵复乘机抢掠,合郡大哗。夫重价病民,奸商不能无罪;然私贩律禁甚严,有碍国课。且千百成群,率皆凶悍亡命之徒,若不禁止,势必酿乱,有地方之责者,不可不急为之所也。扰攘月余,盗贼蜂起,抚军[3]复严禁,悉置之法,乃止。

【1】鹾,即盐。鹾使者,即明清时期代表朝廷巡视地方盐务的巡盐御史。
【2】旧时捕快的助手。江南称阴捕,北方称番子手。
【3】巡抚的别称。

白衣送婚

秦人衣冠,喜用缟素,首戴麻巾,足穿红履,宜吉宜凶,士大夫家居,往往如此。尤可讶者,闺女出阁于归[1],绣舆前行,送者或全身缟素,以白布系首,毫不为怪,亦风俗之一异也。

【1】《诗经·周南·桃夭》:"之子于归,宜其室家。"于归,指女子出嫁。

小牸牛

暹罗国[1]遣使修贡,泊舟于金陵(今江苏南京)之水西门。中有小牸牛一,重二斤六两,毛角光润,行步便捷,以小金练穿其鼻端,系于几上。适舟中火发,诸贡物及金叶表文悉毁。有周生渭者,游白下(今江苏南京代称),云目击之,独深惜此牛,为赋一绝曰:"大物暹罗缩一拳,水中忽作火牛燃。若教书案轻蹄走,助我躬耕熟砚田。"

【1】暹罗,今泰国。

豪家犬

云间(今上海松江)宋氏,名族也。有一钜公,早负文望,致位通显,殁后贤嗣沦丧,二幼子俱不肖,竟破其产,统绪几绝。太夫人病危,至不能具棺殓。仆以年谊往候,见门庭阒寂,豪奴皆散而之他,惟一犬恋恋不忍去。徘徊慨叹,深悲夫人之不如畜也,为乐府以纪之曰:"东家买黄犬,毛毳颇丰殖。晨夕司门户,辛苦勤厥职。偶然惊幼稚,鞭逐久无食。临行掉尾顾,俄顷复在侧。岂敢怀怨猜,依栖但感德。主人堂上狎客多,主人堂下罗群奴,出入里闬仗主势,意气挥霍衣冠都。吁嗟乎!一朝堂空生碧藓,不知谁似阶前犬。"

惧内

吾郡一绅,性惧内,旁无姬侍,出入必启,事之如严君。一日,偶集予别业[1],浮白欢呼,谈论蜂起。酒未半,忽仆夫趋报曰:"夫人自乡至矣。"悚然变色,手所持杯,不觉堕地,即起登舆去。同坐者皆失笑。《吴越春秋》载:"伍胥如吴,遇勇士专诸于途,碓颡而深目,虎膺而熊背,方与人斗,其怒有万人之气。其妻一呼即还。怪而问之,对曰:'屈一人之下,必伸万人之上。'"[2]彼烈丈夫尚尔,然则惧内不足讳也。

原按:《太平广记》引《天门子》[3]云:男命起寅,女命起申,以木以投金,无往不伤,故阴能疲阳也。阴人之情急于阳,而外自收抑、不肯请阳者,明金不为木屈;阳气刚燥,至遇阴言气和柔、辞语畏下者,明木之畏金也。然则惧内乃造化一定之理,无怪乎今之人比比而然也。

【1】别业，即今所谓别墅，正式住宅之外的住处。

【2】伍胥，即春秋时楚国将军伍子胥，遇楚怀王迫害，弃楚奔吴。专诸，春秋时期的勇士，丰邑人。

《吴越春秋》："专诸，丰邑人。伍子胥初亡楚如吴时，遇之于途，专诸方与人斗，甚不可当，其妻呼，还。子胥怪而问其状。专诸曰：'夫屈一人之下，必申万人之上。'胥因而相之，雄貌，深目，侈口，熊背，知其勇士。"

【3】《天门子》《太平广记》转录自《神仙传》。其云："天门子者，姓王名纲，尤明补养之要。"此处是作者节录天门子的言论而略有改动，如原文："阳生立于寅，纯木之精；阴生立于申，纯金之精。天以木投金，无往不伤。"与此处引文略有不同。

夫妇同雷击死

丁卯（康熙二十六年，1687年）三月十四日，虞山鹿园[1]地方，有钱生者，年弱冠[2]，娶丁孝廉[3]女为室。结缡[4]甫月余，偕妻归宁[5]，妻母家居南城。是日薄暮，忽大雷雨，电光绕钱氏之室，雷殷殷起几席间，若有所觅，久而不息，将卧榻击碎，家人悉惊仆。既而迅雷闪电，转入其母家，女鼻中闻火气，遍体生烟，骇极，匍匐床下。凭空提女及生跪道左，震雷一声，夫妇俱死。雷斧从脑盖透入，衣服钿钏，一物不动，观者四集。二人俱年少无他过，乃遭天刑，岂前生宿业耶？

【1】鹿园，即今江苏常熟西虞山南麓张家港鹿苑，为春秋时吴王畋猎之园。

【2】古代男子二十岁行冠礼，表示已经成人，但体还未壮，所以称作弱冠，后泛指男子二十左右的年纪。

【3】孝廉，举人的别称。

【4】结缡，古代嫁女的一种仪式，或代指结婚。

【5】归宁，即已嫁女子回娘家看望父母。

郡守风流

国初以来，莅我邦者往往多俗吏。近会稽（今浙江绍兴）鲁公谦庵，名超者[1]，守郡九年，创建书院，接引后进，风流文采，士气为之一变。朝廷知其能，一岁再迁而去。继之者为越西朱公雯，字霱三[2]，雅善诗文，重声气，案牍之暇，不废游览，与予辈选胜载酒，分韵赋诗，苏、白遗风[3]，庶几不坠。予有《游横云山次韵诗》云："画舫轻桡蹙浪纹，绕堤晴翠水沄沄。丹峰倒障林边日，白鸟斜冲岭上云。古寺泉声双磵落，夕阳烟影半帆分。胜游病怯黄桑屐[4]，管领青山属使君[5]。"

【1】鲁超，清初人，曾任松江知府，与江南诗坛领袖吴伟业等交厚。

【2】朱雯，浙江石门（后改崇德县，今为桐乡县）人，康熙进士，官至松江知府、山东提学使。

【3】唐代的白居易和宋代的苏东坡对杭州西湖疏浚有很大的功劳，清嘉庆三年（1798年），在大学士阮公的提议下，孤山南麓建造了"白苏二公祠"，后来曾有"苏白二公祠"的叫法。后人也把南宋时期的"西湖十景"：苏堤春晓、曲苑风荷、平湖秋月、断桥残雪、柳浪闻莺、花港观鱼、雷峰夕照、双峰插云、南屏晚钟、三潭印月，称作"苏白遗风"。

【4】黄桑屐，黄桑做的很结实的木鞋。

【5】使君，对州郡长官的尊称。

吴阊火灾

五月初二日，吴阊（今江苏苏州）布政司[1]前民家失火，延烧官署、民房一千余间。见空中有红衣人往来指挥，合郡官僚赴救，俱公服向火叩头。毁去文卷十之七，自未至酉（13时—19时）始息。

【1】布政司，即承宣布政使司，位在巡抚之下，长官为布政使，掌管一省的民政、田赋、户籍。

异风

七月初十日，大风雨，雷电交作。至十一日，风雨益甚，破墙拔木，屋瓦从空而飞，民间楼房倒塌，救护不暇。千里内外，同日俱遍，压死及覆舟者，比比而是。

蝗入考场

八月初八日，予偶寓江宁（今江苏南京），送儿子威宝赴棘闱。主试者米翰林汉雯也。举子才点名，忽闻空中声势汹涌，仰视见飞蝗蔽天，自东北来，日色为其所掩，经过之处，屋瓦层叠数寸。有客从江北至，云初七晚蝗至浦口（今江苏南京浦口区，在长江北岸），是日上午至白下城[1]，旋渡江，两岸芦叶，俱被食尽。逾时，仍回向东而去。时有童谣云："蝗虫入考场，有米也要荒。"米君素有才名，竟被黜。

【1】六朝时期的今南京城，北有白下城，西有石头城，南有新亭城三座江防重镇，故南京又别称"白下"。据考证，白下城遗址在今南京西北狮子山一带。此处指白下城在江北，误。

生魂

武弁荥阳（今河南荥阳）氏，自京口（今江苏镇江）徙松（今上海松江），觅居阛阓[1]间。有女名红瓶者，年才及笄[2]，色甚艳，女工之外，兼通文墨，已许配某氏。其夫不慧，女颇以为恨。一日，窥见邻人冯生颜色姣好，举动风雅，相与目成，遂私谐缱绻。将半载矣，父母知之，严为之禁。红瓶因感疾，终日卧床，不饮不食者垂两月。其魂每夜直造冯榻，绸缪欢好，与生人无异，但不能语耳，临晓则卧病如故，百药罔效。适有道士携瓢[3]过门，延入室，备告以故。道士纵目细观，曰："此女之生魂结想而成，故为此怪，我能治之。"因出药数丸，并书符烧入汤中，令女饮之，病良已[4]，闻此女今尚无恙。

【1】阛阓，街市、街道。
【2】笄就是簪子，女子出嫁戴的头饰。及笄，就是女子到了十五岁，可以戴上簪子出嫁的年龄了。
【3】瓢，道士和和尚出外四方云游时携带的饮水、盛取食物的用具。
【4】良已，痊愈的意思。《史记·孝武本纪》："〔武帝〕遂幸甘泉，病良已。"南朝（宋）裴骃《史记集解》引三国曹魏孟康《汉书音义》曰："良已，善已，谓愈也。"

种子方

人生功名、嗣续，迟速有无，俱有一定之数焉，无者不可强而有，迟者不可强而速也。今见无子者不能修德励行，以挽回天意，往往以药石助之，于是庸医聚诸热毒之品，毫无补救，反致伤生。予于士大夫中，目击数人，酿为痈疽，莫不溃肠穴肋，惨不忍言，而世犹不之悟，死者相继，亦足悲矣。先文敏公[1]曾获异方，不特奇验，且药皆有益无损，今并其与友人书，附记于此，曰："海上瞿翁，有药酒秘方。

瞿为海澄（今福建龙海县海澄镇西南）令，曾拔敝同年温用庭于童子科[2]。温视鹾[3]浙直，念未有以报知己。时有歙商，犯重辟，托瞿居间[4]，数敦促之入会城[5]。瞿足痹，不能行。商以药酒饮之，四日辄不假筇竹[6]，步履如旧。神其方，愿捐千金之酬，获之，大有验。翁今九十二，神气勃勃，视听饮啖如壮夫。有陈太仆[7]者，以二百金为寿，请其方，瞿弗许，语陈云：'公若得此方，便不死矣。'盖陈曾与瞿有睚眦[8]故也，人皆传以为笑。"先文敏遍求久视之术[9]，至老不倦，乃其言如此。予四十无子，觅此方，数年始得之，连举数子。以之赠人，无不效者。特录于左，以公诸天下。慎毋信庸医之说，徒自戕其生为也。

药酒秘方：生羊肾一具。沙苑蒺藜四两，微炒。淫羊藿四两，用铜刀去边毛。仙茅四两，要真者。桂圆肉四两。薏苡仁四两。用滴花烧酒二十斤，浸三七日，随量时时饮之。种子延龄，兼乌须发，其效甚速。

【1】文敏公，即明代书法家董其昌。他是万历十七年（1589年）进士，天启二年（1622年），改兼翰林院侍读学士，纂修实录。崇祯九年（1636年）卒，谥曰文敏。作者董含的祖父是董其昌的堂侄。

【2】童子科，即自汉代及唐、宋时代科举考试中为儿童少年设立的科目，中式者也给予出身和官职。但此处是指清代的童子试。童子试亦称童试，即科举时代参加科考的资格考试，在唐、宋时称州县试，明、清称郡试：包括县试、府试和院试三个阶段。县试由知县主持，考试合格后才可应府试。府试由知府或直隶州知州主持，府试合格方可参加院试。院试又叫道试，由主管一省诸儒生事务的学政主持。院试合格后称秀才，方可进入官学和正式参加科举考试。这是进入科举考试必经的第一步。

【3】视鹾，即御史代表朝廷到盐产地视察盐务。

【4】居间，在当事人之间调解、说合。

【5】原文"数敦促之入会城"是在"未有以报知己"句后，语意不通。致之本、续识略二卷本俱在"托瞿居间"句后，据改。

【6】筇竹，我国西南地区特产一种粗骨节的竹子，可制做手杖。

【7】太仆寺，专门为皇家服务的机构，掌管皇帝车马、牲畜之事。

【8】睚眦，因极小的事情结下的仇恨。

【9】久视之术，即长生久视之术，也就是健身长寿之术的意思。

搏鬼

江宁（今江苏南京）李生者，有胆气，向习武艺。一夕，独坐堂上，见一鬼，长丈余，双角，靛面，狰狞可畏，俯首瞰生。李徒手博之，鬼作惧状，逃入竹园中，其声啾啾然，遍觅，忽不知所之。张叟挆说。

祖宗灵应

吾家遗安公墓[1]，在沙、竹两冈间，垂三百年。前建三凤坊，左右刻石梁二，皆祖宗从形家言，拮据而成者。数传后，不肖子孙盗砍宰木，势难禁止，付诸浩叹而已。近有族蠹名奎者，为害尤甚。伐树不已，至于坏垣；坏垣不已，至于坼岸；又乘夜将两桥毁卖。相传三凤坊下埋金带一围、铁数千斤，谋结党掘取。族众哗然不平，讼之县，复拥至家庙，声其罪，跪受杖。奎殊不悔过，口肆狂语，排闼而出。行未数武，仿佛有衣冠贵人随其后，回视则不见，举步又复如前，始大窘，疾行。将抵家，其子出迓，亦见衣冠人先入，据堂中，状貌甚怒。子惊仆，不省人事。奎夜至家，叩首曰："我贫，故为此，岂祖宗不能援，而反降之祸耶？幸舍之。"祝未毕，闻空中有嗟叹声，既而若呵叱声。不三日，其子死，奎亦暴病垂尽。今复有继奎而起者，未知报应若何耳？吁！亦可畏矣。

【1】公墓有宗族公墓或家族公墓，此指董氏的家族公墓。"遗安"是董氏公墓的名字。《后汉书·逸民·庞公》："庞公者，南郡襄阳（今湖北襄阳）人也。居岘山之南，未尝入城府。"荆州刺史刘表数次延请他出来做官，都被婉言谢绝。刘表看着他在田中辛苦耕作，问他既然不肯出来做官挣些俸禄，将来拿什么遗留给子孙呢？庞公回答："世人皆遗之以危，今独遗之以安；虽所遗不同，未为无所遗也。"后世人们根据这个记载，遂以传子孙以德，使其淡泊自守，安宁无事为"遗安"。

藏金托梦

桐乡（今浙江桐乡）有张进士超曾，尹华亭（今上海松江），甚有声望。时每年编审，轮大户充役[1]，收兑一名，费逾千金，富民争入金求脱[2]，故宦囊颇厚。罢官归，以万金埋地下。后欲掘取，才举动，主人必头眩体战，或暴疾仆地。嗣后屡发屡病，合家惊诧。复梦白衣老人谓之曰："藏金本非汝物，可坚守以待，倘擅取，不独无益，更当得祸。"于是相戒不敢发。予闻不信，细访果有此事。今秋张君殁矣，不识此物属之子孙乎？抑他属乎？因叹世之窖藏者，大率皆守钱奴，不若吾辈琴书之外，无他长物，反不为造化之所弄也。

【1】编审，明清时期的户口编查制度。《清史稿·食货志一》："编审则丁赋所由出也。编审之制，州县官造册上之府，府别造一总册上之布政司……督抚据布政司册报达之户部，汇报以闻。"编查户口的目的是为了据此征收赋税和派征徭役，乾隆三十七年（1772年）因已实行摊丁入亩政策，丁银摊入地粮，从此停止编审。

【2】编审之制，起初三年一编审，后改为五年。清代役法，每里110户，推丁多殷实之户10人为里长，轮流应征，负责催办钱粮，勾摄公事。康熙之世，户科给事中柯耸上奏："苏、松两府……有田已卖尽而报里役者，有田连阡陌全不应差者。年年小审，挪移脱换，丛弊多端。"里长有催办钱粮之责，而各地都有逃亡民户，以致钱粮不能足额征收、缴纳，这时里长只好自己承担，甚至因此破产毁家。所以编审时政府都是选有经济实力的大户充役，而富民也争着行贿以求免去这个差事。

蠲租

康熙二十六年（1687年）丁卯十一月廿六日，上谕户部："朕惟自古帝王统御，万方平安，期于膏泽傍流，咸蒙美利。朕御极以来，轸恤民依，力图休养，思理财乃裕国之大经，蠲贷为爱民之实政，历年敦崇节俭，严核浮冒，盖欲为布德行惠之资。各省钱粮虽已次第蠲免，但江苏所属各郡县，财赋重地，额征甲于他省，且累岁输将供亿，效力惟勤。兹用大布恩膏，除漕项钱粮外，所有二十七年（1688年）应征地丁各项钱粮，俱着蠲免。二十六年（1687年）分未完钱粮，亦悉与蠲豁。其陕西省虽经蠲免，念用兵之际，转饷可嘉，二十七年（1688年）应征地丁各项钱粮及二十六年（1687年）未完者，亦与俱免。尔部速行地方官，通行晓谕，务使均沾实惠，以副朕爱育苍生至意。如官吏朦混，从重治罪。即遵谕行，特谕。"[1]我郡兵荒以后，民命维艰，此一诏何异汉之文景耶[2]！

【1】清朝于康熙二十年（1681年）最终平定了吴三桂发动的三藩之乱，复于康熙二十二年（1683年）收复台湾，南方已无后顾之忧，故自康熙二十四年（1685年）以后屡有蠲免之举。

【2】西汉初年，汉文帝、景帝实行轻徭薄赋，人民得以休养生息，社会经济得到显著发展。

劫妻得僧

吴下劫婚之说，乃风俗之最恶者。凡已通媒妁，而女家或有他意，或故为迟留，则乘夜劫去。浦东一小姓，结婚已久，兄嫂多方需索，姑甚恨之[1]，遂与夫家通谋，订期内应。夫偶以他故爽约。其兄亦他适，一夕，嫂坚欲与姑易榻而寝，姑不能违，盖因姑卧室稍近外，嫂向与某僧奸，密约赴会故也。僧至，解衣登床，嫂入盥洗，而劫亲者亦以是刻至，排闼直入。僧窘迫不知所为，取被自覆其体，众呼噪劫之去。将渡浦，其夫出酒食，欲与压惊，去被，乃一少年僧也。遽起，跃入浦而死。

【1】姑，指未婚少女。"结婚已久"，此处指订婚而言。

鸡异

康熙二十七年（1688年）戊辰元夕[1]，予有戚置酒，召客赏灯。膳夫宰一鸡，头已断，忽引吭长鸣，身亦起，行数步而蹶。主人惧，亟弃之。

【1】元夕，即传统的正月十五上元节，又称灯节、元宵节。

阎罗

娄县（今上海松江）讼师朱姓者，病热，势极危殆，昼生夜死。自言遍历十殿，与世间所传无异。每殿刀山火狱，受刑最惨，举体杖痕，十指出血，痛苦不可名状。半月后始绝。我闻地下主者曰阎罗，与阳世等。然阳世劝惩，或不尽法，而阴府善恶，略无遁情，似差胜人间耳。但不知其所管领者止中国乎？抑溥海内外无所不辖乎？如其无所不辖，则十王犹患其少也。相传韩擒虎、范仲淹、蔡襄诸公[1]，俱为阎罗，则其位亦若有更番升降者。《释典》载阎罗王名闪多[2]，荒唐附会，可发一笑也。

【1】韩擒虎，隋朝著名将领。《隋书·韩擒虎传》："韩擒虎，字子通，河南东垣人也，后家新安。"其父韩雄，官至北周大将军。韩擒虎在北周为和州刺史。隋代北周，隋文帝拜其为庐州总管，开皇九年（589年）统帅隋军渡江灭陈，统一南北。

范仲淹，北宋著名诗人、文学家、政治家。《宋史·范仲淹传》："范仲淹，字希文，唐宰相履冰之后……苏州吴县（今江苏苏州）人。"宋真宗大中祥符年间进士，宋仁宗时官至参知政事，庆历年间与富弼、欧阳修推行新政，失败，被黜外。

蔡襄，北宋著名书法家、政治家。《宋史·蔡襄传》："蔡襄，字君谟，兴化仙游（今福建仙游）人。举进士，为西京留守推官，馆阁校勘。范仲淹以言事去国，余靖论救之，尹洙请与同贬，欧阳修移书责司谏高若讷，由是三人者皆坐谴。襄作《四贤一不肖诗》，都人士争相传写，鬻书者市之，得厚利。契丹使适至，买以归，张于幽州（今北京）馆。"官至龙图阁直学士、知开封府，复召为翰林学士、三司使，宋英宗治平三年（1066年）丁母忧，次年卒。

【2】闪多，梵语"鬼"。《佛说立世阿毗昙论·云何品》："云何鬼道名曰闪多？阎摩罗王名闪多，故其生与王同类，故名闪多。复说此道与余道往还，善恶相通故名闪多。"

捐纳岁贡

王掌科绅[1]上言："教职一途，皆由岁贡[2]选择，其廪生出身者[3]无论矣。乃有以白丁而捐生员[4]，旋复援例者。行谊未必端谨，诗书未必通晓，而俨然师席，顾使黄发老儒[5]拜跪，执弟子之礼。秉铎明伦之地，岂容此等滥及耶？乞停其以教职录用，庶师儒尊而学校重矣。"掌科之言，可谓切而当矣。

【1】掌科，六科都给事中的别称，又称都垣。

【2】科举时代，挑选府、州、县生员（秀才）中成绩或资格优异者，升入京师的国子监读书，称为贡生。其中每一年或两三年由地方选送年资长久的廪生入国子监读书的，称为岁贡，由于大都挨次升贡，故有"挨贡"的俗称。

【3】明代，读书人经过童子试以后取得入府、县学的资格，称为生员、秀才。在学的生员都有月廪，并有一定名额，称廪膳生员，简称廪生。

【4】白丁，即没有经过科举考试，因此没有任何功名的人。生员，即秀才。当时有生员可以捐纳岁贡一说，而岁贡的地位相当于举人副榜，可以申请州、县学的教职。

【5】明清时期，在学的秀才在没有通过乡试取得举人资格之前，不论年纪大小，都必须对担任教职的人执弟子之礼。

画龙

客有持画龙一帧，长丈余、阔五六尺，求钱十万。张之于壁，远视云雾瀴然，爪牙蜿蜒可畏，小儿见之，皆惊啼而走。据称，系崔白[1]真迹。展玩良久，家贫无从得钱，留信宿，卷而还之。按画记载，崔白宋人，然款识模糊，莫可详考。索予作歌，因细书其傍云："群龙潜蘅沄[2]，游戏紫霄里。何来金翅鸟[3]，飞入龙宫啖龙子。惟有雪山顶上阿耨池[4]，神力撑拏蟠不起。欻然跃出千岩外，牙爪蚴蟉[5]吐光怪。尾拖百丈翻寒涛，雾暗风腥雨澎湃。何年写向雪色藤，鳞甲闪烁髯鬑鬑[6]。茫茫时代款莫辨，仿佛疑有仙人乘。平生好龙惜未见，对此狰狞汗流面。飞腾变化知几时，夜夜关门锁雷电。"

【1】崔白，字子西，濠梁（今安徽凤阳）人。北宋神宗时期画家。他作为民间画家一生不受重视，六十多岁时才受宋神宗赏识，进入宫廷画院。崔白的花鸟画打破了工致富丽的皇家富贵为标准的花鸟体制，开辟北宋宫廷绘画新风。

【2】蘅沄，回旋的波涛。

【3】金翅鸟，又称"迦楼罗"，出自古代印度神话传说，是佛教天龙八部的护法神之一。他的形象，每个部位都有象征意义，例如头顶表示布施，口含龙表示以龙为食（吞下愤怒，产生慈悲），表示忍辱。

【4】阿耨池，即阿耨达池的简称，"无热"的意思。佛教经典《四十二章经》中传说的一处泉水，在印度香山的南边，雪山的北方，池水清凉，周围有八百里，是印度河流的发源地。原文："佛言：吾视王侯之位，如过隙尘。视金玉之宝，如瓦砾……视阿耨池水，如涂足油。"涂足油，即涂在脚上被蚊虫咬伤的地方、消炎防毒的油。

【5】蚴蟉，蛟龙屈折行动貌。

【6】髯，两腮的胡须。鬑鬑，头发散乱貌。

京师亢旱

京师亢旱，自正月至五月，大风时作，而雨泽不降，因大赦天下。学士德格勒[1]者，自言明《易》理，令占之，奏曰："天地不交，阴阳不和，安得有雨？"上怒曰："岂一年不雨耶？"至二十五日，乃雨。

【1】《清史稿·德格勒传》："德格勒，满洲镶蓝旗人。康熙九年（1670年）进士，选庶吉士，授编修。累擢侍读学士，充日讲起居注官。"大学士明珠拉拢士人，结交私党。会京师久旱，康熙皇帝命德格勒筮，"遇夬。问其占，曰：'泽上于天，将降矣！而卦义五阳决一阴。小人居鼎铉，故天屯其膏。决去之，即雨。'上愕然，曰：'安有是？'"德格勒便说，大学士明珠就是这样的小人，由此二人结仇。康熙二十七年（1688年）掌院学士库勒讷劾德格勒私抹起居注，遂下狱，几至于死，后遇赦出狱，归本旗。

鸠庵先生

宋家祯,字艾诒[1],予同籍庆远之父也。生平孝友笃行,尤善属文,所著有《鸠庵》等集。两中副车[2],不乐仕进,闻有异书,不惮手抄口诵,积书度栋。宋氏三世单传,先生诞五男,先后殇。晚举一子,名处厚,六岁病痘危甚,祷于关壮缪[3]。梦神示以"积善余庆"四字,遂更名庆远,痘随愈。今子孙绳绳,正未有艾也。乃仅以明经授别驾[4],士论惜之。

【1】知之本、申报馆本作"贻"。
【2】副车,即副榜举人,可选为贡生送到京师国子监学习,学习期满,考试合格后可到吏部参加选官。副榜举人,虽然不是乡试正式中式的举人,但也属成绩比较优异者。
【3】关壮缪,即三国时期的蜀将军关羽,死后追谥壮缪侯。
【4】明经,明清贡生的别称。别驾,府、州通判的别称。通判,在知府或知州之下掌钱粮、行政等事。

华氏祖

《南史》曰:晋陵(今江苏常州)华宝[1],父戍长安,年八岁,临别谓宝曰:"须我还,当为汝上头[2]。"后长安陷没。宝年至七十不婚。或问之,辄号恸。今华氏科第甚盛,宗人齿录,皆载宝为始祖。岂宝虽不婚,未尝无婢妾耶?

【1】《南史·孝义上·华宝传》:"华宝,晋陵无锡(今江苏无锡,时属晋陵郡)人也。父豪,晋义熙末戍长安。宝年八岁,临别谓宝曰:'须我还当为汝上头。'长安陷,宝年至七十不婚冠。或问之,宝辄号恸弥日,不忍答也。"《南齐书·孝义·华宝传》与此同。
【2】上头,古代对男子加冠(20岁)、女子加笄(15岁)仪式的通称,以作男女成年的标志。

武昌兵变

五月二十二日[1],武昌督标[2]裁兵四千人,因中军侵空饷银四万余两,屡请不发,势汹汹,欲为变。新抚柯永升[3],反以恶语相激。有百户[4]陈龙者,素得士心,众拥以为主,自称天下统兵大元帅、镇国大将军,据城为乱。屯兵楚王台[5],

连兵破黄州、汉阳、岳州、德安诸郡,势张甚,百姓纷纷逃窜。时兵奉汰者不止一处,皆侥幸楚事成,欲乘衅而起[6]。我郡裁兵,亦暗相要结,口出不逊语,主将不敢问。未几,徐将军治郡[7],尽锐与之角,贼退败,郡县以次收复。逆首陈龙于七月望逃至白云寨,被擒,枭首军前。贼勇而无谋[8],不过乘一时之忿,故未及两月而败。

【1】此为康熙二十七年(1688年)事。

【2】督标,清代总督属下的军队。一标有三个营。

【3】新抚,新上任的巡抚。清代的总督和巡抚是地方上最高的两个行政长官,区别在于总督可以兼管数省,侧重军事;巡抚则只管一省,侧重民政。

【4】百户,清朝军队里的低级军官。

【5】楚王台,又称楚望台,在湖北武昌城内。

【6】原文"乘衅而死",致之本、续识略二卷本均作"乘衅而起",据改。

【7】原文"徐将军治都",致之本、续识略二卷本均作"徐将军治郡",据改。

【8】致之本、续识略二卷本均作"龙勇而无谋"。

道臣殉难

时变起仓猝,贼势颇猖獗,官吏望风逃匿。吾郡叶粮道映榴,字苍岩[1],被劫,胁令从逆,不应。归署,封印缮疏,嘱家人间道出走,遂朝服望阙再拜,从容自刎死。上览遗奏,为之恻然,不忍竟阅。特赠工部侍郎,与祭葬,御书"忠节"二字以赐其家。呜呼!公虽死,亦可以不死矣!(原按,本朝以来,我乡产一忠一逆:忠为苍岩,逆乃张进士云孙,为西粤府佐,降吴逆,上书谤本朝。三桂败,潜逃归。里人鸣鼓以逐之,云孙惊惧而死。)

【1】粮道,督粮道的简称。清朝在有漕粮的省份设置该衙门,掌督运漕粮之事。《清史稿·叶映榴传》:"叶映榴,字炳霞,号苍岩,江南上海人。顺治十八年(1661年)进士。"康熙二十四年(1685年)授湖北粮督。康熙二十七年(1688年)五月清朝政府决定裁去湖广总督一职,并裁减督标兵,此事激起楚兵的不满。夏逢龙等人趁机率兵要挟刚到任的巡抚柯永升支付饷银,未成,遂成兵乱,自称总统兵马大元帅。叶映榴时受命摄布政使职,坚拒叛兵伪职,自杀而死。

秦望山庄

园林之胜，自明季以来，我郡绝少。近王司农日藻[1]，始于秦望山庄创为之。雕甍杰阁，华堂耸峙，其间古树苍藤，曲池映带，一经点缀，俱有疏野之趣。春三月间，游人如织，时与风雅之客游历其中，亦可以乐而忘老矣。惜去城稍远，未获一览胜概耳。

【1】司农，明清户部尚书的别称。王日藻，字印周，号闲敕、却非，一号无住道人，江南华亭（今上海松江）人。顺治十二年（1655年）进士，康熙二十一至二十五年（1682年—1686年）任河南巡抚，康熙二十五年转刑部右侍郎，复迁户部右侍郎，二十六年（1687年）晋工部尚书，复转户部尚书，二十七年（1688年）去职。见《清史稿·疆臣年表五》《清史稿·部院大臣年表一上》。

遇考自沉

娄邑（今上海松江）诸生[1]顾其旋者，出身甚微，然能文，遇试必列高等。猝抱心疾[2]，将岁试[3]，卜于关公庙，不吉，疾趋至秀野桥，跃入波中，自沉死。

【1】诸生，又称生员、秀才。
【2】古代称因劳思过度、忧愤而致的心脏病或精神病为心疾。
【3】此处系指乡试，三年一届。

语录可厌

西方氏之学[1]，予所究心。然有彼此相袭，极陋而可厌者，如传衣付拂，不知谁何[2]；诗篇语录，不审文义[3]；互相祖述，到处传播[4]。若此辈而图作佛，四禅天[5]且将塞破矣。近有绪芳禅师名真承者，与予为方外友[6]。其为人也，高而不亢，坦而不流，禅定之余，间发为有韵之言，纚纚多幽趣。以予所睹，殆未有过之者也。近主岳林[7]，屡以诗邮寄，答以一绝云："亚字城西道壹居，每登高阁听真如[8]。无端锡杖凌空去[9]，好遣青猿数寄书。"

【1】因为中国佛学是从古印度传进来的，所以又称西氏之学。
【2】中国佛教禅宗有"传衣授法"之说，即禅宗创始人在年事已高的时候，将自己的袈裟作

为正法传授的标志授予最得意的弟子,作为继承领袖,由此一代一代地传续,称为"传衣"。但自六世祖慧能以后,因传衣往往引起争端,以致教派的混乱,所以不再传衣,但仍沿习这一称呼。

【3】不审,不知的意思。

【4】祖述,效法、仿效的意思。

【5】佛教把世俗世界划分为三界,即欲界、其上的色界、更高的无色界。在现世修习四禅定可以从初禅天生到四禅天。色界诸天总计是四禅十七天。

【6】方外友,指不涉尘世的朋友,多指僧人、道士。

【7】岳林寺,位于浙江省奉化县治东北之三山,为弥勒化身布袋和尚剃度和圆寂之所,是举世闻名的弥勒道场。

【8】真如是佛教术语,一般解释为不变的最高真理或本体。由于佛教各派解释不同,真如的分类也各异,有两种真如、三种真如、十种真如之说。

【9】锡杖,僧人行于道路时应当携带的道具。原用于驱赶毒蛇、害虫等,或乞食之时,振动锡杖,使人远闻即知。后世则成为法器之一。此处代指离开这里去主持岳林寺的绪芳禅师。

杜生

华亭(今上海松江)有杜生者,家甚富,偶以事往京华(今北京)。归至半途,入一竹林内登厕。回顾地罅有金钗一股,拔之,其声锵然,因拨去瓦砾,见下有大瓮,覆以巨砖,揭视,皆黄白[1]也。杜祝曰:"我单马二童,岂能带归?如此物应为我有,俟到家遣人来取。"仍以钗置瓮面,聚乱石识之。后抵家,未能即行。一日纳凉于庭,顾颓垣下土壅起,有物灿然,拾视,则前所识之钗也。急掘之,藏金宛然,四角镇黄金四大锭。相去二千余里,随之而至,岂神输鬼运耶?益信贫富有定分,非人力之所得而争也。

【1】黄白,指黄金、白银。

少参赠诗

丹霞李少参赞元[1],卜居建业(今江苏南京),喜为诗,好结交天下士,赠缟[2]论文,至老不倦。曾冰雪中扁舟见访,适予他出,不及倒屣[3],时年垂八秩矣。予过秣陵(今江苏南京),急往报谢,殷勤论文,风流好事,目中仅见,并投予诗云:"一代云间[4]客,相逢建业(今江苏南京)中。写怀方绻绻,分手忽匆匆。缆湿蘼芜[5]雨，帆开芦荻[6]风。别离无限意，异地两心同。""相逢诚可喜，分袂反添忧。桂棹飘然去，王孙不可留。秋风牵别恨，落叶怆离愁。何日重携手，狂歌续胜游。"

【1】少参，明清各省布政使下设参政，从三品；参议，从四品。参政又称大参，参议称少参。李赞元，字匡侯，号素园，福建漳州平和县人。明末举人，入清官至河北道参议。漳州城南有丹霞山，自明清以来，"丹霞""霞漳"就被作为漳州的别称，所以本文此处又称丹霞李少参。

【2】赠缟，《左传·襄公二十九年（前544年）》：吴季札"聘于郑，见子产（公孙侨），如旧相识，与之缟带，子产献纻衣焉。"（晋）杜预注："吴地贵缟，郑地贵纻。故各献己所贵，示损己而不为彼货利。"后世遂以"侨札""纻缟""赠缟"比喻朋友之交。

【3】倒屣，《三国志·魏志·王粲传》："献帝西迁，粲徙长安，左中郎将蔡邕见而奇之。时邕才学显著，贵重朝廷，常车骑填巷，宾客盈坐。闻粲在门，倒屣迎之。"又作"倒屟""倒屐"。古人居家都是脱去鞋子，坐在席子上，若有客人来，再穿上鞋出门迎接。这里是说，热情迎接客人，忙得连鞋子都穿倒了。屐、履、屣都是古代对鞋的称呼。

【4】今上海松江，古称云间。

【5】蘼芜，古代指川芎的苗。

【6】芦，即我们常说的芦苇；荻，多年生水边植物，形状像芦苇，人们常把它们当成一种植物，书面语中也常芦荻连称。

才子书

吴人有金圣叹者，著《才子书》，杀青[1]，列书肆中，凡《左》《孟》《史》《汉》[2]，下及传奇小说，俱有评语。其言夸诞不经，谐辞俚句，连篇累牍，纵其胸臆，以之评经史，恐未有当也。即以《西厢》一书言之，昔之谈词者曰：元词家一百八十七人，王实甫[3]如花间美人，自是绝调。其品题不过如是而已，乃圣叹恣一己之私见，本无所解，自谓别出手眼，寻章摘句，琐碎割裂，观其前所列八十余条，谓自有天地，即有此妙文，上可追配风、雅[4]，贯串马、庄[5]。或证之以禅语，或假之于制作，忽而吴歌，忽而经典，杂乱不伦。且曰："读圣叹所批《西厢记》，是圣叹文字，不是《西厢》文字。"直欲窃为己有。噫，可谓迂而愚矣！其终以笔舌贾祸也，宜哉。乃有脱胎于此，而得盛名，获厚利者，实为识者所鄙也。

【1】金圣叹，明末清初人，原名采，字若采；后改名金人瑞，字圣叹，是吴县（今江苏苏州）诸生。他是清初著名文学理论评论家，博览众书，狂放不羁，把《庄子》《离骚》《史记》《杜诗》《水

浒》《西厢》列为"六才子书",也叫六大《天下必读才子书》,拟逐一批注,并率先批注出《水浒传》与《西厢记》,按顺序命名为《金圣叹评点第五才子书水浒传》和《金圣叹评点第六才子书西厢记》;或称《第五才子书》《第六才子书》。顺治十八年(1661年)他因参与吴县百余名秀才为反对县令任维新贪赃行为,借顺治皇帝驾崩事件到孔庙"哭庙",被巡抚朱国治诬为抗纳兵饷,鸣钟击鼓,聚众倡乱,震惊先帝之灵,处斩立决,被杀于南京。杀青:古人著书写在竹简上,为了便于书写和防止虫蛀,先把青竹简用火烤干水分,叫作杀青。后来泛指写定著作。

【2】即《左传》《孟子》《史记》《汉书》。

【3】王实甫,元代著名戏剧家,《西厢记》的作者。

【4】"风",古代的民歌。"雅",古代贵族在酒宴上唱的歌。《诗经》中收集有风、雅诗篇。

【5】"马",《史记》的作者司马迁。"庄",《庄子》一书。

变犬

缙云(今属浙江丽水)有李生者,自幼勤诵读,试辄高等。家甚贫,以馆为业[1]。然性疏懒,倦于训迪,又喜交游,不耐静坐,颇废程课[2],故门下生率多无成,往往不终局而散。一日病热,昏瞆中见有皂衣人手执一帖,促之同行。出门行半日,至一处,城堞巍峨,内有大殿,金书"冥府"二大字。生悚然,始知已登鬼录矣。随有鬼卒数人,以银铛系颈,驱之至阶下。殿上坐一人,衣王者服,侍卫环绕,呵生曰:"汝有三罪,曾知之乎?"生拜诉曰:"某系贫士,家无担石,且平生读书,幸无他过,罪实不知。"王者怒叱曰:"汝空受人贽,而毫无报效,一罪也;终日素餐,不自愧耻,二罪也;屡误人家子弟,三罪也。当判往旧主人杨监生[3]家,为犬三年。今且暂释归五日,可遍戒亲友,使若辈知警,或可稍薄汝罚。不然,堕阿鼻中[4],永无出期矣。"生大哭,瞥然而觉,汗流浃背,因细话此事。五日后,复瞑。家人亟往杨氏侦之,果产一犬,性颇驯,主人极爱之。逾二载,不吠不食而死。徐君喈凤说。

【1】馆,住宿或教书的意思,如家塾、家馆。

【2】程课,即课程,指规定的学业内容和进程。

【3】监生,是国子监学生的简称。明清时的监生主要有如下几种:举监,由举人做监生的,叫举监。贡监,由秀才做监生的,叫贡监,也叫贡生。秀才一经成为贡生,就不再受地方儒学管教,俗称出贡。在清朝,贡监也叫优监,表示从生员(秀才)中选拔优秀的人去国子监读书。凭借父辈做官而成监生的,叫荫监,其中又分为恩荫和难荫两种。以捐纳钱粟得为监生的,叫例监。例监不算是正途,因此不被人所看重。

【4】阿鼻,阿鼻地狱的省称,是佛教传说中八大地狱中最惨苦之处。阿鼻是梵语"无有间断"

的音译,即痛苦无有间断之意。

窖藏无益

江南一贵人,精心计,性爱窖藏,老而弥甚。止一子,不好读书,喜与匪人狎。贵人殁后不数年,产业俱尽。华居名园,转售他姓,藏金悉为人取去,人皆怜而笑之。因思古语云:"须知世上金银宝,借汝闲看六十年。"又云:"饶君恁地埋藏着,煞有闲人作主来。"真不刊之论也。尝阅《南史》,张绪[1]谓柳世隆[2]曰:"观君举措,当以清名贻子孙耶?"答曰:"一身之外,亦复何须?子孙不才,将为争府。如其才也,不如一经[3]。"至哉言乎!今之士大夫解此者寡矣。

【1】张绪,南北朝时期南齐士族官僚。《南齐书·张绪传》:"张绪,字思曼,吴郡吴人也。"出身江南士族家庭,"少知名,清简寡欲""长于《周易》,言精理奥,见宗一时"。初入仕于南朝刘宋,深得宋明帝赏识。入萧齐,又得齐高帝、武帝重用。齐武帝说:"绪以位尊我,我以德贵绪也。"官至国子祭酒、中书令、太常卿。

【2】柳世隆,南北朝时期南齐官僚。他和张绪一样,都是初仕于刘宋,后入萧齐,而且在两朝都任高官。《南齐书·柳世隆传》:"柳世隆,字彦绪,河东解(今山西永济县)人也。"柳世隆出身河东柳氏以军功立身的强势家族,他的伯父柳元景以军功得为南朝刘宋的尚书令。他本人后来因在政权纷乱之际拥戴宋明帝而得到重用。萧齐时,他又因早与齐武帝为友,更得重用,官至位高权重的尚书令。柳世隆好文史,嗜读书,向齐高帝借秘阁书籍一次即达二千卷,"少立功名,晚乃以谈义自业。善弹琴,世称柳公双璅,为士品第一……甚或世誉。"由此得到高级士族阶层的接纳,提高了门望和社会地位,由此完成了由军功武力家族向有文化素养的士族家族的转变,跻身于南朝一流士族行列。

【3】《南史·柳元景传》附柳世隆传:"张绪问曰:'观君举措,当以清名遗子孙邪?'答曰:'一身之外,亦复何须。子孙不才,将为争府,如其才也,不如一经。'"争府,即争取做到开府的意思。开府,即古代高级官员自己设立衙署,设置僚属。两汉时只有大将军一级的高官才可以开府。魏晋时州刺史兼带将军衔者也可以开府。柳世隆以军功起家,但他认为只有加强文化修养,加入到士族行列才能得到社会的承认,所以他说:对于家族传承而言,子孙如果没有出息的话,也只好照旧作开府的将军;如果有出息就应当认真研习经书,提高文化素养,与士族合流。事实上柳世隆的儿子确实也是精通经史,交往的都是著名的士族王、谢家族的子弟。

疑冢辨

漳河之上,有曹操疑冢七十二,(宋)俞应符题诗云:"人言疑冢我不疑,我有一法君未知。尽发疑冢七十二,必有一冢藏君尸。"[1]自谓智过孟德矣。我以为老瞒[2]之尸,并不在七十二冢之内,特设此以欺人。俞君之说,正堕其术中,徒为老瞒所笑耳,真书生之见也。

【1】俞应符,字德瑞,临安苕溪(今浙江临安)人。南宋著名词作家。南宋宁宗时由权参知政事累迁至给事中、除签书枢密院事兼权参知政事。嘉定十五年(1222年)卒。此句出自其《漳河疑冢》,全文云:"生前欺天绝汉统,死后欺人设疑冢。人生用智死即休,何有馀机至丘垄。人言疑冢我不疑,我有一法君未知。直须尽发疑冢七十二,必有一冢藏君尸。"

【2】三国时期的曹操,小字阿瞒。

索债

超果寺之左,有姚翁者,家贫,一子痘殇,举榇寄寺中。僧不许,翁以情告曰:某住房止一间,而幼儿复发疹,恐致两伤。倘蒙见许,不过一月,便举而畀诸火[1],仍以僦值[2]奉缴。僧悯之,留置殿侧。三日后,又有右邻援例来恳,不得已,亦留之,两棺相傍。一日,僧晨起焚香,天尚昏黑,闻壁间应答声,俯听,乃棺中之儿也。曰:"姚翁宿生所负,今已偿清,仅少钱五十八文耳。早间复以铜盆典钱,明日便完,我将往矣。但恐汝未得同行,奈何?"僧大惊诧。少顷,有叩门者,果翁也,缄钱来谢,并言欲举枢。僧曰:"得非铜盆所典乎?"曰:"然。""其中计五十八文乎?"曰:"然。"问:"何以知之?"因细述两儿应对之语,且曰:"我断不敢领,可速买楮帛焚化,以了此一段因果可也。"翁闻,慨然叹息曰:"今乃知人家子弟未成立而死,大抵皆索债者耳,我可以无戚矣。"记此,以告世之不肯偿债者。

【1】畀,给,给以。畀诸火,即火化。
【2】僦,租赁。僦值,租钱。

田孝廉

田孝廉[1]茂遇,重声气[2],好结纳,尤喜与贵游交,偕名公钜卿,互相赠答,挥金不吝,间能急人之难,人亦以此重之。后应宏词科[3],复遭摈,感愤发病卒。嗟乎!

人生遇、不遇，盖有数焉。君既抱美才，素有声望，且家亦非壁立[4]者，纵沦落不偶，使能闭户著述，优游林壑，以永天年，不亦可乎？奈何效左徒[5]之嚎呼，同贾生[6]之痛哭，忧思烦惑而自伤其生为？噫，过矣！因诔[7]之曰："缅风流，念车笠[8]。对荏苒，殊今昔。人皆忌，我独惜。床上琴，邻家笛。"

【1】孝廉，举人的别称。

【2】声气，指志趣和意气。

【3】博学宏词科，封建时代于科举考试之外临时举行的选拔人才的考试。该制度始于唐玄宗时期，宋代仍有举行。清朝于康熙十八年（1679年）和乾隆元年（1736年）各举行过一次。

【4】壁立，指家庭非常贫穷，只有四面空立的墙壁。非壁立，即家里并不贫穷。

【5】左徒，官职名，入内则议论国事、发布号令，出则代表国君迎接宾客。此处是指屈原。《史记·屈原传》："屈原者，名平，楚之同姓也。为楚怀王左徒。"屈原后因楚怀王听信谗言被流放，作《离骚》发泄胸中愤怨。

【6】贾生，西汉政论家贾谊，力主改革弊政，提出许多重要政治主张，但却遭谗被贬，一生抑郁不得志。他是《治安策》《过秦论》的作者，早有才名，二十余岁即为博士，力主除弊政，革新朝政，遭到众人忌恨，被贬至长沙。汉文帝时被召回长安，任梁怀王的太傅。梁怀王不慎坠马而死，贾谊自责不已，郁郁而死。

【7】诔，哀悼死者的文章，多用于上对下。

【8】车笠，即车笠交。车，乘车的贵人。笠，戴斗笠的平民。比喻不因贵贱的变化而改变深厚友情的朋友。典出江浙一带的《古越谣歌》："君乘车，我戴笠，他日相逢下车揖。君担簦（类似现在的雨伞），我跨马，他日相逢为君下。"

占验

医、卜二艺，医有据，卜无凭。凡人一念之诚，神明感应，占者往往率己意以断之，安望其洞阴阳之理，尽生尅之变乎？近西郊有龚生修赟者，年甚少，探幽索隐，其于吉凶祸福，可限时日，屡试屡验，可谓神乎伎矣。

宦牛阉豕

人之净身[1]者曰阉宦。《肘后经》[2]曰："牛曰宦，猪曰阉，马曰骟，羊曰羯，鸡曰镦，狗曰善，猫曰净（原注："宦牛阉豕"字甚新）。[3]"又虎有魄[4]，象有牙[5]，鹿有玉[6]，马有墨[7]，狐有珠[8]，熊有白[9]，牛有黄[10]，麝有香[11]，羊有裘[12]，兔有毫[13]，狗有宝[14]，海狗有腽肭脐[15]，牛肠胃中未化草曰圣䴥[16]，诸兽肝胆之间有鲊答[17]，皆至宝也。

【1】为男子切除睾丸，称净身。

【2】明宁王朱权，朱元璋第十六子。洪武时封于大宁（今内蒙古宁城），永乐时徙封于江西南昌。他经过永乐皇帝夺取帝位的靖难之役，幸得保全，所以日与文士往来，深自韬晦，自号臞仙，专心著述，耽于老庄。《肘后经》即其著述之一。

【3】宦牛，阉割过的牛。阉，割去睾丸或卵巢称阉。一般指切除雄性动物的睾丸，如阉猪、阉羊、阉鸡、阉人（即太监、宦官）。骟，含义和阉相同，如骟马、骟牛、骟猫，从事这类工作的匠人称骟匠。羯羊，阉过的公羊。镦，含义和阉相同，如镦鸡。善，没有这方面的含义，应是骟字之误。净，切除男子的睾丸。

【4】虎魄刀，传说中蚩尤制造的天神兵器，是十大天神兵器之一。

【5】《本草纲目·兽部二·象牙》："《真腊风土记》云：'象牙，杀死者上也；自死者次之。'"

【6】鹿玉，鹿角下端坚如玉，故名。《本草纲目·兽部二·鹿》："集解，《埤雅》云：'鹿乃仙兽，自能乐性。六十年必怀块士角下，斑痕紫色，行则有涎，不复急走，故曰：鹿戴玉而角斑，鱼怀珠而鳞紫。'"

【7】马墨，马肾的结石。《本草纲目·兽部一·马肾》："按，熊太古《冀越集》云：'马有墨在肾，牛有黄在胆，造物之所钟也。此亦牛黄、狗宝之类，当有功用。惜乎前人不知，漫记于此以俟。'"

【8】神仙小说家传说，修炼得道的狐狸，口中有一颗珠子，奇效无比。《本草纲目·兽部二·狐》："时珍曰：'或云，狐有媚珠。'"

【9】熊白，即熊背上的白脂，珍味之一。《本草纲目·兽部二·熊脂》："《陶弘景》曰：'熊脂即熊白，乃背上肪，色白如玉，味甚美。寒月则有，夏日则无。'"

【10】牛黄，牛胆的结石，性凉，是重要的中药原料。《本草纲目·兽部一·牛黄》："牛黄，丑宝（李时珍曰：牛属丑，故隐其名）《别录》曰：'牛黄生陇西及晋地，特牛胆中得之。'《普》曰'如鸡子黄也。'"

【11】麝香是雄麝肚脐和生殖器之间腺囊的分泌物，干燥后呈颗粒状或块状，有特殊的香气，有苦味。该物可以制成香料，也可以入药，是中枢神经兴奋剂，外用能镇痛、消肿。简称"麝"。《本草纲目·兽部二·麝》："麝，射父、香麞。时珍曰：'麝之香气远射，故谓之麝。或云，射父之香来射，故名，亦通。其形似麞，故俗呼香麞。梵书谓麝香，曰莫诃婆伽。'"

【12】原文"羊有哀"，误。致之本、续识略二卷本均作"羊有裘"，据改。

【13】《本草纲目·兽部二·败笔》："时珍曰：'上古杀青书竹帛，至蒙恬以兔毫作笔。后世复以羊、鼠诸毛为之，惟兔毫入药用。'"

【14】狗宝又名狗结石、狗黄金、金蛋子，呈圆球形或椭圆形，系狗的胃结石、肾结石及胆结石等，是多种传统中医良药的重要原料。《本草纲目·兽部一·狗宝》："狗宝生癞狗腹中，状如白石，带青色，其理层叠，亦难得之物。"

【15】腽肭，一种海兽。腽肭脐，腽肭的睾丸，又称海狗肾。海狗，也称海熊、腽肭兽，是

生活在海洋里的四脚哺乳动物，因其体形像狗，因此得名海狗；由于又有些像熊，因而又名海熊，现属世界濒危动物，在我国原产于登州（今山东蓬莱）黄海中。《本草纲目·兽部二·腽肭兽》："骨貀、海狗。腽肭脐，一名海狗肾也……时珍曰：'按《唐书》云：骨貀兽出辽西营州及结骨国。《一统志》云：腽肭脐出女直及三佛齐国。兽似狐，脚高如犬，走如飞。取其肾渍油，名腽肭脐。观此，则似狐之说非无也。盖似狐似鹿者，其毛色耳；似狗者，其足形也；似鱼者，其尾形也。如药用外肾而曰脐者，连脐取之也。'"又见《万历野获编·滇南异产》《五杂俎·物部三》。

【16】圣齑，牛肠胃中尚未完全消化的草。《本草纲目·兽部一·牛圣齑》："按，刘恂《岭表录异》云，广之容南，好食水牛肉，或炮或炙食。讫，即啜圣齑消之，调以姜桂盐醋，腹遂不胀。圣读'如'，青苔状，乃牛肠胃中未化草也。"

【17】鲊答，又作"鲊苔"，某些兽畜的内脏结石。《本草纲目·兽一·鲊答》："鲊答生走兽及牛马诸畜肝胆之间，有肉囊裹之，多至升许……其状白色，似石非石，似骨非骨，打破层叠。"

卷 十

己巳至癸酉，康熙二十八年
——康熙三十二年（1689年—1693年）

南巡

己巳（康熙二十八年，1689年）正月初九日，皇帝南巡狩，至于会稽（今浙江绍兴）[1]，蠲江南赋二百二十余万。所经之地，结彩悬灯，焚香燃烛，以望临幸。士女皆艳妆拥观，自上元至二月尽乃止。我郡彩棚，亦绵亘二十里，游人喧阗，鼓吹之声，彻夜不绝。予作《南巡歌》八首以纪之曰："銮舆端月便南巡，又听蠲租诏语新。卤簿不施仙仗近，安排香案拜皇仁。""晴雪初消兔影翻[2]，绕城箫鼓夜还喧。那知花事[3]春将半，火树星桥胜上元[4]。""铁马朱旗耀日昏，锦帆南下疾如奔。苏台、隋苑[5]繁华地，争拥珠帘看至尊。""绣幔如虹簇彩球，千门灯火待宸游。内官竞说吴阊（今江苏苏州）好，遮莫江南第一州[6]。""凤舞龙飞五百年，六桥花柳[7]最鲜妍。君恩不禁行人看，放鹤河头泊御船。""越山晴旭照行宫，树色涛声辇路中。庙闪灵旗临禹殿[8]，千秋刊凿[9]一般功。""长江一道路逶迤，夹岸青杨未吐丝。翠辇[10]尚应留北固[11]，渔人抛网打银鲥[12]。""祥云缥缈护金舆，探得灵符禹穴书[13]。欲铲吾山填瓠子，汉家功业定谁如。"

【1】《清史稿·圣祖纪二》："康熙二十八年己巳春正月庚午，诏南巡临阅河工。丙子，起銮……甲申，上驻济南。乙酉，望祀泰山……癸巳，诏免江南积欠二十余万。乙未，上驻扬州。诏曰：朕观风问俗，卤簿不设，护从仅三百人。顷驻扬州，民间结彩盈衢……宜悉停止。二月辛丑，上驻苏州。丁未，驻杭州。辛亥，渡钱塘江，至会稽山麓。壬子，祭禹陵……癸丑，上还驻杭州。丁巳，次苏州。松江百姓建碑祈寿，献进碑文。癸亥，上驻跸江宁（今江苏南京）。三月戊辰朔，发江宁。甲戌，阅高家堰，指授治河方略。丙戌，上还京。"

【2】兔影，指传说中的玉兔的影子，即月亮上的阴影；或指月影。翻，翻飞，上下飞翔的意思。

【3】花事，春天和花有关的种种事情。

【4】火树星桥，形容节日夜晚灯火辉煌的景象。上元，指上元节。

【5】苏台，即姑苏台，又名胥台，在苏州城外西南，传说是吴王阖闾所建，后来其子夫差继位后又在台上立春宵宫，作长夜之饮，至于亡国；或代指苏州。隋苑，隋炀帝所建上林苑，在今江苏扬州西北。

【6】江南第一州，即指苏州。

【7】六桥，指杭州西湖外湖苏堤上之六桥：映波、锁澜、望山、压堤、东浦、跨虹。宋代苏轼所建。亦指西湖里湖之六桥：环璧、流金、卧龙、隐秀、景行、濬源。明代杨孟瑛所建。

【8】禹殿，苏州禹王庙内的主要建筑。

【9】刊凿，穿通的意思。致之本、续识略二卷本均作"疏凿"。

【10】翠辇，帝王车驾因饰有翠羽，所以又称翠辇。

【11】今江苏镇江市东北临江而立的著名的北固三峰。

【12】鲥鱼、刀鱼和河豚是著名的长江三鲜。鲥鱼是江海洄游鱼类，腹部银白色，故名银鲥。

【13】禹穴，指浙江绍兴会稽山的宛委山，传说大禹治水时在此得到黄帝之书，才治水成功，以后复埋藏于此。

设醮祈释

闰三月十一日，华亭教谕、举人尚元调[1]，奉檄修葺文庙[2]，见学宫地为营丁侵踞，谋复之，遂按射圃[3]故地，筑墙为界。有盛重润、杨有功者，久占基地，反以擅夺营房讼之杨将军捷[4]。将军性憨，不知尊师之义[5]，大加谴责。二竖势益张，拥众至明伦堂，鼓噪辱骂。元调怀愤莫诉，遂自缢。台臣特疏参之，事得寝[6]。后将军晨兴欲出，忽遇元调于寝门，张目嚼齿，厥状甚怒。大惊失色，急召黄冠，建醮七日，以祈释怨。闻者笑之。

【1】县学的教官有教授、学正、教谕、训导等，举人或监生等都可以申请充当。

【2】自唐以后行科举制，州县也举办官学，以后和祭祀孔子的孔庙合一，就是所谓文庙。

【3】射圃，练习射箭的地方。孔子儒家学派认为，"射"作为六艺之一，也是士人应该掌握的本领，所以文庙官学的建筑中都有射圃。

【4】《清史稿·杨捷传》："杨捷，字元凯，义州人，先是居宝应（今江苏宝应）。"原为明将，顺治元年（1644年）降清后参与平定三藩之乱、收复台湾等重要战役，官至江南提督，授昭武将军，康熙三十九年（1700年）卒。赠少傅兼太子太保。著有《平闽记》。

【5】致之本、续识略二卷本均作："尊师之谊"。

【6】致之本、续识略二卷本均作："元调怀愤莫诉，遂自缢。台臣河东道御史阮尔询，特疏参之。奉旨：'这所参事情，著杨捷自行查明回奏。'久之，事得寝。"文略异。

负心报

元调之死也，既因争黉序[1]之地，又以学宫之西，向有瞾圃[2]，变家产三百余金，规为兴复计。有衙蠹张禹辰者，充元调记室，委以心膂。其人贪而无义，工未毕，窃金去。怨恨无所发泄，适遭营兵折辱，遂投缳。张闻惊怖，阖户不敢出。至季夏之八日，漏下三鼓，忽闻叩门声甚厉，禹辰父披衣起，秉烛出视，烛忽灭，仿佛见一人，自外突入，急呼家人遍索，寂无所睹。少顷，禹辰卧室闻锒铛声，启视，已自系死矣。二人之殒，相去不过两月耳。吁！孰谓无天道哉。

【1】黉、序两字古代都指学校。黉序，即地方官学。

【2】瞿圃，指学宫西的射圃。《礼记·射义》："孔子射于瞿相之圃，盖观者如堵墙。"瞿圃，即瞿相之圃的意思。瞿相，地名，今山东曲阜孔庙西侧，亦即原曲阜阙里街遗址之西。

端午夏至

五月初五日庚子，卯刻夏至。

西邻鹤

西邻有双鹤，主人韦氏，盖将种也，以凡禽遇之，畜于马厩，侣以鸡鹜。予偶过其傍，引吭哀鸣，若将有所诉者，因悲而为之赋曰："西邻双白鹤，姿性本孤洁。止必依洲渚，飞必集岩穴。潜德师鸾凤，羽族羞并列。朝餐沆瀣兮夕憩云屏，身翔寥廓兮足踏青冥。和鸣振清角，逸翩骑仙灵。何为堕尘寰，踯躅牛羊间。尔曷不游峻嶒之宫，巢蓬莱之松？卑栖易受侮，嘹唳难为容。刷汝抟风翎，奋汝凌霄踪，主人不我惜，安能万里常相从。"

松郡大荒

七月二十七至二十九，连日暴风，昼夜不息。风之所向无定，禾尽偃。农人大恐。至季秋三日，时久旱，忽天气郁蒸，不云而雷，苗皆枯，木棉、豆花俱于数日内脱落。于是四乡有全荒者，有及半者，有每亩收止一二斗者。奸佃借口岁凶，粒米不偿，甚至结党抗拒，官府不之禁。田主束手无策，相顾浩叹而已。乃巡抚洪之杰[1]不以入告，方取到句容县青苗一束，绘"嘉禾图"上献。可发一笑也。里人卢元昌作诗志慨曰："固穷甘俭食，垂老遇奇荒。百岁人希遘，三吴事可伤。探丸竟白日[2]，肱箧到黄堂[3]（按，时府公[4]被劫）。我粟无升斗，开门亦不妨。"

【1】洪之杰，康熙二十七年至二十九年（1688年—1690年）任江苏巡抚。蒋氏《东华录》：康熙二十九年（1690年）六月，两江总督傅拉塔参劾洪之杰与原刑部尚书徐乾学、大学士徐元文

等朋比为奸,贪污贿赂,少则百十千两,多则数万两,于是被革职,从宽免予追究。

【2】探丸,原意谕指游侠擅杀官吏或受金为人报仇。此处是指社会动乱,竟然白日行凶杀人。

【3】肱篋,指盗窃或盗窃者。黄堂,指州郡官或他们的衙门正堂,也就是明清的知府衙门。此处是说,松江知府衙门竟然也被盗。

【4】府公,原指州郡官,明清时是知府。

酷吏

粤东举人张庚,来尹青邑,才器褊浅,遇事竟日不能决,下笔判字,往往多误,为胥吏辈所窃笑。性奇酷,不问曲直,大约以鞭扑从事。一人逋粮不完,杖之四十。一人全完,杖如前。其人不服,叱曰:"汝何完迟?故应同罚也。"其昏暴如此。不一年,参革去。

惨杀之报

北人张君羽明,前守吾郡,有能名,忽构大狱,第五卷中载之详矣[1]。未几黜官,居金陵(今江苏南京)。性豪侈,既被摈,神气沮丧,郁郁不得志。久之卧病,恍若有睹,日夜呼家人围绕。一日,尽遣出。有老仆怪之,穴墙潜窥。见梁上鬼,厥状颇狰狞,额有两角,手操铁槌,跃而下,奋槌击其背。随有斩头沥血数十百人,蜂拥而入。家人急持刀出救,但见目闭身颤,遍体皆青肿,呼号半日而卒。夫天道神明,张君无端惨杀多命,岂能逃冥诛哉?虽报有迟速,不足怪也。

【1】见卷五"谣谚""松郡大狱"。

卢先生

卢先生元昌,自号半林居士,湛思经术,昼夜不辍,尤精注疏,所评月旦[1],倾动海内。素善饮酒,喜长啸,每当高会,浮白拊掌[2],千人辟易[3]。苟非同志者,白眼睨视,不接一谈,时人往往畏而谤之。晚岁著述益富,虽病,不废笔墨[4]。窃怪天下妄庸之流,取科第如拾芥[5],而独于三五魁奇磊落之士,一若故靳之[6],俾颠仆偃蹇[7],终身沦没,不获展一日之志。岂天之忌才?果若此,与或得者未必是,而失者未必非欤？抑丰于名者，必啬于实欤？悲矣夫！

【1】月旦，指旧历的每月初一。从汉代到隋朝采用科举制之前，从地方选拔官吏都是采取察举制度，即以地方有关官员为举主，向朝廷推荐有品德、有学问的士人。在这过程中，地方官必须要听取地方有名望、有地位的人的意见，由此便产生了地方人士经常品评本地人物的传统，也称月旦评。《后汉书·许劭传》：汝南望族的代表人物许劭和从兄许靖俱声望很高，他们推举的人士往往显名于世，"故天下言拔士者，咸称许、郭。""劭与靖俱有高名，好与核论乡党人物，每月辄更其品题，故汝南俗有'月旦评'焉。"

【2】浮白，宴会上罚饮。抃掌，高兴地拍掌。

【3】辟易，众人为之倾倒。

【4】原文"不费笔墨"，致之本、续识略二卷本均作"不废笔墨"，据改。

【5】拾芥，成语"如拾地芥"的略语，形容如同从地面拾起一根小草那样容易。

【6】靳，吝惜，不肯给与。

【7】偃蹇，困顿。

八月生子

俗传，七月生子生，八月生子死。西邻有朱氏，妻八月产一子，妾七月产一子。妾产者周岁而殇，妻所生至今无恙。医书以胎成七月，属太阴脾经脉，内属于肺[1]，土能生金，故寿。八月属手阳明脉[2]，内属于大肠，生气交于泄气，故夭。此论似不足执以为据也。

【1】太阴脾经，又称足太阴脾经。此处作者似乎有误。据《灵枢·经脉》记载，人体计有十二经络，手三阴经：手太阴肺经，手厥阴心包经，手少阴心经。手三阳经：手阳明大肠经，手少阳三焦经，手太阳小肠经。足三阳经：足阳明胃经，足少阳胆经，足太阳膀胱经。足三阴经：足太阴脾经，足厥阴肝经，足少阴肾经。足太阴脾经当属于脾，属于肺的应当是手太阴肺经。

【2】手阳明脉，又称手阳明大肠经。

寓斋唱和

岁暮，偶过暨阳（今浙江诸暨），假馆南城，天气沍寒，拥炉不敢出户，适与潘次耕耒[1]、徐电发釚[2]寓斋相连，日夕过从。大雪中见招，与黄庭表与坚[3]、钱宫声中谐[4]，话旧饮酒极欢。余即席口占四韵曰："屈指交情各黯然，客中招客共流连。才高何意翻遭妒，道直从来不受怜。摇落江城逢旧雨，萧疏灯火近残年。五湖随处烟波稳，莫遣青霜到鬓边。"潘次韵云："天畔怀人每惘然，可能相见不流连。霜余葵藿[5]晚多味，雪后江山清可怜。风鹢差（音：次）池[6]悲宦迹，匏尊牢落[7]感颓年。五湖烟水无争竞，长拟追随箬笠边。"徐次韵云："忽漫重逢一惘然，招寻还喜寓斋连。算来聚散真无定，话到升沉实可怜。薄俗难醇思故老，虚名忝窃悔丁年[8]。衰颓留得须教醉，莫遣闲愁到酒边。"

【1】潘耒，字次耕，又字稼堂，晚自号止止居士，吴江（今江苏吴江）人。早年丧父，跟从其兄潘柽章生活。潘柽章亦一时名士，明亡以后立志撰写《明史记》，深得前辈顾炎武等人的支持。康熙二年（1663年）庄廷珑明史案发，潘柽章因庄氏家人刻书时将其名列入而首罹其祸，被杀。其妻怀孕，发往黑龙江配与包衣。潘耒时年十六岁，获准随嫂同行。至广宁城（今辽宁北镇），其嫂自刎，潘耒护丧南归。此后，他成为顾炎武的弟子。《清史稿·潘耒传》："生而奇慧，读书十行并下，自经史、音韵、算数及宗乘之学，无不通贯。"康熙时，以布衣应试鸿博，授翰林院检讨，与修《明史》。康熙二十三年（1684年），受降调处分，遂归家。康熙四十二年（1703年）康熙皇帝南巡，有旨复原官，力辞而止。

【2】徐釚，字电发，号拙存，江苏吴江（今江苏吴江）人。《清史稿·徐釚传》：康熙十八年（1679年）应试鸿博，授翰林院检讨。"会当外转，遽乞归。后起原官，不就。""著《南州草堂集》《本事诗》……昆山叶方霭称其绵丽幽深，耐人寻绎。朝鲜贡使以兼金购之。"

【3】黄与坚，字庭表，号忍庵，太仓（今江苏太仓）人。《清史稿·黄与坚传》："黄与坚，字廷表，太仓人。幼有奇慧，八岁，酷好唐人诗，录小本，怀袖中讽诵之。已而究心经术，遍读周秦古书……顺治十六年（1659年）进士。后举鸿博，授编修，迁赞善，分修《明史》《一统志》。"《清稗类钞·异禀类》称其"童年颖悟，诗一目、文二三目即记忆。三岁能识字，五岁能诵诗，八岁酷好唐人诗。尝录小本，出入辄携以自随。十四，慨然有志于古学，欲遍读周、秦以下书，甫三年而读周末诸子及六朝以上者几尽。"

【4】钱中谐，字宫声，号庸亭，吴县（今江苏苏州）人，占籍顺天府昌平（今北京昌平）。顺治十五年（1658年）进士，官泸溪知县。康熙十八年（1679年）试鸿博，中一甲第十四名，授翰林院编修，与修《明史》。其撰写的《三吴水利条议》对后世影响很大。史评云："学问淹贯。为诸生时，请减苏松浮赋，条议三吴水利，皆切于国计民生。诗文雄赡，多散失不存。"《光绪昌平州志·选举表七》："顺治十五年，进士钱中谐。卫籍。"按，卫籍就是军籍，钱氏系因军籍而占籍昌平。

【5】指葵与藿，均为菜名。

【6】鹢，一种水鸟。古代常在船首画上鹢像，所以又称乘风而驶的船为"风鹢"。差池，参差不齐。

【7】匏尊，即匏樽，用匏做的酒器。葫芦有两个球形的，下面的比上面的大，称"壶"。做

匏樽用的一个球形的葫芦称"匏",从中剖开即为匏尊或饮水器,又称瓢,所以这种葫芦又称瓢葫芦。牢落,孤寂无聊和疏落的意思。

【8】虚名忝窃,成语,即空有虚名。丁年,一指逢天干为"丁"的年头,一指古代男子虚岁十八,成为壮丁的年龄。此处指后者。

猪蜕皮

庚午(康熙二十九年,1690年)正月,南郊超果寺,栏中畜一豕,大数十斤,一日背忽中坼,皮从两旁脱下,渐及于腹,内生毳毛,如未脱者,四蹄亦然。尝闻龙蜕骨,蛇蜕皮,龟蜕壳,麋鹿脱角,今猪乃蜕皮,真从来所未见也。

窃儿

松郡(今上海松江)有乞妇,家颇裕。每盗取人家小儿,灌以麻药,使冥然无知,随用利刃,将脸皮及胸、背各剔毁数处,肩、臂亦然,令人不复识;其两股及双足,先将筋脉截断,用尖钩挑出膝筋,血出注即以艾灸止之,欲其蹒跚,以便行乞。适东关一寡妇,止生一男,才三岁,为所窃。有发其事者,母急奔救,儿已垂死,抱母颈一恸而绝,惨不忍言,观者无不叹息泪下。其床下又有死儿二,遍体伤痕,凝血满地,行凶之具,尽行搜出。县官穷治党与,悉缚至庭,未及正法,众怒不可遏,已俱毙梃下矣。此地方一异事也,《涌幢小品》亦载有此事[1]。

【1】《涌幢小品》,明代朱国祯(一作国桢)撰写的笔记类著作。《明史·朱国祯传》:朱国祯,字文宁,号平极,乌程(今浙江湖州)人。神宗万历十七年(1589年)进士,熹宗天启三年(1623年)拜户部尚书、武英殿大学士,入阁参机务,次年因大宦官魏忠贤一党的迫害辞官归乡。《涌幢小品》中"丐贩"与此"窃儿"故事内容相似。

鹿尾

今朝廷御膳,以鹿尾为珍品,常以之赐大臣。按之古书,不甚著。忆(梁)刘孝仪曰:"邺中鹿尾,乃酒肴之最。"[1]时魏使崔劼[2]在坐,曰:"生鱼熊掌,孟子所欲[3];鸡跖猩唇,吕氏所尚[4]。鹿尾乃有奇味,竟不载书籍,每用为怪。"然则六朝已贵此味矣。

【1】《梁书·刘潜传》："刘潜，字孝仪，秘书监孝绰弟也。幼孤，与兄弟相励勤学，并工属文……梁武帝天监五年（506年），举秀才"前后跟随始兴王、晋安王左右，得到萧梁宗室的重用，擢为建康令。大同三年（537年）迁中书郎，出使东魏。太清元年（547年），出为明威将军、豫章内史，侯景之乱中失郡，病卒。《酉阳杂俎·酒食》："（梁）刘孝仪食鲭鲊……魏使崔劼、李骞在座……孝仪曰：'邺中鹿尾，乃酒肴之最。'劼曰：'生鱼熊掌，孟子所欲；鸡跖猩唇，吕氏所尚。鹿尾乃有奇味，竟不载书籍，每用为怪。'孝仪曰：'实自如此，或是古今好尚不同。'"

【2】《北齐书·崔劼传》："崔劼，字彦玄，本清河人……世为三齐大族。劼少而清虚寡欲，好学有家风。魏末，自开府行参军历尚书仪曹郎、秘书丞，修起居注，中书侍郎。东魏兴和三年（540年），兼通直散骑常侍，使于梁。"自东魏入北齐以后，深得显祖高洋赏识，累迁五兵尚书，监国史，在台阁之中，见称简正，辅佐自显祖文宣帝高洋至世祖武成帝的历代北齐君王，遇病卒。

【3】《孟子·告子上》："孟子曰：'鱼，我所欲也。熊掌，亦我所欲也。二者不可得兼，舍鱼而取熊掌者也。'"

【4】鸡跖猩唇，《吕氏春秋·用众》："善学者若齐王之食鸡也，必食其跖数千而后足。"（汉）高诱注："跖，鸡足踵。"同书"本味"："肉之美者，猩猩之唇，獾獾之炙。"

赠女

予上元后三日，忽遍体作痛，春尽夏初，病愈剧。延医诊之，或云痛风、云湿痰，或谓此痿躄之症，筑舍[1]纷纷，讫无定见。因绝药饵，至深秋，疾势渐减。然经年抱疴，憔悴支离，莫可名状。幼女才九岁，聪慧殊常儿，已能奉侍汤药，承欢膝下，稍慰闷怀。作诗赠之曰："宛转怜娇女，晨昏绕膝多。折花簪小髻，扑蝶捧轻罗。笺襞[2]偷描字，奁开学画蛾。他年同月上，长伴病维摩[3]。"

【1】筑舍，即"筑舍道傍，无时可成"的略语，出自《资治通鉴》"晋孝武帝太元七年"。又成语："众谋筑室"，又作"众谋筑舍""筑舍道边""筑室道谋"，喻指没有定见，众说纷纭，难以成事。出自《诗经·小雅·小旻》："如彼筑室于道，谋是用不溃于成。"

【2】笺襞，即襞笺。襞，裂、折叠、剖的意思。襞笺，即把纸裁开。

【3】维摩，即维摩诘（音：乞），早期佛教著名居士，在家菩萨。又音译：维摩罗诘、毗摩罗诘、略称维摩或维摩诘；意译为净名、无垢称，意思是以洁净、没有染污而著称的人。据说，他称病在家。佛知道他是诈病，派去了被誉为智慧第一的文殊菩萨。文殊见到维摩诘，互斗机锋，反复论说佛法义理，妙语连珠，蕴意深奥。从此人们对维摩诘菩萨更加崇敬。在这里，作者是以病维摩自喻。

蛟起

七月二十三、二十四日，越中余姚（今浙江余姚）、上虞（今浙江上虞东南）、慈溪（今浙江宁波西北）等县起蛟，山水骤发，高丈余，田禾房屋淹没者甚众。

虫灾

二十四至二十六，连日大风，既而溽暑郁蒸。禾心旋细虫，啮伤者十七、八。木棉为风簸摇，十不存一。我郡复大荒，较上年尤甚，而郡邑吏方申文，报十分全熟。至苏、浙接壤，虫不为害，何松民之独罹其厄乎！余作《匪荒行》以纪之云："去年旱灾荒过半，粒食维艰[1]价差贱。今年虫灾不可说，啮断禾心枯欲遍。磨镰乘割苗已空，遮陌连畦白如霰。一石才砻一斗谷，稻茎狼藉根零乱。奸农恣食复窃藏，升斗肯呈田主面。仆夫到乡传宪檄，择日开仓急流电。发言未毕几被缚，结党持刀如拒战。县官勘灾行村落，初亦攒眉减欢宴。岂料移荒反报熟，剜髓敲筋凭判断。虎差索钱朝打门，使气咆哮声未善。伤哉此冤将安诉，百岁老翁几经见？吴阊（今江苏苏州）、槜李（今浙江嘉兴）地接壤，独怪吾乡罹此变。卖儿换米偿未足，眼见流离死他县。低昂谁[2]敢尤苍穹，积孽或遭天所谴。嗟余薄田止二顷，一粒何从供午膳？甑欹[3]税迫妻孥愁，为此踟蹰疏笔砚。谁将此情达至尊，满目疮痍期顾眷。贱子饥寒何足云，瘦来鹤背乘差便[4]。"

【1】维艰，致之本、续识略二卷本作"虽艰"。

【2】致之本、续识略二卷本作"讵"。

【3】甑，古代蒸饭的一种炊具。欹，盛水器，又作倾斜貌。瓶欹，盛水的容器斜倒着。甑欹，形容炊具不整，生活潦倒。

【4】原文"参"，致之本、续识略二卷本均作"乘"，据改。鹤背，传说修道成仙者乘坐处。差便，略微比较方便。

科举异变

科臣何楷，题为科举定例[1]：每六十卷中式一名，今督学取数太多，宜限数截去。于是生员名列二等者，大半芟除，学校为之失色。夫寒士三年苦心，膏火之费，途路之资，措办不易，今既得复失，殊乖盛朝鼓舞之意。且科举多寡，何关大计，国家事岂更无急于此者乎？前朝张孚敬[2]当国，有沙汰生员之举，言官上言，谓：自昔以来，有增学舍，广生徒者矣。但闻沙汰僧尼，未闻有沙汰生员者，事寝不行。何君此举，可谓不学无术矣。

【1】康熙二十九年四月《何楷题应立乡试条规事本》："……应试儒生当酌定额数也。查科场条例，每举人一名，取科举三十名，此系顺治二年（1645年）定例，当时额中之数广，故三十而取一。今中额减半，而江浙等省入场士子多至万余人。窃思若照旧例录科，则入场者太少，无以广罗人才。若任其滥取，则以万余朱卷责之考官数人，岂能细加详校，不无苟且塞责。臣请每举人一名，于额取科举三十名外……不得额外滥行录送……"载《清代档案史料丛编》第十辑。

【2】张孚敬，即张璁。《明史·张璁传》："张璁，字秉用，永嘉（今浙江温州）人……正德十六年（1521年）登第。""嘉靖十年（1531年）二月，璁以名嫌御讳请更。乃赐名孚敬，字茂恭。"世宗时，杨一清为首辅，张璁破格进入内阁。他累官华盖殿大学士，"刚明果敢，不避嫌怨。既遇主，亦时进谠言……他若清勋戚庄田，罢天下镇守内臣，先后殆尽，皆其力也。持身特廉，痛恶赃吏，一时苞苴路绝。而性狠愎，报复相寻，"甚至迫走首辅杨一清，独揽大权。世宗嘉靖十八年二月（1539年）卒，谥文忠。

官绅接见有禁

士大夫居乡，贵乎自重，地方果有利弊，不妨直陈，苟非切己[1]，概行谢绝可也。而来吴下有一二显者，未免太过，致烦白简[2]。上宽仁不以为然，而上司遂有乡绅与现任官不许接见之禁，上自督抚，下逮郡邑，皆不相闻问；所与造膝咨访者，不过奸胥贱隶而已。上下蒙蔽，贵贱不分，于是刁民蠹役，肆行无忌，岂朝廷重士安民之意乎？不独体统荡然，我不能无世道之忧矣。

【1】切己，犹切身，指事情和自己有密切关系。
【2】白简，指弹劾官员的奏章。

耄年应试

扈渎潘明经[1]襄，十三入泮宫[2]，十七食廪饩[3]，年方壮，序贡[4]赴都，两任教职，一署县篆[5]，六十后罢官归。久之，家贫落魄，年逾古稀，忽易名[6]应童子试[7]。复三入秋闱[8],寿登八十三矣。手抄口诵,锐气不衰。或叩其故,曰:"吾闻登科第者,须仗慧根,今生纵[9]无成,冀来生或当早达耳。"闻者笑而悯之。昔胁尊者[10]八十方出家,赵州[11]八十犹行脚,然则潘君亦未可全非也。

【1】科举时代,挑选府、州、县生员(秀才)中成绩或资格优异者,升入京师国子监读书,称为贡生,别称"明经"。

【2】泮宫,即各级官学。官学的学宫内都有个椭圆形的池子叫泮池,所以入学也叫入泮。入泮宫,即通过了童子试,考中秀才成了县学生员。

【3】廪饩,科举时代官家供给在学生员的膳食津贴。

【4】科举时代,挑选府、州、县生员(秀才)中成绩或资格优异者,升入京师的国子监读书,称为贡生,其名分相当于举人副榜。由于选送的形式不同,所以贡生又有岁贡、选贡、拔贡、恩贡、优贡的区别。例如岁贡是由地方的府、州、县学把秀才依次排队,按规定时间循序推荐到国子监,俗称挨贡。

【5】明清贡生可申请充任州县官学教官。篆,原意官印,代指官职。县篆,即知县,例如:明代崇祯中冯梦龙由贡生选授福建寿宁知县,清初赵廷臣顺治二年(1645年)自贡生授江苏山阳知县。

【6】致之本、续识略二卷本均作"忽易名衫黼"。

【7】童子试亦称童试,即参加科举考试的资格考试,包括县试、府试和院试(即学政主持的在省城的考试),院试合格后称秀才,又称生员、茂才,成为国家的学生,从此可进入府、州、县官学学习。

【8】乡试是在秋天举行,所以又称秋闱。

【9】原文"才",致之本、续识略二卷本作"纵",据改。

【10】胁,指人体两腋至腰部之间的部位。胁尊者,西天第十祖,中印度人,姓氏未详。尊者八十岁才出家,师事九祖伏驮蜜多尊者。他不顾别人的嘲笑,夜以继日地用功办道,白天研习教理,晚间静虑凝神。经行、宴坐,住立、思惟,心心在道,胁未至席,连续三年时间,尊者便学通三藏,断三界欲,获三明智,并得九祖之付法。时人敬仰称他胁尊者。

【11】赵州,指唐代赵州从谂禅师。他是禅宗史上一位著名大师,幼年出家,后得法于南泉普愿禅师,为禅宗六祖慧能大师之后的第四代传人。他寻求佛法行脚天下,至少到过今天的河北、江西、湖南、湖北、浙江、安徽六个省。唐大中十一年(857年),八十高龄的从谂禅师行脚至赵州,受信众敦请驻锡观音院,弘法传禅,僧俗共仰,人称"赵州古佛"。

烧丹无成

狯园[1]曰:万历中,闽有林道人,从吕祖受指石成金法。云间董翰林其昌[2]偶会他所,请于主人曰:"林尊师真有道者,闻其有指石术,可一试乎?"林曰:"此小事耳，当取一物为验。"时盘中有梧子，取一粒授林。方茶次，便投入瓯，随手立变为银。董曰："可复化梧子乎？"曰："可。"再纳茶瓯，良久出之，故是梧子也。如此者三，林曰："此真银矣，五百年后不复变也。"后道人从公乞一传，公不与。求其术，亦竟不肯授。先文敏[3]酷嗜烧丹，久而无成，然亦年逾八秩[4]矣。

———

【1】《狯园》（明）钱希言著，《四库全书总目提要》："《狯园》十六卷（浙江巡抚采进本）明钱希言撰。希言有《戏瑕》，已著录。是书成于万历癸丑，皆记当时神怪之事……其以狯园名书者，狯者狡狯之意，狡狯者戏弄之意也。"钱希言，字简栖，吴县（今江苏苏州）人。生当明神宗万历四十年前后，博览好学，刻意为诗，恃才负气，卒以穷死。

【2】《明史·董其昌传》：董其昌，字玄宰，号思白，松江华亭（今上海松江）人。万历十七年（1589年）进士，天启二年（1622年），改兼翰林院侍读学士，纂修实录。崇祯七年（1634年），致仕，九年（1636年）卒，年八十二。谥曰文敏。云间，即今上海松江地区。

【3】先文敏公，即董其昌，其谥号"文敏"。

【4】八秩，即八十年。

乡贤祠滥觞

士大夫有功于国，有德于桑梓，殁而祀诸瞽宗[1]，礼也。迩来乡贤一祠，竟为藏垢纳污之地，真有不敢言、不忍言者。犹忆（明）罗念庵、郑淡泉两先生[2]，望重朝野，父皆耆儒，后见滥觞[3]，不忍父混列其间，各抱其主[4]以归。闻二公之风，可以愧矣。

———

【1】瞽宗是殷商时期乐人的宗庙和学校，中国最早的音乐教育机构，后借指最高学府。

【2】罗洪先，字达夫，号念庵，江西吉水（今江西吉水）人。《明史·罗洪先传》："罗洪先，字达夫，吉水人……嘉靖八年（1529年）举进士第一，授修撰，即请告归……十八年（1539年）召拜春坊左赞善。"当时嘉靖皇帝常称疾不视朝，他与司谏唐顺之、校书赵时春上疏，请来年由皇太子代替皇帝受百官朝贺，大忤嘉靖皇帝之意，三人均被除名。他自幼喜读王阳明的著作，虽然没有正式拜师，但他钻研王阳明之学，"考图观史，自天文、地志、礼乐、典章、河渠、边塞、战阵攻守，下逮阴阳、算数，靡不精究。至人才、吏事、国计、民情，悉加咨访。"他是明代王阳明学说的重要代表人物。郑晓，字窒甫，号淡泉，浙江海盐县（今浙江海盐）人。《明史·郑晓传》："郑晓，字窒甫，海盐人。嘉靖元年（1522年）举乡试第一。明年成进士，授职方主事。"他总督漕运时，江南奸民与倭寇勾结，烧杀抢掠，漕运为阻。他上奏朝廷，增兵设警，筑城练兵，经营多年始平倭乱。他官至刑部尚书，因与首辅、奸相严嵩不合，被罢官去。郑晓"通经术，习国家典故，时望蔚然。

为权贵所扼，志不尽行。"

【3】此处"滥觞"一词误用。滥觞的"滥"，不作泛滥讲，是"浮"的意思，原指江水的上源水浅，仅可浮起酒杯，比喻事物的起源。《玉堂荟记》卷上："滥，泛也。江出岷山，其源可以滥觞，言水浅仅可浮觞耳，见《孔子家语》。本言开端托始，非言末流，近日时文多误用为末流，或若酒醉潦倒者，然殊为可笑。戊寅（崇祯十一年，1638年）冬，乃见之票拟曰："驿递滥觞已极。"夫驿递流弊诚有之，不合咎及开端，且云"已极"，何也？夫省中不可有伏猎侍郎，阁中岂可有滥觞学士乎。"

【4】主，即供奉在乡贤祠的神主牌位。

十六月生子

海虞（今江苏常熟海虞镇）有祝生者，妻严氏，怀娠[1]十五月不产。延医诊之，曰："中有蓄血，结而成痞。"或又曰："此系蛊疾，非孕也。"投以药，俱不效。又逾月，产一男。然则十四月生者，未足为异也。

【1】致之本、续识略二卷本均作"怀妊"。怀妊、怀娠，无别。

宿生讼师

上海庠生[1]曹汇文者，挈伴赴江宁（今江苏南京）应试。于仲秋之七日，骤感寒疾，遍体发热。至十二日，势甚剧，忽有皂衣人追至一处，仰视见文昌及关寿亭[2]列坐殿上，曹俯伏阶下，讯其宿生[3]杀人事，押付地下主者。曹哀恳：读书半生，从无他愆，且此事茫然不知，况老母在堂，年已垂暮，乞终养就罪。不许。又乞暂释，归理家事。关公忽震怒，即有数隶持杖至，鞭背二十，叱曰："汝罪颇重，冤对相待已久，可自往辩之。"遂驱之出。见门外一人，自称麦二，云：四十年前，曹曾为讼师，陷其一家性命。仇恨切齿，即以银铛系颈，曳之同行。曹长跪祈缓，麦二曰："昔汝词状中，肯宽我一命否耶？"因忽悟宿世事，瞥然惊醒。神气沮丧，急索纸细书家报，叮咛同寓友曰："我此番光景甚恶，恐不及回家矣。烦致家人。"并嘱料理后事。于是扶病解维[4]，口已不能言。舟至黄渡，距家才七十里，连呼腹痛而死。

【1】庠生，即秀才。古代学校称庠，在府、州、县学的秀才也叫庠生、生员、茂才。
【2】文昌，即文昌帝君，他是民间和道教尊奉的掌管士人功名禄位之神。关寿亭，即三国蜀

汉大将军关羽。他在东汉末年因战功被封为汉寿亭侯,被后世奉为武圣人。

【3】宿生,佛教认为人有前世、现世、来世,宿生即前世、前生。

【4】解维,即解开船的缆绳,指开船。

奇寒

腊月初四日,薄暮,雪。翌日,雪愈甚,牛马缩如猬毛。旬有五日,寒威不解,滴水成坚冰,往来路绝。二十日,河始开。有夜航从浦东归,至鲁家汇,为冰凌撞破,舟平沉[1],死者三十七人。廿八日,又大雪盈尺。居人手足皲瘃,阖户不敢出,冻死于道者比比而是。据百岁老人云,有生以来所希觏也。

【1】平沉,即沉没、隐没。《宋史·虞允文传》:"中流官军亦以海鳅船(按,一种战船)冲敌,舟皆平沉。"

《朝野佥载》:"开元五年(717年)春,司天奏:'玄象有眚见,其灾甚重。'玄宗震惊,问曰:'何祥?'对曰:'当有名士三十人同日冤死,今新及第进士正应其数。'其年及第李蒙者,贵主家婿,上不言其事,密戒主曰:'每有大游宴,汝爱婿可闭留其家。'……曲江涨水,联舟数艘,进士毕集。蒙闻,乃踰墙奔走,群众惆望。才登舟,移就水中,画舫平沉,声妓、篙工不知纪极,三十进士无一生者。"

春雪

辛未(康熙三十年,1691年)元旦,积雪未消。初六日雪,人日[1]又雪,谷日[2]雪尤剧。九日,复大雪。十八日漏二下,忽暴风起,雨雪交作。予闭户塞窦,不禁凛溧,以诗记之曰:"腊雪连春雪,春寒胜腊寒。冻梅舒萼晚,渴鹭啄冰难。税急衣频典,年荒瓮久乾。旧游零落尽,何处觅新欢?"

【1】农历正月初七是中国传统习俗中的"人日",即传说中的人类的生日。

【2】谷日,传说正月初八是谷子的生日,天晴则主这一年稻谷丰收,天阴则年歉。

异鱼

闽福安县（今福建福安）傍海，渔人网一鱼，双尾，背有两翅，状酷似人首，面有笑容。急释之去。《山海经》载，东洋有和尚鱼[1]，想即此类。

【1】《山海经·南山经》："青丘之山……英水出焉，南流注于即翼之泽。其中多赤鱬，其状如鱼而人面，其声如鸳鸯，食之不疥。"《山海经校注·海内北经》："陵鱼人面，手足，鱼身，在海中。"袁珂注云："《海外西经》云：'龙鱼陵居在其北。'即此鱼也。《山海经》记有产人鱼之处多所：西山经之竹山、北次三经之龙侯山、中次三经之熊耳山、中次六经之傅山、阳华山、中次十一经之朝歌山、葴山，均云'多人鱼'。即《南山经·青丘山》之赤鱬，《中次七经·少室山》之鯑鱼，亦均人鱼之属也。然此人鱼，乃动物之人鱼，非神话之人鱼也。"按，《山海经》诸处记载，除具体描述人面外，只称人鱼，并不见和尚鱼名。

辟谷

《玉柜经》[1]云：求仙之道，绝粒为宗。绝粒之门，服气为本。然其间玄妙，必有所授，无本之术，终恐无成。吴阊（今江苏苏州）有史道人者，能辟谷[2]，不食者二十余稔[3]，独处一室，不设灶厕，几榻萧然。每日咽津纳气，熊蹲龟息[4]，时饮冷水数口而已。学道者自远裹粮而至。未几，史遘泻疾，潦倒而卒，年才及壮耳。然则辟谷亦何益哉？

【1】《玉柜经》，又书《玉匮经》，即《中山玉柜经服气消三虫诀》，见《云笈七签》卷八十三。

【2】辟谷是道家的一种修炼方法，通过在一定期间，一般是七天，不食五谷的方法来达到修炼目的。

【3】稔，年；一年。

【4】致之本、续识略二卷本均作"鹔息"。"鹔息"，古代方士导引之术，因动作屈颈如鹔鸟之引气呼吸，所以得名。《后汉书·方术传下·华陀传》附冷寿光传："寿光年可百五六十岁，行容成公御妇人法，常屈颈鹔息，须发尽白，而色理如三四十时，死于江陵（今湖北江陵）。""龟息"，道教语，指所谓呼吸调息如龟，不饮不食而能长生。据此处文意，当"龟息"为是。

张将军

张大将军旺，性忼爽，长于将略。其为人谦虚下士，和气近人，与予辈握手论交，款款不倦。每得四方佳果异味，必分贻士大夫。不甚识字，而文书往来，皆卧而听之，以意判决，百不失一，亦一异人也。

雷击蜈蚣

孟夏二十四日，薄暮，大雷雨。张堰大石地方，有柳树高数丈，劈为二，中有蜈蚣长八九尺，击死于地，已失其首，其色绀碧。或云顶有珠，为龙取去；或言屡出为害，故被击。按《南越志》[1]载，蜈蚣长百步，头如车厢，剖之得肉一百二十斤。

【1】《南越志》，南朝（宋）沈怀远撰。沈怀远，吴兴武康（今浙江德清西）人。初为始兴王璿征北长流参军，因坐事流放广州。《南越志》就是他在广州时所撰，《隋书》《旧唐书》的《经籍志》中均有记载，是研究南方古代民族史的文献资料之一。原本已佚，现有《说郛》辑本。

龟鉴

胡文定公[1]曰："人家最不要事事足意，得常有些不足处便好。若事事足意，便有不好事出来。"予观今日宦途通显诸公，或末路不终，或中道蹉跌，文定此言，可谓千古龟鉴。

【1】即宋代理学家胡安国，号青山，学者称武夷先生。《宋史·胡安国传》："胡安国，字康侯，建宁崇安（今福建武夷山市）人。入太学，以程颐之友朱长文、颍川靳裁之为师。"北宋哲宗绍圣四年（1097年）进士，为太学博士，先后任提举湖南学事、提举成都学事、中书舍人。靖康之难，宋室南迁，他也渡江抵湘潭，讲学著述，虽多次应召，但都辞官不就。"安国所与游者，游酢、谢良佐、杨时皆程门高弟"，是宋代理学湖湘学派的奠基人，卒后谥文定。

龙阵

六月初一日，淮安府城（今江苏淮安）午后陡起暴风，天地晦冥。有龙自乔家圈起，至新城下关晏公庙东去，拖倒房屋一千余间，居民压死者无数。

佘山起蛟

二十四日，佘山[1]塔后地中有声如雷，自辰至未（7时—15时），忽大雨倾注，平地水高三尺，有蛟两角，裂地而出。又猛将庙地方，银杏一株，大数围，龙过其上，连根拔去。根大如屋，有卵二斗许，形如鹅子，堆积其下，不知何物。

【1】今上海松江有东佘山、西佘山。

肉身变牛

七月初七日。娄邑（今上海松江）秦望山之阳，有居民金禹亭者，性凶恶，喜讼，老而弥甚。是日忽谓其子曰："我孽报将至，明晨便不食矣。今夕佳辰，可速治盛馔以飨我。"子闻之，骇不敢问，果多置酒肴，以燕其父。饮毕，各归寝。夜将半，大风绕室，良久，闻启户声。急吹火视之，则床已空矣，于是合家起觅，见乃父在菜圃中，额上生二肉角，长三寸许，眼横口哆，宛然一老牯也，但体无毛耳。两手已变牛蹄，后二足尚如故，与之食，不食，惟伏地啮草，啮毕，犹能人立。远近观者踵相接，或呼其名，垂泪不止。吾闻作恶之人，有死后堕畜趣者，生前现报，古籍中，间载一二，然未敢深信，不意真有其事也。第怪人世巨憝，不一而足，往往席丰享厚，乃一介小人，独受斯报，岂报之于地下者较甚人间欤？抑或借此惩一以儆百欤？吁！可畏也矣。（原注：或云，名史我白[1]，未知孰是）

【1】致之本、续识略二卷本均作"史吾白"。

海舟覆没

闰七月。粤东洋船至浙江，顺风扬帆，不数日便达，取利甚厚。时有海商，联四十余船，行至中途，暴风忽发，海天昏黑，怒涛如山，樯橹悉摧坏，长年力不能支，三十余艘俱覆没，死者几二千人。夫泛海获利虽倍，然乘危冒险，以父母付畀之躯而填蛟龙不测之窟，利于何有乎？顾愚民犹往来如鹜[1]，而富家巨室，亦不免随众为之，我所不解也。

【1】各本均作"往来如鹜"，误，当为"往来如骛"。骛，奔驰、追求，例如：好高骛远。鹜，水鸟、鸭子，例如：趋之若鹜。

圣谕

今上皇帝豁达大度，王路荡平，而辇上君子[1]，间有怀报复，致互相讦者。于是刁风四起，动以绅宦为辞，揭讼纷纭，冠履倒置，士大夫皆重足而立。上知之，遂传谕云："从来致治之道，在正人心。人心偏私，则诈伪日生，习俗滋敝。朕崇尚德教，期与中外臣民共适于宽大和平，凡大小诸臣素经拔擢[2]，咸思恩礼下逮，曲全始终。即或罢斥罢斥，仍令各安田里，乐业遂生。乃近见内外各官，间有彼此倾轧，党同伐异，私怨相寻，牵连报复。或代人纠参，阴为主使，业已解职，仍复推求不止，株连逮于子弟，颠覆及于身家。甚且市井奸民，亦得借端凌侮，蔑纪伤化，不可胜言。朕总揽机务三十年，情态最悉。倘因仍陋习，益致蔓延，殊非朝廷体臣工[3]、保全爱惜之意。夫谗谄媢嫉之害，历代皆有，而明季为甚。公家之事，置若罔闻，树党诳陷，祸延国祚，深切痛恨。自今以往，内外大小诸臣，尽蠲私愤，共矢公忠，岂独国事有裨，亦身名俱泰。倘执迷不悟，复蹈前非，朕将穷极根株，悉坐以交结朋党之罪。"大哉王言！自有此谕，而在朝在籍，皆得[4]安枕而寝矣。

【1】辇上即朝廷，意指朝廷的大臣们。
【2】原文"拔擢"，误，致之本、续识略二卷本均作"拔擢"，据改。
【3】致之本、续识略二卷本均作"俯体臣工"。
【4】致之本、续识略二卷本均作"庶得"。

修海塘

松郡去海不百里，每秋夏之交，飓发海溢，沿海居民，屡遭漂没。旧所筑捍海塘，皆垒土为之，势不能与海争，而咸水冲入，田禾多淹死者。明季谷城方相国岳贡[1]

守我郡，谓必易以石，庶可为久长计，毅然以身任之。浃岁建石塘二百八十九丈有奇。后续建石塘二百六十三丈有奇，官给赎锾，士民乐输，计费料价工食四万余两。水深土坚，石齿牡合，霖潦无虞至于今，享其成者已逾一甲子矣。近海潮冲激，石塘渐圮，咸流复侵内地。官府商所以御之者，于是私派康熙二十九年（1690年）每亩六文，私派三十年（1691年）每亩二文。有华亭尹某，设柜苛敛，虎差咆哮，坐逼银钱。既集，府县朋分，胥役土蠹，互相侵没，所费不过千余金，而浮派者已十余倍矣。予作《筑塘谣》曰："朝筑塘，暮筑塘。我从塘上行，天水昏茫茫[2]。忆昔采石东海东，蜿蜒万丈浮长虹。谷城相君旧作郡[3]，手撑半壁排鸿濛。只今已隔七十载，故垒摧颓迹犹在。如山雪浪恣奔腾，窃恐桑田变成海。县官坐公署，慨然议重修。按亩派金钱，急公谁敢尤。令严敛逾万，所费才及千。其余势尚缓[4]，剜肉情堪怜。官府歌呼胥隶贺，分得官钱作私课[5]。摩牙吮血意未休，灾荒[6]那管人饥饿。天吴[7]象罔何鸱张[8]，年年估价计亦良。簿书开销报功速，粉饰聊遮众人目。国事全凭肉食[9]谋，主恩民力两难酬。君不见，微禽尚矢填波愿[10]，邑女空怀添室忧。"

【1】方岳贡，字四长，谷城人。天启二年（1622年）进士。授户部主事，进郎中，以谨廉闻名于朝，累官至户、兵二部尚书兼大学士。《明史·方岳贡传》：方岳贡于崇祯元年（1628年）出任松江府知府时，"郡东南临大海，飓潮冲击，时为民患，筑石堤二十里许，遂为永利。郡漕京师数十万石，而诸仓乃相距五里，为筑城垣护之，名曰'仓城'。"崇祯十七年（1644年），李自成起义军攻克北京，方岳贡自缢死。

【2】此处致之本、续识略二卷本均作"何茫茫"。

【3】此处致之本、续识略二卷本均作"旧作邦"。

【4】原文"其鱼势尚缓"，致之本、续识略二卷本均作"其余势尚缓"，据改。

【5】原文"秘课"，致之本、续识略二卷本均作"私课"，据改。

【6】此处致之本、续识略二卷本均作"炎荒"。

【7】天吴，"吴"是古人狩猎时喊叫的象声字，吴人本是生活在今山西、陕西地区的狩猎民族，在炎黄时代东迁至今长江三角洲一带，于是他们的人面虎身的崇拜图腾"天吴"也就成了神话中的水神。《山海经·海外东经》："朝阳之谷，神曰天吴，是为水伯……其为兽也，八首人面，八足八尾，皆青黄。"同书《大荒东经》："有神人，八首人面，虎身十尾，名曰天吴。"

【8】"象罔"，即"罔象"，古代传说的一种水怪。《庄子·达生》："水有罔象。"鸱张，即凶暴、嚣张的意思。

【9】肉食，指担任官职的人。

【10】指精卫填海的神话故事，原出自《山海经·北次三经》："发鸠之山，其上多柘木。有鸟焉……名曰精卫……是炎帝之少女名曰女娃，女娃游于东海，溺而不返，故为精卫，常衔西山

之木石，以堙于东海。"

珠瘤[1]

粤东廉州府（今广西合浦）一村落间，有褚炼师者，忽颈生一瘤。经三岁，大如升。一日，中如鸟啄，痛不可言。以刀剖之，内孕一珠，圆明莹澈，迥异凡品。亟贮以石匣，每夜有白光透匣而出，高数尺，因取供三清像[2]前。后为人窃去，不知所之。同年佘君说。

【1】原文"珠疣"，致之本、续识略二卷本均作"珠瘤"，据改。
【2】三清像，即道教三清天尊塑像：玉清元始天尊、上清灵宝天尊、太清道德天尊。

元旦日食

壬申（康熙三十一年，1692年）元旦，日有食之。午后雨，黄气四塞。

蠲漕

上谕户部："朕抚御区宇以来，额征钱粮，屡次蠲豁。惟岁运粮米，时切轸念。今除河南省明岁免征外，其湖广、江西、浙江、江苏、安徽、山东，着自三十一年（1692年）始，以次蠲免一年，以纾民力。"上念切民生，一至于此，真旷代所希觏也。

野史氏曰：今上登极以来，蠲税之诏屡下，甚至额征地丁、岁运粮米，有全蠲者。呜呼！我皇上之轸恤民隐[1]，何其至也！故能膏泽旁流[2]，仁风远播。天变地震，不足为我虞；封豕长蛇[3]，不足为我害。群黎望幸，薄海归心。《书》曰："元后作民父母[4]。"《易》曰："含弘光大，品物咸亨[5]。"国家亿兆万年无疆之业，俱肇于此矣。

【1】民隐，民众的痛苦。《国语·周语上》："先王非务武也，勤恤民隐而除其害也。"
【2】原文"膏泽傍流"，误，致之本、续识略二卷本均作"膏泽旁流"，据改。
【3】封，大的意思。封豕长蛇，即贪婪如大猪，残暴如大蛇，喻贪暴者。语出《左传·定公四年》："吴为封豕长蛇，以荐食上国。"以上喻指康熙十八年（1679年）京东三河大地震和康熙

十二年（1673年）以平西王吴三桂为首的靖南王耿精忠、平南王尚之孝三藩之乱，皆不足为国家之害。

【4】《书》，古代典籍《尚书》的略称。《尚书·泰誓上》："亶聪明，作元后，元后作民父母。"元后，即天子。

【5】《易》，《周易》的略称，又称《易经》。《易经·坤卦》："坤厚载物，德合无疆。含弘光大，品物咸亨。"《易经》以"乾"意天，以"坤"意地，所以说"坤德"广博、长久无疆，万物亨通。

雄鸡生卵

二月二十九日，松江提标左营韦元鼎廨中，雄鸡连生二卵，甚巨。

盍簪感逝录序

予承四方交游，不我遐弃，赠缟论心[1]，尺素往来不绝。四十年来，零落殆尽，曾作《盍簪[2]感逝录》二卷，今聊附记其序云：盖闻旷野萧条，子期发《思旧》之赋[3]；良辰晼晚，士衡题《叹逝》之篇[4]。盖痛莫大于死生，情最悲于离别。故渡河梁者弥增眷恋，登岘首者不禁唏嘘。时乎难再，序冉冉其若驰；逝者如斯，水滔滔而不返。虽聚散比梦中之蝶，而去来感雪上之鸿。仆青鬓论交，白头怀旧。彼恨相知之晚，此怜倾盖[5]之迟。海内名贤，不遗鄙陋。缅追畴昔，细数平生。或结契于风尘，或缔交于邂逅。或间山川，谊深稽古；或忘年位，情协埙篪[6]。或同堂握手，而矢知己之言；或闻声相知，而寄写心之什。或订金兰之谱[7]，或镂玉敦之书[8]，莫不珠联璧合，雾涌云蒸。春兰秋菊，并挹芳姿。北雁南鸿，常怀离恨。讵意知交零落，岁月差池，发齿先颓，功名莫究。簷羽鹓鸾[9]，悼华堂之萧瑟；栖踪泉石，惭旧圃之荒凉。绿樽红袖，便隔壶觞；白水青松，忆陪冠盖。情纷纷其如疢，意戚戚而鲜欢。念百卉之滋荣，愧故人之憔悴。而况顾影长辞，临风永诀，国之殄矣，我劳如何！于是低回末路，俯仰前徽[10]。登山涉水，藉赫蹄[11]以传情；苦雨凄风，狎喻麋[12]以伸志。或如赞语，或类挽词，情绪杂陈，歌谣并奏。潘岳之诔夏侯[13]，良有以也；庄生之悲惠子[14]，岂徒然乎？吁嗟乎！梓泽[15]花残，虞渊[16]日暮，漆灯[17]暗淡，银海[18]微茫，空招蒿里之魂[19]，难起岱宗之魄[20]。零陵（今湖南零陵）道中，吊一江之绿水；咸阳原上，抽三丈之白杨。盖听山阳之笛，倍益缠绵；扣西州之门，真堪恸哭矣。

【1】缟，未经染色的生丝绢。赠缟，指朋友之间定交。论交，倾心交谈。

【2】盍簪，即朋友相聚的意思。也作为朋友的代称。《周易·豫卦》："勿疑，朋盍簪。"（魏）王弼注："勿疑则朋合疾也。盍，合也；簪，疾也。"（唐）孔颖达疏："群朋合聚而疾来也。"

【3】子期，即西晋竹林七贤之一的向秀。《晋书·向秀传》："向秀，字子期，河内怀（今河南武陟县西南）人也。"他"雅好老庄之学"，为世人解说庄子的内篇、外篇，发明奇趣，"读之者超然心悟，莫不自足一时也"。他和竹林七贤中的嵇康、吕安是好朋友，"康善锻，秀为之佐，相对欣然，傍者无人。又共吕安灌园于山阳。"三国曹魏末年，司马昭家族篡夺政权大势已成，嵇康因不依附司马氏集团，得罪了其重要人物钟会，而于魏景元三年（262年）被司马昭所杀。向秀虽然为了保身而不得不向司马氏屈服，出来做官，但深念旧友，"作《思旧赋》云：'余与嵇康、吕安居止接近，其人并有不羁之才。嵇意远而疏，吕心旷而放，其后并以事见法……'"

【4】士衡，西晋末年江南世族代表人物，著名文学家陆机。《晋书·陆机传》："陆机，字士衡，吴郡人也。"其祖、父分别是东吴孙氏政权的丞相、大司马。陆机"少有异才，文章冠世，伏膺儒术，非礼不动。"在他二十岁的时候，吴国被西晋所灭，于是退归乡里，闭门读书十余年，后复出而为官。在西晋末八王之乱中，他依附成都王司马颖，以兵败受诛。陆机善于作赋，《叹逝赋》是他四十岁时所写的一篇，叹息生命之短促，三年后即被杀。

【5】倾盖，指偶然相见，却一见如故，以至于车上的伞盖靠在一起。

【6】埙、篪是古代的两种乐器，前者如梨，后者如笛，两者合奏可以获得悦耳和谐的效果。《诗经·小雅·何人斯》："伯氏吹埙，仲氏吹篪。"伯氏，对大哥的称呼；仲氏，对二弟的称呼。情协埙篪是比喻像兄弟一样的情谊。

【7】金兰：指牢固而融洽的友情，源于《周易·系辞传上》："二人同心，其利断金；同心之言，其臭（音：秀）如兰。"后世把异生兄弟或姐妹结拜为兄弟姐妹称结金兰，俗称"换帖"或"拜把子"。

【8】玉敦，古代玉制的盛器，特指盟誓时歃血的器皿。

【9】蓬羽，原意指排列齐整，若飞鸟的羽翅。比喻古代百官朝见时仪仗行列整齐。鹓鸾，比喻朝官。

【10】前徽，前人美好的德行。

【11】赫蹏，又作赫蹄，古代称用以书写的小幅绢帛，东汉以后亦借指纸、薄纸。

【12】在唐代以前，墨的重要产地在陕西千阳，西汉称"隃糜"，故唐代以后以其地名借指墨。

【13】西晋文学家潘岳，字安仁，今河南中牟人，出身世家大族，美姿仪，有文才，擅作赋和哀诔之文。《晋书·潘岳传》："潘岳，字安仁，荥阳中牟人也……岳才名冠世，为众所疾，遂栖迟十年。出为河阳令，负其才而郁郁不得志。""岳性轻躁，趋世利，与石崇等谄事贾谧，每候其出，与崇辄望尘而拜……谧二十四友，岳为其首。"八王之乱中，赵王司马伦篡位，杀贾谧一党。潘岳遇害，夷灭三族。夏侯湛是潘岳的好友。《晋书·夏侯湛传》："夏侯湛，字孝若，沛国谯县（今安徽亳州）人也……幼有盛才，文章宏富，善构新词，而美容观，与潘岳友善，每行止同舆接茵，京都谓之'连璧'。"他虽然出身于世家大族，但遭人嫉恨，仕途坎坷，晋惠帝时才当上散骑常侍，元康元年（291年）卒，年四十九。潘岳为之撰写的《夏侯常侍诔（并序）》是比较有名的一篇作品。

【14】庄生，即战国时期著名思想家、哲学家庄周，又称庄子。惠子，即与庄子同时代的思想家、政治家惠施。庄子的著作中经常有关于他和惠子辩论的篇章，虽然他们的基本思想观点不同，但是亲密的朋友。《庄子·徐无鬼》："庄子送葬，过惠子之墓，顾谓从者曰：……自夫子之死也，吾无以为质矣，吾无与言之矣。"

【15】西晋豪富石崇在今河南孟县有著名别墅金谷园，别称梓泽，后世乃用来泛称名园。

【16】虞渊，即禺谷的别称。中国古代神话传说，太阳每天从东方旸谷出发，晚上落入禺谷。

【17】漆灯，即上了漆的灯，类似墓穴中的长明灯。

【18】银海，白色的海一般的境域。

【19】自先秦以来，泰山神主管生死的说法就见诸经史，而位于泰山南方的蒿里山也随之被视为"阴曹地府"的象征。《薤露》《蒿里》，原为一文，分二章，出自田横的门客。汉初，高帝召田横，但他不愿臣服，于是自杀，门人为作悲歌。汉武帝时，乐府协律都尉李延年分二章为二曲。《薤露》送王公贵人，《蒿里》送士大夫庶人，挽柩者歌之，亦呼为《挽柩歌》。

【20】泰山是五岳之一，古名"岱宗"。泰山被尊为华夏神山。中国人的山岳崇拜，最具有代表性的就是对泰山的崇拜。

古人认为，魂是阳气，构成思维才智；魄是阴气，构成感觉形体。人死后魂（阳气）归于天，魄（阴气）归于地下。魂是阳神，魄是阴神。

松化石

（唐）杜光庭《录异记》[1]云：婺州永康县（今浙江永康）山中有枯树，为人所砍，误堕水中，化为石。因取未化者试之于水，亦化焉。枝干及皮，与松无异，此特记一时偶然之事耳，今土人指为物产，顽石略有纹者即托名松化，拾以赠贻[2]，不辨真赝，殊堪捧腹。

【1】杜光庭，唐末五代初年人，字圣宾，号东瀛子、广成先生，缙云（今浙江缙云）人。唐懿宗时，考进士未中，后到天台山入道。又追随僖宗入蜀，后依附前蜀主王建，官至户部侍郎，赐号传真天师。晚年辞官隐居四川青城山。一生著作颇多，对道教的发展有一定贡献。《录异记》是杜光庭的一部著作，主要内容是传奇故事。《四库全书总目》提要云："此书《宋志》作十卷，与今本异。白云霁《道藏目录》收于洞元部传记类恭字号中。然光庭虽道士，而此书所述实无与于道家。"今残存八卷，其书《崇文总目》《遂初堂书目》等有著录，内容《道藏》《广记》《三洞群仙录》也有载录。

【2】致之本、续识略二卷本均作"赠客"。

羊知感恩

四月,金华(今浙江金华)武康山中,有巨羊与虎斗,一日夜不分胜负。久之,羊力不能支,走避民舍,虎亦舍之去。地方以羊体大过牛,目所不经见,缚送县。县官念其力能抗虎,当有灵异,且颈间悬一铜牌,字模糊不可辨,想已逾千年矣,特命释之。羊至大门,恋恋不肯行,偃卧阶下,众逐之。次早,又至。又次日,复至。三日后乃长往,盖以感再生之恩,不忍遽去也。今之人往往有受恩反噬者,有愧此羊多矣。

圣教序

前明一边帅,以《圣教序》[1]进之福清(今福建福州市福清)叶相君[2]。相君坚却之。时吾郡有司务[3]吕君者,从旁怂恿,以为墨林韵事,非同篚篚[4]。福清因收之,即移赠司务,吕氏奉为世珍。今俞氏以藏本索题,与昔所见无异,不审即是此本否也。

【1】《圣教序》,即《雁塔圣教序记》,又称《慈恩寺圣教序记》,唐太宗李世民撰写,表彰玄奘法师至西域诸国求法取经,往返十七年历尽艰辛事。

【2】相君,宰相的旧称。此指明代自万历至天启年间三任首辅即宰相的叶向高。叶向高,字进卿,号台山,晚年自号福庐山人。福建福州府福清县(今福建福州市福清)人。万历十一年(1583年)进士。生于明世宗嘉靖三十八年(1559年),卒于明熹宗天启七年(1627年)。《明史》有传。

【3】司务,对手艺匠人的尊称。

【4】篚篚,本是祭祀时盛黍稷稻粱的礼器,后也转指贿赂。

幼慧

越西薛生者,世业儒,生一子,四岁能识字,九龄通《易》《诗》《书》三经[1],间为小诗,把笔即成。其父母疑为鬼物所凭,不甚喜之。未几,殇于痘。昔项橐七龄,为孔子师[2];《法华经》八岁龙女,南方作佛,便成正觉[3],盖智慧所禀,初不限老少也。

【1】《易》《诗》《书》，即《周易》《诗经》《尚书》的略称。

【2】《战国策·秦策五·文信侯欲攻赵以广河间》：文信侯吕不韦欲攻赵以扩大河间之地，打算派张唐去联络赵国北边的燕国，张唐婉拒。甘罗是吕不韦的家臣，自请去说服张唐，被吕不韦呵斥，甘罗曰："夫项橐生七岁而为孔子师，今臣生十二岁于兹矣！君其试臣，奚以遽言叱也？"

【3】《法华经》，即《妙法莲华经》，后秦鸠摩罗什译，传说是佛陀释迦牟尼晚年所说的经法。《法华经》共有七卷二十八品，龙女成佛的故事即见于其中的第十二品"提婆达多品"，内容是说如来往昔求法，师事阿私仙得闻妙法。又授提婆达多成佛记。文殊入龙宫说《法华经》，八岁龙女闻经即身成佛，证明《法华经》功德广大。

三秦大荒

秦中自去秋大饥，至是夏，麦复不实，人相食，草根木皮俱尽，石米价腾至数两。西安、凤翔尤甚。上忧之，亟命辇金拯济，并开轸恤事例[1]。省中大兵，发往各边就食。三秦地方广阔，民气劲疾，非袖手待毙者，不可不早为之所也。

【1】《清史稿·圣祖本纪》："康熙三十一年二月乙酉，以陕西旱灾，发山西帑银、襄阳米石赈之。辛卯，陕西巡抚萨弼以赈灾不实褫职。四月己丑，发帑银百万赈陕西，尚书王骘、沙穆哈往视加赈。十月己卯，诏曰：'秦省比岁凶荒，加以疾疫，多方赈济，未苏积困。所有明年地丁税粮，悉予蠲免。从前逋欠，一概豁除。用称朕子惠元元至意。'"

鄂王灵应

八月。上海县向有岳忠武祠[1]，不知何年所建，神于地方，无专辖，祭飨寥落，栋宇倾圮。邑绅张君锡怿者，素好事，屡过祠前，不甚加敬。忽一日，辍去神像，改塑痘神[2]。亲友力谏止之，不听。同邑有滕生世祯，与张狎，夜半梦至一官署，如王侯邸第，傍有人指示之曰："此岳王庙也。"中门严扃，滕立右角门，遥见张立左角门。有鬼判二，自内出，面一白一黔，相谓曰："此二人俱获罪，限十日内令颈后各生一疽。"白面者辞气颇和，曰："尚可解释否？"黔者勃然怒曰："罪重不可宥也。"乃各押一人去。不数武，遇一白须老翁，语滕生："汝所犯甚轻。"将手中所执拂拂其颈，曰："去！去！可无虑矣。"生惕然而醒，彷徨悚惧。适与张君会饮，以梦告之。大恚曰："梦寐事，安足信？尔乃妄言谤我！"连以大白浮之[3]，且云："不验,当受重罚！"生不敢复言而退。是夕,张君仿佛见绛袍玉带贵人坐堂上,从者甚众,呼张名而叱之曰："汝何人斯？而敢擅毁我像！罪当死。"随有一甲士持刀砍之。叩头乞哀,似梦非梦,惊寤,汗流浃背,披衣起,遍话之于家人,神色沮丧。日午,即觉颈后微痒。诘朝,似蜂螫者,急延医治之。曰："此对口疽也,虽初起而毒气蔓延,势已不可遏矣。"久之,疮口渐大,肩背如负重石,痛楚叫号,莫可名状,诸医相顾束手。于是大发金钱,修葺庙宇,迎还神像。家人邀巫师,具盛筵,日夜匍匐叩祷,扰扰者数月。未几,咽喉溃烂,颈项不绝如线,逾年竟死焉。夫自古迄今,忠义如王者,能有几人？上自君相,下至贩夫贩妇,莫不敬而仰之。张君读书仕宦,乃恣行无忌,其受冥责,亦自取之也。偶阅《宋史》,有罗汝楫者,附秦桧,诬陷忠武,罢其枢筦[4]。后其子愿知鄂州,不敢入王庙,然自念于此地有治绩,姑往祀之。甫拜,遽卒于像前。其忠烈之气,凛凛可畏如此。

【1】岳忠武,即宋代爱国将领岳飞。岳飞,字鹏举,相州汤阴（今河南汤阴）人。他率领所部兵马,纪律严明,屡败金军,宋高宗绍兴四年（1134年）任清远军节度使,驻鄂州,曾一度收复黄河以南地区。但因宋高宗和奸相秦桧主和,将岳飞诬陷下狱,以"莫须有"的罪名杀害。宋孝宗时追谥"武穆",宁宗时追封鄂王,改谥"忠武",人称岳忠武王。

【2】痘神,即是所谓痘痘之神,其传说始于何时不详。

【3】"大白",即酒。"浮",以满杯酒罚人。

【4】"枢筦",亦作"枢管",指中央政务。

半截人

九月,华亭县西关昇平巷民家产一子,上半截具人形,而头稍尖,尻有犬尾,两足如鸡距[1]。

【1】鸡距,雄鸡的后爪。

陆公为神

陆公龙其[1],平湖（今浙江平湖）人,康熙庚戌（九年,1670年）进士,为人刚方有守。筮仕练川[2]令,有惠政,锄强剔弊,大得民心。朝廷知其廉正,擢为台官[3]。直言敢谏，克尽厥职。不久即乞归，讲学于洞庭之东山，从游者日众。是冬腊月廿七日，忽梦嘉定（今上海嘉定）旧役，纷然来迎为城隍神。公早起，谓家人曰："我往矣。"于是沐浴更衣，处分后事毕，怡然而逝。所居在泖口，是夕泊舟者俱闻舟楫喧阗，鼓乐声不绝，云迎新城隍赴任。公家老苍头[4]王姓者，亦梦送至嘉定城隍庙，见公绣衣襆头，侍从皆鬼判，骇汗而醒。彼处士民闻之，即于庙中为公治丧七日，吊者云集，享祀无虚日。夫聪明正直之士，生而为人，殁而为神，此一定之理，独生前未能尽其蕴，为可惜耳。

【1】陆龙其，后改名陆陇其。《清史稿·陆陇其传》："陆陇其，初名龙其，字稼书，浙江平湖人。康熙九年（1670年）进士。十四年（1675年），授江南嘉定（今上海嘉定）知县……二十二年（1683年）授直隶灵寿知县。"在两地均卓有政绩，受到百姓拥戴，以清正廉洁而著称。康熙二十九年（1690年）至京，授都察院四川道监察御史，后以病乞归。

【2】筮仕，初次任官。练川，即嘉定的代称。因嘉定之南有练祁塘，故名练川。

【3】台官，旧时对御史台官的称呼，明清时即指都察院的御史。

【4】苍头，私家奴仆。此指陆龙其家的老仆人。

修史

元癸未至正三年（1343年）二月，命欧阳玄、揭傒斯[1]等修辽、金、宋三史，甲申四年（1344年）春告成，仅一年耳。书成，具鼓吹导从，自史馆进至宣文阁，帝具礼服接之[2]。见《庚申外史》。《余冬录》[3]云："洪武二年（1369年）二月，诏修《元史》，三年（1370年）七月告成。今修《明史》已二十余年矣，未知何时告竣也。"[原按《辍耕录》云：至正二年壬午（1342年）三月，脱脱等奉命修三史。甲申（四年，1344年）春，进《辽史》；冬，进《金史》；明年乙酉（五年，1345年）冬，进《宋史》，共四年]

【1】《元史·欧阳玄传》："欧阳玄，字原功，其先家庐陵（今江西吉安）。"至曾祖父始迁湖南浏阳，故称浏阳人。他是元末著名朝官、文士。元仁宗延祐元年（1314年）参加科举考试，次年赐进士出身。元泰定帝致和元年（1328年），迁翰林待制兼国史院编修官，参与朝廷机务。元顺帝元统元年（1333年）"改迁太常礼仪院事，拜翰林直学士，编修四朝实录"，历国子祭酒、侍讲学士、翰林学士。"诏修辽、金、宋三史，召为总裁官，发凡举例，俾论撰者有所据依；史官中有悻悻露才、论议不公者，玄不以口舌争，俟其呈稿，援笔窜定之，统系自正。"《元史·揭傒斯传》：

"揭傒斯，字曼硕，龙兴富州人。"揭傒斯早有文名，先后任湖北肃政廉访使的程钜夫、卢挚都很赏识他的学识，延祐初推举为翰林国史院编修官，凡三入翰林，"朝廷之事，台阁之仪，靡不娴习"。"诏修辽、金、宋三史，傒斯与为总裁官"。"至正四年（1344年），辽史成，有旨奖谕，仍督早成金、宋二史。傒斯留宿史馆，朝夕不敢休，因得寒疾，七日卒。"

【2】原文"具鼓吹导从，自史馆进至宣文阁，庚申，帝具礼服接之。"致之本、续识略二卷本均同，实均误。考之《庚申外史》："脱脱大喜，即命掾史具进史仪部，鼓吹导从，前后辉光，自史馆进至宣文阁，帝具礼服接之，观者以为近代无之。"均衍"庚申"二字。大约是因引自《庚申外史》而误。《庚申外史》，又名《庚申帝史外闻见录》或《庚申大事记》，（元）权衡撰，记述元顺帝即位（元统元年，1333年）至元亡（至正二十八年，1368年）三十六年间史事，因顺帝生于庚申年(1320年)，时称庚申帝，故名。

【3】《余冬录》，即（明）何孟春《余冬序录》。何孟春，字子之，号燕泉，今湖南郴州人。弘治六年（1493年）进士。初授兵部主事，擢右副都御史，嘉靖时迁吏部侍郎，代署部事。嘉靖六年（1527年）二月初五日致仕，十六年（1537年）卒。《四库全书总目》："是书体格近王充《论衡》。凡内篇二十五卷，前五卷多论君道，后二十卷多论古今人品。外篇三十五卷，又闰五卷，则杂论也。"

江上老梅

江上有韩氏园者，大数十亩，亭榭幽深，泉石窈窕，颇擅胜概。今虽渐就荒芜，而虬松苍桧，犹有存者。其最异者，则有老梅六七百株，夭矫离奇，横斜古怪，或根干盘屋，或孤枝挺秀，莫不撑空蔽日，下可坐二千余人[1]，望之奇形诡状，惊心骇目，真大江以南所希觏者。闻主人系武夫，不审子孙何以能守而勿失？想当有鬼神为之呵护也。予与松陵（今江苏吴江市松陵镇）徐君，冒寒往访，坐卧其下，几不忍别，因题其壁云："韩家池馆何空阔，石磴崚嶒树缪结。荔墙松径半摧颓，廿亩寒梅犹绕列。撑空蜿蜒几百株，阅岁荒唐傲霜雪。疏枝突兀山鬼骞，瘦干谽谺[2]雷斧裂。侧出疑拖老蛟尾，凝脂似染妖螭血。高者森森耸孤秀，低处横行盘屈折。或偃或立那能状，皮蜕苍鳞肌绣铁。遥想开时万玉妃，幽香迥与凡花别。我今初到坐其下，夭矫腾拏惊吐舌。天公巧植幻诡怪，一一姿标擅奇绝。藐姑仙人[3]为守护，纵有精灵敢偷窃。奚须远探罗浮春[4]，日日来看休暂辍。"

【1】原文"二千余人"，致之本、续识略二卷本均作"二十余人"。笔者初以为当以后者为是，但下文又说到该园"廿亩寒梅"，则下可坐二千余人即使略有夸张，但每人占地约6.7平方米也不为过。

【2】原形容山势险峻貌，此处形容老梅枝干怪奇无比。

【3】藐姑仙人，即姑射仙人。《庄子·逍遥游》："藐姑射之山，有神人居焉。肌肤若冰雪，绰约若处子。"《山海经》中也有关于姑射之山的记述。

【4】罗浮春，美酒名。宋代政治家、著名文人苏轼嗜好饮酒，被流放到惠州（今广东惠州），向当地居民学习酿酒技术，制作出的黄酒淳厚芬芳，以其地在南粤名岳罗浮山下而命名"罗浮春"。

物祟

西郊有陆生者，从市间买坐椅四，制精而价廉，喜甚，列之中堂。日暮，猝病热，势骤危笃。叩之日者[1]，曰："据象，是新置一木器作祟，急焚之，或移赠他人，祸可免也。"陆不信，更稽之龟[2]，其言略同。于是命仆于门外积薪焚之。适值幼科[3]潘同云者，询其故，大笑，入语陆曰："与其付火，孰若赠人？我不畏祟，以之见贶[4]，何如？"陆首肯。于是遣人持归。椅才入门，即觉头眩。傍晚，遍体发热，翌午暴死。夫使椅为之，物固无知；使天为之，何以听占者之言而遂霍然也？再四思之，不解其故，可怪也已。

【1】日者，即通过观察天象以测定人的祸福吉凶的人。

【2】龟，即龟策，古人以龟甲和蓍草，占卜吉凶。

【3】幼科，即中医所谓的小儿科医生。

【4】见贶，即见赐、见赠的意思。

待士盛典

癸酉（康熙三十二年，1693年）正月二十五日，学使者许公汝霖[1]驻节暨阳（今浙江诸暨）。试毕，合宴诸生于君山之巅。赴者三千余人，席地论文，酬酢竟日，谆谆训诲，至晚始散。此从来未有之盛事也。公既明且公，间有挟贵人札不得不曲从者，皆垂泪而戒之。其所识拔，俱一时才士，江左之人莫不感叹[2]。

【1】许汝霖，字时庵，浙江海宁（今浙江海宁）人。康熙二十一年（1682年）进士，选庶吉士。督江南学政，厘正文体，整饬士风，选拔人才。试士既竣，置酒于君山，大会诸生，一时传为盛事。二十六年（1687年），典试四川历任礼部侍郎、吏部侍郎，后晋升礼部尚书兼理吏部。后告归。

学使者，即督学使者、学政的别称，也称督学、学使，明清政府派往各地主持一省的考试和督导教育行政的官员。

【2】致之本、续识略二卷本于"盛事也"之后文字与此不同，均为："公试士题用一大一小，其所识拔，至公且明。自是以后，二十年来，视学江南者俱至公至明，江左文人之幸也。"

黄沙

二月十八日酉刻，天雨黄沙，濛濛如雾，窗户几席以及密室之内，重茵复幕，无不堆积。逾两日始止。

日晕

六月初五日午刻（11时—13时），日晕，内作青色，外有赤黄晕二重，至申（15时—17时）始灭。据《观象玩占》[1]曰："日有赤晕两重，主旱。"又曰："赤晕再重，其地蝗旱多盗。黄晕再重，岁灾兵起。青晕再重，谷贵。"时久旱，东南风不息，人情惶惶，天变屡见。尝闻释典[2]曰：阎浮提[3]中，除大海水，中间大小国不可胜数。一国人同感恶缘，睹一切不祥境界，或见二日，或见两月，乃至晕适佩诀[4]、彗、孛[5]星流、负尔虹霓[6]，种种恶相。但此国见，彼国众生不闻不见，岂上天悬象，果有见、有不见耶？抑我乡独感恶缘，故再三垂示耶？世尊之说，或不诬也。

【1】《观象玩占》，古代占星术书籍，相传唐人所著，但人们多认为系明人所著。《四库全书总目》："旧本题唐李淳风撰。凡日月、五纬、经星、云汉、彗孛、客流、杂气以及山川、陆泽、城郭、宫室、营垒、战阵皆著于占，而阴晴、风雨、雷露、霜雾咸附录焉。于日月之交会，五星之退留，今所预为推步，岁有常经者，亦往往断以占候。即日月所不至，五星所不经者，亦虚陈其象，殊不足凭……其为术家依托，大概可见矣。"

【2】佛教经典泛称释典。

【3】阎浮提是梵语的音译，阎浮是树名，提是洲的意思，即盛产阎浮树的国土。此名称见于多部佛经，其实原指今印度，后用来泛指人间大千世界。至于下面所说其中大小国云云，见于日本僧人所著《秘密曼荼罗十住心论》所引《仁王经》等经及其注。

【4】晕适，指出现月晕、日晕的变异星象。

【5】彗，又称扫把星，即彗星，被星象术士认为是不祥之星。孛，彗星中非常亮的一种，也被星象术士认为是灾厄之星。

【6】虹霓，即雨后出现的彩虹，其内外环分为正副雄雌，术士认为二气不正之交，象征作乱。

鸡四足

华亭（今上海松江）尹署，鸡育一雏，四足，后二足联接尾间，不能行立。有周生馆[1]于其家，亲见之。

【1】馆，住宿或教书的意思，如家塾、家馆。

奇旱

江浙二省，自五月至六月尽，天气亢旱，河底龟坼，禾稻十分止种四分，豆田俱槁死[1]。节过初伏[2]，尚有乘潮插秧者，亦一异也；然东、北两乡，已不可问矣。越东、西荒者什之六七。抚军[3]遣官分头开永昌、长兴、猪圈各坝，以救海宁（今浙江海宁）一带。一黄冠[4]自言解祈雨，先受聘仪，登台作法，久而不效，乘夜遁去。予作《感雨诗》云："三时已过未分秧[5]，泽国尘沙十丈黄。赤帝[6]不传雷雨令，白鸥犹忆水云乡。篱边抱瓮[7]侵朝露，松下披襟纳晚凉。怪杀潭西狂道士，绿章[8]频上信茫茫。"

【1】《清圣祖仁皇帝实录》："康熙三十二年（1693年）六月庚子，上谕大学士等曰：'朕每见各省往来及请安之人，必问地方情形，雨水沾足与否。前问自江浙来者，俱言……五月二十日尚未得雨。朕幸江南，深知彼处民生，家无二日之储……若五月以后仍不得雨，则米价腾贵，贫民必至困苦，此不可不预筹者。著遣户部司官二员，一往江南，一往浙江，详问督抚，观看雨水形势来奏。江浙地方雨水虽大，若不没禾穗，则水消后禾即复旧，故涝不足虑；旱则所蓄之水尽涸，直无计可施。'"《清史稿·灾异志四》："康熙三十二年（1693年），杭州、嘉兴、海盐自春徂夏大旱，禾尽槁。六月，桐乡旱。七月，震泽、崑山、嘉定、青浦、丹阳大旱，河水涸。"

【2】初伏是农历中暑天的真正开始，是从夏至日以后的第三个庚日开始，固定是十天。

【3】抚军，即巡抚，主管一省民政的最高官员。

【4】黄冠，即道士。

【5】三时，即务农的春、夏、秋三个时节。分秧，即先把稻种撒播在秧田中，待长出苗以后，再一行行地分插到水田中。

【6】赤帝，即炎帝，主火德。传说中，又认为炎帝就是神农氏。另外，神话传说中，赤帝又指火神祝融，主管一方火与水，兼任南海之神。

【7】抱瓮，即抱着水瓮，浇灌园子的意思。

【8】绿章又称青词，道士祭天的时候把上达天帝的奏章疏表写在绿色的青藤纸上，故得名。

闱中自缢

八月，江南秋闱[1]首场。有岁字六十一号生，系上江人，年方强壮，气貌雄伟，既入号房，与邻生剧谈，久而不倦。丙夜[2]，忽寂然。既而闻窸窣声，又闻跳掷声。亟起视之，则已解带自缢死矣。

【1】秋闱，即乡试，因在秋天举行，所以又称秋试、秋闱。乡试共计三场。

【2】丙夜，即三更天。古人把一夜分为甲、乙、丙、丁、戊夜；又分一、二、三、四、五更。晚上戌时为一更，亥时为二更，子时为三更，丑时为四更，寅时为五更。丙夜即三更，亦即子时，相当于晚11时至次日凌晨1时。

鼍精

九月初二日昏刻，忽风雨暴至，有物从东南来。东关居民阖户潜窥，睹黑气亘天，中一物蜿蜒，尾垂及地，两目大如箕，火光四射，一路拖倒殿宇庐舍，不计其数。榆、柳大数围，俱从空掉下。有夜航方行，吸至高岸，老幼压溺，死者甚众。或言乃妖鼍[1]为怪，鼍驾风前行，有金甲神骑马执戈，率兵千余，从后逐之，旌旗蔽空，向西北而去[2]。

【1】鼍，今生活在长江下游的扬子鳄，又名鼍龙、猪婆龙。

【2】按，这应当是龙卷风过境的现象。

冥犯

春申浦[1]有渡，曰巨漕，官置渡船，以便行旅往来，其来已久。有农民十九人问渡，已解缆，后有二人续至。岸傍一小儿，牵其衣谓曰："舟中想系犯罪之人，皆锁颈铐手，尔可勿往。"二人谓其戏言，且见在舟者半属相识，遂叱小儿去，奋身登舟。至中流，天气晴和，舟忽自覆，十九人俱死，惟二人获免。

【1】春申浦，今上海黄浦江。

评文被诉

十一月初一日，华邑（即华亭，今上海松江）诸生黄士英以疾卒，家人绕而哭之。半日后，忽闻喉间作声，云："我归矣。"叩其所以，曰："顷见二人持符相招，即乘船往，至一城，殿阁耸峙，绝异人境，署曰'鸿政司'。二人者，引予入，与王国士对簿。国士生前为府吏[1]，与予比邻，喜为制举艺[2]，以所业示予，屡加评驳。国士恨极，郁郁发病死，诉之冥官，随勾往面质。鸿政叱国士出，谓予曰：'汝所犯甚轻，不足为罪。若数之修短，速往洪州自知之。'于是二人复掖而出。闻彼中人云，鸿政司姓卢氏，刚而善断，特信任掾吏张子夓、孙惠卿，罪人以苞苴[3]通者，往往得末减[4]，但泉下用财，以人间所焚楮，一束止作一钱，惟锭之有纹者，每锭值白金半两。予以贫故，不能为力。洪州距此千余里，今亟往，暂寓周吉甫肆中，若三日夜不返，则便成永别矣。"言讫复瞑。洪州之说，竟不及详。迨三日后，闻庭中鬼哭声，始加棺殓。呜呼，黄生评驳人文，特细故耳，乃冥司不察，轻准讼词，不亦冤乎！抑数固止于此乎？至掾吏舞文乱法，贿赂横行，与阳世无异，则尤可怪也。

【1】府吏，一般泛指官吏，或特指州官的下属。
【2】原文"制举义"，当为"制举艺"，即写八股文。
【3】苞苴，原指包鱼、肉的草袋，后指馈赠的礼物或贿赂。
【4】末减，从轻论罪或减刑。《左传·昭公十四年》：叔向"三数叔鱼之恶，不为末减。"（晋）杜预注："末，薄也；减，轻也。"

云间著述

本朝以来，吾郡著书者绝少。以予目之所见，则有顾贡生开雍[1]有《滇南纪事》一卷，王贡生沄[2]有《纪游草》四卷，宋副宪征舆[3]有《金刚经注解》三卷、《东村纪事》一卷，卢先生元昌[4]有《分国左传》十六卷、《杜诗阐》三十四卷[5]，诸进士嗣郢[6]有《九峰志》十卷，范文学彤弧[7]有《绣江集》二卷，林贡生子卿有《通鉴本末》一百卷[8]，许观察缵曾[9]有《日南杂记》二卷。予亦有《三冈识略》十卷[10]、《盍簪[11]感逝录》二卷，未知将来得附于诸君子之末否也。

【1】顾开雍，华亭（今上海松江）人，明末清初诗人。

【2】嘉庆《松江府志·古今人传八》："王沄，字胜时；原名溥，字大来，娄县（今上海松江）人。为陈子龙弟子，处师生患难时，卓然有东汉节义风。以诸生贡入成均（即太学），不得志，纵游齐梁楚粤，晚归老康园，著有《辋川诗钞》。"

【3】副宪，左都副御史的别称。致之本、续识略二卷本均作"征与"，误。宋征舆，字直方，一字辕文，华亭（今上海松江）人。明末与陈子龙、李雯组织"几社"并称云间三子。顺治四年（1647年）进士。官至都察院左副都御史。卒于清圣祖康熙六年，年五十岁。所著《林屋文稿》《诗稿》刊刻于世，《四库全书总目》评价："所作以博瞻见长，其才气睥睨一世，而精炼不及子龙。"其所著《东村纪事》对于研究郑氏家族和清初南明政权有重要价值。

【4】卢元昌，字文子，松江华亭（今上海松江）人。诸生。性高雅，不喜与俗人交，少年操衡文之柄，名噪海内。杜门著述。崇祯十五年（1642年），彭宾、王广心、卢元昌、顾大申等组建"赠言社"。

【5】《分国左传》，即《左传分国纂略》。卢元昌所著《杜诗阐》闻名于世，《四库全书总目》有介绍，评价"所论甚当"。

【6】《晚晴簃诗汇》：诸嗣郢，字乾乙，号松槎，一号勿庵，青浦（今上海青浦）人。顺治辛丑（十八年，1661年）进士。有《九峰山人集》《溪上吟》。

【7】见本书"绣江集"条："范树鍭，名彤弧，上海人。为诸生，以博雅自负，喜游贵人之门。沈阳有同姓为显官，致政归，策蹇从之，每对客称家衰不绝口。书著《绣江集》一卷，网罗见闻，纂集轶事，秘甚不轻示人。"《绣江集》收录于《三异词录》。

【8】（宋）袁枢《通鉴纪事本末》，（清）林子卿作注。

【9】许缵曾，字孝修，号鹤沙，华亭（今上海松江）人。顺治六年（1649年）进士。官至云南按察使。嘉庆《松江府志·古今人传八》："许缵曾，字孝修，娄县（今上海松江）人……顺治六年（1649年）进士，由庶吉士迁中允……转江西驿盐道……改川东道……复补云南按察使，乞终养归。"许缵曾工诗，有宝纶堂集五卷，又有滇行纪程一卷，续抄一卷，东还纪程一卷，续抄一卷。

《日南杂记》一书不详。日南，汉武帝时所设郡，其地在今越南中部。许缵曾任官云南，所著当记滇南风俗，所谓《日南杂记》当别有作者。

【10】致之本、续识略二卷本均在此后有"《续识略》未定卷"等文字。

【11】盍簪，即朋友相聚的意思。也作为朋友的代称。

舍利

湖广汉阳府（今湖北汉阳）离城二十里有古刹，中一游僧，力修善果，晓夜诵经不辍。叩以乡贯、姓名，俱不答。寺僧颇以骏[1]目之。及将回首[2]，嘱众僧曰："死必焚吾。"既焚，身端坐不倾，得舍利数十颗，五色灿然，始知生平盖默有所得，不以告人，惜莫举其名与字云。余淡心怀[3]说。

【1】骏，有多义，此处系呆傻的意思。
【2】回首，有多义，此处系作"死亡"的婉辞。
【3】余淡心怀，即清初诗人余怀。余怀，字淡心，一字无怀，号曼翁、广霞，又号壶山外史、寒铁道人，晚年自号鬘持老人。福建莆田黄石（今福建莆田黄石镇）人。清初文学家。他出生在明末时的江宁（今江苏南京），因此自称江宁余怀、白下余怀，晚年退隐吴门（今江苏苏州）。他愤世嫉时，在29岁时即绝意功名。怡意于花酒丘壑之间，抑郁一生。他博览群书，著作颇丰，但大多亡佚不传。惟《莲花斋絮语》《板桥杂记》《东山集》《东山谈苑》《昧外轩稿》等传世。

冬行春令

自孟冬至腊尽，雨雪俱无，天气暖如仲春。予纪以诗云："雨雪全无气更温，萧疏三径长苔痕。预支鹤舫寻山寺，早放蜂衙[1]上荜门[2]。吏急频年空杼轴[3]，岁荒留客减豕鸡。朝来银鹿[4]惊相报，溪畔寒梅返旧魂。"

【1】蜂衙，飞绕的蜂群。
【2】荜门，荆条竹木编的门；又称柴门，常用以喻指贫户居室。
【3】杼轴，古代织布机上的两个部件，也用来代称织布机。空杼轴，形容生产废弛，贫无所有。
【4】银鹿，唐代颜真卿的家僮名字，后世用以代称仆人。

杀夫

有一民家妇，与邻人奸，情好甚密。其夫久客，一夕归。醉之以酒，与奸夫持斧砍杀，复碎剁其骨肉，纳二大瓮中，将乘黑夜抛诸河流。为捕人所觉，执送官。时奸夫已逸，命将此妇去衣服，立时杖死。惜刑未蔽厥辜耳。此又地方一异事也。

犬怪

左邻畜一牝犬，一乳四犬，中一犬三足，一犬头有两角。

《三冈续识略》小引

余年十八便喜弄铅椠，弱龄多病，父母怜之，禁勿入书馆。每遇奇闻异说，夜半起帐中，以方寸纸记之，积久，纵横败簏中，因次第汇编为《识略》。私念世事无穷，此身有限，倘侥幸获成十卷，我齿登六十八矣，可以止矣，而未敢必也。不意岁月推迁，忽逾此数，拟为《续识》。终以来日苦短，几废笔墨，然宿习所缠，犹未能免，今节取数则，附录于后。目眩手颤，不暇多载，俯仰时序，留连景光，聊用自怡而已。甲戌（康熙三十三年，1694年）暮春莼乡赘客识。

《三冈续识略》

甲戌至丁丑,康熙三十三年——康熙三十六年(1694年—1697年)

遂园禊饮

甲戌（康熙三十三年，1694年）上巳[1]，玉峰徐尚书乾学[2]、中允秉义[3]、盛侍御符升[4]，续修禊事[5]于遂园。执简而招者共十五人，赴者十二人，其三人期而未至，予其一也。遂园为尚书别业[6]，亭池弘广，竹木深秀，当天气清和，诸贤列坐其间，清醇在壶，佳肴载御，管弦迭奏，舞袖双回。相与登山临水，剪烛赋诗，致足乐也。予以儿病，未获追随杖履，一观盛事，何遇之厄哉！先以二诗奉寄云："诸公高会寄耆英[7]，愧我新从谷口耕[8]。佳节敢忘元巳[9]约，不才偏系故人情。林泉寂寞青云隔，岁月栖迟白发生。闻道登临能作赋，挥毫应许野夫赓。""暂卷丝纶[10]狎钓竿，春来游胜共追欢。尊前击钵催银管[11]，树底行厨捧玉盘[12]。冠盖东山双屐健，莺花南国袷衣[13]寒。幔亭遥羡神仙会，咫尺风尘到更难。"尚书拟登高节[14]再定良晤，而首秋[15]已歌薤露之什矣[16]。惜哉！

【1】原定农历三月上旬的巳日，所以叫上巳。曹魏以后，固定在三月三日。旧俗以此日在水边洗濯污垢，祭祀祖先，叫作祓禊、修禊。魏晋以后把上巳节固定为三月三日，此后便成了水边饮宴、郊外游春的节日，又称踏青。

【2】徐乾学，字原一，号健庵、玉峰，江苏昆山（今江苏昆山）人。他是清朝大臣，同时也是著名学者、藏书家，与弟元文、秉义并称昆山三徐。他是明代著名学者顾炎武的外甥，官至刑部尚书。他家的藏书楼"传世楼"，是中国藏书史上著名的藏书楼。康熙三十三年（1694年）卒。《清史稿·徐乾学传》："徐乾学，字原一，江南昆山人。幼慧，八岁能文。康熙九年（1670年）一甲三名进士，授编修……充《明史》总裁官，累迁侍讲学士。""康熙二十六年（1687年），迁左都御史，擢刑部尚书。二十七年（1688年）典会试。"后于康熙三十年（1691年）以事夺职，康熙三十三年（1694年）卒。

【3】徐秉义，字彦和，苏州府昆山县（今江苏昆山）人，徐乾学、徐元文之弟。康熙十二年（1673年）进士，授编修，选右中允，累迁内阁学士。康熙四十一年（1702年）告假还乡。康熙五十年（1711年）卒。《清史稿·徐元文传》附秉义传：徐元文"弟秉义，字彦和，举康熙十二年（1673年）进士第三，授编修，迁右中允。乞假归。乾学卒，召补原官。累迁吏部侍郎……擢内阁学士。"

【4】盛符升，字珍示，号诚斋，又号赣石，江苏昆山（今江苏昆山）人，世居淀湖。清初官员、学者。康熙三年(1664年)进士，授内阁中书，移疾归。起礼部主事，纂修《会典》，视榷赣关。擢广西道御史，建议将《现行则例》附入《大清律》内，旋罢归。侍御，对御史的尊称。

【5】康熙三十三年（1694年）三月三日，徐秉义、钱陆灿、孙旸、盛符升、徐乾学、尤侗、何棅、黄与坚、王日藻、许缵曾、周金然、秦松龄等十二位耆老聚饮修禊于遂园。

【6】别业,即今所谓别墅,正式住宅之外的住处。

【7】耆英,即耆英会。宋代名士文彦博为官洛阳,招年老士大夫集会,饮酒赋诗,后世遂指为年老有德者的集会。(宋)沈括《梦溪笔谈·人事一》:"元丰五年(1082年)文潞公守洛,又为耆年会,人为一诗,命画工郑奂图于妙觉佛寺。"到会者十三人,年纪最小者司马光六十四岁,其余均七十余岁。

【8】谷口耕,指隐居生活。(汉)扬雄《法言·问神》:"谷口(今陕西淳化西北)郑子真,不屈其志,而耕乎岩石之下,名震于京师。"郑子真,西汉高士郑朴,字子真。

【9】元巳,即上巳。

【10】丝纶,即钓线。

【11】尊前,尊是酒器,此指酒筵。击钵,即击钵催诗的意思,限时成诗,以见才思敏捷。银管,笔的代称。

【12】行厨,出游时携带酒食。玉盘,对白磁盘的美称。

【13】袷衣,大约是春、夏季偶遇天寒时添加的稍厚的上衣。

【14】登高节,即农历九月初九重阳节。古代,六为阴数,九是阳数,因此重九就叫"重阳"。重阳节的起源,最早可以追溯到汉初。古代,民间在这一天有登高的风俗,所以重阳节又叫"登高节"。

【15】首秋,即农历七月,秋季的开始。

【16】薤露,《薤露》《蒿里》,原为一文,分二章,出自田横的门客。汉初,高帝召田横,但他不愿臣服,于是自杀,门人为作悲歌,一章是说人的生命如薤上之露一样奄忽易灭。词云:"薤上露,何易晞。露晞明朝更复落,人死一去何时归!"二章是说人死精魄归于蒿里。词云:"蒿里谁家地,聚敛魂魄无贤愚。鬼伯一何相催促,今乃不得少踟蹰。"至汉武帝时,乐府协律都尉李延年分二章为二曲。《薤露》送王公贵人,《蒿里》送士大夫庶人,挽柩者歌之,亦呼为《挽柩歌》,后世挽歌诗、挽词,皆出于此。徐乾学当年七月去世,故云。

梦仙纳心

长儿威宝,能文,有至性。春暮,以哭弟伏枕,潦倒药囊者数月。及秋弥甚,百病丛生,诸医皆束手相视,自分不可复治矣。忽于仲冬[1]之十二日,夜将半,梦至一室,仿佛似宫观,遇一老叟,素袍青巾,白须飘扬,倚槛独立。意中以为此必仙真也,亟前拜之,并诉痛苦之状,恳祈救援。叟谓曰:"汝心已偏矣,念汝年少,兼多善念。"袖中出一白石子示之曰:"此即汝之心也。"令解衣,以指剖胸,将石子纳入。良久曰:"心已无恙,奈五脏六腑俱受病何?"于是复以手探入腹中,抚摩再四。痛剧,口作呻吟声。值宿者闻之,呼之醒。具述所梦,犹惝恍在目。自后渐有起色,因屏去病饵。至春,诸疾以次而愈。嗟乎,宝儿特一孱弱书生耳,不知何幸而仙灵默为之佑,岂宿生有善缘乎?平生虔事文昌,回思道貌,疑是帝君垂救云。

【1】仲冬，冬季的第二个月，即农历十一月。

秦中地陷

乙亥（康熙三十四年，1695年）六月初四日，陕西、宁夏等处，山崩地陷[1]，上、中、下三卫官民田庐，压毁陷没者无数。是日变起仓猝，黑雾障空，天气惨淡，军民奔窜塞地[2]，死者不可胜计。吾郡有吴生德兮者，向游四方，齿逾古稀矣，一武弁宦秦，遣使相订，恋其厚币，策蹇[3]行，亦陷入地底，竟与之同祸。先是，卜日将发，宗党以其年老，且无子，互谏阻之，吴不为止。试叩日者[4]，日者曰："此行大不利，当闭门却避，不然，吾见其往而不返也。"至是其言果验。

【1】《清史稿·灾异志五》："康熙三十四年四月初六日，光化、滕县、恩县、丘县、徐沟、太平、真阳、盂县、交城地大震；临汾、翼城、浮山、安邑、平陆震尤甚，坏庐舍十之五，压毙万余人。八月，平原震。"蒋氏《东华录》："康熙三十四年四月初六日，山西平阳府属临汾等十四州县一卫地震，房屋倒坍，人民损伤。"《中国大地震年表》："康熙三十四年四月初六日，山西、陕西、河南全省，甘肃东北端部……地震。""山西临汾、洪洞、浮山、襄陵建筑物几近全毁，临汾压死者达数万人……山崩、地裂、冒水现象到处可见。死者总数不下十万。余震持续数十日。"
【2】致之本、续识略二卷本均作"塞路"。
【3】策蹇，即策蹇驴，乘跛足驴的意思。
【4】日者，即通过观察天象以测定人的祸福吉凶的人。

产芝

予书斋之东，向植腊梅一株，老干蟠屈，枝叶四映，忽于七月中旬，根产一芝。初出土，仅如钱，不数月，大半尺许，其色正黄，亭亭独峙。此物故不常有，郡人士来观者踵相接。顷之，一小婢偷采梅萼，蹴之而倒，然至今折供胆瓶，劲质如故也。按书所载，是名金芝，乃瑞草也。和气感神则芝草生。予有何德，乃致斯异乎？尝见（唐）杜荀鹤[1]庭生一芝，明年及第，号为"科名草"。予老矣，无能为矣，不知诸儿能踵荀之旧事否耶？口占二绝以记之曰："灵芝宫殿锁仙山，尘世何缘觅九还[2]。应是群真[3]怜雪鬓，一株移赠到人间。""玉树乌衣敢自夸，灵根三秀[4]异凡葩。庭前已长科名草，莫遣文章让杜家。"和韵者颇众，兹不录。

【1】杜荀鹤，字彦之，号九华山人，唐代诗人，有著作《杜荀鹤文集》。
【2】九还，犹九转。道家认为仙丹的炼制有一转到九转之别，而以九转为贵，后即指九转仙丹及其炼制秘诀。九还、九转亦即仙丹的别称。
【3】道家称修炼成仙的人为真人，群真就是众多仙人的意思。
【4】三秀，灵芝的别称。灵芝一年开花三次，故称三秀。

生孙

十月二十九日，第一孙生，时予年七秩矣。三朝洗儿，为汤饼之会[1]，适晋陵（今江苏常州）顾太守岱在座，好谈星命，取生辰细推，叹赏曰："此君家千里驹也，二十年后必为伟器！恨我老不及见耳。"予年近五十无子，颇有以伯道[2]谈者，心虽不堪，默不敢对。今乃抱孙焉，何其幸乎！醉后口占自慰云："七十生孙未是迟，新条乍见拂云时。魏公尚有传家笏[3]，留取他年付阿芝[4]。"（原注：庭产芝，故小名芝郎。）

【1】洗儿，旧时风俗婴儿出生后三日或满月时替其洗身。大家族也会在婴儿出生三天时举行宴会，称汤饼会。
【2】伯道，即西晋时邓攸、邓伯道。《晋书·邓攸传》："邓攸，字伯道，平阳襄陵（今山西襄汾县东）人……出为河东太守。永嘉末，没于石勒。石勒过泗水，攸乃斫坏车，以牛马负妻子而逃。又遇贼，掠其牛马，步走，担儿及其弟绥。度不能两全，乃谓其妻曰：'吾弟早亡，唯有一息，理不可绝，止应自弃我儿耳。幸而得存，我后当有子。'妻泣而从之，乃弃之。其子朝弃而暮及。明日，攸系之于树而去。"后来称人无子嗣为"伯道无儿"或"伯道之忧"，多用为同情、惋惜之语。
【3】魏公，即宋名将、名相韩琦。因封为魏国公，所以世人又称韩魏公。笏是大臣朝见皇帝时手中拿着的竹或象牙制作的板，在上面记事以免临时忘记。传家笏，即言官僚家庭以读书、应举、做官传家。
【4】原文"付附之"，致之本、续识略二卷本均作"付阿芝"，据改。

海溢

丙子（康熙三十五年，1696年）六月初一日，暴风，大雨如注。时方忧亢旱，顷刻沟渠皆溢，欢呼载道。二更余，海啸、飓风复大作，潮挟风势，涛声汹涌，冲入沿海一带地方，几数百里。宝山纵亘六里，横亘十八里，水高于城丈许。嘉定、崇明及吴淞、川沙、柘林八九团（按，均属今上海市）等处，漂没海塘五千丈，灶户一万八千户，淹死者共十万余人[1]。黑夜惊涛猝至，居人不复相顾，奔窜无路。至天明水退，而积尸如山，惨不忍言。按松郡志，万历十年（1582年）七月，海潮溢过捍海塘，漂没人畜，不计其数。又十九年（1591年）七月，上海潮溢，几及百里，漂没庐舍人畜无算，城门昼闭[2]。盖百余年无此变矣。

【1】《清史稿·圣祖纪二》：康熙三十五年（1696年）"是岁，免江南、江西等省三十二州县灾赋有差"。

六月朔，飓风，嘉定水一丈四、五尺；宝山淹死17000余人。

【2】《明史·五行志一》："万历十年（1582年）七月，苏松六州县潮溢，坏田禾十万顷，溺死者二万余人。十九年（1591年）六月，苏松大水，溺人数万。七月，宁、绍、苏、松、常五府，滨海潮溢，伤稼害人。"万历十年（1582年）七月十三日潮过捍海塘，崇明宝山漂没无算，南汇泛溢几及百里。万历十九年（1591年）七月十八日宝山水高一丈四、五尺，宝山、崇明民多淹溺无算。

痘神

时西夷变乱[1]，贼锋颇锐，上下诏亲征[2]，先命大将军统众十余万为前驱，旌旗蔽空，车从塞路。其地去京师辽远，苦于无水，或担负，或掘土饮其汁，食糗啖肉，士卒气愈壮。上一夕假寐，忽睹一神人，身披甲胄，鞠躬拜跪曰："帝此行，必大捷，当鼓行而前矣。"俄见云旂雾旆中，横戈跃马者，充斥前后，不计其数。上问曰："尔何神？"曰："痘神也，特来护驾。"言毕拥众去。上醒，甚喜，后果大败逆兵，因思神佑，遂加敕封。于是凡痘神庙俱行改建，中塑冕旒像，丹艧一新[3]。语曰："圣天子百灵呵护。"殆不诬也。

【1】指厄鲁特蒙古准噶尔部首领噶尔丹叛乱。康熙九年（1670年），其兄僧格在准噶尔贵族内讧中被杀。次年，噶尔丹自西藏返回，夺得准噶尔部统治权。十五年（1676年），噶尔丹俘获其叔父楚琥布乌巴什，次年击败和硕特部首领鄂齐尔汗。十八年（1679年），达赖喇嘛赠以博硕克图汗称号。二十七年（1688年），进攻喀尔喀蒙古土谢图汗部，继而进军内蒙古乌朱穆秦地区，威逼北京。在清军的屡次打击下，康熙三十六年（1697年）被平灭，噶尔丹自杀。

【2】康熙皇帝曾三次亲征,《清史稿·圣祖纪二》:"康熙二十九年(1690年)七月癸卯,上亲征,发京师。己酉,有疾回銮。三十五年(1696年)正月甲午,下诏亲征噶尔丹。五月,抚远大将军伯费扬古大败噶尔丹于昭莫多,斩级三千,阵斩其妻阿奴。噶尔丹以数骑遁。三十六年(1697年)二月,上亲征噶尔丹,启銮。四月甲子,费扬古疏报闻三月十三日噶尔丹仰药死。"

【3】丹臒,可供涂饰的红色颜料。丹臒一新就是装饰一新的意思。

句容水发

七月二十一日,江宁句容县(今江苏句容)暴雨不止,山水忽发,平地水深四尺,郭外水更汹涌,城堞不没者仅存三坂。变起仓促,漂没者千余人。时督学张公方试士,诸生苦僦居价昂,寄寓城外者,淹死亦数十人。

风变[1]

二十三日,天未明,大风忽发,暴雨倾注。逮午势愈甚,半空中赤光烁灼,声若霹雳,砰鏗簸荡,排墙倒屋,大木皆连根拔出,檐瓦飞空,状类鸟雀,居人走避无所。抵暮,水没过膝,天气昏黑,势如混沌,少长群聚大哭,皆自分必死矣。至夜半,势稍缓,官署民房,雕梁杰阁,半被摧折,四乡民压死者,比比而是。东关外数里有大树,据郡志云,阅岁已千年,大数十围,每岁易一花,变怪莫测,土人筑"大树庵"以奉香火,至是亦被吹折。时东北风急,敝庐数椽,适当其冲,倒塌尤甚。耳中但闻崩裂之声,竟夕不卧。东方渐明,见四壁俱无,举家彷徨无措,真异变也。予薄田二顷,连遭荒歉,今木棉、豆花尽行脱落,何其厄乎!风潮每岁有之,此变则几至陆沉,百龄老人目所未睹。惊魂稍定,聊占二诗以记曰:"天意真难料,宽租负主恩。(原注:蠲诏屡下,连遭岁荒)一廛[2]何处受(原注:敝庐相传三世,今悉摧坏),四壁窗无存(原注:四壁仅有存者)。骤雨千江决(原注:顷刻衢巷皆没),狂飙万马奔(原注:拔树倒屋,其势可畏)。妻孥[3]莫惊涕,头在手还扪(原注:昔有人惊极,以手扪首曰,头还在否?)。""千里同灾难,惊传压死多。苍髯[4]堕隔径(原注:庭前孤松,经六十余载,从空拔出),翁仲[5]卧前坡(原注:先少宰公墓上翁仲,倒卧数十步外)。混沌疑初凿,怀襄[6]恐未过。残骸何处避,拼共葬江波。"

【1】此条在致之本、续识略二卷本均重复。
【2】一廛，古代原指一夫居住之地，后世泛指一块地、一处居宅。
【3】妻孥，即妻子和儿女。
【4】苍髯，原指人两颊上青色的胡须，此处指苍松。
【5】翁仲，陈设在陵墓前神道两侧的石像。
【6】怀襄，即成语"怀山襄陵"的略语，形容水势很大或洪水泛滥。怀，即包围。襄，即上升到高处。陵，即大土丘。其出于《尚书·尧典》："荡荡怀山襄陵，浩浩浮天。"

张公清严

丁丑（康熙三十六年，1697年）。张公鹏翮，庚戌进士，为浙江抚军，官已高矣。上以其有清望，擢江南督学，盖特简[1]也。时适当试科，奔竞者纷纷，公信心直行，矢公矢慎，终其任无一人私者，虽要路不敢以一札相干。即有一二京函，亦逡巡踯躅，不暇投而去。去后士子思之不置，每谈及辄为嘘唏流涕云[2]。

【1】特简，不是经过其他官僚推荐、吏部考察，而由皇帝直接任命的官员。
【2】本条在致之本、续识略二卷本中均重复见于两处，其中一处与本文无异；另一处则文后增加："皆以为能踵郡任云。前任邵公，字嗣尧，清廉严正。岁试，选拔孤寒力学者居多。壬子（康熙十一年，1672年）谒见，宛如家人父子，谆谆劝谕，各赐《聊存草》《易图》二本。至澄江，卒于公署。士民思之，各输金，准造刹。设像在大寺东首，至今瞻拜者嘘唏流涕焉。"

地动

十一月十五日，京师地动[1]。十七日，又动，其声如雷。

【1】《清圣祖仁皇帝实录》："康熙三十六年（1697年）十一月癸巳，京师地微震。"

绣球

腊月中旬，予庭前绣球一株，忽作花数朵，开时姿极烂漫，因与客觞酒赏之。

题 跋

《三冈识略》十卷、《续识》一卷，华亭董榕城铨曹含著，皆纪甲申（顺治元年，1644年）后，迄于丁丑（康熙三十六年，1697年）五十四年中事也。是时榕城年已七十，有二著述，甚富详。第十卷自述中云，已刻而传于世者绝少。此旧本得于吴市世经堂书肆。明人札记往往剿袭旧闻，点窜成书，据为己出，居之不疑。此独以编年，系之日月，言皆有据，不蹈陋习，抒足尚已，遂书其大略于首页而藏之安雅楼。

庚午（同治九年，1870年）三月朔日记[1]。

【1】此题识未署姓名，然其云："遂书其大略于首页而藏之安雅楼。"考清咸丰年间著名大收藏家、浙江嘉兴人唐翰曾官江苏吴县（今江苏苏州），则其购书于吴市正在情理之中，且其字子冰，号蕉庵，别署鹤庵、新月楼、帆影楼、安雅亭、春晴庐、安雅楼、自择亭、唯自勉斋、书之赐轩、铁如意斋、拙成初室、百宋千元之居等，也正与"藏之安雅楼"一语相契，故可推知此续识略一卷本曾经于同治九年（1870年）被唐翰收藏。

附录：（清）杜说霖藏本跋语三则

华亭董榕城先生著《三冈识略》十卷，余友杜说霖明经购得之，已佚其半。此书不知何人所抄订，前后无图记，无跋语，每页俱有衬纸，每句俱用朱点，想亦一嗜古之士也。今秋，余从杜君借阅，漫识数语于此。

同治壬申（十一年，1871年）秋七月下浣桐溪吴树年识于鹓湖旅舍。（钤"吉茹"朱文方印）

予与杜君，已交八载，知君藏书何止万卷。予好书癖日，尝乞借于君，而君宽宏大度，无不俯允。其新购及秘藏异种，经史之外，即稗史小传，均属正人心术，至于邪淫等目，从无一册。设有来售者，即古版世稀，先生亦极力购之，皆付祖龙[1]。是书虽属吉光片羽，未窥全豹，览其言语简朴，不徒华饰，真有关世道人心者，非可一例而论，以稗史观之，宜君置于斋□，□同拱璧，若非知己，决不轻许假之。偶见吴君片跋，小子不揣愚昧，聊书数行，贻笑大方，以博后来阅者高明一粲。

时在同治壬申（十一年，1872年）中秋日，东海顽民胡福乾志。（钤"少斋"朱文圆、"少斋翰墨"朱文方印）

榕城先生著此书，本名《三冈识略》，后为吴青坛[2]先生载入《说铃》，略有删节，易名《莼乡赘笔》，盖后来所易，亦先生所自序云。全书具在，不至有遗佚之憾。惟录是书者，积功匪易，而仅存其半，负伊一片苦心矣，宁非恨事。

同治甲戌（十三年，1874年）武原戴陈畴识于鹓湖旧舍。

【1】祖龙，本是指秦始皇，因历史上秦始皇曾焚书坑儒，所以"付之祖龙"即"付之祖龙一

炬"的意思。

【2】致之本、续识略二卷本于此处均缺一字。考《说铃》是（清）吴震方所编，其中即包括"莼乡赘笔三卷，董含撰"。吴震方是浙江石门（今浙江桐乡西南）人，字青坛，康熙十八年（1679年）进士，官至监察御史，故此处当为"吴青坛"三字，缺字系"青"字。